ADVOCACIA PÚBLICA E DESENVOLVIMENTO

Homenagem aos 30 anos da
Procuradoria Geral do Estado de Rondônia

www.lumenjuris.com.br

Editor
João Luiz da Silva Almeida

Conselho Editorial

Adriano Pilatti
Alexandre Bernardino Costa
Ana Alice De Carli
Anderson Soares Madeira
André Abreu Costa
Beatriz Souza Costa
Bleine Queiroz Caúla
Caroline Regina dos Santos
Daniele Maghelly Menezes Moreira
Diego Araujo Campos
Firly Nascimento Filho
Flávio Ahmed
Frederico Antonio Lima de Oliveira
Frederico Price Grechi
Geraldo L. M. Prado
Gina Vidal Marcilio Pompeu

Gisele Cittadino
Gustavo Noronha de Ávila
Gustavo Sénéchal de Goffredo
Helena Elias Pinto
Jean Carlos Dias
Jean Carlos Fernandes
Jeferson Antônio Fernandes Bacelar
Jerson Carneiro Gonçalves Junior
João Carlos Souto
João Marcelo de Lima Assafim
João Theotonio Mendes de Almeida Jr.
José Emílio Medauar
José Ricardo Ferreira Cunha
Josiane Rose Petry Veronese
Leonardo El-Amme Souza e Silva da Cunha
Lúcio Antônio Chamon Junior

Luigi Bonizzato
Luis Carlos Alcoforado
Luiz Henrique Sormani Barbugiani
Manoel Messias Peixinho
Marcelo Ribeiro Uchôa
Márcio Ricardo Staffen
Marco Aurélio Bezerra de Melo
Marcus Mauricius Holanda
Océlio de Jesús Carneiro de Morais
Ricardo Lodi Ribeiro
Roberto C. Vale Ferreira
Salah Hassan Khaled Jr.
Sérgio André Rocha
Simone Alvarez Lima
Valter Moura do Carmo

Conselheiros Beneméritos

Denis Borges Barbosa (*in memoriam*)
Marcos Juruena Villela Souto (*in memoriam*)

Filiais

Sede: Rio de Janeiro
Rua Octávio de Faria - n° 81, sala 301 –
CEP: 22795-415
Recreio dos Bandeirantes – RJ
Tel. (21) 3933-4004 / (21) 3249-2898

Minas Gerais (Divulgação)
Sergio Ricardo de Souza
sergio@lumenjuris.com.br
Belo Horizonte – MG
Tel. (31) 9-9296-1764

São Paulo (Distribuidor)
Rua Sousa Lima, 75 –
CEP: 01153-020
Barra Funda – São Paulo – SP
Telefax (11) 5908-0240

Santa Catarina (Divulgação)
Cristiano Alfama Mabilia
cristiano@lumenjuris.com.br
Florianópolis – SC
Tel. (48) 9-9981-9353

Diretores:
Juraci Jorge da Silva
Lerí Antônio Souza e Silva

Coordenação Acadêmica:
Marta Carolina Fahel Lôbo

Organizadores:
Artur Leandro Veloso de Souza
Fábio de Sousa Santos
Thiago Alencar Alves Pereira

ADVOCACIA PÚBLICA E DESENVOLVIMENTO

Homenagem aos 30 anos da
Procuradoria Geral do Estado de Rondônia

Autores:
Antonio Isac Nunes Cavalcante de Astrê | Artur Leandro Veloso de Souza
Danilo Cavalcante Sigarini | Francisco Silveira de Aguiar Neto
Horcades Hugues Uchôa Sena Júnior | Igor Veloso Ribeiro
Kherson Maciel Gomes Soares | Lauro Lúcio Lacerda | Lia Torres Dias
Maria Rejane Sampaio dos Santos Vieira | Matheus Carvalho Dantas
Olival Rodrigues Gonçalves Filho | Paulo Adriano da Silva
Pedro Henrique Moreira Simões | Rafaella Queiroz Del Reis Conversani
Sérgio Fernandes de Abreu Júnior | Tais Macedo de Brito Cunha
Thiago Alencar Alves Pereira | Thiago Araújo Madureira de Oliveira
Tiago Cordeiro Nogueira

Editora Lumen Juris
Rio de Janeiro
2018

Copyright © 2018 by Artur Leandro Veloso de Souza, Fábio de Souza Santos, Thiago Alencar Alves Pereira

Categoria: Direito Administrativo

Produção Editorial
Livraria e Editora Lumen Juris Ltda.

Diagramação: Rômulo Lentini

A LIVRARIA E EDITORA LUMEN JURIS LTDA.
não se responsabiliza pelas opiniões
emitidas nesta obra por seu Autor.

É proibida a reprodução total ou parcial, por qualquer meio ou processo, inclusive quanto às características gráficas e/ou editoriais. A violação de direitos autorais constitui crime (Código Penal, art. 184 e §§, e Lei nº 6.895, de 17/12/1980), sujeitando-se a busca e apreensão e indenizações diversas (Lei nº 9.610/98).

Todos os direitos desta edição reservados à
Livraria e Editora Lumen Juris Ltda.

Impresso no Brasil
Printed in Brazil

CIP-BRASIL. CATALOGAÇÃO-NA-FONTE

Advocacia pública e desenvolvimento : uma homenagem aos 30 anos da Procuradoria Geral do Estado de Rondônia / diretor: Juraci Jorge da Silva, Leri Antônio Souza e Silva ; responsável acadêmico: Marta Carolina Fael Lôbo ; organizadores: Artur Leandro Veloso de Souza, Fábio de Souza Santos, Thiago Alencar Alves Pereira. – Rio de Janeiro : Lumen Juris, 2018.
352 p. ; 23 cm.

Inclui bibliografia.
ISBN 978-85-519-0992-8

1. Administração Pública. 2. Direito Administrativo. 3. Advocacia Pública. 4. Improbidade Administrativa. 5. Procuradoria Geral do Estado. I. Silva, Juraci Jorge da. II. Souza e Silva, Leri Antônio. III. Lôbo, Marta Carolina Fael. IV. Souza, Artur Leandro Veloso de. V. Santos, Fábio de Souza. VI. Pereira, Thiago Alencar Alves. VII. Título.

CDD 342

Ficha catalográfica elaborada por Ellen Tuzi CRB-7: 6927

Currículo dos Autores

Antonio Isac Nunes Cavalcante de Astrê

Mestrando em Ciência Jurídica pela Universidade do Vale do Itajaí - UNIVALI/SC. Especialista em Direito Ambiental e Urbanístico pela Pontifícia Universidade Católica de Minas Gerais – PUC/MG.
Procurador do Estado de Rondônia

Artur Leandro Veloso de Souza

Procurador do Estado de Rondônia. Assessor Jurídico Chefe da Secretaria do Estado de Planejamento, Orçamento e Gestão. Especialista em Advocacia Pública pela AVM Faculdade Integrada. Especialista em Direito Civil pela Universidade Federal da Bahia (UFBA). Graduado em Direito pela Universidade Católica do Salvador (2005). Professor de Direito Constitucional, Direito Administrativo e Direito Processual Civil. Autor de diversos artigos, como: "Desestatização é uma boa saída?"; "O precedente e o novo Código de Processo Civil cotejados em face do controle do Poder Judiciário e do Tribunal de Contas sobre o Poder Executivo"; "Desvinculação da receita arrecadada pelas taxas do DETRAN"; "A superação da Súmula 347 do Supremo Tribunal Federal", dentre outros. Autor do livro **Conta de Governo e o Déficit Financeiro**, pela Editora Lumen Juris, coautor das obras coletivas **Reforma Política: Diálogos & Reflexões** e **Participação Política: Balanços & Perspectivas**, pela Editora Instituto Memória, e coautor da obra Advocacia Pública em Foco, pelo Instituto de Desenvolvimento Democrático (IDDE). É o responsável pelo Blog Artur Souza (@blogartursouza).
Currículo Lattes: <http://lattes.cnpq.br/7118337116173951>.

Danilo Cavalcante Sigarini

Bacharel em direito pela Universidade Federal do Estado do Mato Grosso (UFMT). Pós-graduado em Direito Administrativo pela Universidade Estácio de Sá. Pós-graduando em Direito e Prática Previdenciária pela Universidade Estácio de Sá. Ex-advogado da Petróleo Brasileiro S/A. Procurador do Estado de Rondônia.
Procurador do Estado de Rondônia
Pós-graduado em Direito Administrativo pela Universidade Estácio de Sá
E-mail: danilo@pge.ro.gov.br

Fábio de Sousa Santos

Graduado em Direito pelo Instituto de Ciências Jurídicas e Sociais Professor Camillo Filho (2007), com MBA executivo em Direito Público (FGV RJ) e é Mestrando em Direito Econômico pela Pontifícia Universidade Católica do Paraná. Procurador do Estado de Rondônia.

Francisco Silveira de Aguiar Neto

Procurador do Estado de Rondônia.
Graduado em Direito pela Universidade de Fortaleza.
Pós-Graduado *lato sensu* em Direito Processual Civil pela Pontifícia Universidade Católica de São Paulo.
Mestrando em Direito Processual Civil pela Pontifícia Universidade Católica de São Paulo.
E-mail: franciscoaguiar@pge.ro.gov.br
Currículo Lattes: http://lattes.cnpq.br/2653963824154796

Horcades Hugues Uchôa Sena Júnior

Procurador do Estado de Rondônia

Pós-graduado em direito constitucional pela Universidade Anhanguera-Uniderp. Diretor da Procuradoria Administrativa da Procuradoria Geral do Estado de Rondônia. Ex-Defensor Público do Estado do Acre. Ex-servidor do Tribunal de Justiça do Estado do Acre, no cargo de analista processual.

E-mail: horcades@pge.ro.gov.br

Igor Veloso Ribeiro

Mestrando em Direitos Humanos e Desenvolvimento da Justiça pela Universidade Federal de Rondônia

Procurador do Estado de Rondônia (Brasil). Mestrando em Direitos Humanos e desenvolvimento da Justiça pela Universidade Federal de Rondônia – UNIR. Master in Business Administration em Parcerias Público-Privadas e Concessões pela Fundação Escola de Sociologia e Política de São Paulo – FESPSP. Pós-graduado lato sensu em Direito Público pelo Centro Unificado de Teresina – CEUT. Bacharel em Direito pelo Instituto Camilo Filho – ICF.

E-mail: igorveloso@pge.ro.gov.br CV:
Currículo Lattes: http://lattes.cnpq.br/0613456889548757.

Juraci Jorge da Silva

Procurador Geral do Estado de Rondônia.

Bacharel em direito pela Universidade Federal de Rondônia. Pós-graduado em direito do trabalho pela Universidade Candido Mendes do Rio de Janeiro em Parceira com a Fatec. Exerceu cargos de Chefe da Procuradoria Trabalhista, Chefe da Procuradoria do Contencioso, Chefe da Procuradoria de controle dos direitos dos servidores, Corregedor Geral, Procurador Geral Adjunto. Exerceu cargos de Membro de Comissões, Membro do Conselho Estadual, Vice-Presidente da Caixa de Assistência dos Advogados, Presidente da Caixa de Assistência dos Advogados e Secretário Geral da Diretoria Executiva da Seccional na Ordem dos Advogados do Brasil Seccional Rondônia.

Procurador Geral do Estado de Rondônia desde 01 de outubro de 2013.

Kherson Maciel Gomes Soares

Procurador do Estado de Rondônia

Procurador do Estado de Rondônia; Professor de cursos reparatórios para concursos públicos, tendo lecionado as disciplinas de Direito Constitucional, Direito Administrativo, Direito Agrário, Direito Urbanístico e Direito Civil, em diversos cursos preparatórios para concursos públicos da Advocacia Pública (AGU; PFN; PGF; Procuradorias Estaduais e Municipais) e do Ministério Público e Magistratura; Graduado em Direito pela Universidade de Fortaleza (Unifor); Pós-graduando em Direito Público; Aprovado nos Concursos Públicos de Juiz de Direito do Estado do Rio Grande do Norte; Procurador do Estado de Rondônia; Analista Processual do MPU; Procurador do Município do Euzébio/CE.

E-mail: kherson@pge.ro.gov.br

Lauro Lúcio Lacerda

Procurador do Estado de Rondônia

Possui Pós-Graduação Lato Sensu em Direito Público pelo Centro Universitário do Instituto de Ensino Superior COC (2012); graduação em direito pela Associação Vilhenense de Educação e Cultura (2007). Atualmente é procurador do estado de Rondônia, vinculado à Procuradoria Geral do Estado de Rondônia.

E-mail: lauro@pge.ro.gov.br

Leri Antônio de Souza e Silva

Procurador Geral Adjunto do Estado de Rondônia.

Bacharel em direito pela Faculdade de Direito de Araçatuba – Instituição Toledo de Ensino. Pós-graduado em Direito Público pela Universidade Federal de Rondônia. Pós-graduado em Executive MBA – Direito do Trabalho pela Universidade Cândido Mendes - UCAM. Atua com Advogado desde agosto de 1985. Exerceu cargo de Professor de Escola Estadual Estudo de Trabalho. Atuou como Juiz Substituto no Tribunal Regional Eleitoral do Estado de Rondônia. Atuou como Membro da Comissão de Fiscalização de Exercício Profissional – Portaria n. 005/OAB/RO, Conselheiro da OAB/RO, Diretor Tesoureiro do Conselho Seccional da OAB/RO, Presidente da Caixa de Assistência dos Advogados de Rondônia.

Procurador Geral Adjunto do Estado de Rondônia desde outubro de 2013.

Lia Torres Dias

Procuradora do Estado de Rondônia, lotada na Procuradoria do Contencioso da Procuradoria Geral do Estado, pós-graduada em Direito e Processo do Trabalho pela Universidade Federal do Amazonas.

E-mail: lia@pge.ro.gov.br

Maria Rejane Sampaio dos Santos Vieira

Especialista em Regime Próprio de Previdência dos Servidores Públicos pela Damásio Educacional, Especialista em Direito Tributário pela Universidade Cândido Mendes (RJ), Graduada em Direito pela Universidade Federal de Rondônia (Unir), atual Presidente do Instituto de Previdência dos Servidores Públicos do Estado de Rondônia- Iperon (desde 2014), CPA 10 ANBIMA, Procuradora do Estado de Rondônia- PGE-RO (desde 1995).

E-mail: rejane@pge.ro.gov.br

Marta Carolina Fael Lóbo

Procuradora do Estado de Rondônia
Mestre em Direito pela Universidade Federal de Pernambuco (2003)
Advogada
Conselheira Estadual Da Seccional Oab/Rondônia

Matheus Carvalho Dantas

Mestrando em Ciência Jurídica pela Universidade do Vale do Itajaí - UNIVALI/SC
Especialista em Direito Ambiental e Urbanístico
pela Pontifícia Universidade Católica de Minas Gerais – PUC/MG
Especialista em Direito Constitucional pela Universidade Anhanguera-Uniderp/MS
Advogado e Procurador do Estado de Rondônia

Olival Rodrigues Gonçalves Filho

Procurador do Estado de Rondônia
Bacharel em direito pela Universidade Federal do Estado do Mato Grosso (UFMT). Pós-graduado em Direito Processual Civil pela Fundação Escola Superior do Ministério Público. Procurador do Estado de Rondônia.
E-mail: olival@pge.ro.gov.br

Paulo Adriano da Silva

Procurador do Estado de Rondônia. Bacharel em Direito pela Faculdade de Ciências Humanas, Exatas e Letras de Rondônia.
Procurador do Estado de Rondônia –PGE/RO
E-mail: paulo@pge.ro.gov.br

Pedro Henrique Moreira Simões

Procurador do Estado de Rondônia.

Mestrando em Ciências da Educação pela Universidad del Desarrollo Sustentable (UDS) do Chile. Graduado em Direito pela Universidade de São Paulo (2007), Especialista em Direito Público, Direito Tributário e Financeiro, Direito Processual Civil e Direito Eleitoral. Atualmente é Professor do Departamento de Ciências Jurídicas (DCJ) da UNIR e dos Cursos de Graduação e Pós-Graduação em Direito, Ciências Contábeis e Administração da União das Escolas Superiores de Rondônia (UNIRON) e da Escola Superior da Advocacia (ESA) e Ordem dos Advogados do Brasil (OAB).

E-mail phmsimoes@pge.ro.gov.br

Rafaella Queiroz Del Reis Conversani

Procuradora do Estado de Rondônia-PGE/RO. Doutora pela Universidad Del Museo Social Argentino de Buenos Aires em convênio com a Escola Superior de Justiça –ESJUS (2017). Especialista em Ciências Penais pela Universidade do Sul de Santa Catarina UNISUL (2008). Bacharel em Direito pela Faculdade de Ciência Humanas Exatas e Letras de Rondônia – FARO

Procuradora do Estado de Rondônia

E-mail: rafaella@pge.ro.gov.br

Sérgio Fernandes de Abreu Júnior

Procurador do Estado de Rondônia.

Bacharel em Direito pela Universidade Federal de Minas Gerais, 2010. Especialista em Direito Penal pela PUC/MG, 2011.

E-mail: sergioabreu@pge.ro.gov.br

Tais Macedo de Brito Cunha

Mestre em Administração Pública pela Universidade Federal de Rondônia – UNIR. Pós-graduada em Direito do Estado pelo JusPodivm (2011) e em Advocacia Pública pela Faculdade Integrada (2015). Graduada pela Universidade Federal da Bahia – UFBA. Procuradora do Estado de Rondônia.
E-mail: taiscunha@pge.ro.gov.br

Thiago Alencar Alves Pereira

Procurador do Estado de Rondônia.
Graduado em Direito pela Universidade Católica de Pernambuco.
Pós-Graduado *lato sensu* em Direito Tributário pelo Instituto Brasileiro de Estudos Tributários – IBET.
Técnico da Área de Gestão na Habilitação em Contabilidade pelo Colégio Técnico Contábil Presidente Getúlio Vargas – SOCEPP em Recife/PE.
E-mail: thiagoalencar@pge.ro.gov.br
Currículo Lattes: http://lattes.cnpq.br/5102172909980935

Thiago Araújo Madureira de Oliveira

Procurador do Estado de Rondônia. Advogado Graduado pela Universidade Católica de Salvador. Especialista em direito ambiental pela Universidade de Fortaleza (Unifor), Pós graduando em Direito Previdenciário pelo Centro de Estudos Renato Saraiva.

Tiago Cordeiro Nogueira

Graduado em Direito pelo Instituto Luterano de Ensino Superior de Porto Velho – ILES/ULBRA (2011). Especialista em Direito Tributário (2014) e em Direito Público (2015) pela Universidade Anhanguera – Uniderp. Especialista em Direito Processual Civil pela Universidade Estácio de Sá. Ex-Procurador do Estado do Acre. Procurador do Estado de Rondônia. Advogado.

E-mail: tiagocordeiro@pge.ro.gov.br.

As opiniões, posições e entendimentos adotados na presente obra não vinculam, comprometem à posição da Procuradoria Geral do Estado na defesa dos direitos e interesses do Estado de Rondônia, tendo fins, exclusivamente, didáticos e comemorativos.

Apresentação

Esta obra comemorativa dos 30 anos da Procuradoria Geral do Estado de Rondônia reflete muito mais que a história de um órgão da Administração Pública. Reflete a história de Rondonienses e de destemidos pioneiros que escolheram Rondônia como sua nova casa, construindo um Estado em constante ascensão.

A Procuradoria Geral do Estado é órgão exclusivo de representação judicial, extrajudicial e de consultoria do Estado de Rondônia, por dicção constitucional (artigo 132 da Constituição Federal); essencial à Justiça e à Administração Pública; imprescindível à gestão da coisa pública, ofertando ao gestor público maior segurança na tomada de decisões.

Indiscutível que os Procuradores de Estado, têm conquistado e expandido cada vez mais a sua atuação dentro da Administração Pública, passando a demonstrar a importância vital na construção e concretização de políticas públicas dentro do Estado.

Mas tudo isso só é possível com a existência de material humano aguerrido e que quer fazer a diferença dentro da Procuradoria Geral do Estado, mesmo enfrentando as dificuldades diárias, cientes de que concedem aos cidadãos o melhor que podem ofertar.

Nesta oportunidade, necessário agradecer aos nossos servidores e Procuradores de Estado pelo empenho e trabalho dedicado ao longo destes 30 anos. Agradecer aos Rondonienses e a essa diversidade de naturalidades em que a Procuradoria Geral do Estado de Rondônia se tornou; os mais diferentes sotaques e todos empenhados, comprometidos e dedicados ao Estado de Rondônia. É essa pluralidade de corações do Brasil inteiro que faz de Rondônia um lugar especial.

Nesse contexto heterogêneo, a Procuradoria Geral do Estado de Rondônia dispensa aos profissionais da área jurídica esta obra comemorativa dos seus 30 anos de existência com uma coletânea de artigos científicos de seus Procuradores de Estado, fruto de situações experienciadas nas suas atuações junto à área ambiental, direitos humanos, contenciosa, gestão e planejamento, previdenciária, fiscal e consultivo administrativo.

Destarte, a presente obra possui um viés mais prático, ofertando ao leitor, além da visão processual, artigos que traduzem reflexamente experiências diárias dos Procuradores de Estado dentro das Secretarias do Estado de Rondônia, diante da demanda existente para uma melhor oferta de soluções na condução da coisa pública e proteção ao erário do Estado de Rondônia.

Importante ressaltar que alguns dos artigos ciêntíficos apresentados também externam o momento vivenciado pela Procuradoria Geral do Estado em âmbito nacional, concedendo ao leitor o entendimento de seus Autores diante de casos representativos da Advocacia Pública.

Os leitores terão um diferenciado e rico material científicos que retratam a grande diversidade de atividades que podem ser desempenhadas pelos Procuradores de Estado, que presentam o Estado de Rondônia em juízo e extrajudicialmente retratam, sempre na defesa do erário.

Presentea-se, assim, o público com artigos que fomentem e despertem os debates jurídicos, mas que, também, provoquem a reflexão do leitor sobre a importância da atividade do Procurador do Estado dentro da estrutura política do Ente, na implementação de políticas públicas, na presentação do Estado em todas as instâncias da Justiça, na atividade de consultoria, sempre visando à proteção do interesse público e do erário.

Por fim, que a Procuradoria Geral do Estado de Rondônia continue a trabalhar febrilmente nas paragens do poente, com orgulho, exaltaremos: que nosso céu seja sempre azul!

A Diretoria,
a Coordenação Acadêmica
e a Organização.

Prefácio

A Constituição da República Federativa do Brasil está prestes a completar 30 anos de vigência e, juntamente com ela, consolida-se a advocacia pública no Brasil. Também completa 30 anos de existência a Procuradoria-Geral do Estado de Rondônia.

Durante todo esse período, presenciou-se o incremento, a organização, o aparelhamento, o desenvolvimento e a crescente importância da advocacia pública e das procuradorias de Estado. Sua importância como órgão consultivo e de representação extrajudicial e judicial dos Estados é cada vez mais acentuada. São as procuradorias que ajudam os integrantes das funções executivas a implementarem políticas públicas e a gerirem os recursos públicos com observância à legalidade, à moralidade, à publicidade, à impessoalidade e à eficiência.

As procuradorias têm se organizado estruturalmente e sido ocupadas por profissionais de alta qualificação, muitos com mestrado, doutorado, cumulando suas funções com as de professores em importantes faculdades de Direito.

Tal cenário não é diferente na Procuradoria Geral do Estado de Rondônia. Com procuradores qualificados, que se destacam na sua atividade, sua atuação contribui para a gestão adequada da atividade pública.

E, para celebrar seu aniversário, a Procuradoria Geral do Estado de Rondônia, por meio de seus procuradores, organizou importante coletânea de textos jurídicos, subscritos por alguns de seus integrantes, todos com conteúdo importante, de destacado impacto teórico e alta repercussão prática.

Com efeito, a coletânea reúne importantes textos de Antônio Isac Nunes Cavalcante de Astrê e Matheus Carvalho Dantas, de Artur Leandro Veloso de Souza, de Danilo Cavalcante Sigarini, de Francisco Silveira de Aguiar Neto, de Horcades Hugues Uchôa Sena Júnior, de Igor Veloso Ribeiro, de Kherson Maciel Gomes Soares, de Lauro Lúcio Lacerda, de Lia Torres Dias, de Maria Rejane Sampaio dos Santos Vieira, de Olival Rodrigues Gonçalves Filho, de Paulo Adriano da Silva, de Rafaella Queiroz Del Reis Conversani, de Sérgio Fernandes de Abreu Júnior e Pedro Henrique Moreira Simões, de Tais Macedo de Brito Cunha, de Thiago Alencar Alves Pereira, de Thiago Araújo Madureira de Oliveira e de Tiago Cordeiro Nogueira.

Todos os textos merecem uma leitura atenta, pois trazem boas contribuições, cada um dedicado a um tema específico, seja de direito material, seja de direito processual, com enfoques teóricos e práticos de destacada relevância.

A iniciativa da Procuradoria Geral do Estado de Rondônia é muito boa, pois, ao tempo em que celebra seu aniversário, lembrando a importância da atividade do Advogado Público, divulga lições relevantes de seus integrantes, contribuindo para o debate acadêmico e fornecendo material de qualidade para discussões práticas.

A Procuradoria do Estado de Rondônia está de parabéns, não somente pelo seu aniversário, mas pela elogiável iniciativa. Seus procuradores estão igualmente de parabéns, por escreverem bons textos, mediante os quais divulgam suas ideias. Os leitores também estão de parabéns por desfrutarem de material de qualidade para seus estudos e para sua atualização.

Estão, enfim, todos de parabéns. Apresso-me para encerrar este prefácio, a fim de não tomar mais o tempo do leitor e convidá-lo a iniciar a proveitosa leitura dos textos que compõem a presente coletânea.

Recife, 21 de agosto de 2018.

Leonardo Carneiro da Cunha

Mestre em Direito pela UFPE. Doutor em Direito pela PUC/SP, com pós--doutorado pela Universidade de Lisboa. Professor associado da Faculdade de Direito do Recife (UFPE), nos cursos de graduação, especialização, mestrado e doutorado. Procurador do Estado de Pernambuco, advogado e consultor jurídico.

Sumário

Mineração Sustentável em Área de Reserva Legal.. 1
Antonio Isac Nunes Cavalcante de Astrê
Matheus Carvalho Dantas

A autonomia dos Poderes e Órgãos Independentes e os Sistemas de Repasse de Duodécimos Fixos e Variáveis: Uma análise da Decisão do Supremo Tribunal Federal no MS nº 34483 e a Decisão do CNJ no Procedimento de Controle Administrativo nº 0006293-54.2016.2.00.0000... 19
Artur Leandro Veloso de Souza

Aplicabilidade do teletrabalho na Procuradoria de Estado: Reflexões Necessárias à Instituição e seus Membros........................ 37
Danilo Cavalcante Sigarini

Negócios Processuais, a Fazenda Pública e sua Advocacia..................... 59
Francisco Silveira de Aguiar Neto

Da Releitura da Supremacia do Interesse Público 75
Horcades Hugues Uchôa Sena Júnior

A Efetivação da Participação Popular Direta como Mecanismo de Fortalecimento da Democracia 91
Igor Veloso Ribeiro

A Impostergável e Necessária Valorização da Carreira de Procurador de Estado como Condição Fundamental à Boa Administração Pública 111
Kherson Maciel Gomes Soares

Aplicação ou Não da Vedação do Art.73, § 10, da Lei nº 9.504/1997 para Repasse De Recursos Às Organizações da Sociedade Civil Mediante Termo de Colaboração ou Termo de Fomento........................119
Lauro Lúcio Lacerda

O Poder de Requisição do Procurador do Estado................................ 133
Lia Torres Dias

O Equilíbrio Financeiro e Atuarial dos Regimes Próprios de Previdência Social dos Servidores Públicos - RPPS....................155
Maria Rejane Sampaio dos Santos Vieira

Ação de Improbidade Administrativa como Mecanismo
de Controle Judicial da Administração Pública Exercido
pela Procuradoria Geral do Estado 175
Olival Rodrigues Gonçalves Filho

Fundação Pública de Direito Privado: Instrumento de
Efetivação do Princípio Constitucional da Eficiência
na Gestão do Trabalho de Pessoas Privadas de Liberdade 185
Paulo Adriano da Silva

Da Constitucionalidade dos Honorários Administrativos Cobrados pelo
Estado de Rondônia no Protesto de Certidões de Dívida Ativa (CDAs) 205
Pedro Henrique Moreira Simões
Sérgio Fernandes de Abreu Júnior

A Importância da Advocacia Pública no Controle de
Legalidade na Criação e Nomeação dos Cargos
Comissionados Preenchidos por Servidores não Efetivos 235
Rafaella Queiroz Del Reis Conversani

As Procuradorias Estaduais e o Sistema
Interamericano de Direitos Humanos 259
Tais Macedo de Brito Cunha

O Papel da Advocacia Pública no Controle de
Constitucionalidade Exercido pelo Poder Executivo 275
Thiago Alencar Alves Pereira

O Direito à Percepção de Honorários de Sucumbência
pelos Procuradores dos Estados e do Distrito Federal
e a sua Natureza de Verba Privada: Caso de Rondônia 291
Thiago Araújo Madureira de Oliveira

O Direito à Tutela Judicial Adequada e à Penhora do Salário 303
Tiago Cordeiro Nogueira

Posfácio 331

Mineração Sustentável em Área de Reserva Legal

Antonio Isac Nunes Cavalcante de Astrê

Matheus Carvalho Dantas

Resumo

Um dos temas mais polêmicos do Direito Ambiental, na atualidade, envolve a possibilidade jurídica, ou não, de desenvolver atividades minerárias em área de Reserva Legal. No presente artigo, será abordado, inicialmente, o instituto da Reserva Legal, previsto na Lei n.º 12.651, de 25 de maio de 2012, que instituiu o denominado Código Florestal. Ato contínuo, analisar-se-ão as principais características dos recursos minerais, a exemplo de sua rigidez locacional, além do regime de exploração adotado pela Constituição Federal. Em seguida, será demonstrado que não há resposta jurídica positiva do Código Florestal para o licenciamento de atividades minerárias nessas áreas, apontando-se para a necessidade de se equilibrar o interesse socioeconômico e a preservação do meio ambiente, à luz da sustentabilidade, em suas dimensões econômicas e ecológicas. Por fim, será analisado se os Estados-membros podem editar leis autorizando expressamente o desenvolvimento de atividades minerárias em áreas de Reserva Legal e, em caso de resposta positiva, de que forma essa exploração deve ocorrer, considerando que eventuais legislações estaduais não podem contrariar o regime jurídico de proteção da Reserva Legal previsto no Código Florestal, sendo destacado o caso do Estado de Rondônia.

Palavras-chave: mineração - reserva legal - sustentabilidade

Abstract

Nowadays, one of the most polemic themes in the environmental law involves the legal possibility, or not, to develop mining activities in the Legal Reserve. In this article will be approach, initially, the institute of the Legal Reserve, according to the Law n# 12.651, of may 25Th of 2012, that instituted the Forest Code. Thereafter, will be analyzed the main characteristics of the mining resources, for instance the locational rigidity, beyond the operating regime adopted by the Constitution. Afterward, it will be demonstrated that there is no legal positive answer in the Forest Code to the licensing of the mining activities in those areas, pointing out the need to equalize the socioeconomic interest and the environmental conservation, enlighten by the sustainability, and its economics and ecological dimensions. Therefore, it will be analyzed if the State-members are able to edit law allowing the development of mining activities in the Legal Reserve and, in case of affirmative answer, in which way it must occur, considering that eventual state laws should not go against the legal regime of protection of the Legal Reserve provided in the Forest Code, being highlighted the case of Rondonia State.

Keywords: Mining – Legal Reserve- Sustainability.

1. Introdução

O presente artigo tem por objetivo a análise da possibilidade jurídica de exploração minerária em áreas de Reserva Legal. Para tanto, estudar-se-á o instituto da Reserva Legal, notadamente a conformação que lhe foi atribuída pela Lei n.º 12.651, de 25 de maio de 2012, que instituiu o denominado Código Florestal.

Também serão delineadas as principais características dos recursos minerais, a exemplo de sua rigidez locacional, além do regime de exploração adotado pela Constituição Federal.

Em seguida, verificar-se-á se existe resposta jurídica positiva do Código Florestal para o licenciamento de atividades minerárias em áreas de Reserva Legal e, por fim, será confrontada eventual resposta negativa com a necessidade de se equilibrar o interesse socioeconômico e a preservação do meio ambiente, à luz da sustentabilidade, em suas dimensões econômicas e ecológicas.

Ao final, seguirá análise para determinar se os Estados-membros podem editar leis autorizando expressamente o desenvolvimento de atividades minerárias em áreas de Reserva Legal e, em caso de resposta positiva, de que forma essa exploração deve ocorrer, considerando que eventuais legislações estaduais não podem contrariar o regime jurídico de proteção da Reserva Legal previsto no Código Florestal.

Para tanto, realizou-se pesquisa doutrinária e jurisprudencial sobre os temas em exame, analisando-se o tratamento conferido à matéria no ordenamento jurídico pátrio e identificando-se as soluções que pudessem conciliar os direitos aparentemente antagônicos, a fim de responder à seguinte questão: é possível desenvolver atividades minerárias em área de Reserva Legal e, ao mesmo tempo, assegurar que tais atividades observem o primado da sustentabilidade?

Com o intuito de atingir os objetivos ora propostos, o presente artigo foi dividido em três partes:

a. Fundamentos constitucionais e legais para a instituição e proteção das áreas de Reserva Legal;

b. Ausência de autorização expressa no Código Florestal para o desenvolvimento de atividades minerárias em área de Reserva Legal; e

c. Possibilidade de exploração minerária sustentável em área de Reserva Legal.

Como metodologia, utilizou-se o método indutivo, utilizando-se as técnicas dos referentes, conceitos operacionais, fichamento e pesquisa bibliográfica, na esteira das preciosas lições do professor César Luiz Pasold[1].

2. Fundamentos constitucionais e legais para a instituição e proteção das áreas de reserva legal

De início, revela-se imprescindível tecer alguns esclarecimentos acerca das características básicas e das finalidades das áreas de Reserva Legal, a fim de possibilitar melhor compreensão sobre o tema em apreço.

Como se sabe, o artigo 225, *caput*, da Constituição Federal erigiu o meio ambiente ecologicamente equilibrado à categoria de bem de uso comum do povo e essencial à sadia qualidade de vida, impondo ao Poder Público e à coletividade o dever de defendê-lo e preservá-lo para as presentes e futuras gerações.

Para assegurar a efetividade desse direito, a Constituição Federal previu, ainda, a instituição de espaços territoriais a serem especialmente protegidos, dispondo, em seu artigo 225, parágrafo 1º, inciso III, que:

---

1   PASOLD, César Luiz. **Metodologia da pesquisa científica**. 15. ed. Florianópolis: Conceito, 2015.

> Art. 225. Todos têm direito ao meio ambiente ecologicamente equilibrado, bem de uso comum do povo e essencial à sadia qualidade de vida, impondo-se ao Poder Público e à coletividade o dever de defendê-lo e preservá-lo para as presentes e futuras gerações.
>
> § 1º Para assegurar a efetividade desse direito, incumbe ao Poder Público:
>
> [...]
>
> III - **definir, em todas as unidades da Federação, espaços territoriais e seus componentes a serem especialmente protegidos**, sendo a alteração e a supressão permitidas somente através de lei, vedada qualquer utilização que comprometa a integridade dos atributos que justifiquem sua proteção [...]. (Grifo nosso)

Consoante o magistério de José Afonso da Silva, os chamados espaços territoriais especialmente protegidos são definidos como:

> [...] áreas geográficas públicas ou privadas (porção do território nacional) dotadas de atributos ambientais que requeiram sua sujeição, pela lei, a um regime jurídico de interesse público que implique sua relativa imodificabilidade e sua utilização sustentada, tendo em vista a preservação e proteção de amostras de toda a diversidade de ecossistemas, a proteção ao processo evolutivo das espécies, a preservação e proteção dos recursos naturais.[2]

Logo, como se vê, os espaços territoriais especialmente protegidos constituem áreas públicas ou privadas submetidas a um regime jurídico mais restritivo no tocante à sua fruição. A finalidade desses espaços é, em síntese, proteger os atributos ambientais justificadores do seu reconhecimento, dando efetividade ao direito fundamental ao meio ambiente ecologicamente equilibrado, consagrado no artigo 225, *caput*, da Constituição Federal.

---

2   SILVA, José Afonso da. **Direito ambiental constitucional**. 3. ed. rev. São Paulo: Malheiros, 2000, p.212.

Romeu Thomé[3], Paulo Bessa Antunes[4], Édis Milaré[5], Guilherme José Purvinde Figueiredo[6] e Edson Ferreira de Carvalho[7], assim como a maioria dos doutrinadores pátrios, lecionam que os espaços territoriais especialmente protegidos constituem um gênero do qual são espécies as Unidades de Conservação, as áreas de Preservação Permanente e as áreas de Reserva Legal.

No que diz respeito especificamente às áreas de Reserva Legal, sabe-se que seu conceito normativo é dado pelo artigo 3º, inciso III, do Código Florestal[8], o qual dispõe que:

> Art. 3º. Para os efeitos desta Lei, entende-se por:
>
> [...]
>
> III - Reserva Legal: área localizada no interior de uma propriedade ou posse rural, delimitada nos termos do art. 12, com a função de assegurar o uso econômico de modo sustentável dos recursos naturais do imóvel rural, auxiliar a conservação e a reabilitação dos processos ecológicos e promover a conservação da biodiversidade, bem como o abrigo e a proteção de fauna silvestre e da flora nativa [...].

O artigo 12 do Código Florestal, por sua vez, estabelece que, em regra, todo imóvel rural deve manter área com cobertura de vegetação nativa, a título de Reserva Legal. Dispõe, ainda, que a Reserva Legal deve corresponder a um determinado percentual mínimo da área do imóvel, que varia em função da localização regional deste e do tipo de vegetação. Veja-se:

> Art. 12. Todo imóvel rural deve manter área com cobertura de vegetação nativa, a título de Reserva Legal, sem prejuízo da aplicação das normas sobre as Áreas de Preservação Permanente, observados os seguintes percentuais mínimos em relação à área do imóvel, excetuados os casos previstos no art. 68 desta Lei:

---

3 THOMÉ, Romeu. **Manual de direito ambiental**. 4. ed. Salvador: Bahia, 2014, p. 140.

4 ANTUNES, Paulo de Bessa. **Direito ambiental**. 6. ed. Rio de Janeiro: Lúmen Juris, 2004.

5 MILARÉ, Édis. **Direito do Ambiente**. 8. ed. São Paulo: Revista dos Tribunais, 2013, p. 183.

6 FIGUEIREDO, Guilherme José Purvin de. **Curso de direito ambiental**. 5. ed. São Paulo: Revista dos Tribunais, 2012, p. 80-81.

7 CARVALHO, Edson Ferreira de. **Curso de direito florestal brasileiro**: sistematizado e esquematizado. Curitiba: Juruá, 2013, p. 495.

8 Lei n.º 12.651, de 25 de maio de 2012.

I - localizado na Amazônia Legal:

a) 80% (oitenta por cento), no imóvel situado em área de florestas;

b) 35% (trinta e cinco por cento), no imóvel situado em área de cerrado;

c) 20% (vinte por cento), no imóvel situado em área de campos gerais;

II - localizado nas demais regiões do País: 20% (vinte por cento).

Na mesma linha, o artigo 17 do Código Florestal estabelece que não apenas o proprietário, mas também o possuidor ou ocupante a qualquer título, seja pessoa física ou jurídica, de direito público ou privado, deve adotar providências para conservar a área de Reserva Legal com cobertura de vegetação nativa, nos seguintes termos:

> Art. 17. A Reserva Legal deve ser conservada com cobertura de vegetação nativa pelo proprietário do imóvel rural, possuidor ou ocupante a qualquer título, pessoa física ou jurídica, de direito público ou privado.

Com base nos dispositivos constitucionais e legais acima apontados, tanto a doutrina quanto a jurisprudência pátrias têm caracterizado a Reserva Legal como espécie de limitação administrativa ao direito de propriedade, ou seja, como uma intervenção estatal legítima nas propriedades, com o objetivo de assegurar o "mínimo ecológico" em cada imóvel rural.

Nesse sentido, por exemplo, é o magistério de Édis Milaré[9]:

> Quanto à natureza jurídica da Reserva Legal, verifica-se que a determinação de reservar certo percentual de uma propriedade para fins de conservação e proteção da cobertura vegetal caracteriza-se como uma obrigação geral, gratuita, unilateral e de ordem pública, a indicar seu enquadramento no conceito de limitação administrativa.

Nesse mesmo sentido é o entendimento já manifestado pelo Superior Tribunal De Justiça, conforme se verifica do julgado abaixo colacionado, que, embora tenha sido proferido sob a égide da Lei n.º 4.771/1965 (antigo Código Florestal), permanece atual frente à Lei n.º 12.651/2012 (novo Código Florestal):

> ADMINISTRATIVO. MEIO AMBIENTE. ÁREA DE RESERVA LEGAL EM PROPRIEDADES RURAIS: DEMARCAÇÃO, AVER-

---

9 MILARÉ, Édis. **Direito do ambiente**. 8. ed. São Paulo: Revista dos Tribunais, 2013, p. 1270.

BAÇÃO E RESTAURAÇÃO. LIMITAÇÃO ADMINISTRATIVA. OBRIGAÇÃO EX LEGE E PROPTER REM, IMEDIATAMENTE EXIGÍVEL DO PROPRIETÁRIO ATUAL. 1. Em nosso sistema normativo (Código Florestal - Lei 4.771/65, art. 16 e parágrafos; Lei 8.171/91, art. 99), a obrigação de demarcar, averbar e restaurar a área de reserva legal nas propriedades rurais constitui (a) limitação administrativa ao uso da propriedade privada destinada a tutelar o meio ambiente, que deve ser defendido e preservado "para as presentes e futuras gerações" (CONSTITUIÇÃO FEDERAL - CF, art. 225).Por ter como fonte a própria lei e por incidir sobre as propriedades em si, (b) configura dever jurídico (obrigação ex lege) que se transfere automaticamente com a transferência do domínio (obrigação propter rem), podendo, em consequência, ser imediatamente exigível do proprietário atual, independentemente de qualquer indagação a respeito de boa-fé do adquirente ou de outro nexo causal que não o que se estabelece pela titularidade do domínio. (REsp 1179316/SP, Rel. Ministro Teori Albino Zavascki, Primeira Turma, julgado em 15/06/2010, DJe 29/06/2010)

Portanto, como se vê, as áreas de Reserva Legal constituem uma limitação administrativa ao direito de propriedade, calcadas na necessidade de conservar os processos ecológicos e a biodiversidade, bem como de proteger a fauna silvestre e a flora nativa. Trata-se, em suma, de uma espécie de espaço territorial especialmente protegido, concebido pelo Poder Público com a finalidade de concretizar o direito constitucional a um meio ambiente ecologicamente equilibrado.

Delineada a importância e as características básicas das áreas de Reserva Legal, passa-se a analisar sua compatibilidade, ou não, com o desenvolvimento de atividades minerárias.

3. Ausência de autorização expressa no Código Florestal para o desenvolvimento de atividades minerárias em área de reserva legal

Um dos temas mais complexos e polêmicos do Direito Ambiental, na atualidade, envolve a possibilidade, ou não, de desenvolver atividades minerárias em área de Reserva Legal.

Se, por um lado, os recursos minerais são extremamente relevantes para a sociedade moderna e para o desenvolvimento socioeconômico do país, por outro lado, não se pode olvidar que a mineração é uma atividade que, por sua própria natureza, causa inúmeros impactos ambientais negativos (desmatamento, retirada do solo fértil e alteração do padrão topográfico).

Não sem motivo a Constituição Federal prevê que quem "explorar recursos minerais fica obrigado a recuperar o meio ambiente degradado, de acordo com solução técnica exigida pelo órgão público competente, na forma da lei" (artigo 225, §2º). Ou seja, impõe àquele que exerce atividade de extração mineral o dever de recuperar a área degradada resultante de sua exploração.

A grande dificuldade reside em compatibilizar a degradação inerente ao processo de mineração com a preservação dos chamados espaços territoriais especialmente protegidos, dentre os quais se incluem, conforme já visto, as áreas de Reserva Legal.

Some-se a isso o fato de que os recursos minerais são caracterizados por sua rigidez locacional, o que significa que as minas devem ser lavradas nos locais onde ocorrem naturalmente, não havendo alternativa técnica locacional para sua exploração em outra área.

A questão se torna ainda mais complexa quando se verifica que o Código Florestal, embora tenha autorizado expressamente a exploração minerária nas chamadas áreas de Preservação Permanente, em nenhum momento autoriza ou veda, de forma expressa, o desenvolvimento de atividades minerárias em áreas de Reserva Legal. Por consequência, com o objetivo de contornar o aparente silêncio do Código Florestal, o que se observa é que alguns Estados-membros têm editado leis autorizando expressamente o desenvolvimento de atividades minerárias em áreas de Reserva Legal, no exercício da competência concorrente prevista no artigo 24, incisos VI, VII e VIII, da Constituição Federal[10]. É o caso, por exemplo, dos Estados de Goiás e Rondônia, que editaram, respectivamente, as Leis Estaduais n.º 18.104,

---

10 Art. 24. Compete à União, aos Estados e ao Distrito Federal legislar concorrentemente sobre: [...] VI - florestas, caça, pesca, fauna, conservação da natureza, defesa do solo e dos recursos naturais, proteção do meio ambiente e controle da poluição;VII - proteção ao patrimônio histórico, cultural, artístico, turístico e paisagístico;VIII - responsabilidade por dano ao meio ambiente, ao consumidor, a bens e direitos de valor artístico, estético, histórico, turístico e paisagístico [...].

de 18 de julho de 2013[11], e n.º 3.925, de 17 de outubro de 2016[12], admitindo expressamente o desenvolvimento de atividades minerárias em áreas de Reserva Legal.

Diante desse cenário, a questão que se impõe, em primeiro lugar, é se os Estados-membros podem, diante do aparente silêncio do Código Florestal, editar leis autorizando expressamente o desenvolvimento de atividades minerárias em áreas de Reserva Legal. Em caso de resposta positiva, resta saber, ainda, de que forma essa exploração

---

11 Art. 30. **Será permitida a exploração da Reserva Legal, para fins de utilidade pública, interesse social, exploração mineral, pesquisa científica ou construção de barragens**, mediante o licenciamento do órgão ambiental estadual competente, respeitados outros requisitos previstos na legislação aplicável, bem como **a realização da compensação ou regeneração da área utilizada**. Parágrafo único. Será permitida a exploração de áreas consideradas de vocação minerária ou construção de barragens, mediante a aprovação prévia de projeto técnico de compensação ou regeneração da flora, pelo órgão ambiental estadual competente:I - no caso da supressão da Reserva Legal de que trata o caput deste artigo, é obrigatória, antes da realização da supressão, a apresentação das medidas compensatórias junto ao órgão ambiental estadual;II - serão aceitas como medidas compensatórias a realocação da Reserva Legal dentro da propriedade, a compensação da reserva extrapropriedade ou a doação de área para Unidade de Conservação;III - a compensação por reserva extrapropriedade, das áreas superficiais ocupadas por atividades minerárias, deverá ser prioritariamente implantada no Estado de Goiás, incidindo 5% (cinco por cento) a mais da área equivalente à área utilizada pela mineração que será compensada. (Grifo nosso).

12 Art. 2º. Todo empreendimento minerário que dependa de supressão de vegetação em área de Reserva Legal para a extração de substâncias minerais deverá, antes da emissão da respectiva autorização do Órgão Ambiental Estadual para supressão de vegetação, adotar, isolada ou cumulativamente, as seguintes medidas compensatórias florestais:I - implantação de Reserva Particular do Patrimônio Natural - RPPN;II - doação de área ao Estado de Rondônia para a implantação de nova Unidade de Conservação do Grupo de Proteção Integral; e/ouIII - instituição de servidão ambiental de caráter perpétuo.
§1º. **A área a ser ofertada para compensação florestal, na forma deste artigo, deverá: I - ter dimensão 20% (vinte por cento) maior que a área de cobertura vegetal inserida em Reserva Legal a ser suprimida pelo empreendimento minerário**;II - estar localizada no mesmo bioma da área de Reserva Legal a ser compensada e, prioritariamente, na área de influência do empreendimento; e III - estar localizada no território do Estado de Rondônia.
§2º. As medidas de caráter compensatório de que trata este artigo não são exigíveis à atividade de pesquisa mineral em área de Reserva Legal.
§3º. O cumprimento das medidas compensatórias previstas neste artigo não dispensa o empreendedor do atendimento das demais medidas ecológicas, de caráter mitigatório e compensatório, previstas em Lei ou em outro ato normativo federal, estadual ou municipal, a exemplo da obrigação prevista no artigo 36, da Lei Federal nº 9.985, de 18 de julho de 2000, que "Regulamenta o art. 225, § 1º, incisos I, II, III e VII da Constituição Federal, institui o Sistema Nacional de Unidades de Conservação da Natureza e dá outras providências.".
Art. 3º. Sem prejuízo das medidas ecológicas, de caráter mitigatório e compensatório, definidas no respectivo Processo de Licenciamento Ambiental, os titulares da atividade de extração de substâncias minerais em área de Reserva Legal ficam igualmente obrigados a recuperar o ambiente degradado, de acordo com a solução técnica exigida pelo Órgão Ambiental. (Grifo nosso).

deve ocorrer, considerando que eventuais legislações estaduais não podem contrariar o regime jurídico de proteção da Reserva Legal previsto no Código Florestal.

Passa-se, pois, a analisar cada uma das referidas questões.

4. Possibilidade de exploração minerária sustentável em área de reserva legal

Sabe-se que, ao tratar da competência para legislar sobre florestas e meio ambiental, a Constituição Federal estabelece, em seu artigo 24 e incisos, que:

> Art. 24. Compete à União, aos Estados e ao Distrito Federal legislar concorrentemente sobre:
>
> [...]
>
> VI - florestas, caça, pesca, fauna, conservação da natureza, defesa do solo e dos recursos naturais, proteção do meio ambiente e controle da poluição;
>
> VII - proteção ao patrimônio histórico, cultural, artístico, turístico e paisagístico;
>
> VIII - responsabilidade por dano ao meio ambiente, ao consumidor, a bens e direitos de valor artístico, estético, histórico, turístico e paisagístico;
>
> § 1º. No âmbito da legislação concorrente, a competência da União limitar-se-á a estabelecer normas gerais.
>
> § 2º. A competência da União para legislar sobre normas gerais não exclui a competência suplementar dos Estados.
>
> § 3º. Inexistindo lei federal sobre normas gerais, os Estados exercerão a competência legislativa plena, para atender a suas peculiaridades.
>
> § 4º. A superveniência de lei federal sobre normas gerais suspende a eficácia da lei estadual, no que lhe for contrário.

Vê-se, pois, que a Constituição Federal atribui à União e aos Estados competência concorrente para legislar sobre proteção do meio ambiente. Observa-se, ainda, que, no âmbito desta competência, incumbe à União o estabelecimento de normas gerais, cabendo aos Estados, *a contrario sensu*, a edição de normas específicas. Infere-se, por fim, que, no caso de inércia legislativa da União, os Estados poderão suplementá-la, fixando as regras gerais sobre a matéria.

Logo, diante da inexistência de previsão expressa no Código Florestal no sentido de autorizar, ou vedar, a mineração em área de Reserva Legal, nada impede que os Estados-membros, respeitando as regras gerais previstas na legislação federal, editem normas autorizando expressamente esse tipo de exploração mineral, no exercício da competência concorrente prevista no artigo 24, incisos VI, VII e VIII, da Constituição Federal.

Não se pode perder de vista, entretanto, que, para ser reputada constitucional, qualquer legislação estadual que venha a autorizar a exploração minerária em áreas de Reserva Legal deve ser baseada no princípio da sustentabilidade ambiental, compatibilizando a degradação inerente ao processo de mineração com a necessária preservação desses espaços territoriais especialmente protegidos.

De fato, como se sabe, a sustentabilidade, desenvolvida a partir do clássico conceito de desenvolvimento sustentável[13], tem por objetivo promover o desenvolvimento social, econômico, ambiental, ético e jurídico-político, assegurando as condições favoráveis para o bem-estar das gerações presentes e futuras[14], devendo ser consideradas, notadamente em sua dimensão econômica, as externalidades negativas das atividades a serem desenvolvidas.

A noção de sustentabilidade, embora presente em diversas searas do conhecimento, centra-se, essencialmente, nas relações dicotômicas entre economia e meio ambiente (ecologia)[15].

No caso da mineração, são produzidas, indubitavelmente, diversas externalidades negativas, como visto acima, além do que, via de regra, as áreas que são objeto de exploração não podem ser restituídas à condição anterior à intervenção humana.

Nesse contexto, uma forma de compatibilizar a exploração minerária com o regime jurídico de proteção da Reserva Legal consiste em estabelecer medidas

---

13 "Esposa, para dizer de outro modo, o modelo da multidimensionalidade do desenvolvimento, a favor do ambiente limpo (material e imaterialmente), marchando para além do festejado conceito do Relatório Brundtland, ainda centrado em necessidades materiais. Como enfatizado, representou, em sua época, progresso notável, digno de louvor, mas se mostra imprescindível, pelas razões expostas, deixar nítido que as necessidades não podem ser aquelas artificiais, fabricadas ou inflacionadas pelo hiperconsumismo em cascata." (FREITAS, Juarez. **Sustentabilidade**: direito ao futuro. 3. ed. Belo Horizonte: Fórum, 2016, p. 321).

14 FREITAS, Juarez. **Sustentabilidade**: direito ao futuro. 3. ed. Belo Horizonte: Fórum, 2016, p. 52-53).

15 VEIGA, José Eli da. **Sustentabilidade**: a legitimação de um novo valor. São Paulo: Editora Senac, pos. 71-73. [e-Book Kindle].

compensatórias florestais que proporcionem um "ganho ambiental", sem prejuízo da necessária recuperação da área explorada.

Nesse sentido, conforme já dito, alguns Estados-membros, a exemplo de Goiás (Lei Estadual nº 18.104, de 18 de julho de 2013) e Rondônia (Lei Estadual nº 3.925, de 17 de outubro de 2016), admitem expressamente mineração em áreas de Reserva Legal, contanto que, no processo de licenciamento ambiental, sejam estabelecidas medidas compensatórias florestais que proporcionem um efetivo "ganho ambiental".

No caso dos Estados de Goiás e Rondônia, por exemplo, os interessados em desenvolver atividades minerárias em área de Reserva Legal, além da obrigação de recuperar a área explorada, devem adotar medidas compensatórias florestais, destinando à preservação áreas maiores do que aquelas efetivamente exploradas. Trata-se, pois, de interessante alternativa adotada pelos referidos Estados-membros, com o claro intuito de promover uma exploração minerária ecologicamente sustentável, preservando-se, tanto quanto possível, as funções ecológicas das florestas.

No que diz respeito especificamente ao Estado de Rondônia, a exploração de recursos minerais em área de Reserva Legal, além de ser submetida a regular licenciamento ambiental, com as obrigações a ele inerentes, impõe ao interessado o dever não só de recuperar a área degradada, mas, também, de ofertar outra área com dimensão 20% superior àquela explorada, seja na forma de Reserva Particular do Patrimônio Natural (RPPN), seja na forma de doação de área ao Estado para implantação de nova unidade de conservação de proteção integral, seja na forma de servidão ambiental de caráter perpétuo. Veja-se:

> Art. 2º. Todo empreendimento minerário que dependa de supressão de vegetação em área de Reserva Legal para a extração de substâncias minerais deverá, antes da emissão da respectiva autorização do Órgão Ambiental Estadual para supressão de vegetação, adotar, isolada ou cumulativamente, as seguintes medidas compensatórias florestais:
>
> I - implantação de Reserva Particular do Patrimônio Natural - RPPN;
>
> II - doação de área ao Estado de Rondônia para a implantação de nova Unidade de Conservação do Grupo de Proteção Integral; e/ou
>
> III - instituição de servidão ambiental de caráter perpétuo.
>
> §1º. A área a ser ofertada para compensação florestal, na forma deste artigo, deverá: I - ter dimensão 20% (vinte por cento) maior que a área de cobertura vegetal inserida em Reserva Legal a ser suprimida pelo empreendimento minerário;

> II - estar localizada no mesmo bioma da área de Reserva Legal a ser compensada e, prioritariamente, na área de influência do empreendimento; e
>
> III - estar localizada no território do Estado de Rondônia.
>
> §2º. As medidas de caráter compensatório de que trata este artigo não são exigíveis à atividade de pesquisa mineral em área de Reserva Legal.
>
> §3º. O cumprimento das medidas compensatórias previstas neste artigo não dispensa o empreendedor do atendimento das demais medidas ecológicas, de caráter mitigatório e compensatório, previstas em Lei ou em outro ato normativo federal, estadual ou municipal, a exemplo da obrigação prevista no artigo 36, da Lei Federal nº 9.985, de 18 de julho de 2000, que "Regulamenta o art. 225, § 1º, incisos I, II, III e VII da Constituição Federal, institui o Sistema Nacional de Unidades de Conservação da Natureza e dá outras providências.".
>
> Art. 3º. Sem prejuízo das medidas ecológicas, de caráter mitigatório e compensatório, definidas no respectivo Processo de Licenciamento Ambiental, os titulares da atividade de extração de substâncias minerais em área de Reserva Legal ficam igualmente obrigados a recuperar o ambiente degradado, de acordo com a solução técnica exigida pelo Órgão Ambiental.

Em outras palavras, significa dizer que, se o empreendedor realizar a exploração minerária de 10 hectares de Reserva Legal, deverá, além de recuperar a área degradada pelo empreendimento, ofertar outra com, no mínimo, 12 hectares de cobertura vegetal, que será objeto de especial preservação.

É dizer: além de atender as exigências ordinárias do licenciamento ambiental, o interessado deverá compensar a área de Reserva Legal explorada com outra área maior, proporcionando um efetivo "ganho ambiental" e, dessa forma, conciliando o interesse econômico-social decorrente da exploração minerária com a proteção ao meio ambiente e as exigências da sustentabilidade.

Sobre a necessidade de se considerar a perspectiva da sustentabilidade no licenciamento ambiental de atividades minerárias, vale trazer à colação, por elucidativas, as lições de Newton Teixeira Carvalho, Émilien Vilas Boas Reis[16] e Mariza Rios, os quais preceituam que:

> No Brasil o licenciamento ambiental, a partir da Constituição Federal de 1988 e leis ordinárias subsequentes ou recepcionadas por aquela Car-

---

16 CARVALHO, Newton Teixeira; REIS, Émilien Vilas Boas; RIOS, Mariza (Coordenadores). **Estado de exceção ambiental**. Belo Horizonte: Del Rey, 2015, p. 84-85.

ta Fundamental, há que se considerar a perspectiva da sustentabilidade, principalmente considerando o impacto que a extração de minério causa ao meio ambiente e à sociedade, sobretudo no tocante às populações localizadas próximas à [sic] estas extrações. Assim e a partir da atual Constituição Federal o princípio do desenvolvimento sustentável é estendido às atividades minerarias. A partir de então, os princípios do direito minerário devem ser observados considerando a coletividade, mormente em razão da supremacia do interesse público sobre o particular, bem como em razão da destinação do bem mineral ao uso comunitário, além de as concessões exigirem observância de critérios técnicos na exploração mineral, visando a um melhor aproveitamento, com o mínimo de desperdiço. Portanto e principalmente no setor minerário, o desenvolvimento sustentável é uma exigência indeclinável, no mundo de hoje. [...]. (CARVALHO, Newton Teixeira; REIS, Émilien Vilas Boas; RIOS, Mariza (Coordenadores). **Estado de exceção ambiental**. Belo Horizonte: Del Rey, 2015, p. 84-85)

Assim, como se vê, é lícito aos Estados-membros editar leis autorizando a exploração minerária de áreas de Reserva Legal, no exercício da competência concorrente prevista no artigo 24, incisos VI, VII e VIII, da Constituição Federal. Tal exploração, entretanto, deve ocorrer de modo a garantir a preservação do meio ambiente no presente e para as futuras gerações, ideia elementar do princípio da sustentabilidade, "sem endossar o crescimento econômico irracional, aético, cruel e mefistofélico".[17]

Considerações finais

Pelos argumentos detalhados acima, verifica-se que, diante da inexistência de previsão expressa no Código Florestal no sentido de autorizar, ou vedar, a mineração em área de Reserva Legal, nada impede que os Estados-membros editem normas autorizando expressamente esse tipo de exploração mineral, no exercício da competência concorrente prevista no artigo 24, incisos VI, VII e VIII, da Constituição Federal.

Todavia, para que sejam reputadas constitucionais, é imprescindível que eventuais leis estaduais que autorizem a exploração minerária em área de Re-

---

17 FREITAS, Juarez. **Sustentabilidade**: direito ao futuro. 3. ed. Belo Horizonte: Fórum, 2016, p. 118.

serva Legal sejam baseadas no princípio da sustentabilidade ambiental, compatibilizando a degradação inerente ao processo de mineração com a preservação desses espaços territoriais especialmente protegidos.

Nesse contexto, uma forma de compatibilizar a exploração minerária com o regime jurídico de proteção da Reserva Legal consiste em estabelecer medidas compensatórias florestais que proporcionem um "ganho ambiental", sem prejuízo da necessária recuperação da área degradada explorada.

Um exemplo de medida compensatória que proporciona um "ganho ambiental" é aquela prevista na Lei nº 3.925, de 17 de outubro de 2016, do Estado de Rondônia. De acordo com este Diploma Legal, todo empreendimento minerário que dependa de supressão de vegetação em área de Reserva Legal para extrair substâncias minerais deverá não só recuperar a área que vier a ser degradada, mas, também, adotar, isolada ou cumulativamente, as seguintes medidas compensatórias florestais: implantar área de Reserva Particular do Patrimônio Natural (RPPN); doar área ao Estado de Rondônia para a implantação de nova Unidade de Conservação do Grupo de Proteção Integral; e/ou instituir servidão ambiental de caráter perpétuo. Em qualquer desses casos, a área a ser ofertada para compensação florestal deverá ter dimensão, no mínimo, 20% maior que a área de cobertura vegetal inserida na Reserva Legal a ser suprimida pelo empreendimento minerário, assegurando-se, dessa forma, um "ganho ambiental".

Assim, com o estabelecimento de medidas compensatórias florestais que proporcionem um "ganho ambiental", assegura-se, a um só tempo, a exploração minerária das áreas de Reserva Legal e a manutenção do meio ambiente ecologicamente equilibrado para as presentes e futuras gerações, satisfazendo-se, dessa forma, as exigências da sustentabilidade.

Referências bibliográficas

ANTUNES, Paulo de Bessa. **Direito ambiental**. 6. ed. Rio de Janeiro: Lúmen Juris, 2004.

BRASIL. Conselho Nacional do Meio Ambiente. Resolução nº 237, de 19 de dezembro de 1997. **Diário Oficial da União**, Brasília, 22 dez. 1997. Disponível em: <http://www.mma.gov.br/port/conama/res/res97/res23797.html>. Acesso em:8 mar.2018

_____. Constituição da República Federativa do Brasil de 1988. Nós, representantes do povo brasileiro, reunidos em Assembléia Nacional Constituinte para instituir um Estado Democrático... **Diário Oficial da União**, Brasília, 5 out. 1988. Disponível em: <http://www.planalto.gov.br/ccivil_03/constituicao/constituicao.htm>. Acesso em: 8 abr.2018.

_____. Lei n. 12.651, de 25 de maio de 2012. Dispõe sobre a proteção da vegetação nativa... **Diário Oficial da União**, Brasília, 28 mai. 2012. Disponível em: <http://www.planalto.gov.br/ccivil_03/_ato2011-2014/2012/lei/L12651compilado.htm>. Acesso em: 8 abr.2018.

_____. Superior Tribunal de Justiça. Recurso Especial 1.179.316/SP. Relator: Ministro Teori Albino Zavascki - Primeira Turma. **Diário de Justiça Eletrônico**, Brasília, 29 jun. 2010. Disponível em: <https://ww2.stj.jus.br/processo/revista/inteiroteor/?num_registro=200902357386&dt_publicacao=29/06/2010>. Acesso em: 8 abr. 2018.

CARVALHO, Edson Ferreira de. **Curso de direito florestal brasileiro**: sistematizado e esquematizado. Curitiba: Juruá, 2013.

CARVALHO, Newton Teixeira; REIS, Émilien Vilas Boas; RIOS, Mariza (Coordenadores). **Estado de exceção ambiental**. Belo Horizonte: Del Rey, 2015.

FIGUEIREDO, Guilherme José Purvin de. **Curso de direito ambiental**. 5. ed. São Paulo: Revista dos Tribunais, 2012.

FREITAS, Juarez. **Sustentabilidade**: direito ao futuro. 3. ed. Belo Horizonte: Fórum, 2016.

GOIÁS. Lei Ordinária n. 18.104, de 18 de julho de 2013. Dispõe sobre a proteção de vegetação... **Diário Oficial do Estado**, Goiânia, 23 jul. 2013. Disponível em: <http://www.gabinetecivil.goias.gov.br/leis_ordinarias/2013/lei_18104.htm>. Acesso em: 8 abr. 2018.

LOPES, Márcio Mauro Dias. **A atividade minerária e os espaços especialmente protegidos e/ou com restrição de uso**. Centro de estudos e pesquisas tecnológicas em direito minerário ambiental. São Paulo: PUC. Disponível em: <http://www4.pucsp.br/direito-minerario/downloads/producao-cientifica/Mineracao-em-EEP.pdf>. Acesso em: 28 abr. 2018.

MILARÉ, Édis. **Direito do ambiente**. 8. ed. São Paulo: Revista dos Tribunais, 2013.

PASOLD, César Luiz. **Metodologia da pesquisa científica**. 15. ed. Florianópolis: Ed. Conceito, 2015.

RONDÔNIA. Lei Ordinária n. 3.925, de 17 de outubro de 2016. Estabelece medidas compensatórias florestais para empreendimentos minerários localizados em área de reserva legal e dá outras providências. **Diário Oficial do Estado**, Porto Velho, 17 out. 2016. Disponível em: <http://cotel.casacivil.ro.gov.br/cotel/Livros/detalhes.aspx?coddoc=26916>. Acesso em: 8 abr. 2018.

SILVA, José Afonso da. **Direito ambiental constitucional**. 3. ed. rev. São Paulo: Malheiros, 2000.

SOUZA, Maurício Pellegrino de; CASTRO, Paula Azevedo de. **Pesquisa mineral em reserva legal**. In: THOMÉ, Romeu (Org.). Mineração e meio ambiente: análise jurídica interdisciplinar. Rio de Janeiro, Lumen Juris, 2017.

THOMÉ, Romeu. **Manual de direito ambiental**. 4. ed. Salvador: JusPodivm, 2014.

VEIGA, José Eli da. **Sustentabilidade**: a legitimação de um novo valor. São Paulo: Editora Senac, pos. 71-73. [e-Book Kindle]

A autonomia dos Poderes e Órgãos Independentes e os Sistemas de Repasse de Duodécimos Fixos e Variáveis: Uma análise da Decisão do Supremo Tribunal Federal no MS nº 34483 e a Decisão do CNJ no Procedimento de Controle Administrativo nº 0006293-54.2016.2.00.0000

Artur Leandro Veloso de Souza

Resumo

O artigo debruçar-se-á sobre a sistemática de repasse de receitas travada entre os Poderes Constituídos e os Órgãos Independentes dos Entes Federativos. Partirá da teoria da tripartição de Poderes idealizada por Montesquieu, analisando as funções típicas/atípicas de cada um deles. Analisará o sistema constitucional e infraconstitucional de repasse dos duodécimos aos Poderes e aos Órgãos Constituídos. Avaliará os sistemas de repasse de duodécimo fixo e variável utilizados em diversos Estados da Federação e no Estado de Rondônia. Ao cabo, realizará análise sobre a Decisão do Supremo Tribunal Federal no MS nº 34483 e a Decisão do Conselho Nacional de Justiça no Procedimento de Controle Administrativo nº 0006293-54.2016.2.00.0000

Palavras-Chave: Duodécimos. Receita. Despesa. Supremo Tribunal Federal. CNJ.

Abstract

The article will focus on the system of revenue transfer between the Powers and the Independent Bodies of the Federative Institutions. It will depart from the theory of the tripartition of Powers idealized by Montesquieu, analyzing the typical / atypical functions of each of them. It will analyze the constitutional and infraconstitutional system of transfer of the twelfths to the Powers and to the Constituted Organs. It will evaluate the systems of transfer of fixed and variable twelfths used in several States of the Federation and in the State of Rondônia. In the end, it will analyze the Decision of the Supreme Federal Court in MS nº. 34483 and the Decision of the National Council of Justice in the Administrative Control Procedure nº. 0006293-54.2016.2.00.0000

Keywords: Twelfths. Recipe. Expense. Federal Court of Justice. National Councilof Justice.

1. Introdução

O Estado, analisado na renomada obra de Thomas Hobbes, **O Leviatã**, é entendido como o ente da criação humana destinado a garantir a segurança, o cumprimento dos pactos e fazer imperar a justiça. Hobbes defendia que existem dois cenários distintos: (i) *o natural*: onde não existe o Estado, e o "homem é lobo do próprio homem" e (ii) *o político-social*: onde a criação humana concebe a existência desse Ente, o Estado. Na concepção de Hobbes a vida sem o Estado "é solitária, pobre, sórdida, embrutecida e curta"[18].

Inúmeros pensadores dedicaram sua vida à análise das vertentes e peculiaridades que cercam o Estado – Immanuel Kant, Max Weber, John Locke, Jean-Jacques Rousseau, dentre tantos outros. As diversas definições se aproximam ao entender que o Estado, além de necessário e indispensável para a convivência do homem em sociedade, é detentor de um *poder* que se concretiza e é vertido na prestação de serviços públicos.

O Prof. Paulo Bonavides[19], analisando esse *poder* do Estado, defende que é o "elemento essencial constitutivo do Estado, o poder representa sumariamente aquela energia básica que anima a existência de uma comunidade humana num determinado território, conservando-a unida, coesa e solidária". O poder, portanto, como elemento motriz e essencial à existência do próprio Estado, é uno, indivisível e indelegável. É através desse Poder que o Estado cumpre o seu papel.

---

18 HOBBES, Thomas. **Leviatã ou matéria, forma e poder de um estado eclesiástico e civil**. Trad. João Paulo Monteiro e Maria Beatriz Nizza da Silva. 2. ed. São Paulo: Abril Cultural, 1979. (Os pensadores)

19 BONAVIDES, Paulo. **Ciência Política**. 20. ed., São Paulo: Malheiros Editores, 2013, p.115.

A despeito de reconhecidamente uno, é funda e reconhecida a teoria da tripartição dos Poderes, que o divide em Poder Executivo, Poder Legislativo e Poder Judiciário. Essa teoria, atribuída a Montesquieu[20], entende que existem "funções" distintas a serem desempenhadas pelo Estado, que distribui o poder político a distintos órgãos.

O Estado, portanto, como elemento de força e pacificação social, "não é um fim em si mesmo"[21], mas sim destinado a atender aos anseios e desejos da sociedade. Essa dinâmica reparte o Estado em diferentes Poderes, aos quais a Carta Constituinte de 1988 vai consagrar como independentes e harmônicos[22].

A harmonia dos Poderes é bem desenvolvida dentro da teoria dos freios e contrapesos (*check in balance*) pelo Prof. José Alfonso da Silva[23]. Lado outro, a independência passa pelo respeito à autonomia das decisões (aqui militam diversas teorias, chamando atenção a "Doutrina Chenery"[24], a Teoria da Reserva da Administração[25], dentre outras), mas também pela necessária suficiência econômica.

Os Poderes, para se desincumbirem do papel outorgado pelo Legislador Constituinte, dependem da necessária capacidade econômica e financeira para desenvolver o seu mister.

E é exatamente nesse ponto que o presente artigo buscará centrar a sua análise: os repasses de recursos orçamentários e financeiros previstos no Ar-

---

20 MONTESQUIEU, Charles de.**O Espírito das Leis (De l'espritdeslois)**, XI, 5, 1748.
21 Frase atribuída a João Calvino (1509-1564).
22 Art. 2º: São Poderes da União, independentes e harmônicos entre si, o Legislativo, o Executivo e o Judiciário.
23 Em sua obra, o Prof. José Alfonso da Silva leciona que "A *harmonia entre os poderes*verifica-se primeiramente pelas normas de cortesia no trato recíproco e no respeito às prerrogativas e faculdades a que mutuamente todos têm direito. De outro lado, cabe assinalar que nem a divisão de funções entre os órgãos do poder nem a sua independência são absolutas. Há interferência, que visão ao estabelecimento de um sistema de freios e contrapesos, à busca do equilíbrio necessário à realização de bem de coletividade e indispensável para evitar o arbítrio e o desmando de um em detrimento do outro e especialmente dos governados". SILVA, José Afonso da. **Curso de Direito Constitucional Positivo**. 38. ed. São Paulo: Malheiros Editores, 2015, p. 112.
24 Expus, resumidamente, os contornos da Doutrina *Chenery* em *post* do meu blog. Cf.: <http://fazevedo.com.br/2018/08/12/doutrina-chenery/>.
25 A teoria da reserva da administração é aquela que defende com um núcleo essencial de atividades do Poder Executivo e da Administração Público que não se submete à ingerência dos demais poderes. Segundo Canotilho, reserva de administração é definida como "um núcleo funcional de administração 'resistente' à lei, ou seja, um domínio reservado à administração contra as ingerências do parlamento". CANOTILHO, José Joaquim Gomes. **Direito constitucional e teoria da Constituição**.5. ed. Coimbra: Almedina, 2001, p. 739

tigo 168 da CONSTITUIÇÃO FEDERAL - CF[26] – denominados de repasses duodecimais. Na medida em que a sistemática de custeio da Administração Pública é amparada em previsões orçamentárias – Plano Plurianual (PPA), Lei de Diretrizes Orçamentárias (LDO) e Lei Orçamentária Anual (LOA) –, a realização de atividades, com o consequente dispêndio de recursos públicos, passa necessariamente pelo repasse de duodécimos.

Ao longo dos últimos anos, os Estados desenvolveram dinâmicas distintas de repasse de recursos, surgindo de um lado um sistema de repasse duodecimal denominado de *orçado* e, do outro, um nominado de repasse pelo *realizado*. As breves linhas a seguir buscarão apresentar ao leitor em que consistem essas diferentes sistemáticas, as suas peculiaridades, vantagens e desvantagens, sopesadas dentro da sistemática da tripartição dos Poderes, e as funções típicas e atípicas de cada um deles.

Ainda, buscaremos analisar as razões que conduziram o Supremo Tribunal Federal – STF no âmbito da importante decisão do MS nº 34483. Neste processo, sopesando a grave crise econômica por que passava o Estado do Rio de Janeiro, o STF autorizou o Poder Executivo a reduzir o repasse de duodécimo, proporcional à queda da arrecadação. Essa paradigmática decisão pôs outra luz na sistemática de repasse de duodécimos.

O artigo buscará também apurar as peculiaridades da postura adotada pelo Conselho Nacional de Justiça – CNJ no Procedimento de Controle Administrativo nº 0006293-54.2016.2.00.0000. O CNJ, em posição vanguardista, autorizou o Poder Executivo a reduzir os repasses de duodécimos ante a existência de recursos subutilizados na gestão do Poder Judiciário.

O tema levará o leitor a passear não apenas pelos conceitos tradicionais da teoria geral do Estado, do direito constitucional e do direito orçamentário e financeiro, mas buscará trazer luz das, nem tão novas, teorias do neoconstitucionalismo e do ativismo judicial na gestão financeira e orçamentária, tão em voga no pós-modernismo.

---

26 Art. 168. Os recursos correspondentes às dotações orçamentárias, compreendidos os créditos suplementares e especiais, destinados aos órgãos dos Poderes Legislativo e Judiciário, do Ministério Público e da Defensoria Pública, ser-lhes-ão entregues até o dia 20 de cada mês, em duodécimos, na forma da lei complementar a que se refere o art. 165, § 9º.

2. A Separação dos Poderes e as funções típicas e atípicas

O Estado, como ente destinado a exercer o poder de polícia, o fomento e a prestação de serviço público, ao desempenhar o seu papel constitucional, o faz pelos seus diferentes órgãos, cuja eficácia é amparada pelo seu respectivo Poder. As diferentes funções desempenhadas pelo Estado são delineadas e desenhadas inicialmente por Aristóteles[27]. É através do filósofo grego, dentro de sua obra **Política**[28], que se tem as primeiras referências da base teórica da separação dos Poderes.

A teoria da separação dos poderes foi desenvolvida por John Locke[29], por Rousseau[30], para finalmente tomar os contornos conhecidos atualmente através da obra de Montesquieu[31]. O Estado, portanto, compõe-se de Poderes, segmentos estruturais internos destinados à execução de funções específicas, segundo Carvalho Filho[32]: Os poderes de Estado, como estruturas internas destinadas à execução de certas funções, foram concebidos por Montesquieu em sua clássica obra, **De l'esprit dês lois**, pregando que entre eles deveria haver necessário equilíbrio, de forma a ser evitada a supremacia de qualquer deles sobre outro.

Sucede que, muito embora a teoria da repartição dos poderes, exposta por Montesquieu, tenha sido adotada em diversos Estados Modernos, a teoria, com o decorrer do tempo, fora abrandada. A presença das realidades sociais e históricas passou a permitir uma maior interpenetração entre os Poderes, atenuando a teoria que pregava a separação pura e absoluta deles

Em decorrência disto, nasce a distinção entre funções típicas (predominantes) e atípicas dos poderes que compõem o Estado:

> **Legislativo:** *típica*: legislar e fiscalização contábil, financeira, orçamentária e patrimonial do Executivo. Atípica: de **natureza executiva**, dispor sobre sua organização, provendo cargos, concedendo férias, licenças a

---

27 Disponível em <https://www.suapesquisa.com/aristoteles/>. Acesso em: 10 fev. 2018.
28 **Política**, IV 11, 1298a. apud: SILVA, José Afonso da. **Curso de direito constitucional positivo**. 39. ed. rev. e atual. São Paulo: Malheiros, 2016, p. 111
29 **Ensayo sobre elgobierno civil**, XII, §§ 143 a 148. *Apud*: SILVA, José Afonso da. **Curso de direito constitucional positivo**. 39. ed. rev. e atual. São Paulo: Malheiros, 2016, p. 111.
30 **Du contrat social**, III, 1. Idem, Ibidem.
31 **De l'esprit des lois**, XI, 5. Idem, Ibidem.
32 RAMOS FILHO, Carlos Alberto de Moraes.**Curso de direito financeiro**.São Paulo: Saraiva, 2012, p. 2.

servidores etc; **Natureza jurisdicional:** o Senado julga o Presidente da República nos crimes de responsabilidades.

Executivo: *típica:* prática de atos de chefia de Estado, chefia de governo e atos de administração. Atípica: **natureza legislativa:** o Presidente da República, por exemplo, adota medida provisória; **Natureza jurisdicional:** o Executivo julga, apreciando defesas e recursos administrativos.

Judiciário: *típica:* julgar, dizendo o direito no caso concreto e dirimindo os conflitos que lhe são levados, quando da aplicação da lei. *Atípicos:* **natureza legislativa:** regimento interno de seus tribunais; **Natureza executiva:** administra, ao conceder licenças e férias aos magistrados e serventuários.

Os Poderes, independentes entre si, atuam, cada qual, dentro de sua parcela de competência constitucional. Nesse sentido, é o Poder Executivo aquele em que se atribuiu, direta e imediatamente, a consecução dos serviços públicos indispensáveis e essenciais à população. Inclui-se no plexo de competência do Poder Executivo a função de promover todo o papel de arrecadação das receitas públicas, sejam elas originárias, sejam elas derivadas[33].

A Administração Fazendária, imbuída pela série de prerrogativas e direitos constitucionais e infraconstitucionais, é a quem o legislador constituinte imbuiu a atividade de "tributar". E utilizo o termo aqui não apenas vertido na ação de arrecadar os tributos estabelecidos no prisma do Artigo 145 da Constituição Federal - CONSTITUIÇÃO FEDERAL - CF, mas no sentido etimológico da palavra, muito bem apresentada pelo Prof. Luciano Amaro: "O tributo (*tributum*) seria o resultado dessa ação estatal, indicando o ônus distribuído entre os súditos. A atividade arrecadatória do Estado"[34]. Acrescento para indicar sejam elas receitas correntes, sejam elas de capital.

Não se discute, de fato, o papel importante do Poder Judiciário na arrecadação de recursos públicos. Dados prestados pelo Conselho Nacional de Justiça – CNJ apontam que, em 2016, a Justiça Federal arrecadou mais de 18,8 bilhões

---

33 As receitas públicas, quanto à origem, podem ser classificadas em: (i) originárias: São as receitas que decorrem da exploração dos bens públicos. Não são, portanto, as receitas tributárias. Aqui estão, por exemplo, as receitas auferidas com contratos, concessões, doações, etc; (ii) derivadas: São as receitas tributárias. Estas são arrecadas pelo Estado mediante o constrangimento do patrimônio privado.

34 AMARO, Luciano. **Direito Tributário Brasileiro**. 21. ed. São Paulo: Saraiva, 2016, p. 38.

de reais[35]. A despeito da representatividade dos valores, são de diminuta importância no cenário global de arrecadação de 3,57 trilhões de reais[36].

Assim, compete ao Poder Executivo o relevante papel de carrear recursos aos cofres públicos. A manutenção da máquina estatal e, por via direta, de todos os Poderes constituídos, passa pelo regular desempenho da atividade de "tributar" do Poder Executivo. É o exercício dessa prerrogativa do Estado que possibilitará que o Poder Executivo não apenas arrecade os recursos públicos, como também promova a repartição das receitas com os demais Poderes.

No tópico a seguir trataremos sobre esse sistema de repasse de recursos aos Poderes.

3. O sistema de repasse de duodécimos aos Poderes e Órgãos independentes

No tópico anterior, vimos que a dinâmica da existência dos Poderes demanda não apenas a coexistência harmônica, mas uma autonomia. Essa autonomia desdobra-se em várias dimensões: administrativa, orçamentária e financeira. Ao que se propõe o presente artigo, centraremos nossa análise na autonomia orçamentária e financeira.

Em linhas gerais, enquanto a autonomia orçamentária consiste na faculdade da elaboração da respectiva proposta orçamentária – devidamente atenta aos limites estipulados pela LDO e às regras constantes na Lei de Responsabilidade Fiscal (LRF) e na CONSTITUIÇÃO FEDERAL - CONSTITUIÇÃO FEDERAL - CF (art. 99, § 3º, e 127, § 4º) –, a autonomia financeira é a faculdade da efetiva utilização dos recursos financeiros a si descentralizados.

Desse modo, a autonomia orçamentária autoriza os Chefes de Poderes a decidirem sobre a conveniência na distribuição de rubricas, obedecidos os limites legais. E a autonomia financeira autoriza o Poder a realizar as despesas[37].

---

35 Informação disponível em: <http://www.cnj.jus.br/noticias/cnj/85480-justica-federal-arrecada-48-das-receitas-proprias-do-judiciario>. Acesso em: 10 fev. 2018.

36 Dados extraídos da LOA 2018, disponível em: <http://www.planejamento.gov.br/assuntos/orcamento-1/orcamentos-anuais/2018/orcamento-anual-de-2018#LOA>. Acesso em: 10 fev. 2018.

37 TORRES, Ricardo Lobo. **Tratado de Direito Constitucional Financeiro e Tributário**: o orçamento na Constituição. 2. ed. Rio de Janeiro: Renovar, 2000. p. 19.

A sistemática da autonomia orçamentária e financeira visa evitar certo estado de subordinação dos demais Poderes ao Poder Executivo[38], assegurando que os recursos correspondentes às suas dotações orçamentárias sejam repassados, na linha do magistério do Prof. Hugo Nigro Mazzilli.[39]

A Constituição Federal - CF/88 consagra o sistema de repasses em seu art. 168, prevendo a entrega dos recursos relativos às dotações orçamentárias aos Poderes Legislativo e Judiciário, ao Ministério Público e à Defensoria Pública até o dia 20 de cada mês, em duodécimos. A regulamentação deste dispositivo, mesmo que ainda não editada, já foi objeto de análise pelo Supremo Tribunal Federal – STF, que decidiu que "somente lei complementar poderá definir os critérios e prazos para o repasse dos recursos a que alude o artigo 168, da Constituição Federal"[40].

Importante destacar que Constituição Federal de 1967 estabelecia uma sistemática de repasse diferente da atual. A Constituição anterior previa que a destinação de dotações à Câmara dos Deputados, ao Senado Federal e aos Tribunais Regionais Federais seria entregue no início de cada trimestre, em quotas estabeleci-

---

38 Nesse sentido, leciona Cretella Júnior: "Em todo setor da atividade humana, a autonomia financeira, regra geral, é condicionante dos outros tipos de autonomias, a administrativa, a didática, a funcional, o mesmo ocorrendo em relação aos três Poderes do Estado. Se ao Poder Executivo cabe a distribuição de recursos aos outros dois Poderes, a falta de autonomia financeira do Poder Judiciário e do Poder Legislativo poderá comprometer, em grau maior ou menor, o desempenho das respectivas funções. Precisamente a autonomia do Poder Legislativo e a do Poder Judiciário, bem como a do Ministério Público, é que levaram o legislador constituinte a redigir o art. 168 da Constituição vigente, assinalando prazo fixo para a entrega, aos órgãos das três entidades citadas, dos recursos correspondentes às dotações orçamentárias, compreendidos os créditos suplementares." Disponível em <http://www.jusbrasil.com.br/diarios/57273591/djrn-judicial-01-08-2013-pg-191>. Acesso em: 10 fev. 2018.

39 "Autonomia financeira é a capacidade de elaboração da proposta orçamentária e de gestão e aplicação dos recursos destinados a prover as atividades e serviços do órgão titular da dotação. Essa autonomia pressupõe a existência de dotações que possam ser livremente administradas, aplicadas e remanejadas pela unidade orçamentária a que foram destinadas. Tal autonomia é inerente aos órgãos funcionalmente independentes, como são o Ministério Público e os Tribunais de Contas, os quais não poderiam realizar plenamente as suas funções se ficassem na dependência financeira de outro órgão controlador de suas dotações. (...) O Ministério Público, entretanto, mais do que isso, por força da atual Constituição, elaborará sua proposta orçamentária dentro dos limites estabelecidos na lei de diretrizes orçamentárias (CONSTITUIÇÃO FEDERAL - CF, art. 127, § 3º), recebendo, em duodécimos, os recursos correspondentes às dotações orçamentárias, inclusive créditos suplementares e especiais (CONSTITUIÇÃO FEDERAL - CF, art. 168)." MAZZILLI, Hugo Nigro. **O Ministério Público na Constituição de 1988**. São Paulo: Editora Saraiva, 1989, p. 61.

40 Conforme ADI n. 1.974-6 RO (Medida liminar) (data de julgamento: 25/11/1998).

das na programação financeira do Tesouro Nacional, com participação percentual nunca inferior à estabelecida pelo Poder Executivo para os seus próprios órgãos[41].

A CONSTITUIÇÃO FEDERAL - CF/88, alterando o método anterior, consagrou a sistemática dos duodécimos. A expressão duodécimo[42] orçamentário é empregada para estabelecer que a distribuição de recursos ocorra por via de uma fração proporcional e constante a ser repassada mensalmente aos Poderes e órgãos independentes.

A despeito de a sistemática estar previamente estabelecida pelo Legislador Constituinte, a base de cálculo e os valores a serem distribuídos aos Poderes e órgãos independentes passa certa margem de discricionariedade de cada Ente Federativo. É dentro desse campo que surge a sistemática de repasses fixa e a variável.

4. Sistemática de repasses fixa e variável: Análise dos diversos sistemas existentes na federação brasileira

O ciclo orçamentário e financeiro segue uma série de fenômenos econômicos. Em linhas gerais, a doutrina nacional entende que a sistemática inicia-se com a etapa da previsão e termina com a de recolhimento[43].

O Orçamento, nas palavras de Carlos A. de Moraes Ramos Filho[44], é o instrumento jurídico que prevê as receitas e fixa as despesas para determinado exercício financeiro. A etapa da receita passa pelo processo de estimativa da arrecadação para o exercício financeiro vindouro. No Estado de Rondônia, o

---

41 Art. 68. O numerário correspondente às dotações destinadas a Câmara dos Deputados, ao Senado Federal e aos Tribunais Regionais Federais será entregue no início de cada trimestre, em quotas estabelecidas na programação financeira do Tesouro Nacional, com participação percentual nunca inferior à estabelecida pelo Poder Executivo para os seus próprios órgãos. (redação dada pela Emenda n. 1, de 1969).

42 Duodécimo é uma palavra que tem, na gramática portuguesa, a função de adjetivo ou de substantivo, dependendo de sua utilização. Como fração, duodécimo é indicação de décima-segunda parte de alguma coisa, uma das doze partes iguais de um inteiro, ou seja, um doze avos. Disponível em < https://www.meusdicionarios.com.br/duodecimo>. Acesso em 13 ago. 2018.

43 BRASIL. Ministério do Planejamento, Desenvolvimento e Gestão. Secretaria de Orçamento Federal. **Manual Técnico de Orçamento - MTO**. Edição 2018. Brasília, 2017.

44 RAMOS FILHO, Carlo Alberto de Moraes. **Direito financeiro esquematizado**. São Paulo: Saraiva, 2015.

processo de projeção de receita segue imbricado processo regulado em Instrução Normativa do TCE/RO[45].

Prevista a receita e estabelecida dentro da Lei Orçamentária Anual, seguem-se as fases do lançamento, arrecadação e o recolhimento.

* Manual Técnico de Orçamento - MTO. Edição 2018. Brasília, 2017

A outra ponta – fixação de despesa – passa pelo estabelecimento dos programas, subprogramas e metas que aquela Unidade Orçamentária – UG pretende realizar no exercício. A classificação das despesas, que passa por diferentes critérios estabelecidos no Manual de Contabilidade Aplicado ao Setor Público – MCASP[46], vai estabelecer onde os Poderes e os órgãos independentes pretendem aplicar os recursos financeiros a si destinados na LOA.

Importante ressalvar que, consoante os ensinamentos do Prof. Valdecir Pascoal, em homenagem ao princípio do equilíbrio orçamentário, as despesas devem ser aprovadas em igualdade à receita estimada[47].

Ultrapassado o processo de planejamento e programação orçamentário, estabelece a LRF que deve o Poder Executivo editar, via Decreto, o cronograma de desembolso[48]. Este não apenas estabelecerá o calendário de utilização dos seus recursos, mas as respectivas cotas de repasse financeiro para cada um dos Poderes e órgãos independentes.

---

45 Instrução Normativa nº 57/2017/TCE RO. Disponível em: <http://www.tce.ro.gov.br/tribunal/legislacao/arquivos/InstNorm-57-2017.pdf.>.

46 Acesso em 10 fev. 2018. Ver <http://www.tesouro.fazenda.gov.br/documents/10180/456785/MCASP+7%C2%AA%20edi%C3%A7%C3%A3o+Vers%C3%A3o+Final.pdf/6e874adb-44d7-490c-8967-b0acd3923f6d>. Acesso em 10. fev. 2018.

47 PASCOAL, Valdecir. **Direito Financeiro e Controle externo**.8. ed. Rio de Janeiro: Elsevier, 2013, p.31.

48 Art. 8º:Até trinta dias após a publicação dos orçamentos, nos termos em que dispuser a lei de diretrizes orçamentárias e observado o disposto na alínea c do inciso I do art. 4º, o Poder Executivo estabelecerá a programação financeira e o cronograma de execução mensal de desembolso.

A sistemática de repasse, como dito, encontra no ordenamento jurídico brasileiro duas modalidades distintas: (i) fixo, planejada ou projetada e (ii) a variável ou executada.

A sistemática de repasse de duodécimo denominada de fixa, panejada ou projetada é aquela em que a remessa de recursos financeiros aos Poderes e órgãos independentes ocorre de acordo com o que foi projetado e mensurado na LOA. Assim, por exemplo, levando em consideração a despesa estimada na LOA 2018 do Estado de Rondônia, o Poder Executivo deveria remeter ao longo do exercício R$ 879 milhões ao Poder Judiciário, independentemente de como se comporte a receita neste período. Isto é, independentemente de a receita estimada se realizar ou não (frustração de receita ou excesso de arrecadação) o repasse de duodécimo deveria seguir aquilo que foi projetado na LOA. Esse sistema é o mais utilizado no País, desconsiderando a realização da receita.

O sistema de repasse de duodécimos denominado de variável ou de acordo com o executado é aquele que privilegia o comportamento da arrecadação. Estabelecida a participação de cada um dos Poderes e órgãos independentes no bolo de receitas do orçamento público anual (geralmente é estabelecido dentro da Lei de Diretrizes Orçamentárias – LDO[49]), o repasse de duodécimo utiliza-se de metodologia de leitura que apura aquilo devidamente arrecadado no mês e efetua a transferência de Recursos, consoante a repartição estabelecida.

Essa sistemática é adotada pelos Estados do Amazonas[50], Pará[51], Paraná[52], Santa Catarina[53] e Rondônia[54]. Graficamente, considerando os diferentes sistemas de repasse de duodécimo, o mapa do Brasil ficaria da seguinte maneira:

---

49 Art. 11, §§ 1º e 2º, da Lei n. 4.112, de 17 de julho de 2017 (Lei de Diretrizes Orçamentárias - LDO 2018).

50 Art. 5º, da Lei de Diretrizes Orçamentárias - LDO. Disponível em <http://www.sefaz.am.gov.br/subMenu.asp?categoria=313>. Acesso em 10 fev. 2018.

51 Art. 17, da Lei de Diretrizes Orçamentárias - LDO. Disponível em <http://seplan.pa.gov.br/ldo-2018>.

52 Art. 14, da Lei de Diretrizes Orçamentárias - LDO. Disponível em <http://www.alep.pr.gov.br/legislacao/leis_orcamentarias>. Acesso em 10 fev. 2018.

53 Art. 27, da Lei de Diretrizes Orçamentárias - LDO. Disponível em <http://www.alesc.sc.gov.br//mural-legislativo/eeaeda62-4b6a-4b6b-803f-9f2c7ad47d38>. Acesso em 10 fev. 2018.

54 Art. 11, da Lei de Diretrizes Orçamentárias - LDO. Disponível em <http://www.sepog.ro.gov.br/Conteudo/Exibir/346>. Acesso em 10 fev. 2018.

Advocacia Pública e Desenvolvimento

FORMA DE REPASSE DOS DUODÉCIMOS DOS ESTADOS BRASILEIROS

Fica claro que o sistema de repasse variado/flutuante/realizado reparte entre todos os órgãos do Ente Federativo a frustração ou o excesso de arrecadação. E explico. A sistemática de repasse de duodécimo planejada, que, como visto, é amplamente majoritária no País, implica na transferência de recursos de acordo com a projeção de receita estimada. Na hipótese de a projeção falhar, apontando receita superior a aquela definitivamente realizada, o Poder Executivo ficará obrigado a repassar "cheio" aos Poderes e órgãos independentes. O que o levará, por via de consequência, a amargar sozinho a queda de arrecadação. No sistema de repasse fixo, planejado, ocorrendo frustração de receita, o Poder Executivo termina absorvendo por completo a perda.

No sistema de repasse variável ou dinâmico, a eventual frustração é repartida igualmente entre todos os entes. Na medida em que o repasse toma em consideração percentuais incidentes na receita que efetivamente ingressaram no Poder Público, reparte-se de maneira igual a perda da receita.

Não se dúvida que a LRF previu mecanismo próprio quando ocorrer a situação de frustação de arrecadação – a limitação de empenho, Artigo 9º da LC

101/00[55]. Mas é bem verdade que o STF, liminarmente, no seio da ADI nº 2.2385, reputou inconstitucional a previsão que autorizava o Poder Executivo a limitar as despesas dos Poderes quando eles não o fizessem em prazo útil (Art. 9º, §3º, LRF).

Nesse sentido, dada a grande vinculação das despesas dos Poderes a despesas correntes, na medida em que a grande fatia de seu orçamento é destinada ao pagamento de remuneração dos seus membros, a limitação de empenho torna-se atividade inócua. O que termina, invariavelmente, por resultar em alocar a frustração integralmente no contingenciamento de recursos a serviços públicos prestados pelo Poder Executivo.

5. A frustração de arrecadação no sistema de repasse de duodécimo fixo e a decisão do STF no MS nº 34483

O demonstrativo dos diferentes sistemas de repasse de duodécimos no País exposto no tópico anterior apontou que o Estado do Rio de Janeiro adota a metodologia fixa ou projetada. Assim, portanto, estabelecidas as receitas e fixadas as despesas, editado o cronograma de desembolso, deve o Poder Executivo efetuar o repasse de duodécimo aos Poderes e órgãos independentes nos valores pré-fixados e dentro do calendário previamente estabelecido.

Socorre que, dentro do exercício de 2016, o Estado do Rio de Janeiro passou por grave crise fiscal. Segundo dados apurados e documentados judicialmente pela Receita do Estado, no quinto bimestre, a receita sofreu um déficit de 18,82%, em relação à previsão da LOA 2016, equivalente a R$ 12 bilhões.

Dentro desse cenário, dada a insuficiência financeira, o Poder Executivo passou a efetuar repasse de duodécimos inferior ao estabelecido no cronograma. Neste cenário, até 29 de outubro de 2016, já havia sido repassado ao TJRJ o montante de R$ 2.302.591.436,25 (dois bilhões, trezentos e dois milhões, quinhentos e noventa e um mil, quatrocentos e trinta e seis reais e vinte e cinco centavos), restando uma diferença de R$ 884.728,563,75 (oitocentos e oitenta e quatro mi-

---

[55] Art. 9º. Se verificado, ao final de um bimestre, que a realização da receita poderá não comportar o cumprimento das metas de resultado primário ou nominal estabelecidas no Anexo de Metas Fiscais, os Poderes e o Ministério Público promoverão, por ato próprio e nos montantes necessários, nos trinta dias subsequentes, limitação de empenho e movimentação financeira, segundo os critérios fixados pela lei de diretrizes orçamentárias.

lhões, setecentos e vinte e oito mil, quinhentos e sessenta e três reais e setenta e cinco centavos) para se alcançar o total da receita prevista na lei orçamentária[56].

O Tribunal de Justiça do Estado do Rio de Janeiro, entendendo violado direito líquido e certo, ajuizou, em 26 de outubro de 2016, Mandado de Segurança perante o Supremo Tribunal Federal, contra ato omissivo do Governador do Estado do Rio de Janeiro, consubstanciado no atraso do repasse dos recursos correspondentes às dotações orçamentárias do Poder Judiciário. O MS, registrado sob o nº 34483, foi distribuído à relatoria do Ministro Dias Toffoli. A decisão do STF nesse caso foi paradigmática e de grande importância. E explico.

Primeiro, é importante entender que o Supremo, em demandas análogas, entendeu que o Poder Executivo deveria realizar o repasse consoante o fixado na LOA, independentemente de eventual frustração da receita[57]. O STF firmava o posicionamento, utilizando como fundamento o postulado da separação e autonomia de Poderes, indicando que não se pode legitimar a fixação pelo Poder Executivo de cronograma orçamentário em desrespeito ao art. 168 da CONSTITUIÇÃO FEDERAL - CF/88, porquanto retira a previsibilidade da disponibilização de recursos aos demais Poderes e instituições autônomos, subtraindo-lhes as condições mínimas de gerir seus próprios recursos, considerada a frustração da receita, conforme sua conveniência e oportunidade[58].

No entanto, neste MS o STF deferiu a liminar parcialmente para determinar que o Poder Executivo Estadual poderia aplicar um desconto uniforme de 19,6% da receita corrente líquida prevista na lei Orçamentária Anual (LOA) estadual (Lei nºi 4.210/2016), percentual que correspondia ao déficit na arrecadação projetado até dezembro.

O Ministro Teori Zavascki, acompanhando o voto do Relator, entendeu que se deve garantir uma posição de igualdade entre os Poderes, pois não faz sentido,

---

56 Dados extraídos do MS nº 34483/RJ.
57 Supremo Tribunal Federal - STF. MS 31.671/RN, DJe de 30.10.2012.
58 "Em momentos de crise econômica, alguns Estados socorrem-se no argumento de dificuldades financeiras para deixar de efetuar o repasse dos recursos orçamentários para fazê-lo de forma distinta daquela legalmente prevista".MURTA, Ariane de Figueiredo; WANDECK FILHO, Flávio Aurélio; BALDEZ, Heitor Teixeira Lanzellotti; RIBEIRO, Janaina dos Santos Damas; DA SILVA, Marcelo Paes Ferreira. O repasse dos recursos referentes às dotações orçamentárias por duodécimo às Defensorias Públicas como garantia ao direito fundamental de assistência jurídica. **Revista da Defensoria Pública do Estado de Minas Gerais**. Disponível em <http://escolasuperior.mg.def.br/wp-content/uploads/2017/02/dpmg_revista_numero-01-maio-2017.pdf#page=28>. Acesso em 12 jun. 2018.

ao seu entender, que, diante de uma situação de acentuado déficit orçamentário, ou seja, em que a arrecadação, o desempenho, a realização do orçamento é muito inferior àquilo que foi projetado, que um determinado Poder – o Judiciário, ou o Legislativo, ou o Ministério Público – tenha seu duodécimo calculado por um valor irreal, que é o valor projetado, enquanto o outro Poder tenha não só que calcular o seu duodécimo de modo diferente, mas piorado, porque, na medida em que se privilegia um, necessariamente o outro vai sofrer as consequências disso.

A decisão, sem dúvida alguma, é de razão elogiável. O Supremo, reafirmando que o orçamento é autorizativo e não impositivo, tal como decidido na ADI 4663 e no MS 12.343-DF, entendeu que as programações orçamentárias podem e devem sofrer adequação à realidade da arrecadação. A gestão equilibrada é aquela em se reparte a frustração da receita, mediante a redução proporcional dos duodécimos.

6. A Decisão do Conselho Nacional de Justiça no Procedimento de Controle Administrativo nº 0006293-54.2016.2.00.0000

O Conselho Nacional de Justiça – CNJ, recentemente, proferiu interessante decisão sobre essa dinâmica de repartição de duodécimos. O posicionamento do CNJ, mesmo que em situação distinta, segue lógica similar à adotada pelo STF no MS supracitado.

O debate travado pelo CNJ no Procedimento de Controle Administrativo **nº 0006293-54.2016.2.00.0000 surgiu de** decisão do Presidente do Tribunal de Justiça do Rio Grande do Norte – TJRN, que transferiu R$ 100.000,00 (cem milhões de reais) do seu orçamento ao Poder Executivo. Esses recursos transferidos cingiam-se a sobras orçamentárias do Poder Judiciário – isto é, recursos não utilizados, que restaram abertos por superávit financeiro no exercício seguinte.

A Associação dos Magistrados do Rio Grande do Norte, discordando da atuação do Presidente do TJRN, instaurou o procedimento de controle administrativo junto ao CNJ, argumentando, resumidamente, que, por mais que existam recursos subutilizados, seriam de arrecadação própria do Poder Judiciário e não poderiam ser disponibilizados para custeio de atividades próprias do Executivo.

Afirmou que as receitas que compõem o Fundo de Desenvolvimento da Justiça – FDJ, receitas próprias do Judiciário – a exemplo de custas processuais, taxas de fiscalização, convênios, inscrições em concursos, alienações de bens, rendimentos de aplicações financeiras, entre outras, as quais compõem o Fundo de Desenvolvimento da Justiça (FDJ) no Estado do Rio Grande do Norte, de igual forma, não podem ter qualquer outra finalidade que não as afetas à atividade da Justiça, estabelecida no art. 2º da Lei nº 9.728/2009[59].

O PCA foi remetido ao Departamento de Acompanhamento Orçamentário do CNJ para elaboração de parecer.

A Conselheira Relatora Daldice Santana ressaltou que, quanto à natureza dos recursos financeiros que o Tribunal pretendia transferir ao Poder Executivo, trata-se de sobras financeiras, conceituadas como a diferença entre o financeiro tornado disponível pelos duodécimos e os compromissos assumidos pelos tribunais por meio de empenho. A decisão do STF está alinhada com o entendimento do CNJ.

No âmbito da União, as sobras financeiras de cada exercício são contabilizadas como recursos diferidos e resultam em suporte ao orçamento do exercício seguinte, na forma de descontos nos duodécimos. Esse também é o entendimento contido no Plano de Cotas Aplicado ao Setor Público (PCASP), expedido pela Secretaria do Tesouro Nacional do Ministério da Fazenda (STN), extensível a todos os entes da Federação:

> Compreende as contas que controlam a inscrição dos recursos diferidos. Recursos diferidos são as sobras de recursos financeiros ao final do exercício (recurso diferido), que deveriam ser devolvidas a conta única, porém, ao invés disso, essas sobras são liberadas para uso (apenas no exercício seguinte) através de descontos das transferências financeiras (cota, repasse e sub-repasse) do exercício seguinte.

Nesse sentido, alinhados, igualmente, estão os entendimentos de que os recursos decorrentes de sobras orçamentárias do TJRN, livres de compromisso e não vinculados aos Fundos administrados pelo Tribunal, configuram recursos diferidos e pertencentes ao Tesouro do Estado e não ao Poder Executivo, de modo

---

59 Art. 2º. O Fundo de Desenvolvimento da Justiça do Poder Judiciário do Rio Grande do Norte – FDJ, instituído pela Lei 7.088/97, tem por objetivo a dotação de recursos financeiros ao processo de modernização, manutenção e reaparelhamento do Poder Judiciário.

Parágrafo único. É considerada modernização, dentre outros aspectos, a construção, ampliação e reforma de prédios próprios do Poder Judiciário Estadual e de imóveis, objeto de comodato ou locação, bem como despesas de capital ou de custeio, sendo vedada a aplicação das receitas do FDJ em despesas com pessoal.

que devem ser devolvidos ao Tesouro ou deduzidos dos duodécimos do exercício seguinte, desde que haja, nesse exercício, recursos a receber na mesma fonte.

Ao fim, com fundamento no artigo 25, X e XII, do Regimento Interno do CNJ, a Conselheira Relatora julgou parcialmente procedente os pedidos formulados para estabelecer que os recursos decorrentes de sobras orçamentárias do TJRN, livres de compromisso e não vinculados aos Fundos administrados pelo Tribunal, constituem-se recursos diferidos e pertencentes ao Tesouro do Estado e não ao Poder Executivo, devendo ser devolvidos ao Tesouro ou deduzidos dos duodécimos do exercício seguinte, desde que haja, nesse exercício, recursos a receber na mesma fonte.

O CNJ, portanto, terminou por entender que sobras orçamentárias – superávit financeiro do orçamento anterior – podem ser utilizadas para abatimento do repasse de duodécimos.

Importante pontuar que a decisão enfrenta recurso ainda não analisado na alçada recursal do CNJ. No entanto, a decisão traz importante posicionamento sobre o repasse de duodécimo e os recursos subutilizados na conta dos Poderes e órgãos independentes.

Considerações finais

Seria absolutamente despiciendo reproduzir, em forma de tópicos resumidos, as conclusões lançadas ao longo do texto. Como palavra final, cabe pontuar que a captação de recursos pelo Estado deve ter um único objetivo – a satisfação do interesse público. Nesse cenário de crise econômica não é crível que se deixe a conta inteiramente ao Poder Executivo. A queda de arrecadação deve e merece ser acompanhada com o esforço conjunto de todos os órgãos e Poderes.

De outra banda, ante um cenário de excesso de arrecadação, tal como defendido em outro artigo[60], não é razoável que o Poder Executivo seja obrigado, coagido a reparti-lo com os demais Poderes[61].

---

60 Tese defendida em Artigo publicado na **obra Coletiva Advocacia Pública em Foco pelo Instituto de Desenvolvimento Democrático (IDDE) – "Excesso de Arrecadação e o superávit financeiro: discussão da matéria via mandado de segurança e a não obrigatoriedade de repasse pelo Poder Executivo aos demais entes".**

61 Estas breves linhas foram escritas enquanto embalava, em meus braços, os primeiros meses de vida da pequenina Maria Luiza, a quem eu dedico este Artigo.

Referências bibliográficas

AMARO, Luciano. **Direito Tributário Brasileiro**. 21. ed. São Paulo: Saraiva, 2016.

BONAVIDES, Paulo. **Ciência Política**, 20. ed. São Paulo: Malheiros Editores, 2013.

BRASIL. Ministério do Planejamento, Desenvolvimento e Gestão. Secretaria de Orçamento Federal. **Manual Técnico de Orçamento - MTO**. Edição 2018. Brasília, 2017.

CANOTILHO, José Joaquim Gomes. **Direito constitucional e teoria da Constituição**, 5. ed. Coimbra: Almedina, 2001.

HOBBES, Thomas. **Leviatã ou matéria, forma e poder de um estado eclesiástico e civil**. Trad. João Paulo Monteiro e Maria Beatriz Nizza da Silva. 2. ed. São Paulo: Abril Cultural, 1979.

MAZZILLI, Hugo Nigro. **O Ministério Público na Constituição de 1988**. São Paulo: Editora Saraiva, 1989.

Montesquieu, Charles de. **O Espírito das Leis** (De l'espritdeslois), XI, 5, 1748.

RAMOS FILHO, Carlo Alberto de Moraes; coordenador Pedro Lenza. **Direito financeiro esquematizado**. São Paulo: Saraiva, 2015.

SILVA, José Afonso da. **Curso de Direito Constitucional Positivo**. 38. ed. São Paulo: Malheiros Editores, 2015.

SILVA, José Afonso da. **Curso de direito constitucional positivo**. 39. ed. rev. e atual. São Paulo: Malheiros, 2016.

TORRES, Ricardo Lobo. **Tratado de Direito Constitucional Financeiro e Tributário: o orçamento na Constituição**. 2. ed. Rio de Janeiro: Renovar, 2000.

Aplicabilidade do teletrabalho na Procuradoria de Estado: Reflexões Necessárias à Instituição e seus Membros

Danilo Cavalcante Sigarini

Resumo

Teletrabalho é instituto atual e de relevância para estudo, já sendo realidade em diversas empresas na iniciativa privada assim como em muitos órgãos do Poder Público. Ante esse panorama, o presente artigo tem por objetivo examinar se tal regime é compatível com a Procuradoria de Estado, quais seriam as vantagens e desvantagens para a instituição e para o Procurador de Estado que por ela optar, bem como as reflexões necessárias a serem observadas para se aplicar tal ferramenta, remetendo à experiência já existente em outros órgãos públicos que adotaram a medida. Conclui-se que essas ponderações são importantes para atingir a consagração do princípio constitucional da eficiência em harmonia com o valor social do trabalho e a dignidade da pessoa humana.

Palavras-chave: Teletrabalho; Administração Pública; Procuradoria de Estado; Planejamento; eficiência.

Abstract

Telework is a current institute of relevance for study, already being reality in several companies in the private initiative as well as in many organs of the Public Power. Given this scenario, this article aims to examine whether such a regime is compatible with the State Attorney's Office, what would be the advantages and disadvantages for the institution and for the State Attorney who opts for it and the necessary reflections to be observed to apply such a tool, comparing it with the experience already existing in other public agencies that adopted the measure. We conclude that such considerations are important for achieving the consecration of the constitutional principle of efficiency in harmony with the social value of work and the dignity of the human person.

Key words: Telework; Public administration; State Attorney; Planning; efficiency.

1. Introdução

Com a consolidação da utilização de tecnologias de informação e de comunicação, o regime de teletrabalho já se tornou uma realidade em diversas empresas na iniciativa privada. Não por outro motivo, a própria Consolidação das Leis Trabalhistas (CLT)tratou do tema na reforma ocorrida no ano de 2017. No setor público, tal panorama aponta no mesmo sentido, de modo que a modalidade já é aplicável em diversos segmentos, a exemplo das experiências na Justiça do Trabalho, nos Tribunais de Justiça Estaduais e Poder Executivo, dentre outros.

Ante esse panorama, o presente artigo tem por objetivo examinar se tal regime é compatível com a Procuradoria de Estado. Para tanto, abordar-se-ão os principais contornos do instituto, seu regramento na CLT, bem como as experiências já existentes nos órgãos públicos. Em seguida, analisar-se-á a compatibilidade em si do regime com a advocacia pública estadual, bem como as vantagens e desvantagens da modalidade tanto do ponto de vista da Procuradoria de Estado quanto para o Procurador do Estado em si. Posteriormente, apontar-se-ão algumas reflexões necessárias para aplicar tal ferramenta, remetendo à experiência já existente em outros órgãos públicos que adotaram a medida. O certo é que tal modalidade deve sempre buscar, na prática, a consagração do princípio constitucional da eficiência em harmonia com o valor social do trabalho e a dignidade da pessoa humana.

2. Do teletrabalho

2.1. Conceito

Antes das alterações ocorridas na CLT do ano de 2017, não havia regulamentação sobre o instituto do teletrabalho, sendo este apenas originário da doutrina da jurisprudência. Registra-se, porém, que a Consolidação já trazia desde 2011 a previsão de que, desde que estejam caracterizados os pressupostos da relação de emprego, não se distingue o trabalho prestado no estabelecimento do empregador, do domicílio do empregado e aquele realizado a distância (artigo 6º).

Agora, o texto legal (Artigo 75-B) conceituou-o como "aquele fora das dependências do empregador, com a utilização de tecnologias de informação e de comunicação que, por sua natureza, não se constituam como trabalho externo". Mesmo antes de tal redação, porém, diversos atos infralegais que regulamentam a matéria nos órgãos públicos já o conceituavam, a exemplo dos Artigos 2º, I das Resoluções CSJT nº 151/2015, CNJ nº 227/2016 e CNMP nº 157/2017.

É importante observar, como bem disse o dispositivo legal, que o instituto não pode ser confundido com trabalho externo. Este é aquele que pela sua natureza é prestado fora das dependências da empresa ou repartição, dentro de um horário previamente estabelecido longe da fiscalização e controle do empregador, ao passo que o teletrabalho é aquele que, mesmo podendo ser prestado dentro da empresa, é prestado fora de tal ambiente através da utilização de tecnologias de informação e de comunicação.

Além disso, a modalidade pode ser prestada tanto em regime parcial (alguns dias apenas na semana fora da empresa) quanto em regime integral (quando o trabalho é prestado todos os dias fora de tal ambiente).

2.2. O que trouxe a CLT sobre o tema

O conceito do instituto fora trazido no já citado Artigo 75-B, instituindo como características o trabalho ser prestado preponderantemente fora das dependências do empregador, a utilização de tecnologias de informação e de comunicação, bem como não se configurar trabalho externo.

Além de conceituar o instituto, a CLT prevê que a prestação de serviços nessa modalidade deverá constar expressamente no contrato individual de trabalho, no qual se especificarão as atividades que serão realizadas pelo empregado (Artigo 75-C, *caput*). Fixou ainda que a alteração do regime presencial para o de teletrabalho depende de acordo mútuo entre as partes (§1º), bem como exigiu um prazo de transição de no mínimo quinze dias para a alteração do teletrabalho para o presencial a pedido do trabalhador (§2º). Em ambas as hipóteses deve existir aditivo contratual ao acordo anteriormente firmado.

Em sequência, determinou que deverá constar em contrato escrito as disposições relativas à responsabilidade pela aquisição, manutenção ou fornecimentos dos equipamentos tecnológicos necessárias e adequadas à prestação do trabalho, assim como as despesas pelo uso (Artigo 75-D). Em sequência, sensível à preocupação com o meio ambiente do trabalho, estabeleceu como dever do empregador "instruir os empregados de maneira expressa e ostensiva quanto às precauções a tomar a fim de evitar doenças e acidentes de trabalho" (Artigo 75-E, *caput*), devendo o empregado se comprometer a seguir tais instruções (parágrafo único).

2.3. Experiências no Poder Público

Mesmo antes dessa alteração legislativa, vários órgãos do Poder Público já autorizaram o regime de teletrabalho para seus servidores. A doutrina aponta que a primeira experiência no Poder Público ocorreu no Serviço Federal de Processamento de Dados (SERPRO), empresa pública ligada ao Ministério da Fazenda com a função de prestar serviços em Tecnologia para a Administração Pública Federal.

Atualmente o instituto já é realidade em vários outros órgãos, a exemplo das experiências na Justiça do Trabalho, nos Tribunais de Justiça Estaduais, Poder Executivo de alguns Estados-membros, Ministério Público, Defensoria Pública da União, dentre outros, cada qual de acordo com a sua realidade, conforme se abordará em outro momento.

3. Considerações sobre o teletrabalho na advocacia pública de Estado

O artigo 132 da Constituição da República atribui aos Procuradores dos Estados e do Distrito Federal a representação judicial e consultoria jurídica das respectivas unidades federadas. Além disso, naturalmente, como instituição integrante da Administração Pública, tem o dever de observar as incumbências e preceitos determinados pela Carta, dentre eles o princípio da eficiência previsto em seu Artigo 37. Desse modo, havendo a possibilidade de cumprir a função que lhe foi incumbida de modo mais eficiente através do teletrabalho, assim como os demais órgãos públicos que já por ele optaram, é necessário que a instituição reflita se tal regime se adequaria, de fato, a sua realidade, para que, com os olhos em tal preceito, opte ou não pelo regime.

3.1. É possível aplicar o teletrabalho para a Procuradoria de Estado?

Sim, o teletrabalho é compatível com a Procuradoria de Estado.

Inicialmente, é necessário observar que tanto trabalhar fora do local, quanto controle de horário de trabalho não são novidades para o Advogado Público. Na realidade, para este profissional isso já é algo corriqueiro, seja devido à necessidade de comparecer às audiências (o que demanda parte relevante de sua jornada), por necessidade de estudos e pesquisas ou, ainda, seja em virtude da falta de quadro de pessoal proporcional às demandas que lhe são imputadas. Assim, o Advogado Público trabalha em qualquer lugar e a qualquer hora (inclusive nos finais de semana), uma vez que o fim do expediente não é argumento aceitável para perda de um prazo processual.

No plano jurídico, tal possibilidade de trabalhar fora do local de trabalho foi garantido no Estatuto da Advocacia, o qual garantiu à classe a independência profissional conforme se vê no §1º do Artigo 3º combinado com o inciso I do Artigo 7º, 18 e §1º do 31 de tal lei.

Uma visão descuidada poderia entender que tal garantia se aplicaria apenas ao advogado privado e não ao público, já que este está também submetido às normas da Administração Pública. Não se concorda com tal visão.

Como já dito, inicialmente, o próprio Estatuto da Advocacia deixa isso bem claro. Além disso, o funcionamento da modalidade no âmbito federal já solapa qualquer pensamento neste sentido. Mas não é só isso. Pela natureza do trabalho prestado, do Advogado Público não se deve controlar o horário e sim o trabalho sob pena de se violar o livre exercício profissional e as prerrogativas próprias da própria carreira. Tanto é assim que, no Estado de Rondônia, o Procurador do Estado é isento do controle de ponto conforme previsão do Decreto Estadual 21971/2017. Naturalmente isso não exclui o direito (e dever) dos chefes das unidades de exigir a demonstração do cumprimento da carga horária semanal bem como fixar, em cada unidade, quais as atividades e serviços que exijam obrigatoriamente a presença no ambiente de trabalho (por exemplo, reuniões, audiências e atendimento ao público).

Além disso, não se pode perder de mente que ser Advogado Público é muito mais que ser aprovado, nomeado e empossado no concurso público, já que o exercício da advocacia pública tem objetivo que vai muito além do mero cumprimento das regras processuais e sim um real interesse no cumprimento da Constituição da República[62].Assim, obrigando esta a busca pela eficiência, tem tanto o profissional quanto a instituição a que ele se vincula o dever de, pelo menos, refletir sobre formas de prestação de trabalho mais eficientes, dentre elas o teletrabalho, levando em consideração as experiências positivas já obtidas em outros setores.

3.2. Quais as vantagens e desvantagens na adoção da ferramenta?

A adoção do teletrabalho pela Procuradoria de Estado possui vantagens e desvantagens tanto para a instituição quanto para o profissional por ela optante. O que se deve ter em mente, de antemão, é que a modalidade não é uma benesse dada ao Advogado Público e que este, para gozá-la, deva se sujeitar a toda e qualquer norma arbitrária condicionante da instituição. Como já dito, há vantagens e desvantagens para ambos os lados devendo sempre os olhos repousarem na Carta Magna, a qual obriga uma atuação estatal eficiente em harmonia (Artigo 37) com o valor social do trabalho (artigo 1º, IV) e a dignidade da pessoa humana (artigo 1º, III).

3.3. Vantagens para a Procuradoria do Estado

3.3.1. Aumento da produtividade

A vantagem mais associada ao teletrabalho (e com razão) é o aumento da produtividade do optante pela medida. A experiência tanto na iniciativa privada quanto no setor público aponta para um aumento no nível de produção do teletrabalhador em comparação às metas previamente estabelecidas e aquelas dos não optantes da modalidade. Por exemplo, segundo informação do Tribunal

---

[62] TASSE, Adel El. A missão do Advogado Público na defesa do Estado Democrático. **Revista CEJ**, Brasília, Ano XV, n. 55, Out/Dez, 2011, p. 30.Disponível em: <http://www.corteidh.or.cr/tablas/r28715.pdf>. Acesso em: 09 mar. 2018.

de Justiça de Minas Gerais[63] no ano de 2017, o projeto-piloto ali instalado gerou um aumento de 100% (cem por cento) da produtividade do servidor. No mesmo sentido, informou o Tribunal Regional do Trabalho da 18ª Região[64], em 2016, já indicava no início do projeto que os servidores em regime integral (todos os dias) superaram em quase 10% (dez por cento) a meta estabelecida, ao passo que aqueles em regime parcial superaram em mais de 16% (dezesseis por cento).

Aliás, as experiências da modalidade no setor público já instituem um patamar mínimo de aumento de produtividade, como o fez o Estado do Espírito Santo (LC 874/2017), - que o exigiu em vinte por cento (Artigo 6º, §4º), e a Defensoria Pública Federal (Resolução CSDPU 101/2014), que determina o aumento na distribuição ordinária de processos em fração não superior a cinquenta por cento (Artigo 5º).

Aqui vale uma observação. A instauração do programa naturalmente levará a um controle maior da eficiência do trabalho prestado. Consequentemente, a Procuradoria de Estado obrigatoriamente terá em tempo real o quanto produz, dados estes que poderão ser divulgados e utilizados como forma de demonstração da importância do órgão. Fazendo uma analogia, tal como a maternidade/paternidade faz com que os pais busquem ser pessoas melhores para servir de exemplo aos seus filhos, a adoção do teletrabalho poderá fazer com que a instituição seja mais eficiente. Isso tanto na sua atividade-fim como também na atividade-meio de gerir e avaliar sua própria atuação.

3.3.2. Redução de custos

Outra vantagem é reduzir os custos fixos no orçamento do órgão (água, energia elétrica, telefone, dentre outros). Com menos pessoas presencialmente, naturalmente tais despesas diminuirão (isso tanto no regime parcial quanto no integral). Inclusive, o próprio espaço físico da instituição poderá ser repensado e diminuído, haja vista que poderá haver revezamento de estações de trabalho entre colegas que atuem em dias alternados.

---

63   TRIBUNAL DE JUSTIÇA DO ESTADO DE MINAS GERAIS. Teletrabalho garante produtividade maior no TJMG. Disponível em: <http://www.tjmg.jus.br/portal-tjmg/noticias/teletrabalho-garante-produtividade-maior-no-tjmg.htm#.WqgSkqinHIU>. Acesso em: 13 mar. 2018.

64   TRIBUNAL REGIONAL DO TRABALHO DA 18ª REGIÃO. Servidores em teletrabalho superam metas de produtividade nos tribunais. Disponível em: <http://www.trt18.jus.br/portal/relacoes-institucionais/servidores-em-teletrabalho-superam-metas-de-produtividade-nos-tribunais/>. Acesso em: 13 mar. 2018.

Outro ponto é que a instituição do regime pode dar ensejo ao não pagamento de certas verbas *pro labore* ao servidor. Por exemplo, no Estado de São Paulo (Decreto 62648/2017), o regime veda a concessão do auxílio-transporte, exceto dos dias em que comparecer à repartição pública. Da mesma forma, o Estado de Rondônia veda o pagamento de adicional por prestação de serviço extraordinário para o alcance de tais metas, conseguindo extrair mais eficiência do serviço público sem gastar mais recursos públicos para tanto.

3.3.3. Redução do absenteísmo

Além disso, outro aspecto da ferramenta é reduzir o absenteísmo, ou seja, diminuir as faltas ao trabalho. Marina Sell Brik e André Brik citam que um funcionário deixa de trabalhar, em média, dez dias por ano por motivo de doença, condições climáticas, problemas como com quem deixar crianças, dentre outros motivos. Todavia, "estudos mostram que o teletrabalho reduz o absenteísmo em até 25%, pois basta um computador com telefone e um telefone para que o trabalho seja executado de qualquer lugar[65]".

Igualmente, a modalidade é vantajosa ao interesse público ao minorar os efeitos de eventual licença a que o servidor tem direito. Por exemplo, a Lei Orgânica da Procuradoria Geral do Estado de Rondônia (LC 620/2011) possibilita a concessão de licença ao membro da carreira para participar de cursos de especialização ou aperfeiçoamento. Ora, com a adoção do teletrabalho, o prejuízo decorrente de tal ausência poderia ser minorado, uma vez que o profissional poderia atuar a distância com os níveis de qualidade e produtividade aos prestados presencialmente (mesmo que lhe fosse atribuída carga menor ao usual), o que seria benéfico ao interesse público, já que o profissional tem direito à mesma remuneração.

Outro exemplo é a previsão da Defensoria Pública da União que autorizou a ferramenta para os casos de acompanhamento de cônjuge/companheiro também servidor público removido no interesse da Administração Pública ou ainda em virtude do motivo de saúde. Ao se permitir a modalidade, garante-se que o trabalho seja prestado da mesma forma como era antes da existência de tais fatos, garantindo-se, assim, a eficiência na prestação do serviço naquela unidade, sem necessidade de relotação.

---

65 BRIK, Marina Sell; BRIK, André. Trabalho portátil: produtividade, economia e qualidade de vida no home office das empresas. Curitiba: Edição do Autor, 2013, p. 36.

3.4. Algumas das desvantagens para a Procuradoria do Estado

3.4.1. Impossibilidade de assegurar o controle do trabalho e a indisponibilidade imediata do teletrabalhador

Uma desvantagem da modalidade seria a impossibilidade de os chefes da unidade controlarem a qualidade e o cumprimento dos prazos estabelecidos do profissional.

Data venia, isso não pode ser visto como uma desvantagem intransponível. Pois a mera presença na instituição para trabalhar não significa automaticamente que os prazos estão sendo cumpridos no prazo e com a qualidade necessária, ainda mais que o Procurador do Estado é detentor de independência funcional que lhe garante atuar da forma que entender mais adequada ao interesse público e ao que garante a Constituição da República.

E como ficaria esta situação?

A resposta é que, antes da adoção da modalidade, a instituição crie uma plataforma virtual de confiança que possibilite aferir a produtividade do trabalho prestado (tanto remotamente quanto não). A Procuradoria Geral do Estado de Rondônia, por exemplo, instituiu a obrigatoriedade da utilização do Sistema Informatizado *RATIO* (Portaria Conjunta nº 001/CRGeGAB/PGE, de 31 de janeiro de 2018) como ferramenta de gestão documental e controle de fluxo do trabalho a seus membros, ao passo que a Advocacia-Geral da União utiliza o Sistema Integrado de Controle de Ações da União – SICAU (Portaria AGU nº 431 de 11/05/2006).

Além disso, em tese seria problemática a disponibilidade imediata do trabalhador no local de trabalho. Tal problema seria relativizado ante o aperfeiçoamento dos canais de comunicação já existentes, como o telefone celular, teleconferências, e-mails e mensagens instantâneas. Além disso, como já dito, a modalidade pode ocorrer em regime parcial (no qual a ausência na repartição se dá em apenas uns dias), o que também pode minorar tal receio.

3.4.2. Aumento de despesas com equipamentos e cursos de aperfeiçoamento

De fato, deverá haver investimento por parte da instituição em equipamentos extras, energia e telecomunicações para a adoção da modalidade. Contudo, como já dito, a relação custo-benefício da modalidade ainda seria positiva na medida em que a redução dos gastos fixos (água, energia elétrica, telefone, dentre outros) tratada anteriormente possibilitaria tal investimento, mantendo-se a eficiência da medida.

Fica o registro, aliás, de que tal situação na iniciativa privada ficou mitigada uma vez que, por meio de contrato escrito, empregado e empregador disporão sobre a quem incumbe tal responsabilidade. Logo, em tese, tal custo poderia não existir, já que poderia ser arcado pelo empregado. Na experiência pública, inclusive, usualmente os regulamentos, exceto poucas exceções, estipulam que o custo de tais equipamentos cabe ao próprio servidor[66].

Indica-se, ainda, como outro obstáculo, eventual aumento de gastos com cursos de aperfeiçoamento relativos ao exercício do teletrabalho. Inicialmente, lembra-se que é dever do Poder Público (com ou sem o teletrabalho) investir na capacitação do servidor público para que este possa trabalhar de maneira eficiente. Logo, o investimento em aperfeiçoamento deverá existir de qualquer modo, não podendo ser utilizado como argumento.

Além disso, partindo-se da premissa que a ferramenta pressupõe a utilização de tecnologias de informação e de comunicação, nada obsta que tais cursos de aperfeiçoamento sejam feitos pela forma on-line ou por meio de parcerias, o que reduziria sensivelmente o custo em comparação a um curso presencial.

3.4.3. Dependência da tecnologia

Outra desvantagem apontada é o fato de a ferramenta ser dependente da tecnologia.

Tal argumento não se aplica à realidade da Advocacia Pública, já que o uso de meio eletrônico na tramitação de processos judiciais já é regra para o exercício da profissão, independentemente se o serviço for prestado na repartição ou

---

66 A exemplo da previsão do Artigo 13 da Resolução 227/2016 do CNJ. Em contrapartida, a PGE/MT (Resolução nº 67/CPPGE)arca com tais custos (Artigo 3º, §2º).

fora dela. Inclusive, mesmo no âmbito dos procedimentos administrativos o uso dos procedimentos eletrônicos já acontece em vários setores da Administração Pública, a exemplo do que acontece no Estado de Rondônia, que instituiu o Sistema Eletrônico de Informações (SEI) como sistema oficial de gestão de processos e documentos do Governo do ente por meio do Decreto 21.794/2017.

3.5. Algumas das vantagens ao Procurador do Estado optante

3.5.1.Redução do tempo com deslocamento ao trabalho

É inegável a vantagem obtida pelo teletrabalhador com a diminuição do tempo e gastos com deslocamento de sua residência até o local de trabalho. Segundo Marina SellBrik[67] e André Brik, tal tempo corresponde a setenta por cento do fluxo do trânsito e soma cerca de cento e setenta e duas horas ao ano no trânsito em um grande centro, como a cidade de São Paulo. A modalidade (mesmo se parcial) evitaria justamente tal desgaste. Além do tempo economizado (que, aliás, pode ser utilizado já para a prestação do serviço), ao profissional é vantajosa a economia de gastos, evitando o deslocamento (combustível, manutenção do veículo, passagem de metrô etc.), bem como com alimentação e vestuário, consideravelmente menores se a prestação se der do seio do ambiente familiar[68].

3.5.2.Flexibilização de horário e local do trabalho permitindo ao teletrabalhador passar mais tempo com a família e ganhando qualidade de vida

Também é inquestionável que trabalhar em casa e com o horário flexível pode permitir ao teletrabalhador, ao mesmo tempo em que desenvolve seu ofício, passar mais tempo com sua família. É importante, igualmente, para casos em que o teletrabalhador tenha limitações na sua jornada, como acontece, por exemplo, quando o mesmo (ou o filho, cônjuge ou dependente) possua deficiência que lhe impeça ou dificulte a locomoção, seja idoso ou tenha filhos pequenos.No caso de

---

67 BRIK, Marina Sell; BRIK, André. **Trabalho portátil**: produtividade, economia e qualidade de vida no home office das empresas. Curitiba: Edição do Autor, 2013, p. 34

68 Tal premissa, aliás, é replicada nos regulamentos já instituídos no serviço público, a exemplo do que ocorreu na Resolução CSJT 151/2015 (artigo 4º, II).

gestantes e lactantes, tal modalidade é ainda mais eficaz, uma vez que pode ser utilizada como um complemento à própria licença-maternidade, possibilitando que as mães possam trabalhar em regime parcial em casa durante o primeiro ano da criança e depois gradativamente voltem ao trabalho. Com essa medida, evita-se o retorno imediato ao trabalho, fortalecendo tal vínculo afetivo.

Além disso, a modalidade pode influenciar na própria escolha da residência do trabalhador, já que, não precisando mais se deslocar ao trabalho todos os dias, pode desvincular-se da localização física da repartição.

3.6. Algumas desvantagens para o Procurador de Estado optante

3.6.1. Isolamento social, redução de contatos e medo de preterição

Como desvantagem ao teletrabalhador, aponta-se o seu isolamento social, já que trabalhar sozinho impossibilita, em tese, partilhar problemas e ideias com outros colegas de profissão, o que pode afetar a saúde e o sentimento de satisfação do profissional na realização da tarefa. Neste ponto, é importante o papel do gestor da modalidade para criar ferramentas de interação entre o Advogado Público e os demais colegas, como incremento dos canais de comunicação (telefone, e-mail, Skype etc.), reuniões periódicas presenciais e virtuais, para minorar tal situação.

Outro contraponto é o eventual receio de ser preterido em possível promoção por merecimento, na linha do provérbio de "quem não é visto não é lembrado". Para rebater isso, é fundamental que o gestor do programa dê segurança ao teletrabalhador, garantindo-se a quem está presente virtualmente a mesma atenção e análise que é dada a quem está fisicamente na repartição, pois, como dito anteriormente, o teletrabalho não é uma benesse a quem por ele opta, sendo de igual importância ao trabalhador presencial.

3.6.2. Aumento dos custos relacionados ao trabalho

Como já dito, nos termos da CLT, empregador e empregado disporão em contrato escrito consensualmente sobre a responsabilidade pelos custos e instalações do teletrabalho. Cumpre lembrar ainda que, no setor público, normalmente o custo de tais equipamentos é atribuído ao próprio servidor. Embora se possa questionar a constitucionalidade de tal previsão, tal fator deve ser levado em consideração por quem optar por tal ferramenta, dado que os custos economizados da Administração Pública serão alocados dentro das despesas do teletrabalhador. O valor de tal custo vai depender, naturalmente, da exigência mínima exigida ao teletrabalhador dentro dos padrões estabelecidos pelo Setor de Tecnologia de Informação e Comunicação do órgão.

3.6.3. Problemas na vida familiar

Ao mesmo tempo em que passar mais tempo com sua família é uma vantagem, caso o teletrabalhador não consiga fazer a distinção e organização do seu tempo de trabalho na sua residência, isso pode se transformar em uma grande desvantagem, ao passo que ele pode não conseguir produzir tanto quanto necessário (se não der tempo e atenção suficientes para isso) ou se tornar um refém do trabalho (trabalhando mais do que o permitido). Em ambas as hipóteses há problemas, pois, no primeiro cenário, caso não atinja a meta de produtividade, a modalidade pode ser encerrada e, no segundo, o eventual trabalho extraordinário não será remunerado.

4. Alguns pontos a serem refletidos antes da adoção da modalidade

Aceita a premissa de que não haveria incompatibilidade para se adotar o teletrabalho na Advocacia Pública, bem como se tornarem claras as vantagens e desvantagens, é necessária a reflexão a respeito de qual a forma mais adequada de tal aplicação ser feita.

Pontua-se que não é pelo fato de os avanços tecnológicos permitirem o uso de meio eletrônico na tramitação de processos judiciais em qualquer horário e local que, automaticamente, todo o trabalho do Procurador de Estado será prestado fora da repartição, na hora em que bem entender. A opção inicial pela aplicação do teletrabalho é da instituição e não do profissional, motivo pelo qual é aquela (e não este) quem deve dar o primeiro passo para optar por tal inovação. Tal providência, porém, deve ser vista com parcimônia, necessitando previamente de planejamento e organização para que haja o desenvolvimento de ações para que se encontre a maior eficácia possível no desenvolvimento de tal ferramenta.

Ante tal mosaico, abordam-se alguns pontos a serem refletidos comparando-se a experiência já existente em outros órgãos públicos que já adotaram a medida.

4.1. Consideração inicial sobre quais áreas e tarefas são aptas ou não para a realização do teletrabalho

Embora compatível *lato sensu* com a Administração Pública, a instituição deve refletir sobre quais hipóteses são aptas a autorizar a ferramenta e em quais situações tal exercício é vedado a depender de sua realidade, sempre com os olhos na eficiência do serviço público. A observação aos demais regulamentos dos órgãos públicos traz exemplos de tal liberalidade.

Por exemplo, o Conselho Nacional de Justiça (Resolução CNJ 227/2016) proibiu a ferramenta aos servidores com subordinados, ou que ocupem cargo de direção ou chefia, ou que tenham sofrido penalidade disciplinar nos dois anos anteriores à indicação. O Tribunal de Contas do Estado de São Paulo (Resolução TCE-SP 005/2016), por sua vez, o vedou àqueles que estejam em exercício de função de liderança (ainda que em substituição) ou que desempenhem atividades em que seja imprescindível a realização de trabalho presencial. Outro exemplo é do Conselho Nacional do Ministério Público (Resolução CNMP 157/2017), que vedou apenas àqueles que apresentem contraindicações por motivo de saúde, bem como àqueles que tenham sofrido penalidade disciplinar, por período de tempo definido em ato normativo de cada Ministério Público não inferior a um nem superior a três anos.

Na outra mão, o Conselho da PGE/MT (Resolução 67 CCPGE) apenas autorizou a modalidade em caráter precário, transitório e não definitivo, para as atividades e atribuições dos Procuradores lotados nas procuradorias regionais. Por sua vez, a Procuradoria Geral Federal (Portaria 979/2015), à época, apenas autorizou as equipes que atuavam em processos judiciais que tratem de benefícios por incapacidade nos Estados do Paraná, Pernambuco, Rio de Janeiro e São Paulo. Já a DPU, dentre outras opções, o autorizou para, no interesse da Administração, curso de mestrado, doutorado ou pós-doutorado.

Tais considerações deverão ser feitas no âmbito da instituição antes de sua aplicação.

4.2. Adoção ou não de um projeto-piloto

Caso a Procuradoria não tenha certeza de como irá funcionar a modalidade, é válida a reflexão a respeito de testar um projeto-piloto indicando apenas alguns colaboradores ou áreas, antes de se formatar o programa completo da modalidade. Desta forma, poderá perceber se tanto os colaboradores como a própria instituição estão deveras preparados para tal mudança na forma de trabalho.

Por exemplo, o Superior Tribunal de Justiça (Instrução Normativa STJ/GP 4), instituiu inicialmente a modalidade através de projeto-piloto com duração de um mês. Da mesma forma, o Conselho Superior da Justiça do Trabalho ainda em 2012 (Resolução 109/CSJT) também iniciou o programa por tal modalidade. Nada obsta também a adoção imediata da atividade caso a instituição entenda pela necessidade de um programa mais elaborado e definitivo.

4.3. Tempo mínimo na carreira para opção pela modalidade

Outro ponto a ser discutido é a respeito da existência ou não de um tempo mínimo antes de o Procurador do Estado optar por tal modalidade. É ou não razoável estabelecer um período anterior obrigatório dentro do órgão público para compreender a dinâmica e a cultura da instituição? Esse período seria dentro da unidade ou no serviço público? Qual seria este período? O período exigido antes de experiência jurídica já cumpre tal requisito? É necessário observar o estágio probatório? Estes e outros questionamentos são válidos e devem ser feitos dentro de cada instituição.

Comparando: o Estado de São Paulo e do Espírito Santo vedaram a realização da modalidade àqueles servidores que estejam em estágio probatório. Igualmente, a Defensoria Pública da União, para a hipótese de curso de mestrado, doutorado ou pós-doutorado somente o autorizou após o cumprimento do estágio probatório. O Estado de Rondônia, contudo, apenas restringiu os servidores com período de admissão inferior a 6 (seis) meses, nada mencionando quanto ao estágio probatório.

Advocacia Pública e Desenvolvimento

A opção ou não por tal período mínimo, seja ele atrelado ou não ao estágio probatório, é parte do planejamento de cada instituição, devendo-se adequar à realidade de cada uma delas.

4.4. Considerações tecnológicas

A própria definição de teletrabalho já pressupõe a utilização de tecnologias de informação e de comunicação. Sem isso ser levado em consideração, não pode (e não deve) a modalidade ser aplicada dentro da instituição. E tal situação merece debate, uma vez que a instituição deve estar pronta para o novo ambiente.

O nível de investimento variará de acordo com a complexidade e quantidade de equipamentos necessários para o labor, devendo espelhar a estrutura dada àquele que realiza o trabalho presencial. Tais custos englobam, por exemplo, aquisição e instalação de *software* e *hardware*, aplicativos de comunicação, de equipamentos de segurança e dados, proteção da informação, armazenamento de dados na nuvem, dentre outras coisas. Ressalta, porém, que o custo, ou pelo menos parte dele, pode ser atribuído ao próprio colaborador optante.

Além disso, como já dito, é necessária a existência de uma plataforma virtual para aferir a produtividade do trabalho, como a adotada pela União (SICAU) e a Procuradoria do Estado de Rondônia (RATIO).

Da mesma forma, deve-se criar e estabelecer um suporte técnico a distância que permita que remotamente a equipe de tecnologia de informação gerencie eventuais problemas de tecnologia do colaborador, bem como para que sejam garantidas atualizações frequentes de sistema visando à segurança dos dados.

Todo esse investimento deve levar em consideração quais os objetivos firmados e atingidos, a relação custo-benefício do programa e a satisfação do teletrabalhador sob pena de não garantir, na prática, o princípio constitucional da eficiência, sua razão de existir.

Considerações finais

Procuradoria de Estado e teletrabalho são compatíveis em si, devendo tal modalidade ser considerada pelo gestor da instituição. Todavia, não é pelo fato de os avanços tecnológicos permitirem tal modalidade de trabalho ao Procurador de Estado que todo o trabalho do Advogado Público deverá será prestado fora da repartição na hora que bem entender. A ferramenta envolve, por certo, vantagens e desvantagens para cada um dos envolvidos. Tais premissas devem ser pensadas antes da adoção do sistema pelas partes.

Além disso, a instituição deve repensar alguns pontos quanto à forma de tal modalidade a depender de sua realidade, como áreas abrangidas e vedadas, adoção ou não de projeto-piloto, tempo mínimo para o colaborador e nível de investimento. O certo é que tal modalidade deve sempre buscar, na prática, a consagração do princípio constitucional da eficiência em harmonia com o valor social do trabalho e a dignidade da pessoa humana.

Referências bibliográficas

BRASIL. Advocacia-Geral da União. **Portaria AGU nº 431 de 11/05/2006.** Dispõe sobre o registro e controle das peças jurídicas produzidas nos órgãos de direção e de execução da Advocacia-Geral da União e da Procuradoria-Geral Federal, bem como das ações judiciais em que sejam parte a União, as suas autarquias e fundações, e dá outras providências. Publicado no Diário Oficial em 15 mai. 2006. Disponível em: <http://www.normasbrasil.com.br/norma/portaria-431-2006_196923.html>.Acesso em: 14 mar. 2018.

_____. Advocacia-Geral Federal. Procuradoria-Geral Federal. **Portaria 979, de 24 de dezembro de 2015.** Instituiu, como projeto piloto, as Equipes de Trabalho Remoto para atuação em processos judiciais que tratem de benefícios por incapacidade nos Estados do Paraná, Pernambuco, Rio de Janeiro e São Paulo. Disponível: <www.agu.gov.br/page/download/index/id/32113462>.Acesso em: 8 mar. 2018.

_____. Conselho Nacional de Justiça. **Resolução nº 227, de 15 de junho de 2016.** Regulamenta o teletrabalho no âmbito do Poder Judiciário e dá outras providências. Disponível em: <http://www.cnj.jus.br/busca-atos-adm?documento=3134>.Acesso em: 8 mar. 2018.

_____. Conselho Nacional do Ministério Público. **Resolução nº 157, de 31 de janeiro de 2017.** Regulamenta o teletrabalho no âmbito do Ministério Público e do Conselho Nacional do Ministério Público e da Providências. Disponível em: <http://www.cnmp.mp.br/portal/images/Normas/Resolucoes/RES_157_2017.pdf>.Acesso em: 8 mar. 2018.

_____. Conselho Superior da Defensoria Pública da União. **ResoluçãoCSDPU nº 101, de 05 de novembro de 2015.** Dispõe sobre a implantação do trabalho a distância para membros da Defensoria Pública da União. Disponível em: <http://www.dpu.def.br/conselho-superior/resolucoes/24373-resolucao-csdpu-n-101--de-03-de-novembro-de-2014-dispoe-sobre-a-implantacao-do-trabalho-a-distancia-para-membros-da-defensoria-publica-da-uniao>.Acesso em: 14 mar. 2018.

_____. Conselho Superior da Justiça do Trabalho (CSJT). **Resolução CSJT nº 109, de 29 de junho de 2012.**Dispõe sobre a realização de teletrabalho, a título de experiência, no âmbito da Justiça do Trabalho de primeiro e segundo graus.Disponível em: <https://juslaboris.tst.jus.br/bitstream/handle/20.500.12178/25000/2012_res0109_csjt.pdf?sequence=1&isAllowed=y>. Acesso em: 3 abr. 2018.

_____. Conselho Superior da Justiça do Trabalho (CSJT). **Resolução CSJT nº 151, de 29 de maio de 2015.**Incorpora a modalidade de teletrabalho às práticas institucionais dos órgãos do Judiciário do Trabalho de primeiro e segundo graus, de forma facultativa, observada a legislação vigente. Alterada pela Resolução CSJT nº 207, de 29 de setembro de 2017. Disponível em: <https://juslaboris.tst.jus.br/bitstream/handle/1939/63630/2015_res0151_csjt_compilado.pdf?sequence=3&isAllowed=y>.Acesso em: 3 mar. 2018.

_____. Constituição (1988). **Constituição da República Federativa do Brasil.** Texto constitucional, promulgado em 5 de outubro de 1988. Disponível em: <http://www.planalto.gov.br/ccivil_03/constituicao/constituicao.htm>. Acesso em: 25 abr. 2017.

_____. **Decreto-Lei 5452, de 01 de maio de 1943.** Aprova a Consolidação das Leis do Trabalho. Disponível em: <http://www.planalto.gov.br/ccivil_03/Decreto-Lei/Del5452.htm>. Acesso em: 3 mar. 2018.

_____. **Lei 8.906, de 4 de julho de 1994.** Dispõe sobre o Estatuto da Advocacia e a Ordem dos Advogados do Brasil (OAB).Disponível em: <http://www.planalto.gov.br/ccivil_03/Leis/L8906.htm>.Acesso em: 9 mar. 2018.

_____. Superior Tribunal de Justiça. **Instrução Normativa STJ/GP N. 4 de 26 de Abril de 2016.** Institui projeto-piloto do teletrabalho no Superior Tribunal de Justiça. Disponível em: <https://www.conjur.com.br/dl/projeto-piloto--servidores-trabalharem.pdf>. Acesso em: 1 abr. 2018.

BRIK, Marina Sell;BRIK, André. **Trabalho portátil: produtividade, economia e qualidade de vida no home office das empresas.** Curitiba: Edição do Autor, 2013.

ESTADO DE RONDÔNIA. **Decreto n. 21971, de 22 de maio de 2017.** Institui o Sistema de Controle de Frequência por meio de Ponto Eletrônico, o Sistema de Compensação de Horas e o Escritório Remoto - Home Office, no âmbito da Administração Direta e Indireta do Poder Executivo e dá outras providências. Disponível em: <http://ditel.casacivil.ro.gov.br/COTEL/Livros/detalhes.aspx?coddoc=27768>. Acesso em: 8 mar. 2018.

_____. **Decreto 21794, de 05 de abril de 2017.** Dispõe sobre o uso do Sistema Eletrônico de Informações para realização do processo administrativo no âmbito do Poder Executivo incluindo os órgãos e as entidades da Administração Pública Direta e Indireta e dá outras providencias. Disponível em: <http://ditel.casacivil.ro.gov.br/COTEL/Livros/Files/D21794.pdf>.Acesso em: 14 mar. 2018.

_____. **Lei Complementar 620, de 21 de junho de 2011.** Dispõe sobre a Lei Orgânica da Procuradoria Geral do Estado de Rondônia. Disponível em: <http://cotel.casacivil.ro.gov.br/COTEL/Livros/detalhes.aspx?coddoc=699>. Acesso em: 1 abr. 2018.

_____. Procuradoria Geral do Estado de Rondônia. **Portaria Conjunta nº 001/CRGeGAB/PGE, de 31 de janeiro de 2018.** Institui a obrigatoriedade de utilização do Sistema informatizado RATIO, no âmbito da Procuradoria Geral do Estado de Rondônia. Diário Oficial do Estado de Rondônia, 16/02/2018,

p. 35. Disponível em: <http://www.diof.ro.gov.br/data/uploads/2018/02/Doe-16_02_2018.pdf>.Acesso em: 14 mar. 2018.

ESTADO DE SAO PAULO. **Decreto nº 65.648, de 27 de junho de 2017**. Institui e disciplina o teletrabalho no âmbito da Administração Pública Direta e Autárquica do Estado de São Paulo, e dá providências correlatas. Disponível em: <https://www.al.sp.gov.br/repositorio/legislacao/decreto/2017/decreto-62648-27.06.2017.html>. Acesso em: 8 mar. 2018.

_____. Tribunal de Contas do Estado de Rondônia – TCE/SP.**Resolução 005/2016 do TCE/SP**. Dispõe sobre a realização de teletrabalho (home office) no Tribunal de Contas do Estado de São Paulo. Disponível em: <https://www4.tce.sp.gov.br/sites/tcesp/files/resolucao_05_2016.pdf>. Acesso em: 14 mar. 2018.

ESTADO DO ESPÍRITO SANTO. **Lei Complementar 874, de 14 de dezembro de 2017.**Institui o teletrabalho no âmbito do Poder Executivo Estadual e altera a Lei Complementar nº 46, de 31 de janeiro de 1994. Disponível em: <http://www3.al.es.gov.br/Arquivo/Documents/legislacao/html/LC%20 8742017.htm>. Acesso em: 14 mar. 2018.

ESTADO DO MATO GROSSO. Colégio de Procuradores do Estado de Mato Grosso. **Resolução nº 67/CPPGE**. Regulamenta o teletrabalho (home office) para os Procuradores do Estado de Mato Grosso, lotados nas Procuradorias Regionais. Publicada no Diário Oficial 26783, de 23/05/2016. Disponível em: <http://www.iomat.mt.gov.br/portal/visualizacoes/html/14509/#e:14509/#m:839448>. Acesso em: 8 mar. 2018.

SANTANA, Alexander. **Processo Eletrônico e Teletrabalho: resgate histórico e afirmação da independência e liberdade profissional do Advogado Público**. Advocacia Pública Federal: afirmação como função essencial à justiça. Organizadores: AldemarioAraujo Castro, Rommel Macedo. Brasília: OAB, Conselho Federal, 2016.

TASSE, Adel El. **A missão do Advogado Público na defesa do Estado Democrático.** Revista CEJ, Brasília, Ano XV, n. 55, Out/Dez, 2011, p. 30.Disponível em: <http://www.corteidh.or.cr/tablas/r28715.pdf>.Acesso em: 9 mar. 2018.

TRIBUNAL DE JUSTIÇA DO ESTADO DE MINAS GERAIS. **Teletrabalho garante produtividade maior no TJMG.** Disponível em: <http://www.tjmg.jus.br/portal-tjmg/noticias/teletrabalho-garante-produtividade-maior-no-tjmg.htm#.WqgSkqinHIU>. Acesso em: 13 mar. 2018.

TRIBUNAL REGIONAL DO TRABALHO DA 18ª REGIÃO. **Servidores em teletrabalho superam metas de produtividade nos tribunais.** Disponível em: <http://www.trt18.jus.br/portal/relacoes-institucionais/servidores-em-teletrabalho-superam-metas-de-produtividade-nos-tribunais/>. Acesso em: 13 mar. 2018.

Negócios Processuais, a Fazenda Pública e sua Advocacia

Francisco Silveira de Aguiar Neto

Resumo

O presente trabalho tem como propósito trazer breves acenos quanto a figura do negócio jurídico processual, seus limites e a possibilidade de controle por parte do poder judiciário. Ademais, traz considerações quanto a sua aplicação em processos em que participe a Fazenda Pública e a capacidade de negociação dos advogados públicos.

Abstract

The purpose of this paper is to make brief statements aboutprocedure agreements, its limits and the possibility of control by the courts. In addition, it makes considerations regarding its apliccation in lawsuitsinvolving the state and thecapacity of negotiation of state attorneys.

Introdução

O Código de Processo Civil de 2015 veio com o foco de modernizar o Processo Civil, aumentar a eficiência de um Judiciário muitas vezes acusado de ser moroso e permitir que o procedimento se adapte às necessidades do caso concreto. Tudo isto com o objetivo de adotar a conhecida máxima de Chiovenda, segundo a qual "O processo deve dar, quanto for possível praticamente, a quem tem um direito, tudo aquilo e exatamente aquilo que ele tenha direito de conseguir."[69]

---

69 CHIOVENDA, Giuseppe. **Instituições de direito processual civil**. Tradução de Paolo Capitanio. 2. ed. Campinas: Bookseller, 2000. v. 1. p. 67.

Com este objetivo, novos institutos foram incluídos e alguns já conhecidos da ciência processual foram alterados, ampliando sua aplicabilidade. Um destes é o do negócio processual, que já existia no chamado Código Buzaid, porém, com o art. 190 do CPC/2015, teve sua eficácia expandida.

Por meio do dispositivo citado, permite-se a instauração de negócios processuais atípicos. Figura esta que já instiga debate na doutrina sobre seu uso, limites e controle jurisdicional. Neste cenário de incertezas, é necessária grande cautela por parte do jurista no uso de tal instrumento. Tal precaução é ainda mais importante quando se envolve a Fazenda Pública.

Nos processos em que um dos entes estatais atua, como é de conhecimento generalizado, existe todo um arcabouço de regras, um verdadeiro subsistema processual, o qual traz normas de processo e procedimento especiais. No passado, apesar de ainda existirem vozes discordantes, era comum se falar que os entes públicos não poderiam fazer acordos em litígio, uma vez que o bem público seria indisponível.

Atualmente, já existe uma aceitação da possibilidade de a Fazenda Pública realizar acordos, havendo previsão no art. 174 do CPC/2015 quanto à criação de câmaras de conciliação pelos entes estatais. Todavia, não existe, nem poderia, a mesma liberdade concedida aos particulares para dispor de seus direitos em negócio sobre o direito material. Da mesma forma, não se pode imaginar que o Estado possua a mesma facilidade e liberdade em realizar negócios processuais.

Ponto tão interessante quanto, além de essencial para o deslinde da questão, é entender o papel da Advocacia Pública neste fato processual. Os arts. 131 e 132 da CRFB/1988 preveem instituições e servidores específicos para representar em juízo a União, os Estados e o Distrito Federal. Portanto, faz-se essencial entender qual é a liberdade, se é que exista alguma, para formalizar os chamados negócios processuais.

1. O negócio processual

É imprescindível, para compreender a problemática específica que se propõe neste trabalho, que antes façamos breves acenos quanto à definição do instituto em si e a sua aplicabilidade no processo pátrio. Apenas após isso teremos a base necessária para entender suas particularidades.

Começaremos então com a definição do que vem a ser negócio processual, sua aplicação no processo civil brasileiro, para então tratarmos do controle jurisdicional e dos limites constitucionais que se aplicam.

1.1. A definição de negócio processual

A compreensão deste instituto parte da noção de que é possível a realização de negócios jurídicos dentro do âmbito do processo. Como se sabe, negócios jurídicos são uma espécie de ato jurídico cujos efeitos podem ser definidos pelas partes, em contraponto aos atos jurídicos em sentido estrito, nos quais as consequências são já definidas na norma[70].

Por muito tempo, defendeu-se a impossibilidade de existência de negócios jurídicos na esfera processual, vez que a norma já definiria as consequências dos atos. Porém, com o avanço da ciência processual, acompanhado da compreensão da impossibilidade de um procedimento estático, passou-se a entender a possibilidade de os integrantes da relação processual de firmarem tais acordos.

Conforme já tratamos acima, o negócio processual não é uma novidade apresentada pelo CPC/2015, tratando-se na verdade de uma "antiga novidade", utilizando emprestado a expressão de João Batista Lopes. Pode-se citar, como exemplo no código pretérito, a eleição de foro (art. 111), a suspensão convencional do processo (art. 265, II, §3º), adiamento de audiência (art. 453, I) etc.

O Código Processual de 2015, além de manter estas figuras, veio a criar o negócio jurídico atípico, isto sim uma novidade em nosso ordenamento. Por meio do art. 190 do CPC/2015, elegeu-se às partes o direito de dispor quanto ao procedimento, com o fim de adaptá-lo. Obviamente que tal possibilidade possui limitações, tanto as definidas no próprio dispositivo, quanto aquelas decorrentes do Modelo Constitucional do Processo.

Portanto, negócio processual vem a ser propriamente um negócio jurídico, firmado no âmbito de um processo a fim de adaptar seu procedimento. Quanto a sua aplicabilidade, e eventuais limitações, trataremos abaixo.

---

70 BUENO, Cassio Scarpinella. **Comentários ao código de processo civil.** Vol. 1 (art. 1º a 317)/ Cássio Scarpinella Bueno (coordenador). São Paulo: Saraiva, 2017. p. 744.

1.2. Da aplicabilidade do negócio jurídico

A possibilidade de as partes tratarem de comum acordo acerca do procedimento da lide não poderia ocorrer sem que houvesse limites objetivos e subjetivos para tal ato processual. Inicialmente, faz-se necessário analisar o texto legal do dispositivo:

> Art. 190. Versando o processo sobre direitos que admitam autocomposição, é lícito às partes plenamente capazes estipular mudanças no procedimento para ajustá-lo às especificidades da causa e convencionar sobre os seus ônus, poderes, faculdades e deveres processuais, antes ou durante o processo.
>
> Parágrafo único. De ofício ou a requerimento, o juiz controlará a validade das convenções previstas neste artigo, recusando-lhes aplicação somente nos casos de nulidade ou de inserção abusiva em contrato de adesão ou em que alguma parte se encontre em manifesta situação de vulnerabilidade.

Deve-se apontar que tal negócio jurídico não será possível em qualquer lide, mas apenas naquelas em que seja possível a autocomposição. Perceba-se, que, em regra, não será possível o uso deste instituto nos casos de direito indisponível. Diz-se em regra, pois o fato de o direito ser indisponível não necessariamente significa que não se poderá compor quanto a ele.

Como exposto por Luiz Antônio Ferrari Neto[71], existe uma diferença entre direito que admite autocomposição e direito disponível. Perceba-se que o fato de estar se tratando de um direito indisponível não impede, necessariamente, que as partes possam dispor sobre ele, conforme aponta o enunciado n. 135 do Fórum Permanente de Processualistas Civis[72]. O que não se permite é a abertura do núcleo essencial do direito, porém parte de suas consequências, como o valor de pensão alimentícia, pode ser negociada pelas partes.

A segunda limitação no texto da norma é que as partes devem ser plenamente capazes para que se possa realizar a negociação. Relevante a constatação que, assim como os negócios jurídicos fora do âmbito do processo, os negócios jurídicos processuais devem atender todos os requisitos de validades e existência dos atos jurídicos

---

71 FERRARI NETO, Luiz Antonio. **Limites Objetivos e Subjetivos à Celebração de Negócios Jurídicos Processuais Bilaterais no Novo Código de Processo Civil Brasileiro e Seu Controle Judicial–Tentativa de Sistematização**. 2016. Tese (Doutorado em Direito) – Faculdade de Direito, Pontifícia Universidade Católica de São Paulo. São Paulo, p.108.

72 Art.190. A indisponibilidade do direito material não impede, por si só, a celebração de negócio jurídico processual.

negociais[73]. Deste modo, no campo da existência podemos falar de necessidade de declaração de vontade, finalidade negocial e idoneidade do objeto. No campo da validade, deverá haver agente capaz, objeto lícito e forma, conforme art. 104 do CC. Todavia, como não há forma prescrita em lei, dispensa maior análise.

Além de lícito, o objeto do negócio deverá ser limitado a questões sobre procedimento. Não é de difícil constatação a grande celeuma jurídica existente sobre a diferenciação entre norma processual e de procedimento. Como se sabe, o art. 24, XI, da CRFB/1988 estabelece que é de competência concorrente da União, Estados e Distrito Federal legislar sobre procedimentos em matéria processual.

Ocorre que não existe, seja na doutrina ou na jurisprudência, um consenso sobre um critério objetivo de diferenciação entre norma processual e norma procedimental. O que cria um óbvio empecilho para a realização dos negócios jurídicos. Entre os trabalhos existentes sobre essa difícil diferenciação, elegemos a Tese de Maria Carolina Silveira Beraldo[74].

Não cabe, tendo em vista a superficialidade do presente artigo, entrar em minúcias referente ao trabalho desenvolvido pela insigne processualista. Entretanto, tentaremos sintetizar o critério proposto.

As normas processuais buscam regular a jurisdição como poder abstrato. Pode-se citar as normas que cuidam da competência, da inércia do julgador, da indelegabilidade da jurisdição. Enquanto as normas que regulam a concretização deste poder são as chamadas procedimentais, podendo-se exemplificar aquelas que disciplinam a forma em que se apresenta a petição inicial e contestação, bem como que regulam a citação e intimação, ou que condicionam os recursos.

Portanto, aplicando-se o critério proposto, poderá o jurista compreender quais normas poderão ser alteradas por meio de negócios jurídicos. Deve ser ressaltado que cabe às partes tratar de seus próprios ônus, poderes, faculdades e deveres, não lhes sendo lícito realizar acordo sobre terceiros. Razão pela qual

---

73 CÂMARA,Helder Moroni.Os Limites do Negócio Jurídico Processual Brasileiro: Uma Análise do Artigo 190 do CPC/2015. 2016. Tese(Doutorado em Direito) – Faculdade de Direito,Pontifícia Universidade Católica de São Paulo. São Paulo,p.79.

74 BERALDO,Maria Carolina Silveira. **Processo e procedimento à luz da Constituição Federal de 1988: Normas Processuais e Procedimentais Civis**.2015. Tese(Doutorado em Direito) Faculdade de Direito,Universidade de São Paulo. São Paulo.

terceiros intervenientes, auxiliares da justiça e o próprio juiz, não poderão ser afetados por negócio jurídico das partes[75].

Quanto à convalidação judicial, será tratada em item abaixo.

1.3 Do controle judicial

Conforme exposto no parágrafo único do art. 190 do CPC/2015, caberá ao magistrado controlar a validade dos negócios processuais firmados. Esta previsão requer uma melhor análise a fim de identificar os limites da atividade de controle jurisdicional. De início, é assaz relevante compreender a extensão do mandamento legal.

Resta claro no dispositivo citado que a função do Estado-juiz neste caso é analisar a validade do negócio jurídico firmado. Não há espaço aqui para discricionariedade, o que não tem espaço na atividade do magistrado como norma geral[76], ou exames de conveniência.

Como exposto por Carmen Lígia Barreto de Andrade Fernandes Nery[77], não cabe ao juiz impor sua vontade sobre o negócio jurídico realizado entre as partes. O que não quer dizer que não cabe ao magistrado nenhum tipo de controle sobre o negócio jurídico exposto a ele, devendo este analisar a existência de vícios processuais do mesmo.

Seguindo a classificação proposta por Tereza Arruda Alvim[78], os vícios do ato processual podem acarretar sua inexistência jurídica, sua nulidade absoluta ou sua nulidade relativa, restando comprovado que o negócio jurídico não satisfez os pressupostos de existência ou incorreu em nulidade absoluta. Se incluídos aí os casos de inserção abusiva, deverá o magistrado recusar eficácia ao ato proposto.

---

75 CÂMARA, Helder Moroni. **Os limites do negócio jurídico processual brasileiro: uma análise do artigo 190 do CPC/2015.** Tese (Doutorado em Direito) – Faculdade de Direito, Pontifícia Universidade Católica de São Paulo. São Paulo, p.101. 2016.

76 LOPES, João Batista. Reflexões sobre a Pretendida Discricionariedade Judicial. **Revista de Processo.** v.274, dez., 2017.

77 NERY, Carmen Lígia Barreto de Andrade Fernandes. **O Negócio Jurídico Processual como Fenômeno da Experiência Jurídica – Uma Proposta de Leitura Constitucional Adequada da Autonomia Privada em Processo Civil.** 2016. Tese (Doutorado em Direito) – Faculdade de Direito, Pontifícia Universidade Católica de São Paulo. São Paulo, p. 124.

78 ALVIM, Teresa Arruda. **Nulidades do processo e da sentença.** 8. ed. São Paulo: RT, 2017, p. 278.

Todavia, solução diversa se demonstra nos casos de nulidade relativa. Nestes casos, apenas poderá o magistrado declarar a nulidade caso seja requerido pela parte interessada, vez que em tais casos não se estará tratando de norma de ordem pública. Portanto, não cabe ao Estado-juiz se manifestar sem provocação.

1.4. Dos limites aos negócios jurídicos processuais

Além de atender aos requisitos gerais dos negócios jurídicos, assim como aos requisitos específicos para os negócios processuais, é necessário ter ciência sobre os limites dentro dos quais poderão se formar as convenções processuais. Tendo em vista o caráter público do processo, ainda que haja óbvio interesse das partes, não haverá a mesma liberdade dispensada às partes em negócios envolvendo direito material.

Trata-se de tema longo, complexo e não unânime na doutrina. Portanto, não há como exauri-lo no presente trabalho, sendo possível apenas tecer breves acenos sobre a matéria. De plano, trataremos dos limites objetivos que se aplicam a estas convenções. Importante ressaltar que os negócios jurídicos apenas podem afetar regras sobre procedimento, jamais normas processuais.

Deste modo, sabemos que um negócio processual não pode alterar regras sobre o exercício de jurisdição, impedimentos do juízo, incompetência absoluta. Quanto às regras procedimentais, não são quaisquer negócios jurídicos possíveis.

Inicialmente, deve restar claro que não seria possível a convenção processual que buscasse alterar regras cogentes. Helder Moroni Câmara[79], analisando a experiência de outros ordenamentos jurídicos, demonstra que esta é uma regra bem clara. Não cabe às partes alterar livremente a legislação, criando verdadeiros procedimentos especiais. Utiliza o autor da expressão "linha vermelha", referindo-se às normas cogentes, a fim de demonstrar o limite dos negócios processuais.

Ferrari Neto[80] traz considerações similares, apontando que as garantias constitucionais, tais como que atentem contra a inafastabilidade da jurisdição

---

79 CÂMARA, Helder Moroni. **Os limites do negócio jurídico processual brasileiro: uma análise do artigo 190 do CPC/2015**.Tese (Doutorado em Direito) – Faculdade de Direito, Pontifícia Universidade Católica de São Paulo. São Paulo, 2016, p.111.

80 FERRARI NETO, Luiz Antonio. **Limites objetivos e subjetivos à celebração de negócios jurídicos processuais bilaterais no Novo Código de Processo Civil Brasileiro e seu controle judicial** –

ou do juiz natural não poderão ser afetadas por convenção das partes. Perceba-se que tais garantias não poderão ser afastadas, o que não impede que um acordo processual trate de questões pontuais sobre algumas destas garantias ou adapte a aplicabilidade destas sem afastar seu núcleo essencial.

Inescapável a conclusão do autor quanto a impossibilidade de negócios processuais suplantarem previsões constitucionais. Estudando o instituto de acordo com o Modelo Constitucional do Processo, não se encontra outra solução a não ser a valorização das garantias processuais.

No que se refere a legislação infraconstitucional, o autor aponta que matérias afetas aos princípios processuais infraconstitucionais não podem ser afetadas pelos negócios processuais. Importante destacar que muitas das limitações apontadas pelo autor se destacam por serem precisamente normas processuais e não procedimentais.

Regras decorrentes do princípio do dispositivo, do impulso oficial ou da boa-fé, para não citar todos, não se classificam como normas procedimentais, pois não tratam do exercício da jurisdição em concreto, mas sim em abstrato. Seria no mínimo problemático um negócio processual pelo qual poderá o magistrado iniciar a lide ou que não caberá à este o andamento da marcha processual.

Repise-se que as convenções tratam sobre procedimento, institutos concretos do exercício da jurisdição, e não sobre princípios processuais como a boa-fé, neste sentido, o enunciado n. 6 do FPPC[81].Não se imagina um negócio processual que permita a desonestidade no âmbito do processo. Logo, não é difícil perceber a impossibilidade de negócios processuais sobre princípios, ainda que infraconstitucionais.

Fredie Didier Jr.[82] defende uma interpretação expansiva de eventuais limites, sendo possível fazer acordos sobre legitimidade das partes, coisa julgada, conversão de prova ilícita em lícita. De acordo com o autor, ainda, aplica-se no processo pátrio o princípio do autorregramento da vontade, o que clama por uma liberdade maior das partes na condução da lide.

Data venia, não há como concordar com o insigne processualista, adotando-se uma posição similar à de Ferrari Neto. O art. 190 do CPC aponta

---

tentativa de sistematização. 2016. Tese (Doutorado em Direito) – Faculdade de Direito, Pontifícia Universidade Católica de São Paulo, São Paulo, p.146.
81 (arts. 5º, 6º e 190) O negócio jurídico processual não pode afastar os deveres inerentes à boa-fé e à cooperação.
82 DIDIER JR., Fredie. **Ensaios sobre os negócios jurídicos processuais**. Salvador: JusPodivm, 2018, p. 31.

claramente que os negócios processuais serão limitados ao procedimento, não podendo afetar regras básicas sobre jurisdição e processo.

Ademais, não há como se afastar garantias constitucionais por meio de acordo privado. Por último, regras procedimentais de ordem pública devem ser respeitadas pelas partes. Em ambos os casos, como exposto, poderão haver adaptações contanto que as garantias constitucionais não sejam violadas.

Não há como se elencar objetivamente e exaustivamente todas as normas procedimentais que podem ou não ser dispostas pelas partes. O núcleo básico, que não pode ser violado, de acordo com o Modelo Constitucional do Processo, são as garantias processuais constitucionais. Do mesmo modo, as normas procedimentais que decorrem de tais garantias apenas podem ser adaptadas caso não se sacrifique a previsão constitucional.

Quanto aos limites subjetivos, a regra geral se aplica: que negócios entre as partes não podem criar obrigações ou restrições a terceiros que não participaram do ajuste. Tal norma se aplica também a magistrados, advogados e serventuários da justiça. Logo, negócio processual sobre meios de provas não pode vincular o magistrado, assim como uma convenção sobre honorários sucumbenciais não tem aplicabilidade face a um advogado que a não aderiu.

2. Sobre a possibilidade de a Fazenda Pública realizar negócios processuais

Como exposto acima, sempre existiu uma grande celeuma quanto à possibilidade de a Fazenda Pública realizar acordos em juízo. Sob a alegação de que os bens públicos seriam indisponíveis, por muito tempo tais acordos foram considerados incabíveis. Tal concepção quanto ao interesse público não pode ser aceita. A indisponibilidade do interesse público não quer dizer que a fazenda, mesmo quando incorre em erro, tenha de levar qualquer causa judicial até as instâncias superiores.

Como será demonstrado abaixo, existe sim a possibilidade de a fazenda pública dispor sobre objeto de processo e sobre o seu procedimento.

2.1 Sobre a possibilidade de a Administração Pública convencionar em processo

Como apontado há pouco, ainda hoje existem embates sobre a possibilidade de a Administração Pública transacionar em processo em decorrência do princípio da indisponibilidade do interesse público. Este princípio, uma das bases do direito administrativo ao lado do princípio da supremacia do interesse público, aponta que, por não se estar tratando de *res* particular, não poderia o administrador dispor dos bens ou de interesse público.

A questão é: se levado às últimas consequências, tal princípio proibiria a Administração até de pagar fornecedores em decorrência de contrato administrativo legal. A indisponibilidade que se busca proteger é o desperdício dos bens e interesses públicos, seja por incapacidade ou interesses escusos. Todavia, o uso do patrimônio estatal para se atender a seus objetivos e obrigações está completamente alinhado com a boa prática administrativa.

Ademais, a legislação atual, em especial o art. 1º, §1º, da Lei n. 9.307/1996 (Lei de Arbitragem), e o art. 174 do CPC/2015 evidenciam a possibilidade de os entes e estatais disporem de seus direitos ou do procedimento civil comum. Na verdade, a novel legislação processual é clara em afirmar a verdadeira obrigação da fazenda pública em buscar a conciliação quando possível.

Portanto, não há mais o que se falar sobre a impossibilidade de o Estado convencionar seja em juízo ou fora dele. O que sempre deve se levar em mente é a obediência aos procedimentos legais aplicáveis em cada caso e a aplicação dos princípios que governam a função pública, como impessoalidade e eficiência.

A mesma resposta deve ser aplicada no que se refere aos negócios processuais. Leonardo Carneiro da Cunha[83] aponta que se não há maiores dúvidas que poderá o Advogado Público convencionar em negócios processuais típicos, como a suspensão do processo, não haveria maiores impedimentos para os negócios processuais atípicos. Some-se a isso o enunciado nº 256[84] do Fórum Permanente de Processualistas Civis.

---

83   CUNHA, Leonardo Carneiro da. **A Fazenda Pública em Juízo**. 13.ed.Salvador:JusPodivm,2016, p.663.
84   A Fazenda Pública pode celebrar negócio jurídico processual.

Como já explanado acima, os negócios processuais são aplicáveis apenas em casos onde se discutam direitos que admitam a autocomposição. Ademais, é necessário parte capaz, objeto lícito e forma prescrita ou não defesa em lei.

Como já exposto, não é todo objeto de lide em que os entes públicos participem que não admite autocomposição. Não é necessário tecer comentários quanto a capacidade civil dos entes públicos. Obviamente que o objeto deverá ser lícito. Quanto à forma, não existem maiores complicações.

Portanto, em tese, não há problemáticas maiores para os entes públicos convencionarem sobre normas procedimentais, porém, exatamente por se tratarem de entes públicos, sujeitos a todo um arcabouço de regras específicas para todos seus atos. O que buscamos apontar aqui é que, apesar de não haver impossibilidade para a fazenda pública realizar negócios processuais, não haverá a mesma liberdade e facilidade que se encontra com as partes privadas.

2.2 Sobre as particularidades da Fazenda Pública e a realização de negócios processuais

Necessário lembrar-se de que, mesmo no âmbito de um litígio, a atuação administrativa nunca poderá se afastar de suas diretrizes básicas, como a obediência aos cinco princípios previstos no art. 37 da CRFB/1988: legalidade, impessoalidade, moralidade, publicidade e eficiência.

De primeiro plano, percebe-se que a opção pela realização de um negócio processual pela fazenda não será tão simples quanto pelo particular. Quanto aos princípios da legalidade e publicidade, não são necessárias maiores considerações, vez que já existe previsão legal no CPC/2015 e o processo é por natureza público.

O princípio que traz maiores complicações para a aplicação das convenções processuais é o da impessoalidade. Tal norma básica do direito administrativo aponta que os agentes públicos não podem dispensar tratamento preferencial ou antipático aos cidadãos, devendo tratar a todos de forma igualitária.

Gustavo Marinho de Carvalho[85], em trabalho sobre a aplicabilidade de força vinculante a precedentes administrativos, demonstra que a realização do

---

85 CARVALHO,Gustavo Marinho de. Precedentes administrativos no Direito brasileiro.São Paulo:Editora Contracorrente, 2015, p.134.

princípio da igualdade não se exaure com as previsões legais. Sendo necessário, na mesma medida, a igualdade substancial na aplicação das leis.

Mirna Cianci e Bruno Lopes Megna[86] lembram a necessidade de a administração pública atuar com impessoalidade na formação de negócios processuais. Trata-se de uma expectativa básica da população de ser tratada de forma equânime pelo Estado que a rege em todos os pontos, até em um litígio.

Diferentemente do Poder Judiciário, que possui toda uma estrutura voltada para revisar decisões judiciais e expurgar entendimentos divergentes, o mesmo não ocorre com a advocacia pública, ou a defensoria e o ministério público. Os membros destas instituições possuem autonomia funcional para decidirem a forma de atuar no processo.

Ocorre que a valorização da autonomia funcional neste caso certamente levará a tratamentos díspares a cidadãos em situações similares. Acontecimento que não pode ser tolerado por instituições elencadas pela Constituição como função essencial à justiça. No que toca à advocacia pública, analisaremos essa problemática mais a fundo.

Faz-se necessário ainda que a opção do Advogado Público seja devidamente fundamentada, a fim de que se possa controlar a moralidade e eficiência de sua escolha. Apenas com a devida fundamentação, assim como ocorre com as decisões judiciais, poderá a população averiguar se a escolha do servidor público efetivamente buscou o interesse público.

Por último, ressalte-se que as limitações referentes aos negócios processuais em geral também se aplicam em face da Fazenda Pública, em especial às normas cogentes específicas a esses entes. Logo, não há como por meio de convenção se afastar a regra dos precatórios, do reexame necessário ou das garantias contra eventuais efeitos nefastos da tutela provisória.

3. Os negócios processuais e a Advocacia Pública

Como exposto nos itens acima, os negócios processuais têm clara aplicabilidade em litígios envolvendo entes fazendários. Entretanto, existe a necessida-

---

[86] CIANCI, Mirna; MEGNA, Bruno Lopes. Fazenda Pública e negócios jurídicos processuais no novo CPC: pontos de partida para o estudo. In: CABRAL, Antônio do Passo; NOGUEIRA, Pedro Henrique (Coord.). **Negócios processuais**. 2.ed. Salvador: Editora JusPodivm, 2016, p.638.

de de a Administração Pública tratar de forma igualitária os consumidores de serviços jurisdicionais, não sendo razoável que cidadãos em situações equivalentes sejam tratados de formas distintas.

Tatiana Simões dos Santos[87] sintetiza bem os três problemas a serem tratados na aplicação de negócios processuais pelos entes públicos: a. alta quantidade de ações; b. aplicação do princípio da isonomia; c. autonomia funcional dos membros da advocacia pública.

Incialmente trataremos quanto à autonomia funcional dos advogados públicos para depois encararmos os demais assuntos. Como se sabe, aos advogados públicos continua a se aplicar o Estatuto da Advocacia, conforme previsto em seu artigo 3º, §1º. Deste modo, aplicam-se a estes profissionais todas as garantias e deveres previstos para a advocacia em geral, entre elas a liberdade de profissão.

O art. 7º, I, é claro em garantir aos membros da advocacia a liberdade de exercício da profissão. Garantia esta que necessariamente deverá ser estendida aos membros da advocacia pública. Ademais, é necessário analisar o tratamento constitucional direcionado a estas instituições.

A Constituição regula a advocacia pública nos arts. 131 e 132, presentes no capítulo que trata das funções essenciais à justiça. Assim como a defensoria e o Ministério Público, a Lei Maior não colocou essa instituição como parte integrante de nenhum dos três poderes, não estando subordinada a nenhum destes.

Todavia, Cláudio Madureira[88], ao analisar a interpretação que o STF vem conferindo aos arts. 131 e 132, aponta que não se reconhece a autonomia funcional do Advogado Público, porém se reconhece a autonomia técnica. Aponte-se que o mesmo autor, ao analisar o trabalho doutrinário sobre o assunto, demonstra que a interpretação da Constituição reclama o reconhecimento da autonomia funcional.

A diferença é importante, pois, aos olhos da corte suprema, enquanto os membros do Ministério Público possuem a liberdade de atuar como se fossem órgãos independentes, o mesmo não seria possível aos advogados públicos, os quais não poderiam dispor da coisa pública sem autorização superior.

---

87 SANTOS, Tatiana Simões dos. Negócios processuais envolvendo a Fazenda Pública. In: CABRAL, Antônio do Passo; NOGUEIRA, Pedro Henrique (Coord.). **Negócios processuais.** 2.ed. Salvador: Editora JusPodivm, 2016, p. 649.

88 MADUREIRA, Cláudio. **Advocacia pública.** Belo Horizonte: Editora Fórum, 2015, p. 248.

Isso não quer dizer que a advocacia pública esteja subordinada a nenhum dos três poderes, apenas que seus membros devem trabalhar em paralelo à administração pública, não em campo diverso. Apenas caso o administrador público se distancie da aplicação das regras e princípios legais, deverá o Advogado Público se insurgir contra a sua atuação.

Data venia, não podemos concordar com a interpretação conferida pelo STF à matéria. Por estar realizando um controle jurídico, seja dentro de um processo ou na área de consultoria, o Advogado Público deve contar com sua autonomia funcional. O fato de não poder dispor da coisa pública não afasta tal prerrogativa, vez que continuará tendo sua independência para expor sua opinião jurídica.

Tendo em vista a necessidade de se aplicar de forma uniforme a norma em face da administração pública, é necessário reconhecer que é plenamente possível que o órgão público crie regras gerais para aplicação interna. Isso não quer dizer que poderá haver um controle hierárquico do Advogado Público, sendo este obrigado a se manifestar na forma como seu superior determinar.

Inobstante pertencerem a uma carreira pública, os advogados públicos retêm sua liberdade profissional. O que existe é uma necessidade de se seguir orientações normativas aplicadas a nível do órgão, a não ser que se entenda que estas vão de encontro ao ordenamento jurídico. Não entendendo o advogado como aplicável a orientação geral, não poderá ser punido por isso, assim como um magistrado não pode ser punido pela não aplicação de um precedente vinculante.

A partir deste entendimento quanto à autonomia funcional, percebe-se, aliado ao que já se falou da necessidade de tratamento uniforme aos cidadãos pelos entes estatais, que deverão os advogados públicos aplicar de forma equitativa o art. 190 do CPC.

Portanto, tendo em vista a grande quantidade de ações e a necessidade de se respeitar a isonomia, as advocacias públicas deverão criar regulamentações internas a fim de normatizar a atuação de seus membros no momento de firmar convenções processuais. Obviamente, mesmo com tal normativa, poderá haver interpretações dissonantes. Porém, uma normativa geral terá grande utilidade em firmar um entendimento consolidado entre os advogados públicos.

Na ausência destas, estarão os advogados públicos livres para firmar seus próprios entendimentos. Ocorre que isso poderá levar a um tratamento dissonante ao público, o que deve ser evitado sempre que possível.

Considerações finais

A partir dos posicionamentos colocados, percebe-se que não pode haver grandes dúvidas quanto à possibilidade de as fazendas públicas realizarem convenções processuais. Trata-se de instrumento que em nenhum momento impede a sua utilização por estes entes, porém sua aplicação requer um maior cuidado.

Diferentemente dos particulares, o Poder Público deverá tratar de forma igualitária os cidadãos, mesmo que esteja em posição adversa em uma lide processual. Logo, dois casos similares não devem ocasionar negócios processuais diversos. A problemática ocorre quando se leva em consideração a liberdade profissional de seus advogados.

Conforme exposto, os advogados públicos possuem autonomia técnica. Porém, isso não impede que os mesmos estejam submetidos a normativas internas. Portanto, devem seus órgãos gerar orientações normativas a fim de regular a realização de convenções processuais.

Referências

ALVIM, Teresa Arruda. **Nulidades do processo e da sentença**. 8. ed. São Paulo: RT, 2017.

BERALDO, Maria Carolina Silveira. **Processo e procedimento à luz da Constituição Federal de 1988: normas processuais e procedimentais civis**. 2015. Tese (Doutorado em Direito) – Faculdade de Direito, Universidade de São Paulo. São Paulo,2015.

BUENO, Cassio Scarpinella (Coord.). **Comentários ao código de processo civil – volume 1 (art. 1º a 317)**. São Paulo: Saraiva, 2017.

CÂMARA, Helder Moroni. **Os limites do negócio jurídico processual brasileiro: uma análise do artigo 190 do CPC/2015**. 2016. Tese (Doutorado em Direito) – Faculdade de Direito, Pontifícia Universidade Católica de São Paulo. São Paulo.

CARVALHO, Gustavo Marinho. **Precedentes administrativos no Direito brasileiro**. São Paulo: Editora Contracorrente, 2015.

CHIOVENDA, Giuseppe. **Instituições de direito processual civil**. Tradução de Paolo Capitanio. 2. ed. Campinas: Bookseller, 2000. v. 1.

CIANCI, Mirna; MEGNA, Bruno Lopes. Fazenda Pública e negócios jurídicos processuais no novo CPC: pontos de partida para o estudo. In: CABRAL, Antônio do Passo; NOGUEIRA, Pedro Henrique (Coord.). **Negócios processuais**. 2. ed. Salvador: Editora JusPodivm, 2016.

CUNHA, Leonardo Carneiro da. **A Fazenda Pública em juízo**. 13. ed. Salvador: JusPodivm, 2016.

DIDIER JR, Fredie. **Ensaios sobre os negócios jurídicos processuais**. Salvador: JusPodivm, 2018.

FERRARI NETO, Luiz Antônio. **Limites objetivos e subjetivos à celebração de negócios jurídicos processuais bilaterais no novo Código de Processo Civil brasileiro e seu controle judicial – tentativa de sistematização**. 2016. Tese (Doutorado em Direito) – Faculdade de Direito, Pontifícia Universidade Católica de São Paulo. São Paulo.

LOPES, João Batista. Reflexões sobre a Pretendida Discricionariedade Judicial. **Revista de Processo**. v. 274, dez., 2017.

MADUREIRA, Cláudio. **Advocacia Pública**. Belo Horizonte: Editora Fórum, 2015.

NERY, Carmen Lígia Barreto de Andrade Fernandes. **O negócio jurídico processual como fenômeno da experiência jurídica – uma proposta de leitura constitucional adequada da autonomia privada em processo civil**. 2016. Tese (Doutorado em Direito) – Faculdade de Direito. Pontifícia Universidade Católica de São Paulo. São Paulo.

SANTOS, Tatiana Simões dos. Negócios processuais envolvendo a Fazenda Pública. In: CABRAL, Antônio do Passo; NOGUEIRA, Pedro Henrique (Coord.). **Negócios processuais**. 2. ed. Salvador: Editora JusPodivm, 2016.

Da Releitura da Supremacia do Interesse Público

Horcades Hugues Uchôa Sena Júnior

Resumo

Este artigo tem como finalidade demonstrar que o princípio da supremacia do interesse público sobre os interesses privados, desenvolvido no direito brasileiro com base em premissas autoritárias, precisa ser relido a partir dos novos valores constitucionais estabelecidos pela Carta de 1988.

Palavras-chave: Direito Administrativo. Direito Constitucional. Supremacia do Interesse Público.

Abstract

The purpose of this article is to demonstrate that the principle of supremacy of the public interest over private interests, developed in Brazilian right based on authoritarian premises, needs to be reread based on the new constitutional values established by the Charter of 1988.

Keywords: Administrative right. Constitutional right. Supremacy of Public Interest.

1. Introdução

De acordo com o professor Carvalho Filho[89], normas hoje consideradas de Direito Administrativo sempre existiram. No entanto, o surgimento da disciplina administrativista, como sistema jurídico de normas e princípios, somente

---

89 ¹ CARVALHO FILHO, José dos Santos. **Manual de direito administrativo**. 24. ed. Rio de Janeiro: Lumen Juris, 2011, p.6.

ocorreu com a instituição do Estado de Direito, a partir dos movimentos constitucionalistas iniciados no final do século XVIII.

Esse período coincide com o constitucionalismo moderno, movimento marcado pela limitação jurídica do poder do Estado em favor da liberdade individual e da superação do Estado Absolutista, em que os monarcas não estavam sujeitos ao Direito[90]. A Inglaterra, a França e os Estados Unidos tiveram as experiências constitucionais que mais influenciaram o mundo ocidental.

De maneira geral, apontam-se três pilares que marcaram o constitucionalismo moderno[91]: a separação de poderes; a garantia de direitos individuais; e a legitimação do governo pela via da democracia representativa.

Essas ideias, apesar de estarem normalmente enraizadas na cultura ocidental dos dias de hoje, não eram predominantes no período histórico antecedente. Com efeito, no absolutismo monárquico, o príncipe não estava submetido ao direito e exercia a administração da justiça, a quem cabia promover o bem-estar e a comodidade dos súditos[92].

A visão de um dos autores da época, Jean Bodin (1529-1596), ilustra bem a perspectiva de autoridade do príncipe. Aponta Gustavo Gonet Branco[93] que Bodin publicou no ano 1576, em Paris, os *Seis Livros da República*, em que discorreu sobre o poder absoluto do soberano. De acordo com ele, Bodin considerava o poder perpétuo e absoluto. Perpétuo porque não poderia ser revogado. E não o poderia ser porque não derivaria de um outro poder, não decorreria de uma delegação. Seria um poder originário, absoluto no sentido de não estar sujeito a controle nem a contrapeso por parte de outros poderes.

Os pilares que serviram de alicerce ao constitucionalismo moderno foram fundamentais para se distanciar, aos poucos, dessa visão de autoridade na relação jurídica entre os cidadãos e o Estado.

---

[90] SOUZA NETO, Cláudio Pereira de; SARMENTO, Daniel. **Direito constitucional: teoria, história e métodos de trabalho**. 2. ed. Belo Horizonte: Fórum, 2014, p.72.

[91] Ibidem, p.74.

[92] BINENBOJM, Gustavo. **Poder de polícia, ordenação, regulação: transformações político-jurídicas, econômicas e institucionais do direito administrativo ordenador**. Belo Horizonte: Fórum, 2017, p.28.

[93] MENDES, Ferreira Gilmar; BRANCO, Paulo Gustavo Gonet. **Curso de direito constitucional**. 12. ed. rev. e atual. São Paulo: Saraiva, 2017, p.55-56.

Especificamente em relação à separação dos poderes, a ideia essencial é a de que, ao se conferir funções estatais diferentes a órgãos e pessoas diversas, evita-se uma concentração excessiva de poderes nas mãos de qualquer autoridade, afastando-se o risco do despotismo.

A versão mais conhecida desse princípio está divulgada na obra *O espírito das leis*, publicada por Montesquieu no século XVIII[94].

De igual modo houve influência do constitucionalismo norte-americano, com fulcro nos mecanismos de "freios e contrapesos" (*checksand balance*), de modo a viabilizar o controle recíproco dos poderes do Estado, sem que qualquer deles pudesse atuar abusivamente no campo das respectivas atribuições[95].

Apesar da concepção constitucional de limitação de poder e da estreita relação entre o desenvolvimento do Direito Administrativo e a existência do Estado de Direito[96], a disciplina administrativa, em seus primórdios, transferiu para a pessoa do Estado prerrogativas em certa medida análogas às do monarca dos antigos regimes absolutistas[97].

Essa percepção permite concluir que, não obstante os avanços na contenção do poder do Estado, a atividade administrativa não estava plenamente permeada pelo constitucionalismo, ao menos não na Europa continental.

Como bem aponta o professor Gustavo Binembojm[98], nos Estados Unidos ocorreu uma guinada democrática-constitucional do Direito Administrativo por um processo de longo curso, desde a fundação do país, embora ela só tenha se intensificado a partir do *New Deal*. Já o modelo Europeu Continental conservou maior poder especial ao Estado, ainda marcado por um viés de autoridade e por poderes especiais – *puissance publique*, na expressão francesa.

---

94 SOUZA NETO, Cláudio Pereira de; SARMENTO, Daniel. **Direito constitucional: teoria, história e métodos de trabalho.** 2. ed. Belo Horizonte: Fórum, 2014, p.306.

95 Ibidem.

96 FURTADO, Lucas Rocha. **Curso de direito administrativo.** 5. ed. rev. atual. Belo Horizonte: Fórum, 2016, p.33.

97 ALMEIDA, Fernando Dias Menezes de. Mecanismos de consenso no Direito Administrativo. In: ARAGÃO, Alexandre Santos de; MARQUES NETO, Floriano de Azevedo (Coord.). **Direito administrativo e seus novos paradigmas.** 2. ed. Belo Horizonte: Fórum, 2017, p.328.

98 BINENBOJM, Gustavo. **Poder de polícia, ordenação, regulação: transformações político-jurídicas, econômicas e institucionais do direito administrativo ordenador.** Belo Horizonte: Fórum, 2017, p.37.

No velho continente foi historicamente tradicional a existência da figura de autoridade do príncipe. Em especial na França, o período pós-revolucionário teve pouca proximidade com a separação efetiva dos poderes[99], já que o Conselho de Estado, órgão de cúpula do contencioso administrativo francês, tinha atuação desvinculada do poder jurisdicional

Apesar de seu prestígio e posição destacada no âmbito do direito público, já que se costuma associá-lo à continuidade e à estabilidade das instituições[100], o Conselho de Estado não se submetia ao Parlamento, inclusive ao Código Napoleônico. Com isso, houve uma atuação efetivamente criativa do direito pelo próprio Executivo. Isso significa que a invenção do regime jurídico-administrativo exorbitante do direito comum não resultou da vontade geral, manifesta da pelo Legislativo, mas de decisão autovinculativa do próprio Executivo[101].

Essa perspectiva de um viés de autoridade permeou as construções teóricas do Direito Administrativo do século XIX e da primeira metade do século XX[102]. As circunstâncias históricas do direito administrativo francês – inicialmente centrado no viés de autoridade do príncipe – explicam a moldagem de institutos administrativistas como a irresponsabilidade do Estado, atos de império, da supremacia do interesse público (que em muitos momentos ainda se confundia com o interesse da Administração), e também a ideia de que o Estado não poderia subordinar-se a acordos de vontades com particulares[103].

As pesquisas do jurista francês Pierre Marie Nicolas Léon Duguit, que viveu entre 1859 e 1928, foram importantes para a evolução da disciplina. Entre os inúmeros estudos do pai da "Escola do serviço público", é de se destacar o desenvolvimento da noção de serviço público, em que a tônica da Teoria do Estado e

---

99 Ibidem, p.39.

100 BARROSO, Luís Roberto. A constitucionalização do direito e suas repercussões no âmbito administrativo. In: ARAGÃO, Alexandre Santos de; MARQUES NETO, Floriano de Azevedo (Coord.). **Direito administrativo e seus novos paradigmas**. 2. ed. Belo Horizonte: Fórum, 2017, p. 43.

101 BINENBOJM, Gustavo. **Poder de polícia, ordenação, regulação: transformações político-jurídicas, econômicas e institucionais do direito administrativo ordenador**. Belo Horizonte: Fórum, 2017, p. 39.

102 ALMEIDA, Fernando Dias Menezes de. Mecanismos de consenso no Direito Administrativo. In: ARAGÃO, Alexandre Santos de; MARQUES NETO, Floriano de Azevedo (Coord.). **Direito administrativo e seus novos paradigmas**. 2. ed. Belo Horizonte: Fórum, 2017, p. 328.

103 Ibidem, p. 326-327.

do Direito Administrativo não estaria no "poder", mas no "dever", no dever de satisfazer as necessidades sociais, no dever de prestar serviços aos administrados[104].

Celso Bandeira de Mello[105] observa que Duguit propôs-se a afastar a ideia de soberania e de Poder Público como origem do Direito, rejeitando a teoria de que "o Estado cria o direito, mas está regido por ele". O serviço público é que seria o limite e o fundamento do poder governamental.

Em relação aos atos administrativos, observa Fernando Almeida[106] que Duguit buscou afastar o postulado da *puissance publique*, ou de *imperium*, invocando a "conformidade do ato, em seu objeto e em sua finalidade, ao direito objetivo do grupamento social no interior do qual ele se produz".

Apesar desses avanços, muito provavelmente pela tradição absolutista da Europa continental, no velho continente o tratamento constitucional da Administração Pública é um fenômeno relativamente novo, tendo se iniciado, de maneira ainda muito concisa, com a Constituição italiana, de 1947, e a Lei Fundamental de Bonn, de 1949[107]. Um evento importante para essa mudança de paradigma é o pós-guerra, com a sua evolução continuando durante toda a segunda metade do século XX, coincidindo com a redemocratização e reconstitucionalização das nações anteriormente submetidas a regimes autocráticos.

Entre outros fatores, foi essa aproximação do constitucionalismo com a democracia que fez progredir o direito ao atual estágio de sua constitucionalização[108].

No Brasil, cabe frisar que o constitucionalismo americano foi uma das grandes inspirações constitucionais, em que se destaca a própria forma federa-

---

104 CHEVALLIER, Jacques. **O serviço público**. Tradução, estudo introdutório e notas explicativas de Augusto Neves Dal Pozzo e Ricardo Marcondes Martins. Belo Horizonte: Fórum, 2017, p. 10.

105 MELLO, Celso Antônio Bandeira de. **Curso de Direito Administrativo**. 33. ed. São Paulo: Malheiros, 2016, p. 700.

106 ALMEIDA, Fernando Dias Menezes de. Mecanismos de consenso no Direito Administrativo. In: ARAGÃO, Alexandre Santos de; MARQUES NETO, Floriano de Azevedo (Coord.). **Direito administrativo e seus novos paradigmas**. 2. ed. Belo Horizonte: Fórum, 2017, p. 327.

107 BINENBOJM, Gustavo. **Poder de polícia, ordenação, regulação: transformações político-jurídicas, econômicas e institucionais do direito administrativo ordenador**. Belo Horizonte: Fórum, 2017, p. 43.

108 BARROSO, Luís Roberto. A constitucionalização do direito e suas repercussões no âmbito administrativo. In: ARAGÃO, Alexandre Santos de; MARQUES NETO, Floriano de Azevedo (Coord.). **Direito administrativo e seus novos paradigmas**. 2. ed. Belo Horizonte: Fórum, 2017, p. 34.

tiva de Estado. O mesmo não se pode afirmar quanto ao direito administrativo, ao menos não no período anterior à Carta de 1988 (e suas respectivas reformas).

Por sua vez, a aproximação do constitucionalismo com a democracia por aqui sofreu atrasos, já que é a Constituição Federal de 1988 o marco político-jurídico de importantes transformações sociais.

A história brasileira é repleta de períodos conturbados, podendo-se afirmar com segurança que os cerca de 30 (trinta) anos de existência da Carta Magna representam a era de maior estabilidade constitucional e de importantes avanços sociais. É bem verdade que a maior parte das oito constituições até hoje elaboradas estava em sintonia com as tendências do constitucionalismo da época em que vigoraram. Mas a questão maior foi a falta de efetividade dessas constituições, cujos comandos não condicionavam, de fato, a ação dos detentores dos poderes, e só a partir da Constituição vigente é que ela começou a ser levada mais "a sério"[109].

Não se pode ignorar a existência de inúmeras crises políticas, que inclusive já resultaram no *impeachment* de dois Presidentes da República. Somem-se a isso as quase cem emendas constitucionais elaboradas no período (noventa e nove até 2017).

Ainda assim, há claramente um outro ambiente jurídico, em que emerge um novo paradigma tanto na teoria jurídica quanto na prática dos tribunais, que tem sido designado como "neoconstitucionalismo"[110]. Para o que aqui interessa, as vertentes da teoria que merecem destaque são o reconhecimento da força normativa dos princípios e a constitucionalização do direito.

Ao reconhecer a força normativa de normas e de princípios de elevada carga axiológica, como a dignidade da pessoa humana, igualdade, Estado Democrático de Direito e solidariedade social, o neoconstitucionalismo permite o debate moral no Direito[111].

Por sua vez, a constitucionalização do direito resulta na permeação das normas constitucionais nas demais disciplinas jurídicas, como o direito processual, civil, penal, tributário, administrativo etc. Um dos desmembramentos

---

109 SOUZA NETO, Cláudio Pereira de; SARMENTO, Daniel. **Direito constitucional**: teoria, história e métodos de trabalho. 2. ed. Belo Horizonte: Fórum, 2014, p. 97-98.

110 SARMENTO, Daniel. O neoconstitucionalismo no Brasil: riscos e possibilidades. **Revista Brasileira de Estudos Constitucionais - RBEC**, Belo Horizonte, ano 3, n. 9, jan./mar. 2009. Disponível em: <http://www.bidforum.com.br/PDI0006.aspx?pdiCntd=56993>. Acesso em: 4 jun. 2018.

111 Ibidem.

dessa ideia é a eficácia irradiante dos direitos fundamentais, no sentido de que estes, na sua condição de direito objetivo, fornecem impulsos e diretrizes para a aplicação e interpretação do direito infraconstitucional, implicando uma interpretação conforme aos direitos fundamentais de todo o ordenamento jurídico[112].

Com esse pensamento, no âmbito administrativista,Gustavo Binembojm[113] denomina de *giro democrático-constitucional* do direito administrativo o tratamento constitucional do direito administrativo, operado a partir um processo multifário e pluridimensional que se opera por dois caminhos distintos e complementares: i)a disciplina da organização e funcionamento de inúmeros setores da Administração Pública no próprio Texto Constitucional; ii) a eficácia irradiante dos sistemas democrático e de direitos fundamentais, que passam a ser fundamento do próprio Estado, e, consequentemente, do próprio Direito Administrativo.

Essas vertentes são importantes no contexto histórico brasileiro, marcado por falta de efetividade nas suas constituições e por administrações públicas pouco comprometidas com os direitos fundamentais. Essa tendência se refletiu no direito administrativo brasileiro, que em alguma medida dispunha de institutos dissonantes de valores hoje consagrados em sede constitucional, como a dignidade da pessoa humana.

2. Desenvolvimento

Hely Lopes Meirelles, um dos juristas de direito administrativo mais respeitados do século passado, falava em supremacia do poder sobre os cidadãos, com base em uma visão utilitarista de que os interesses coletivos prevaleciam sobre os individuais. Segundo o autor[114], a desigualdade originária entre a Administração e os particulares resultaria em inegáveis privilégios e prerrogativas para o Poder Público, privilégios e prerrogativas que não podiam ser desconhecidos nem desconsiderados pelo intérprete ou aplicador das regras e princípios do Direito Administrativo.

---

112 SARLET, Ingo Wolfgang; MARINONI, Luiz Guilherme; MITIDIERO, Daniel. **Curso de direito constitucional**. 6. ed. São Paulo: Saraiva, 2017.

113 BINENBOJM, Gustavo. **Poder de polícia, ordenação, regulação: transformações político-jurídicas, econômicas e institucionais do direito administrativo ordenador**. Belo Horizonte: Fórum, 2017, p. 43.

114 MEIRELLES, Hely Lopes. **Direito administrativo brasileiro**. 27. ed. São Paulo: Malheiros, 2002, p. 29.

Essa posição então tradicional do Direito Administrativo brasileiro ecoou na doutrina e jurisprudência pátria por muitos anos, e ainda resiste aos dias de hoje. A título de exemplo, o professor Celso Bandeira de Mello[115], um dos mais respeitados juristas administrativistas, reconhece o princípio da supremacia do interesse público como um verdadeiro axioma do Direito Público moderno, já que a superioridade do interesse coletivo sobre o particular seria até mesmo uma condição de sobrevivência deste último.

É bem verdade que o renomado professor justifica a existência desse princípio com base em prerrogativas da Administração Pública, como a regra da presunção de veracidade e legitimidade dos atos administrativos (não no âmbito judicial), prazos especiais no processo judicial e para fins prescricionais. Ainda segundo ele, muitas das premissas que justificam a supremacia do interesse público, como a exigibilidade dos atos administrativos, têm, de acordo com o autor, origem no direito francês (*dróit du préalable*).

Muitos outros autores administrativistas tradicionais seguem linha parecida do ilustre professor. Carvalho Filho[116], por exemplo, entende que a "visão pretensamente modernista" de primazia de interesses privados com suporte em direitos fundamentais não é correta. Para ele, a prevalência do interesse público é indissociável do direito público.

As digressões do professor Gustavo Binembojm[117] sobre essa realidade brasileira são bastante pertinentes, embora cuidando especificamente do tema do poder de polícia. Em alusão a um artigo publicado por Hely Lopes em 1972, considera que os fundamentos, atributos e meios de atuação do poder de polícia da Administração Pública justificavam perfeitamente a ideologia, os objetivos e o instrumental jurídico-institucional do aparato repressor da ditadura militar. Além do mais, aponta que o Brasil herdou a tradição francesa de organização

---

115 MELLO, Celso Antônio Bandeira de. **Curso de Direito Administrativo**. 33. ed. São Paulo: Malheiros, 2016, p. 70-72.

116 CARVALHO FILHO, José dos Santos. **Manual de direito administrativo**. 24. Ed. Rio de Janeiro: LumenJuris, 2011, p. 29-30.

117 BINENBOJM, Gustavo. **Poder de polícia, ordenação, regulação: transformações político-jurídicas, econômicas e institucionais do direito administrativo ordenador**. Belo Horizonte: Fórum, 2017, p. 21-24.

e funcionamento da Administração Pública do século XIX, cujo surgimento decorreu de "obra transgressora do Conselho do Estado"[118].

Essa influência do direito francês é perceptível pela leitura das obras administrativistas tradicionais, como é o caso das lições de Bandeira de Mello acima mencionadas.

Da exposição acima, notam-se dois pontos: 1) o direito administrativo francês, cuja origem e desenvolvimento foi mais distante de valores constitucionais fundamentais, influenciou fortemente o direito brasileiro, em especial a própria ideia de supremacia do interesse público; 2) além disso, o contexto histórico e político brasileiro sofreu com pouca efetividade na concretização e no respeito dos direitos fundamentais, cujo panorama só muito recentemente começou a mudar.

Logo, apesar de a Carta de 1988 ter sido um marco político importante na cultura jurídica brasileira, a abertura do debate moral, um dos insígnios do neoconstitucionalismo, não chegou satisfatoriamente ao direito administrativo, já que os juristas entendem haver uma superioridade do Estado em desfavor do particular. Isso contribuiu para que a efetividade do giro *democrático-constitucional* do direito administrativo fosse consideravelmente mais lenta do que em outros ramos jurídicos.

Se a opção dos constituintes de 1988 de manter em seus cargos os Ministros do Supremo Tribunal Federal nomeados pelo regime militar retardou em ao menos uma década e meia a implementação das diretrizes da nova Carta Política[119], no direito administrativo o cenário é ainda mais atrasado.

Como visto alhures, a tradição jurídica que inspirou o direito administrativo brasileiro e as teorias desenvolvidas em um contexto histórico e político autoritário ainda resistem em boa parte da doutrina pátria, situação que se distancia de diversos temas de direito constitucional relacionados aos direitos fundamentais.

Um caso emblemático é a decisão na Ação Direta de Inconstitucionalidade nº 4277/DF, julgada em conjunto com a Arguição de Preceito Fundamental nº 132/RJ, quando a Suprema Corte reconheceu a união estável para casais do mesmo sexo. A doutrina constitucional, civil e de direitos humanos comprometida com a efetividade dos direitos fundamentais, como as de Ingo Sarlet, Gustavo Tepedino, Daniel Sarmento, Luís Roberto Barroso e Flávia Piovesan, serviu de fundamentação para o voto de alguns Ministros, a exemplo de Luiz Fux e de Joaquim Barbosa.

---

118 Ibidem, p. 59.
119 Ibidem, p.50.

Outras decisões progressistas foram tomadas pelo Supremo Tribunal Federal nos últimos tempos, como a interrupção da gestação de feto anencefálico (ADPF 54), a demarcação contínua do território indígena (PET 3388), a titulação das terras ocupadas por remanescentes das comunidades quilombolas (ADI 3239), a marcha pela descriminalização da maconha (ADPF 187) e a política de cotas em universidade federal (ADPF 186).

Sem dúvidas, a penetração da moral e a constitucionalização do direito foram importantes para a elaboração dessas decisões. Se questões ligadas à proteção da liberdade de expressão, às ações afirmativas e à proteção de grupos vulneráveis ganham corpo nos tribunais e na atuação do Poder Público, o mesmo não se pode afirmar da seara administrativista.

Com respaldo na doutrina tradicional e na legislação ainda apegada a valores ultrapassados, a ideia de supremacia do interesse público irradia na prática administrativa, como é o caso dos poderes exorbitantes da Administração Pública nos contratos administrativos, em que se inclui a possibilidade de a Administração, unilateralmente, rescindi-los, alterar as cláusulas contratuais, fiscalizar a sua execução e aplicar multas aos contratados[120]. Esse panorama, além de outros inconvenientes, acarreta um contrato mais oneroso ao erário, pois sem dúvidas nos preços das contratações estatais estará incluído o custo adicional decorrente da incerteza gerada pelas cláusulas exorbitantes[121].

E a jurisprudência dos tribunais superiores, por sua vez, pouco tem desenvolvido o tema. Na Suprema Corte, a maior parte dos julgados envolve questões ligadas à relação estatutária com os servidores públicos, sempre abordando o tema muito superficialmente. Já o Superior Tribunal de Justiça costuma reconhecer a aplicação do princípio no aspecto processual, notadamente nos casos do pedido de suspensão de liminar (por todos, a fundamentação no AgInt na SS 2.882/RS), considerando que o manejo do pedido suspensivo seria prerrogativa justificada pela supremacia do interesse público sobre o particular. Em outra ocasião, no Recurso Especial 945.055/DF, o Ministro Herman Benjamin se valeu do princípio para fundamentar o seu voto no sentido de não reconhecer o

---

120 FURTADO, Lucas Rocha. **Curso de licitações e contratos administrativos**. 7. ed. Belo Horizonte: Fórum, 2017, p. 36.

121 ALMEIDA, Fernando Dias Menezes de. Mecanismos de consenso no Direito Administrativo. In: ARAGÃO, Alexandre Santos de; MARQUES NETO, Floriano de Azevedo (Coord.). **Direito administrativo e seus novos paradigmas**. 2. ed. Belo Horizonte: Fórum, 2017, p. 334.

direito de retenção de imóvel público por benfeitorias a possuidor de boa-fé, tal qual preceitua o art. 1.219 do Código Civil. Sem maiores considerações sobre o princípio, ele serviu mais como retórica argumentativa do que efetivamente de um caso de sua aplicação concreta.

Não se pode perder de vista o contexto histórico e político brasileiro. Em um passado não muito distante, esse princípio foi utilizado para justificar juridicamente teorias e práticas autoritárias. Com o marco da Carta de 1988, elaborada com o propósito de superar esse passado sombrio, os institutos e princípios administrativos devem igualmente ser relidos com base em uma moralidade crítica e submetidos ao crivo constitucional, com base em valores de respeito à dignidade da pessoa humana e aos direitos fundamentais.

É por isso que modernamente se fala em desconstruir, ou, para alguns, reconstruir a noção de supremacia do interesse público, o que significa situá-la dentro do contexto constitucional, para que possa ser adequadamente defendida e aplicada[122]. Melhor ainda, para se alinhar com a posição do professor Daniel Sarmento[123], deve haver uma *releitura* a partir da ótica dos valores constitucionais, submetendo-os à chamada filtragem constitucional do Direito.

Não se desconhece a posição majoritária da doutrina, que ainda vê o princípio como algo primordial para o regime jurídico-administrativo. Todavia, com a máxima vênia que os iminentes juristas merecem, essa posição não parece ser acertada.

Com efeito, muitas das posições necessárias para um tratamento diferenciado do Poder Público não devem se fundamentar em uma suposta superioridade, mas sim na igualdade ou outro valor igualmente constitucional. Conferir prazos processuais diferenciados não decorre da supremacia, sendo na verdade uma forma legítima do Estado poder minimamente se defender em juízo.

É de conhecimento público e notório que as entidades da administração pública são os maiores litigantes do judiciário, algo natural até pelas inúmeras atribuições do Estado, o que certamente sobrecarrega os profissionais da área. Por sua vez,

---

[122] BORGES, Alice Gonzalez. Supremacia do interesse público: desconstrução ou reconstrução?**Revista Eletrônica de Direito Administrativo Econômico (REDAE)**, Salvador, Instituto Brasileiro de Direito Público, nº. 26, maio/junho/julho, 2011, p. 3. Disponível em:<http://www.direitodoestado.com.br/codrevista.asp?cod=587>. Acesso em: 14 de junho de 2018.

[123] SARMENTO, Daniel. O neoconstitucionalismo no Brasil: riscos e possibilidades. **Revista Brasileira de Estudos Constitucionais-RBEC**,BeloHorizonte,ano3,n.9,jan./mar.2009.Disponível em:<http://www.bidforum.com.br/PDI0006.aspx?pdiCntd=56993>. Acesso em: 4 jun. 2018.

quem tem uma mínima experiência na prática administrativa sabe das inúmeras dificuldades de se obter informações essenciais para instruções de petições: ofícios são expedidos para servidores públicos que devem respondê-los sem prejuízo de suas funções ordinárias – que, igualmente, são inúmeras–; a própria complexidade do aparato estatal torna difícil identificar o detentor dessa informação. Dificilmente um Advogado Público poderia peticionar dentro do prazo processual comum.

Institutos processuais como a suspensão de liminar decorrem do devido processo legal e da duração razoável do processo, não sendo o único caso de medidas processuais diferenciadas no ordenamento jurídico.

Quando se confere um tratamento diferenciado a determinados grupos e segmentos sociais, como mulheres (a exemplo da Lei nº 11.340/2006), idosos (Lei nº 10.741/2003), negros (mediante ações afirmativas e políticas de reconhecimento) e até mesmo consumidores (Lei nº 8.078/1990), o norte não é uma suposta supremacia, mas sim outros fundamentos, como a igualdade material, justiça distributiva e reparatória, preceitos que estão completamente em harmonia com a Constituição Federal.

Não se olvida da necessidade de se conferir um tratamento diferenciado à Administração Pública, cujo contorno deve ser estabelecido pelo princípio da proporcionalidade. O que não pode servir como fundamento é a arcaica noção de uma supremacia do interesse público sobre o interesse particular.

Aliás, muitas vezes essa pretensa posição de superioridade é ineficiente, como é o caso de algumas cláusulas exorbitantes dos contratos administrativos, conforme mencionado há pouco. Outras podem acarretar uma própria violação de normas constitucionais, como um eventual caso concreto de não retenção de bem lesionar o direito de propriedade ou a garantia de justa e prévia indenização.

Em nossa opinião, a releitura da supremacia do interesse público envolve primeiramente uma limitação de sua noção. Nesse sentido, não há mais espaço para que ela seja sobre os interesses privados.

Isso significa que as legítimas restrições aos direitos individuais devem ser nos exatos limites em que autoriza a Carta Maior, razão pela qual não decorre de uma suposta posição de superioridade.

Por outro lado, a supremacia outrora reservada ao interesse público não pode ser considerada como princípio ou mesmo como regra[124].Com isso, duas considerações são importantes para a releitura da ideia da supremacia do interesse público.

Em uma via, ela deve estar limitada ao âmbito interno da Administração Pública, isto é, não deve incidir nas relações com os sujeitos privados, motivo pelo qual não deve ser "sobre os interesses privados". Em segundo lugar, ela não pode ser considerada um princípio.

A supremacia do interesse público deve ser atualmente lida como uma das facetas do princípio da moralidade.

Dado o grau de abstratividade do princípio da moralidade, a doutrina tem enorme dificuldade em conceituá-lo. Lucas Furtado[125] pontua inclusive que poucos institutos jurídicos são de definição tão difícil quanto o referido princípio.

Nesse diapasão, as decisões do Estado (aqui em sentido amplo, incluindo especialmente Executivo e Legislativo na concretização de políticas públicas) devem sempre ser guiadas pelo interesse público. É nesse caso que há uma ideia de supremacia, já que interesses eminentemente privados não são a razão do atuar administrativo.

Logo, deve-se refutar o histórico *jeitinho brasileiro*, que importa, muitas vezes, no afastamento de regras que deveriam valer para todos[126]; a nomeação de dirigentes públicos não pode servir como moeda de troca e agrado a partidos políticos; a privatização de empresas estatais e serviços públicos como a saúde não pode se basear na conveniência dos agentes econômicos; deve haver maior controle a emissoras concessionárias de radiodifusão sonora e de sons e imagens que atuam de maneira subserviente aos interesses de agentes econômicos patrocinadores; e tantas outras medidas que passam ao largo do real interesse público.

É certo que existe uma enorme controvérsia sobre o conceito e a extensão do que seria "interesse público", havendo aqueles que o diferenciam entre o primário e o secundário. Outrossim, a concepção pode variar de acordo com

---

124 BARCELOS, Renato de Abreu. A profanação do interesse público no Estado Democrático de Direito: por um modelo procedimental de solução das colisões entre interesses públicos e interesses privados. **Fórum Administrativo – FA**, Belo Horizonte, ano 12, n. 136, jun. 2012. Disponível em: <http://www.bidforum.com.br/PDI0006.aspx?pdiCntd=79595>. Acesso em: 14 jun. 2018.

125 FURTADO, Lucas Rocha. **Curso de direito administrativo**. 5. ed. rev. atual. Belo Horizonte: Fórum, 2016, p.87.

126 BARROSO, Luís Roberto. Ética e jeitinho brasileiro: por que a gente é assim? s.l. s.n. Disponível em: <https://www.conjur.com.br/dl/palestra-barroso-jeitinho-brasileiro.pdf>. Acesso em: 14 jun. 2018, p. 11.

o pensamento ideológico dos juristas. Neste momento, não há razões para se aprofundar na definição desse conceito jurídico indeterminado (ou cláusula geral, a depender do ponto de vista), sendo suficiente partir do pressuposto de que o interesse público compreende a sociedade como um todo, e não interesses pessoais, familiares, econômicos ou de grupos influentes na política brasileira.

Logo, o Estado não pode ser submisso a esses interesses que não estão em harmonia com o genuíno interesse público.

Decerto, a atuação do Estado em algum momento conflitará com direitos previstos constitucionalmente. Como corolário do neoconstitucionalismo e do novo ambiente jurídico, em que há pretensão de se afastar de Estados absolutistas e autoritários que marcaram outras épocas, esse atuar administrativo se submete ao crivo dos direitos fundamentais, incluindo o devido processo legal e o respeito a minorias estigmatizadas. Eventual colisão de valores deve ser devidamente equalizada pelo princípio da proporcionalidade.

Considerações finais

Em conclusão ao presente trabalho, considera-se que o princípio da supremacia do interesse público sobre os interesses privados deve ter a sua noção relida a partir de diversos aspectos, distanciando-se totalmente de suas origens e formas pelas quais foi desenvolvido na doutrina e jurisprudência pátria.

Sua abrangência deve ser limitada para ter aplicação tão somente no âmbito interno da Administração Pública, tratando-se unicamente de uma "supremacia do interesse público".

Por isso, o tratamento diferenciado à Administração Pública (quando legítimo) não decorre de sua posição de superioridade em relação aos particulares, mas sim das especificidades que a envolvem.

Não há que se falar em princípio ou uma regra da supremacia do interesse público, mas sim de um desdobramento do próprio princípio da moralidade administrativa, servindo a noção como um norte de atuação do próprio Estado, que não pode ser subserviente a interesses pessoais, familiares, econômicos ou de grupos influentes na política brasileira.

Toda essa atuação administrativa, por óbvio, se submete ao crivo dos direitos fundamentais, com as limitações de direito ocorrendo nos estritos limites constitucionais. Eventuais colisões de direitos deverão ser equalizadas pelo princípio da proporcionalidade.

Referências bibliográficas

ALMEIDA, Fernando Dias Menezes de. Mecanismos de consenso no Direito Administrativo. In: ARAGÃO, Alexandre Santos de; MARQUES NETO, Floriano de Azevedo (Coord.). **Direito administrativo e seus novos paradigmas.** 2. ed. Belo Horizonte: Fórum, 2017.

BARCELOS, Renato de Abreu. A profanação do interesse público no Estado Democrático de Direito: por um modelo procedimental de solução das colisões entre interesses públicos e interesses privados. **Fórum Administrativo – FA**, Belo Horizonte, ano 12, n. 136, jun. 2012. Disponível em: <http://www.bidforum.com.br/PDI0006.aspx?pdiCntd=79595>. Acesso em: 14 jun. 2018.

BARROSO, Luís Roberto. A constitucionalização do direito e suas repercussões no âmbito administrativo. In: ARAGÃO,Alexandre Santos de; MARQUES NETO, Floriano de Azevedo (Coord.). **Direito administrativo e seus novos paradigmas.** 2. ed. Belo Horizonte: Fórum, 2017.

BARROSO, Luís Roberto. **Ética e jeitinho brasileiro: por que a gente é assim?** s.l. s.n. Disponível em: <https://www.conjur.com.br/dl/palestra-barroso-jeitinho-brasileiro.pdf>. Acesso em 14 de junho de 2018.

BINENBOJM, Gustavo. **Poder de polícia, ordenação, regulação: transformações político-jurídicas, econômicas e institucionais do direito administrativo ordenador.** Belo Horizonte: Fórum, 2017.

BORGES, Alice Gonzalez. Supremacia do interesse público: desconstrução ou reconstrução?**Revista Eletrônica de Direito Administrativo Econômico (REDAE)**, Salvador, Instituto Brasileiro de Direito Público, nº. 26, maio/junho/

julho, 2011. Disponível em:<http://www.direitodoestado.com.br/codrevista.asp?cod=587>. Acesso em: 14 jun. 2018.

CARVALHO FILHO, José dos Santos. **Manual de direito administrativo**. 24. ed. Rio de Janeiro: Lumen Juris, 2011.

CHEVALLIER, Jacques. **O serviço público**. Tradução, estudo introdutório e notas explicativas de Augusto Neves Dal Pozzo e Ricardo Marcondes Martins. Belo Horizonte: Fórum, 2017.

FURTADO, Lucas Rocha. **Curso de direito administrativo**. 5. ed.rev.atual. Belo Horizonte: Fórum, 2016.

_____. **Curso de licitações e contratos administrativos**. 7. ed. Belo Horizonte: Fórum, 2017.

MEIRELLES. Hely Lopes. **Direito administrativo brasileiro**. 27. ed. São Paulo: Malheiros, 2002.

MELLO, Celso Antônio Bandeira de. **Curso de Direito Administrativo**. 33. ed. São Paulo: Malheiros, 2016.

MENDES, Ferreira Gilmar; BRANCO, Paulo Gustavo Gonet. **Curso de direito constitucional**. 12. ed. rev. e atual. São Paulo: Saraiva, 2017.

SARLET, Ingo Wolfgang; MARINONI, Luiz Guilherme; MITIDIERO, Daniel. **Curso de direito constitucional**. 6. ed. São Paulo: Saraiva, 2017.

SARMENTO, Daniel. O neoconstitucionalismo no Brasil: riscos e possibilidades.**Revista Brasileira de Estudos Constitucionais - RBEC**, Belo Horizonte, ano 3, n. 9, jan./mar. 2009. Disponível em: <http://www.bidforum.com.br/PDI0006.aspx?pdiCntd=56993>. Acesso em: 4 jun. 2018.

SOUZA NETO, Cláudio Pereira de; SARMENTO, Daniel. **Direito constitucional: teoria, história e métodos de trabalho**. 2. ed. Belo Horizonte: Fórum, 2014.

A Efetivação da Participação Popular Direta como Mecanismo de Fortalecimento da Democracia

Igor Veloso Ribeiro

Resumo

Este artigo analisa a importância da utilização da participação popular direta, prevista no Direito brasileiro, como instrumento de aprimoramento do debate democrático. Desde as inovações constitucionais trazidas pela promulgação da CR/88, cabe também a qualquer cidadão a iniciativa de intervir na vontade do Estado, na forma da lei, e, assim, compartir a responsabilidade da gestão pública. É através dos mecanismos da participação popular – pelos controles que lhes são inerentes – que a Administração Pública cumpre sua submissão à lei e ao direito, resultando na essência do regime democrático.

Palavras-chave: Administração Pública, controles, participação popular direta.

Abstract

This article aims to analyze the importance of using people's participation under Brazilian law, as a means of enhancing the democratic debate. Since the constitutional innovations brought about by the enactment ofCR/88, it is also the initiative of any citizen to intervene in the will of the State, according to the law, and thus share the responsibility of public administration. Itis through the mechanisms of popular participation – by employing the controls attached to them, that the Public Administration fulfills its submission to the law, resulting in the essence of democracy.

Key-words: Public Administration, controls, participation.

1. Introdução

O presente artigo discute a participação popular direta tendo pressuposto o tratamento normativo do tema. Todavia, procura fazer paralelos com a realidade pujante, objetivando uma contextualização, fundamentada, consistente e esclarecedora. Sem olvidar da perspectiva democrática do instituto.

Aristóteles, ao discutir os diversos regimes políticos das Cidades-Estados da Grécia Antiga, foi enfático em asseverar que "é característica da democracia que todas as coisas sejam decididas por todos; este é o tipo de igualdade que o povo deseja"[127]. O pensamento filosófico aristotélico, ressalvadas as nuanças de seu tempo, foi redescoberto pela Ilustração e lastreou toda a construção e evolução – da Revolução Francesa até a contemporaneidade – do significado que enceta a palavra democracia.

Os conceitos se relacionam de maneira tautológica. Democracia é participação popular. Participação popular é democracia. Uma não encontra significado ontológico sem a outra. Esse é o ponto de partida para qualquer discussão sobre o tema.

Nas décadas de 1980 e 1990 houve um aumento no número de países que optaram por regimes democráticos, adotando como modelo o Estado Democrático de Direito, destinado a proteger e a implementar os direitos da pessoa humana. O processo de globalização da economia, tendo por base o pensamento neoliberal, os modelos e receitas de desenvolvimento impostos pelas instituições financeiras internacionais, têm feito com que sejam desenvolvidos novos paradigmas hábeis em suprir aos anseios do povo por uma sociedade mais justa e consentânea com o respeito às atividades desenvolvidas por particulares, sem que se possa olvidar a defesa dos direitos da coletividade.

Democracia e cidadania, uma vez reconhecidos como princípios fundamentais do Estado Brasileiro, tornaram-se estalões para combater o desgaste do setor público, que insiste em ocorrer de várias formas, notadamente se considerados os tradicionais métodos de corrupção como clientelismo na gestão da coisa pública, privatização de serviços públicos sem processos escorreitos, ausência de investimentos em infraestrutura e serviços públicos, e, fundamentalmente, o desrespeito ao princípio da legalidade.

---

[127] ARISTÓTELES. **A Política**. São Paulo: Martin Claret, 2010, p. 170.

A participação popular ganhou relevo ao se tornar o principal instrumento de controle da Administração Pública. Seja ele levado a cabo pelas instituições que representam o cidadão com base no sistema da democracia representativa, ou mesmo de forma direta.

Pautado no princípio da participação popular, o legislador constituinte instituiu mecanismos para assegurar a atuação direta do cidadão no Poder Público, como a iniciativa popular, o referendo, o plebiscito, as consultas, as audiências públicas, os conselhos de gestão de políticas e serviços públicos.

Estão previstas numerosas possibilidades de controle da Administração Pública, de maneira a garantir melhor gestão, sempre com a perspectiva de permitir a ingerência do cidadão nas tomadas de decisões e execuções.

O cidadão tem mais poderes nas mãos. Resta definitiva a possibilidade legal de participar do controle de gestão da Administração Pública através do exercício de suas prerrogativas. Deve-se incitá-lo a exercer esse poder, pois só com a consciência firme desse dever-poder o país poderá encontrar soluções no sentido de avançar e estabelecer a nova ordem social.

Neste sentido, procurou-se explicar os elementos de participação popular em seus pormenores. Procurou-se traçar as relações existentes entre eles, de maneira a esclarecer suas aplicações e cabimentos em si ou reciprocamente considerados, revelando sua magnitude.

2. Evolução da Administração Pública e da ideia de participação popular

O Estado Nacional como atualmente se apresenta é fruto de uma construção histórica iniciada no século XVI. O Estado Moderno foi sistematizado na Europa Ocidental diante da necessidade de reorganização das estruturas para fazer frente às mudanças engendradas, principalmente, pela classe burguesa. O povo já não reconhecia na figura do Rei as atribuições divinas que outrora lhe foram outorgadas (até então, tal outorga divina era justificada tanto pelos juristas da época quanto pela Igreja uma vez que esta última mantinha estreita ligação com o Estado), ao mesmo tempo em que reivindicava direitos e liberdades, especialmente uma maior participação nas decisões que interfeririam diretamente no modo de viver da coletividade.

Contemporaneamente, o Estado apresenta-se como uma realidade tripartida, definido pelo entrelaçamento de três elementos, quais sejam, o Povo, o Território e o Poder Político. Ter em mente tal estrutura de Estado é mister para alcançar a compreensão do que significa participação popular e suas implicações, máxime o conceito de Poder Político.

Poder Político é o governo. Nada mais é que a possibilidade de usar a máquina estatal para o implemento das vontades, necessidades e interesses políticos. Hoje, por imposição da lei, voltados para o bem comum (interesse público), vale dizer, para os interesses do povo, enquanto constituído de cidadãos. Não se pode olvidar, igualmente, das conjecturas acerca da definição da sistematização do Estado Moderno, especialmente no que concerne à ideia de Poder Político, que teve antecedentes históricos distantes.

Na Grécia Antiga, questionava-se a definição de Poder Político, desaguando nos primeiros quadros classificatórios sobre os sistemas políticos. Na Roma Antiga, tais questões foram aprimoradas. Assim, apresentou-se uma noção de Poder Político como poder supremo e uno, cuja plenitude pode ou deve ser reservada a uma única origem e a um único detentor.

Desde o advento do Estado Moderno, a ideia de Poder Político encontra-se umbilicalmente relacionada à noção de soberania, ou seja, um poder supremo e aparentemente ilimitado, que confere ao Estado não só a capacidade para vencer as resistências internas à sua ação, mas também de afirmar a sua independência em relação a outros Estados.

Sobre o tema obtempera Bastos[128] que na ordem interna se consagra o princípio da subordinação com o Estado no ápice da pirâmide normativa kelseniana. Já na ordem externa prevalece o princípio da coordenação. Tal postulado jurídico permanece válido e não foi infirmado, não encontrando correspondência nos campos político, econômico, militar ou cultural. Mesmo após a descolonização ocorrida após a Segunda Grande Guerra, quando se perdeu a noção do que sejam os requisitos de um Estado. Mesmo diante das desigualdades internacionais, encontramos lá o nascimento dos alicerces de um direito internacional compensador, de igual modo, no direito interno houve um direito social voltado aos mais carentes.

Tal Poder Político de comando, então, funda-se na soberania estatal de dimensão constitucional interna. É a soberania interna que permite o mono-

---

128 BASTOS, C. R. B. **Curso de Direito Constitucional**. 22. ed. atual. São Paulo: Saraiva, 2001, p. 18.

pólio de edição do direito positivo, tanto como no monopólio da coação física legítima, com o fito de impor a efetividade de suas regulamentações e dos seus comandos, na busca do atendimento ao bem comum.

Noutro giro, tem-se o Poder Político como emanado da própria constituição do Estado contemporâneo, como parte da estrutura administrativa. Esta posta à disposição do governo, que traça suas diretrizes de atuação, ou seja, executa as competências e atribuições do Poder Político, conferidos pela lei e passíveis de verificação pelo cidadão.

A limitação do poder político, evidenciado pelo constitucionalismo moderno, deu-se com o advento do Estado de Direito[129]. Finalmente, o Estado surge com uma constituição limitadora do poder através do império da lei

Segundo Canotilho[130] e Silva[131], a principal tinta do controle, especialmente sob a forma de participação, é a submissão da vontade estatal à vontade da lei. Sem dúvida, é impensável a existência do instituto do controle participativo sem olvidar da premissa de existência do Estado Legal, máxime o Estado Democrático de Direito. Não basta se ter um Estado de Direito, especialmente porque não se pode conceber o Estado de Direito, apenas, como um conjunto de normas estabelecidas pelo Poder Legislativo, mas um Estado fundamentado na vontade e participação do povo:

> Se o princípio do Estado de direito se revelou como uma "linha Maginot" entre "Estados que têm uma Constituição" e "Estados que não têm uma Constituição", isto não significa que o Estado Constitucional moderno possa limitar-se a ser um Estado de direito. Ele tem de estruturar-se como **Estado de direito democrático,** isto é, como uma ordem de domínio legitimada pelo povo.[132]

---

[129] "Na origem, como é sabido, o *Estado de Direito* era um conceito tipicamente liberal; daí falar-se em Estado Liberal de Direito: cujas características básicas foram: (a) *submissão ao império da lei*, que era a nota primária de seu conceito sendo a *lei* considerada como ato emanado formalmente do Poder Legislativo, composto de representantes do povo, mas do povo cidadão; (b) *divisão de poderes*, que separe de forma independente e harmônica os poderes Legislativo, Executivo e Judiciário, como técnica que assegure a produção das leis ao primeiro e a independência e imparcialidade do último em face dos demais e das pressões dos poderes particulares; (c) *enunciado e garantia dos direitos individuais*" (SILVA, 2005. p. 112-113).

[130] CANOTILHO, J. J. G. **Direito Constitucional e Teoria da Constituição**. 5. ed. Lisboa: Almedina, 2003.

[131] SILVA, J. A. da. **Curso de Direito Constitucional Positivo**. 22. ed. rev. e atual. nos termos da Reforma Constitucional (até a Emenda Constitucional n. 48, de 10.8.2005). São Paulo: Editora Malheiros, 2005.

[132] CANOTILHO, J. J. G. **Direito Constitucional e Teoria da Constituição**. Op.cit., p. 97-98.

Sem dúvida, é com o advento do Estado Democrático de Direito, consagrado, proclamado e fundado no art. 1º da Constituição da República de 1988, que surge a ideia de uma sociedade (democracia) participativa. O caráter democrático trazido pela nova Carta Magna engendra o envolvimento crescente do povo no processo decisório e na formação dos atos de governo. Desta forma, toma relevo e, via de consequência, dá azo a um movimento contínuo e fluido de discussões, em todos os âmbitos sociais, redundando em normatizações que garantem e instrumentalizam a participação popular, além de incentivar o homem comum, cidadão, a exercer o seu direito de influência na gestão da coisa pública.

Para José Afonso da Silva[133], a novel Magna Carta abre as perspectivas de realização social profunda pela prática dos direitos sociais, que ela inscreve, e pelo exercício dos instrumentos que oferece à cidadania e que possibilita concretizar as exigências de um Estado de justiça social, fundado na dignidade da pessoa humana.

Moreira Neto[134] obtempera que os desafios lançados ao Direito Público perpassa pelo abandono da vetusta crença de que basta a legalidade e a eficácia e que a supremacia do interesse público é intangível. O Direito Administrativo do Estado Democrático de Direito, além da legalidade, demanda legitimidade, além da eficácia, exige eficiência e nele se afirma indisputável, sobre quaisquer outras prelezias, o princípio da supremacia da ordem jurídica.

A participação popular consolidou-se como pilar do administrativismo contemporâneo, coadunando com os anseios da população e com os ditames da nova ordem constitucional. É a participação do povo, em suas diversas perspectivas, na Administração Pública que traduz uma sociedade organizada, transparente e, como corolário, justa.

3. Participação popular

Para coadunar com as tendências atuais em Direito Administrativo e com a conformidade do modelo estatal contemporâneo traz-se à baila a presença dos cidadãos, das formações sociais e dos interesses coletivos no interior da Administração.

---

133 SILVA, J. A. da. **Curso de Direito Constitucional Positivo.** op. cit., p.120.

134 MOREIRA NETO, D. F. de. Uma Nova Administração Pública. **Revista de Direito Administrativo: Renovar.** n. 220. p. 179-182, 2000. p. 182

Com efeito, a participação afigura-se como característica essencial do Estado Democrático de Direito. Ela diminui a distância entre o administrado e a Administração Pública, ao inserir, diretamente, o particular nos negócios públicos, seja no tocante à gestão, seja no que concerne ao controle.

Para J. J. Gomes Canotilho, "ao pressupor a participação igual dos cidadãos, o princípio democrático entrelaça-se com os direitos subjetivos de *participação* e *associação*, que se tornam, assim, fundamentos nacionais da democracia"[135].

Medauar assevera que a participação popular se inclui "entre os meios invocados para alterar o modelo de atuação dos complexos burocráticos estatais"[136]. Desta maneira, a participação popular encontra-se vinculada ao pluralismo social, ou seja, à multiplicidade dos grupos, das interações indivíduo-sociedade-interesses.

No entanto, é a participação do próprio cidadão, individualmente considerado, que se revela uma das modalidades mais importantes de participação popular na Administração Pública. A ordem posta consagra o princípio da liberdade individual e como corolário confere ao cidadão as mesmas possibilidades e instrumentos combativos que demais representantes dos outros setores da sociedade.

3.1. A participação popular positivada

A Constituição da República de 1988 inova a perspectiva de participação quando estabelece em seu art. 1º que o Estado brasileiro se conformará em Democrático e de Direito.

A *Lex Superior* arrolou entre os direitos fundamentais o acesso à informação, máxime a administrativa (no art. 5º, VIX, XXXIII), o direito de petição e de certidões em repartições públicas (no art. 5º, XXXIV), além da garantia do devido processo legal na esfera administrativa (no art. 5º, LV).

Tais dispositivos, diga-se, por oportuno, de eficácia imediata, homenageiam a força normativa da constituição ao informar toda a sociedade que o desrespeito ao devido processo legal, máxime da sua faceta substancial[137], malfere a cláusula

---

135 CANOTILHO, J. J. G. **Direito Constitucional e Teoria da Constituição**, op. cit., p. 291

136 MEDAUAR, O.**O Direito Administrativo em Evolução**. 2. ed. rev. atual. e amp. São Paulo: Editora Revista dos Tribunais, 2003, p. 229

137 "Segundo a jurisprudência do STF, devido processo substantivo pode significar desde a proibição de 'leis que se apresentem de tal forma aberrantes da razão', passando pela exigência 'de que as leis devem ser elaboradas com justiça, devem ser dotadas de razoabilidade ('reasonableness') e de

geral de proteção da dignidade da pessoa humana, restando vilipendiado o direito fundamental à participação, e, via de consequência, a própria democracia.

O art. 10. da CR\88 assegura a participação de empregadores e empregados nos colegiados dos órgãos públicos em que seus interesses profissionais ou previdenciários sejam objetos de decisão e deliberação.

Os incisos XII e XIII, do art. 29, da CR\88, regulamentam, respectivamente, a cooperação das associações representativas no planejamento municipal e a iniciativa popular de projetos de lei de interesse específico do Município, da cidade ou de bairros.

O controle popular participativo, ou controle social da Administração, vem previsto no art. 31, § 3º, da CR\88, segundo o qual as contas dos Municípios ficarão durante sessenta dias por ano à disposição de qualquer contribuinte (*rectius*, pessoa natural ou jurídica) para exame e apreciação, sempre com a possibilidade de questionamento da legitimidade das contas. Outra forma vem indicada no § 2º, do art. 74, que confere legitimidade a qualquer cidadão, partido político, associação ou sindicato para denunciar irregularidades ou ilegalidades frente ao Tribunal de Contas.

Ao dispor sobre as atribuições das Comissões Parlamentares de Inquérito, a CR\88, no art.58, § 2º, II, confere a possibilidade de realização de audiências públicas com entidades da sociedade civil.

A CR\88, quando estabelece os parâmetros da política agrícola nacional em seu art. 187, determina a obrigatoriedade, tanto no planejamento como na execução, da participação do setor de produção, envolvendo produtores e trabalhadores rurais, bem como dos setores de comercialização, de armazenamento, e de transportes.

Existe a previsão da participação da comunidade como diretriz precípua do Sistema Único de Saúde – SUS (art. 198, III, da CR\88), da educação (art. 305, da CR\88) e da Cultura (art. 216, § 3º, da CR\88). Já os arts. 204, II, e 194, VII, da CR\88 preveem a participação na formulação de política e controle de ações na área de assistência e seguridade social. É a cogestão ou gestão democrática.

A política ambiental também deve observar a participação popular. Está inscrito no art. 225 da Constituição da República de 1988. Também é permitida

---

racionalidade ('rationality'), devem guardar, segundo W. Holmes, um real e substancial nexo com o objetivo que se quer atingir', até a necessidade de 'perquirir-se (...) se, em face do conflito entre dois bens constitucionalmente contrapostos, o ato impugnado afigura-se adequado (isto é, apto a produzir o resultado desejado), necessário (isto é, insubstituível por outro meio menos gravoso e igualmente eficaz) e proporcional em sentido estrito (ou seja, se (sic) estabelece uma relação ponderada entre o grau de restrição de um princípio e o grau de realização do princípio contraposto.'" (MATTOS, 2009, p.97)

a participação de organizações não governamentais nos programas de assistência integral à saúde da criança e do adolescente (art. 227, § 1º da CR\88).

Cumpre ressaltar que as normas constitucionais que regem o tema não são necessariamente autoexecutáveis, de modo que, ainda, há algumas normas programáticas dependentes de regulamentação para integrar participação popular.[138]

Debalde, no bojo da reforma administrativa, veiculada pela Emenda Constitucional nº 19\98, a participação popular ganhou relevância. Com efeito, o princípio constitucional da participação popular passou a constar do § 3º, do art. 37, da CR\88, que estabelece que a lei discriminará as formas de participação do usuário na administração pública direta e indireta, regulando especialmente: I – as reclamações relativas à prestação de serviços públicos em geral, asseguradas a manutenção de serviços de atendimento ao usuário e a avaliação periódica, externa e interna, da qualidade de serviços; II – acesso aos usuários a registros administrativos e a informações sobre atos de governo, observado o disposto no art. 5º, X e XXXIII; III – a disciplina da representação contra o exercício negligente ou abusivo do cargo ou função na administração pública.

3.2. Formas de participação direta

3.2.1. O controle social como aspecto da participação popular

O controle social é um conceito com origem na Sociologia, motivo da pouca receptividade da temática no ambiente jurídico[139].Em muitos trabalhos[140, 141, 142, 143], pode-se identificar que o termo controle social tem referência

---

138 TÁCITO, C. Transformações do Direito Administrativo. **Revista de Direito Administrativo: Renovar.** n. 214, 1998.

139 VIEGAS, W. Controle administrativo e controle social – Analogias, contrastes e paralogismos. **Cadernos de Administração.** Ano II, n. 6, out./ dez. 1996.

140 DI PIETRO, M. S. Z. **Direito Administrativo.** 15. ed. São Paulo: Atlas, 2003.

141 BRESSER PEREIRA, L. C. Da Administração Pública Burocrática à Gerencial. **Revista do Serviço Público.**v. 47, n. 1, p.7-40, jan. 1996.

142 CUNILL GRAU, N. C. A rearticulação das relações Estado-sociedade: em busca de novos significados. **Revista do Serviço Público.** Ano 47, v. 120, n. 1, jan./abr. 1996.

143 LOUREIRO, M. R.; FINGERMANN, H. Mudanças na Relação público-privado e a problemática do controle social: Algumas reflexões sobre a situação Brasileira. In: LODOVICI, E.; BERNAREGGI,

com a possibilidade de atuação dos grupos sociais (sociedade civil) por meio de qualquer uma das vias de participação democrática no controle das ações do Estado e dos gestores públicos. Esse conceito amplo de controle social tem um caráter positivo de atuação da democracia.

Partindo-se da concepção de democracia representativa, o processo de planejamento, execução e controle administrativos do Estado poderia ser encarado com a seguinte sequência e etapas: anseios da sociedade, proposta do candidato/gestor público, eleição/designação, planejamento (Plano Plurianual, Lei de Diretrizes Orçamentárias e Lei Orçamentária Anual), execução, controle e atuação por meio das vias democráticas. Nesse processo, a sociedade aparece com função de alimentação do ciclo com as informações que permitam o ajuste, a correção e os novos planejamentos.

O controle social pressupõe um avanço na construção de uma sociedade democrática determinando alterações profundas nas formas de relação do aparelho do Estado com o cidadão. Através da reforma e modernização do aparato estatal é possível criar mecanismos capazes de viabilizar a integração dos cidadãos no processo de definição, implementação e avaliação da ação pública.

3.2.1.1. Direito de ser ouvido

Umbilicalmente ligado ao direito de defesa, princípio do contraditório e *due process of law*, o *right to a fair hearing* deve ser observado em qualquer hipótese em que haja restrição ao exercício dos direitos individuais da pessoa pelo Estado. Como se trata de direito abrangente, a Constituição revela o direito de ser ouvido em dispositivos vários. Dentre muitos, pode-se citar o direito de petição, que confere ao administrado a possibilidade de peticionar aos poderes constituídos, em defesa de direitos ou contra ilegalidades e abuso de poder, bem como o direito de recorrer à Administração Pública em todas as instâncias possíveis.

Fenômeno interessante de ser observado é o espraiar do direito de ser ouvido, como corolário do princípio de devido processo legal, inclusive, nas relações de cunho eminentemente privatístico. É o que se denomina de eficácia horizontal dos direitos e garantias fundamentais. Tema pacificado na jurisprudência nacional.

G.; FINGERMAN, H. (Org.). **Parceria Público/Privado- Cooperação Financeira e Organizacional entre o Setor Privado e as administrações Públicas Locais**: Vol. I. São Paulo: Sumus Editora, 1992.

3.2.1.2. Consulta pública

Esta modalidade, tradicionalmente estrangeira, vem ganhando espaço no ordenamento jurídico nacional. Na Alemanha e na Itália, é instituto comum e arraigado à cultura coletiva, notadamente em assuntos municipais.[144]

Na França, existem as chamadas *enquêtes* (Leis de 10/07/76, 12/07/83 e de 02/02/95; Decreto n° 85.463, de 23/04/85), inclusive, nos casos de desapropriação, antes da declaração de utilidade pública, observando-se que a previsão legal faz obrigatória sua realização. Na Espanha, existe a *información pública* (art. 86 da Lei n° 30/92)[145].

Entretanto, é no direito estadunidense que se colhe o entendimento mais consentâneo com o adotado no direito pátrio, máxime no rito adotado para a efetiva procedimentalização das *Executives Agencies* ou *Administratives Agencies*. O procedimento regulamentar previsto no APA — *Administrative Procedural Act* — compreende três fases: (a) proposta normativa, (b) consulta pública e (c) decisão.

Segundo Mastrangelo, cabe à agência, de início, por meio do respectivo edital, delinear o procedimento de consulta pública a ser adotado, quanto à norma proposta, em especial, ao efeito de destacar "as questões de particular interesse sobre as quais se esperam comentários". Depois, na fase da consulta pública, propriamente dita, concede-se aos interessados o ensejo de aduzirem, por escrito, seus comentários à proposta, aportando os elementos que reputem adequados. Por último, em sede de decisão, conquanto não se imponha exaustiva motivação, é imprescindível que a autoridade edite "uma justificação concisa de seus fundamentos e objetivos". A propósito, não se exige que a agência decida exclusivamente com base nos elementos aportados pelos particulares, admitindo-se que se valha do seu próprio conhecimento técnico e de sua experiência.[146]

---

144 MASTRANGELO, C. **Agências reguladoras e participação popular**. Porto Alegre: Livraria do Advogado Editora, 2005.

145 LLOVET,T. F. Y. Desarollo Reciente de los Instrumentos de la Administración Consensual em Espana. In: MOREIRA NETO, D. F. de.**Uma avaliação das tendências contemporâneas do Direito Administrativo**. Rio de Janeiro: Renovar, 2003

146 MASTRANGELO, C. **Agências Reguladoras e Participação Popular.** Op. cit., p.116-117.

Para Di Pietro, enquete nada mais é que:

> Uma forma de participação consistente na consulta à opinião pública sobre assuntos de interesse geral; normalmente, precede a elaboração de normas de caráter geral, em que a apresentação de sugestões pelos interessados pode ser útil para a decisão sobre determinados assuntos de interesses públicos.[147]

No ordenamento brasileiro, a consulta pública vem positivada na cabeça do art. 31 da Lei n° 9.784 de 29/1/199, Lei do Processo Administrativo Federal. Quando a matéria do processo envolver assunto de interesse geral, o órgão competente poderá, mediante despacho motivado, abrir período de consulta pública para manifestação de terceiros, antes da decisão do pedido, se não houver prejuízo para a parte interessada.

Infere-se, portanto, que o supramencionado instituto tem natureza de procedimento incidental. Decerto, sendo o objeto do processo administrativo de cunho eminentemente coletivo, surge a consulta pública como "incidente derivado da matéria de interesse geral e dotado de rito próprio, com trâmite e formalização especiais previstos na lei (arts. 31 a 34)"[148].

A despeito de parecer constituir mera liberalidade da Administração Pública a realização de consulta pública incidental, em verdade, trata-se de hipótese típica de atividade plenamente vinculada para a autoridade. A espécie bebe diretamente das águas democráticas, portanto, tratando-se de assunto de interesse geral, não pode a Administração Pública esquivar-se da realização da consulta pública, sob pena de incorrer em desvio de finalidade, sendo, inclusive, suscetível ao controle judicial.

Em recente aresto, o Pretório Excelso, ao tratar de matéria ambiental, desconstituiu decreto que houvera prescindido da realização de consulta pública prévia, exigida em lei, decisão assim assentada:

> O processo de criação e ampliação das unidades de conservação deve ser precedido da regulamentação da lei, de estudos técnicos e de consulta pública. O parecer emitido pelo Conselho Consultivo do Parque não

---

147 DI PIETRO, M. S. Z. Participação Popular na Administração Pública. op. cit., p.34
148 CARVALHO FILHO, J. S. dos. **Manual de Direito Administrativo**. 13. ed. rev. amp. Rio de Janeiro: Lúmen Júris Editora, 2005. p.180

pode substituir a consulta exigida na lei. O conselho não tem poderes para representar a população local[149].

No ponto não cabe discricionariedade. É de rigor a oitiva popular efetiva, instrumentalizada pelo próprio Poder Público.

3.2.1.3. Audiência pública

Figueredo[150] ensina que a audiência pública também não é instituto criado pelos juristas brasileiros. Seu nascedouro ocorreu nos Estados Unidos com o *right to a fair hearing*.Segundo Mastrangelo[151], aparece com força no *commom law* britânico, notadamente quando das discussões acerca do planejamento urbano. Outrossim, encontra espaço no ordenamento jurídico argentino, sendo conceituado como instrumento de garantia do direito de defesa ao ensejar "a participação útil e efetiva de prestadores, usuários e terceiros, em tudo atinente ao serviço público, sendo o principal ato preparatório da vontade (decisão) do ente regulador".[152]

A finalidade precípua deste instituto é a ampla discussão, a mais vasta transparência, de *fair play* na conduta administrativa, para que sejam exibidos os fundamentos necessários para o modelo escolhido e para que se ouça, que se questione a possibilidade da proposição de outras formas.

Como bem ensina Lúcia Valle Figueiredo: "(...) faz-se necessária intercomunicação. Não se trata de um monólogo, mas, sim, de diálogo entre autoridades e cidadãos".[153]

Em Direito Ambiental, já se percebe avanços na matéria. Decerto, o instituto da audiência pública é previsto pela Resolução n° 9 – CONAMA, de 3 de dezembro de 1987, tendo por finalidade expor aos interessados o conteúdo do produto em análise, o do RIMA (Relatório de Impacto Ambiental) e EPIA (Estudo Prévio de Impacto Ambiental), dirimindo dúvidas e recolhendo dos presentes as críticas e sugestões a respeito (art. 1º).

---

149 Mandado de Segurança n° 24.184-DF, Rel. Min. Ellen Gracie, Pleno, publ. em 27.02.04.
150 FIGUEREDO, L. V.Instrumentos da administração consensual. A audiência pública e sua finalidade. **Revista trimestral de Direito Público**. n. 38,p. 5-15, 2002.
151 MASTRANGELO, C. **Agências Reguladoras e Participação Popular**. op. cit.
152 GARCIA, J. S. **Concesión de Serviços Públicos**. Buenos Aires: Ciudad Argentina, 1996, p.127.
153 FIGUEREDO, L. V.Op. cit., p. 390.

Conforme Machado[154], nesse processo há uma dupla caminhada. De um lado, o órgão público presta informações ao público, enquanto, de outro, o público passa informações à Administração Pública. A obrigatoriedade de audiência pública ambiental já foi positivada, inclusive, nas Constituições dos Estados de Goiás (art. 132), Maranhão (art. 241, VIII), Mato Grosso (art.263, parágrafo único), Mato Grosso do Sul (art.222, § 2º, VI), Pernambuco (art.215), São Paulo (art.192, § 2º), o que demonstra, de plano, maior preocupação tanto com o meio ambiente quanto com a população nele inserida e diretamente interessada.

É obrigatória, também, consoante a Resolução nº 9 de 1987, a realização de audiência pública quando requerida por entidade civil, pelo Ministério Público ou por 50 ou mais cidadãos.

Sobre o tema, o jurista Paulo Affonso Leme Machado manifesta-se acertadamente e explicita que a audiência pública é a última grande fase do procedimento do Estudo Prévio de Impacto Ambiental. A audiência pública – devidamente retratada na ata e seus anexos – não poderá ser desprezada pelo órgão licenciador. Decerto será nulo o ato administrativo autorizador – que poderá ser invalidado pela instância administrativa superior ou por via judicial – quando o mesmo deixar de conter os motivos administrativos favoráveis ou desfavoráveis ao conteúdo da ata e de seus anexos.[155]

A legislação ordinária pátria, também, traz em seu bojo a obrigatoriedade da oitiva popular. É o caso do art. 39 da Lei de Licitações (Lei nº 8.666/93), que trata das licitações de grande vulto. Com efeito, sempre que o valor estimado para uma licitação ou para um conjunto de licitações simultâneas ou sucessivas for superior a 100 (cem) vezes o limite previsto no art. 23, inciso I, alínea "c", da Lei Geral de Licitações, o processo licitatório será iniciado, obrigatoriamente, com uma audiência pública, concedida pela autoridade responsável com antecedência mínima de 15 (quinze) dias úteis à data prevista para a publicação do edital e divulgada, com antecedência mínima de 10 (dez) dias úteis de sua realização, pelos mesmos meios previstos para a publicidade da licitação, à qual terão acesso, a todas as informações pertinentes, e possibilidade de se manifestar, todos os interessados.

Todavia, mesmo sendo obrigatória não é vinculante para a Administração. No mínimo, passa a ser questionável a legitimidade da obra ou serviço recusado pela comu-

---

154 MACHADO, P. A. L. M. **Direito Ambiental Brasileiro**.Op.cit., p.241.

155 MACHADO, P. A. L. M. **Direito Ambiental Brasileiro**.Op.cit., p.245.

nidade, ou até mesmo questionados, no tocante à maneira de realizá-los. Via de consequência, automaticamente, inverte-se, em se tratando de controle, o ônus *probandi*.

Figueredo ilustra que há necessidade de a Administração provar que sua decisão, não obstante desacolhida ou questionada pela comunidade interessada, ou acolhida em outros termos, foi bem tomada. Nota-se, em consequência, a presunção de que a obra ou o serviço poderia entrar em atrito com os princípios vetoriais da Administração Pública.[156]

Outro corolário da norma é que, nos casos de licitações vultosas, não é o edital o ato administrativo inaugural do procedimento licitatório, mas a audiência pública. Sua preterição eiva de mácula insanável todo o procedimento já que *quod nullum est ab initio non potest attractor temporis convalidescent*.

Noutro giro, o Estatuto da Cidade (Lei n° 10.257/01) prevê a audiência pública como instrumento de participação popular. Com efeito, nos arts. 40, § 4°, 43, II e 44 há previsão do instituto como *conditio sine qua non* para legitimidade da elaboração do Plano Diretor.

A garantia da gestão democrática das cidades está presente na adoção do chamado orçamento participativo, iniciativa já engendrada em inúmeros municípios brasileiros, inclusive Porto Velho (RO), e em alguns Estados, como o Rio Grande do Sul, em que determinada quota do orçamento anual é dispensada para deliberação da população diretamente interessada.

Esta é uma forma democrática de decisão e que dá maior segurança ao Poder Público no tocante ao planejamento e distribuição dos recursos em benefício da maioria[157]. Durante a fase de preparação da proposta orçamentária, normalmente no primeiro semestre do ano, a municipalidade promove audiências públicas que permitem aos representantes de bairros, associações de moradores, lideranças comunitárias e a qualquer cidadão opinar sobre prioridades a serem executadas no exercício subsequente. Os representantes opinam, também, sobre os valores que deverão ser destinados a essas prioridades. Sendo os recursos públicos geralmente escassos, a decisão em favor de uma obra terá como reflexo o adiamento de outras prioridades. Assim, o orçamento participativo representa um lampejo democrático quando do compartilhamento de responsabilidades entre governo e comunidade.

---

156 FIGUEREDO, L. V.**Instrumentos da administração consensual.** Op. cit., p. 386.

157 SANTOS, J. L.O TCU e os controles estatal e social da administração pública.**Revista do Tribunal de Contas da União: TCU.** v. 33, n. 94, p. 13-47, out./ dez. 2002.

Considerações finais

A submissão do Estado não se dá apenas à lei, mas ao Direito – perfume do regime democrático. A lei *stricto sensu* existe para estabelecer convivência social e ao legislador, para salvaguardar o princípio democrático e o interesse social, é defeso prescindir da efetivação da participação popular e do *due substantive process of Law*.

Cabe ao Estado reconhecer e respeitar as opiniões e os interesses dos cidadãos. É vedada qualquer atuação arbitrária. A pesquisa da vontade popular é fator de legitimação da tomada de decisões na esfera pública. Ademais, tal decisão deve ser pública, motivada, hábil em efetivar a participação dos interessados no seu controle.

A participação popular na condução da coisa pública torna-se, portanto, componente democrático imperativo para a caracterização do Estado Democrático de Direito. Nesse sentido, para que o controle social, que é uma das formas de participação do povo no exercício do poder, possa se concretizar efetivamente, faz-se necessária, aos cidadãos, a compreensão e domínio do processo em que estão inseridos.

Essa é a vontade de Constituição (*Wille zur Verfassung*). Hesse ensina que não perceber esse aspecto da vida do Estado, qual seja, a compreensão de que a ordem constituída necessita estar em constante processo de legitimação, representaria um perigoso empobrecimento de nosso pensamento. Não abarcaríamos a totalidade desse fenômeno e sua integral e singular natureza. Com efeito, para o jusfilósofo alemão tal ordem adquire e mantém a sua vigência através dos atos de vontade.

> Essa vontade tem conseqüência porque a vida do Estado, tal como a vida humana, não será abandonada à ação surda de forças aparentemente inelutáveis. Ao contrário, todos nós estamos permanentemente convocados a dar conformação à vida do Estado, assumindo e resolvendo as tarefas por ele colocadas. [158]

O controle social, por intermédio da participação popular, quanto à eficiência e à observância dos limites estabelecidos na Constituição Federal, não possui o condão de combater, isoladamente, de maneira eficaz, os desvios e desmandos havidos na Administração Pública, pois a participação popular ainda não ganhou efetividade no seio social devido à pobreza das noções de cidadania da população brasileira, sem olvidar do atávico comodismo cívico.

---

158 HESSE, K. **A Força Normativa da Constituição**. Porto Alegre: Antônio Fabris Editor, 1991, p. 20.

Deve-se trabalhar para desenvolver o conceito de cidadania no seio social, de maneira que ela exerça com propriedade o direito de participação. A própria gestão democrática possibilita o desenvolvimento de uma educação para a cidadania. O exercício ativo da cidadania é demasiado importante para formar uma sociedade autônoma, crítica e que livremente expresse a sua vontade legitimamente.

Referências bibliográficas

ARISTÓTELES. **A Política**. São Paulo: MartinClaret, 2010.

BASTOS, C. R. B. **Curso de Direito Constitucional**. 22. ed. atual. São Paulo: Saraiva, 2001.

BRESSER PEREIRA, L. C. Da Administração Pública Burocrática à Gerencial. **Revista do Serviço Público**. v. 47, n. 1, p.7-40, jan. 1996.

CANOTILHO, J. J. G. **Direito Constitucional e Teoria da Constituição**. 5. ed. Lisboa: Almedina, 2003.

CARRAZZA, R. A. **Curso de Direito Constitucional Tributário**. 22. ed. rev. amp. São Paulo: Malheiros, 2006.

CARVALHO FILHO, J. S. dos. **Manual de Direito Administrativo**. 13. ed. rev. amp. Rio de Janeiro: Lúmen Júris Editora, 2005.

CUNILL GRAU, N. C. A rearticulação das relações Estado-sociedade: em busca de novos significados. **Revista do Serviço Público**. Ano 47, v. 120, n. 1, p. 113-137, jan./abr. 1996.

DI PIETRO, M. S. Z. Participação Popular na Administração Pública. **Revista de Direito Administrativo: Renovar**. n. 191.p. 26-39, 1993.

_____. **Direito Administrativo**. 15. ed. São Paulo: Atlas, 2003.

FIGUEREDO, L. V.Instrumentos da administração consensual. A audiência pública e sua finalidade.**Revista trimestral de Direito Público**. n. 38, p. 5-15, 2002.

GARCIA,J. S. **Concesión de Serviços Públicos**. Buenos Aires: Ciudad Argentina, 1996.

HESSE, K. **A Força normativa da Constituição**. Porto Alegre: Antônio Fabris Editor, 1991.

LOVET,T. F. Y. DesarolloReciente de los Instrumentos de laAdministración Consensual em Espana.In: MOREIRA NETO, D. F. de.**Uma Avaliação das Tendências Contemporâneas do Direito Administrativo**. Rio de Janeiro: Renovar, 2003.

LOUREIRO, M. R.; FINGERMANN, H. Mudanças na Relação público-privado e a problemática do controle social: Algumas reflexões sobre a situação Brasileira. In: LODOVICI, E.; BERNAREGGI, G., FINGERMAN, H. (Org.). **Parceria Público/ Privado- Cooperação Financeira e Organizacional entre o Setor Privado e as administrações Públicas Locais**: Vol. I. São Paulo: Sumus Editora, 1992.

MACHADO, P. A. L. M. **Direito Ambiental Brasileiro**. 12. ed. rev. atual. e ampl. São Paulo: Malheiros, 2005.

MASTRANGELO, C. **Agências reguladoras e participação popular**. Porto Alegre: Livraria do Advogado Editora, 2005.

MATTOS, S.L.W. **Devido processo legal e proteção de direitos**. Porto Alegre: Livraria do Advogado Editora, 2009.

MEDAUAR,O.**O Direito Administrativo em evolução**. 2. ed. rev. e atual. e amp. São Paulo: Editora Revista dos Tribunais, 2003.

MOREIRA NETO, D. F. de. Uma nova administração pública. **Revista de Direito Administrativo: Renovar**. n. 220. p. 179-182, 2000.

SANTOS, J. L.**O TCU e os controles estatal e social da administração pública. Revista do Tribunal de Contas da União: TCU.** v. 33, n. 94, p. 13-47, out./dez. 2002.

SILVA, J. A. da. **Curso de Direito Constitucional Positivo.** 22. ed. revista e atualizada nos termos da Reforma Constitucional (até a Emenda Constitucional n. 48, de 10.8.2005). São Paulo: Editora Malheiros, 2005.

TÁCITO, C. Transformações do Direito Administrativo. **Revista de Direito Administrativo: Renovar.** n. 214.p. 27-34, 1998.

VIEGAS, W. Controle administrativo e controle social – Analogias, contrastes e paralogismos. **Cadernos de Administração.** Ano II, n. 6, out./dez. 1996.

A Impostergável e Necessária Valorização da Carreira de Procurador de Estado como Condição Fundamental à Boa Administração Pública

Kherson Maciel Gomes Soares

Resumo

A valorização da carreira de Procurador de Estado como carreira de Estado e função essencial à justiça, robustecida e consolidada em um regime institucional que confira incentivos e garantias compatíveis com a sua importância, é fundamental à boa administração pública. Um bom funcionamento da administração pública e, por conseguinte, dos serviços públicos, perpassa pela salvaguarda e contínua valorização desses servidores. Em um quadro atual de crescente ataque aos servidores públicos, a garantia de estabilidade, autonomia e independência aos Procuradores de Estado funciona como anteparo contra a discricionariedade desmesurada ou insuficiente, discrepante das políticas constitucionais obrigatórias. Cuida-se, portanto, de uma carreira essencial ao funcionamento do Estado e à discricionariedade administrativa proporcionalmente exercida, demandando sua autêntica e incisiva valorização para o bom funcionamento da administração pública.

Palavras-chave: Valorização; Administração Pública; Procurador do Estado; função essencial à justiça.

Abstract

The valorization of the career of Public Prosecutor as a career of State and function essential to justice, strengthened and consolidated in an institutional regime that confers incentives and guarantees compatible with their importance is good public administration. A good functioning of the public administration and, consequently, of the public services, perpasses for the safeguard and continuous valorization of these servers. In a current scenario of increasing attack on civil servants, the guarantee of stability, autonomy and independence for state prosecutors acts as a shield against excessive or insufficient discretion, which is inconsistent with mandatory constitutional policies. It takes care, therefore, of a career essential to the functioning of the State and to the administrative discretion proportional exercised, demanding its authentic and incisive valorization for the proper functioning of the public administration.

Keywords: Valorization; Public administration; State Attorney; essential function of justice.

1. Introdução

Em contexto de crescente ataque aos servidores públicos, devem ser combatidas posturas estrategicamente destinadas a induzir o deferimento de mecanismos de relativização da estabilidade e alterações inoportunas, especialmente em carreiras estratégicas de Estado, como a de Procurador de Estado. Por outro lado, atitudes de contínua e reiterada valorização devem ser incentivadas, até como forma de garantir o bom funcionamento dos serviços públicos.

Neste particular, o bom funcionamento da administração pública perpassa pela garantia e mantença da estabilidade, como de uma contínua e crescente valorização da carreira de Procurador de Estado, até como forma de evitar uma discricionariedade desmensurada ou insuficiente.

À vista disso, revela-se impostergável e necessária a valorização da carreira de Procurador de Estado, consolidada e fortalecida em um regime institucional que lhe confira as garantias que lhes são próprias, em respeito à Constituição e como condição fundamental à boa administração pública.

2. A carreira de Procurador de Estado como carreira de Estado e função essencial à justiça

2.1 O Procurador de Estado, como agente institucional e necessário ao funcionamento do Estado

Segundo a dicção do art. 132, *caput*, da Constituição Federal de 1988, os Procuradores dos Estados e do Distrito Federal, organizados em carreira, na qual o ingresso dependerá de concurso público de provas e títulos, com a participação da Ordem dos Advogados do Brasil em todas as suas fases, exercerão a representação judicial e a consultoria jurídica das respectivas unidades federadas.

Nessa linha intelectiva, o seu parágrafo único dispõe que aos procuradores referidos neste artigo é assegurada estabilidade após três anos de efetivo exercício, mediante avaliação de desempenho perante os órgãos próprios, após relatório circunstanciado das corregedorias.

Sem embargo, ao analisar o acenado dispositivo, constatamos que o constituinte brasileiro incluiu e realçou a advocacia pública como função essencial à Justiça, institucionalizando e garantindo a investidura e a estabilidade aos Procuradores de Estado, o que acabou caracterizando um regime jurídico especial em total conformidade com o Estado democrático de direito.

Neste particular, a Advocacia Pública foi considerada como função essencial à Justiça, de existência necessária, ao novo arcabouço constitucional. Com efeito, o que a Constituição quis realçar, com a inclusão dessa carreira no capítulo das "funções essenciais à Justiça", foi a sua importância na busca da Justiça.

Sublinhe-se que a Advocacia de Estado, enquanto modalidade diferenciada da Advocacia e no contexto da ação estatal, distingue-se, por óbvio, da Advocacia privada, especialmente pelo resguardo do interesse público. Quando atuam, os Procuradores de Estado agem em nome do Estado.

É de se ver, portanto, que o Procurador de Estado, como agente institucional e necessário à Advocacia de Estado, possui papel de relevo e destaque na atual conjuntura democrática, sendo a sua valorização um consequente constitucional.

Como agentes públicos institucionalizados que são, necessários à Advocacia de Estado, os Procuradores de Estado, habilitados à tutela judicial do interesse público, enquanto interesse do Estado, carreira de Estado, devem ser valorizados.

Vale referir, no ponto, que, sendo o interesse do Estado a realização da justiça, a tutela jurídica exercida pelo Procurador de Estado é essencial a esta, tendo esses profissionais inequívoco perfil democrático.

Nota-se, assim, que a carreira de Procurador de Estado, como carreira de Estado, é essencial à justiça e imprescindível ao funcionamento do Estado Democrático de Direito. Não sem razão, a mantença de suas garantias e a sua constante valorização são condição necessária ao bom e regular funcionamento do Estado e de sua administração.

2.2. O regime estatutário ou institucional e sua imprescindibilidade para o alcance dos desígnios constitucionais

Para que a tutela jurídica exercida pelos Procuradores de Estado possa ser efetivada, e, consequentemente, a justiça e os desígnios constitucionais realizados, o regime estatutário ou institucional que os caracteriza deve ser preservado e incentivado.

Nesse trilhar, a indisponibilidade peculiar do interesse público exige que o patrocínio judicial e a tutela jurídica desse interesse sejam reservados aos Procuradores de Estado, com a devida independência e garantias em relação à Administração Pública e ao Governo. Cumpre acentuar, neste ponto, que a lealdade destes imprescindíveis agentes públicos é para com a ordem jurídica e não com Governos.

O papel de controle da Administração Pública desempenhado pela Advocacia Pública na atribuição constitucional de consultoria jurídica do Poder Executivo demonstra uma participação ativa do controle interno que a Administração Pública exerce sobre seus próprios atos.

Não se pode perder de vista que as relações de administração, em conformidade com a boa governança, devem ser pronunciadamente de Estado, mais que de governo. E não podia ser diferente, afinal, o compromisso com o direito fundamental à boa administração é ínsito aos agentes públicos.

Na senda dessa percepção, a valorização das carreiras de Estado, precipuamente a de Procurador de Estado, com a devida autonomia e independência técnica, se revela como excelente medida na continuidade da regular gestão pública, representando a concretização dos ditames constitucionais.

Não sem razão, o regime estatutário ou institucional, afeto à carreira de Procurador de Estado, é imprescindível para o alcance dos desígnios constitucionais. Sua permanência e incentivo, ao lado da estabilidade, asseguram bom funcionamento dos serviços públicos.

3. O bom funcionamento da administração pública e a valorização dos Procuradores de Estado

3.1. A impostergável necessidade de se valorizar e vislumbrar a Carreira de Procurador de Estado como Carreira de Estado autônoma e estratégica

Com esteio no que fora até aqui apresentado, resta claro e ululante que o bom funcionamento da administração pública perpassa pela valorização dos Procuradores de Estado. Não foi à toa que estes profissionais mereceram tratamento diferenciado na Constituição.

A posição das procuradorias estaduais na organização do Estado, incluída no mesmo título que trata da Organização dos Poderes, no capítulo referente às *funções essenciais à Justiça*, demonstra que os Procuradores de Estado exercem atividade típica de Estado.

Torna-se digno de nota registrar, no ponto, que, além de prestarem consultoria jurídica do Poder Executivo, demonstrando uma participação ativa do controle interno que a Administração Pública exerce sobre seus próprios atos, os Procuradores de Estado possuem legitimidade ativa na propositura de ações civis públicas (art. 5º da Lei nº 7.347/85), como também em ações de improbidade administrativa (art. 17 da Lei nº 8.429/92), sem falar na responsabilização judicial das pessoas jurídicas que praticam atos danosos contra a Administração Pública (art. 19 da Lei nº 12.846/92).

Nota, assim, como característica fundamental do exercício da advocacia pública, o patrocínio judicial do interesse público, oportunidade em que os Procuradores de Estado atuam em nome do Estado. São agentes públicos institucionalmente habilitados à tutela judicial do interesse público, enquanto interesse do Estado.

Posto isso, considerando que as relações de administração são de Estado e que o bom funcionamento dos serviços públicos perpassa pela sua continuidade, evitando os males da regulação estatal falha, a valorização dos Procurador de Estado, com a devida autonomia e independência, é medida imprescindível ao bom funcionamento da administração pública.

É preciso reconhecer, ante esse contexto, como impostergável a necessidade de se valorizar e vislumbrar a carreira de Procurador de Estado como carreira de Estado autônoma e estratégica, robustecida e consolidada em regime institucional que lhe confira incentivos e garantias compatíveis.

3.2. A estabilidade como meio de assegurar um bom funcionamento dos serviços públicos

Na linha do que vem se afirmando, especialmente em um momento de constante ataque aos servidores públicos, incluindo aqui os Procuradores de Estado, nunca foi tão importante valorizar e consolidar garantias próprias de carreiras de Estado, tal como a estabilidade.

A estabilidade com relação à carreira de Procurador de Estado é fundamental. Isso porque são os servidores estáveis que garantem e asseguram a permanência de metas e políticas do Estado de longo prazo, sem prejuízo de alterações conjunturais.

Adite-se, ainda, que, no caso dos Procuradores de Estado, que desempenham atividades essenciais ao Estado e à administração pública, a estabilidade funciona como uma espécie de salvaguarda contra ataques de mandantes episódicos, muitas vezes travestidos de discricionariedade.

No regime institucional próprio dos Procuradores de Estado, a estabilidade funciona como uma garantia fundamental ao desempenho de suas funções, nos termos do que dispõe a Constituição (art. 41, 131 e 132).

Trata-se, portanto, de uma proteção de alçada constitucional contra os abusos, desmandos e omissões no exercício da discricionariedade, sendo no caso dos Procuradores de Estado – carreira de Estado e função essencial à justiça – uma estabilidade qualificada.

É certo, no entanto, que a estabilidade não deve funcionar como justificativa de acomodação e/ou mal desempenho de qualquer agente público. Na verdade, cuida-se de uma segurança mínima, digna de estimular a concretização dos princípios[159] e anseios constitucionais.

Nesse trilhar, a estabilidade da carreira de Procurador de Estado deve ser compreendia como uma estratégia de melhor funcionamento da administração pública e do próprio Estado Democrático de Direito.

Assim, a estabilidade é fundamental e faz parte da noção de impostergável e necessária valorização da carreira de Procurador de Estado como condição fundamental à boa administração pública.

Considerações finais

A valorização da carreira de Procurador de Estado como condição fundamental à boa administração pública é um caminho sem volta na atual conjuntura constitucional democrática. Trata-se de uma medida impostergável e necessária, até como observância da Constituição Federal de 1988.

Como agentes públicos institucionalizados, necessários à Advocacia de Estado, os Procuradores de Estado habilitados à tutela judicial do interesse público, enquanto interesse do Estado, carreira de Estado, precisam ser valorizados. Em razão disso, posturas de incentivo e valorização desses profissionais devem fazer parte da ordem do dia.

Considerando que as relações de administração são de Estado, a valorização dos Procurador de Estado, com a devida autonomia e independência, é medida imprescindível ao bom funcionamento da administração pública.

É preciso reconhecer, ante esse contexto, como impostergável a necessidade de se valorizar e vislumbrar a Carreira de Procurador de Estado como Carreira de Estado autônoma e estratégica, robustecida e consolidada em regime institucional que lhe confira incentivos e garantias compatíveis, tal como a estabilidade.

---

159 Especialmente o princípio da eficiência (art. 37 da CONSTITUIÇÃO FEDERAL - CF/88).

Referências bibliográficas

BARROSO, Luís Roberto Barroso. **Curso de direito constitucional contemporâneo.** 7. ed. São Paulo: Saraiva. 2018.

DI PIETRO, Maria Sylvia Zanella. A Advocacia Pública como função essencial à Justiça. **Consultor Jurídico.** [on-line]. 18 de agosto de 2016. Disponível em: <https://www.conjur.com.br/2016-ago-18/interesse-publico-advocacia-publica--funcao-essencial-justica>. Acesso em: 1 ago. 2018.

DANTAS, Sandra Regina Maria Ferreira. O Papel do Procurador do Estado diante dos princípios e regras constitucionais atinentes a sua carreira.**Revista de direito,** p. 77-112. Disponível em: <http://www.pge.go.gov.br/revista/index.php/revistapge/article/viewFile/195/176>. Acesso em 1 ago. 2018.

FREITAS, Juarez. **Discricionariedade administrativa e o Direito Fundamental à Boa Administração Pública.** São Paulo: Malheiros, 2007.

_____.**Direito Fundamental à Boa Administração Pública.** 3. ed. São Paulo: Malheiros, 2014.

MUÑOZ, Jaime Rodrígruez-Arana. **Direito fundamental à boa Administração Pública.** Trad. Daniel Wunder Hachem. Belo Horizonte: Fórum, 2012.

BRASIL. **Constituição da República Federativa do Brasil**, de 5 de outubro de 1988. Diário Oficial da União: Brasília, 5 out. 1988.

Aplicação ou Não da Vedação do Art.73, § 10, da Lei nº 9.504/1997 para Repasse De Recursos Às Organizações da Sociedade Civil Mediante Termo de Colaboração ou Termo de Fomento

Lauro Lúcio Lacerda

Resumo

O presente trabalho pretende analisar se é aplicável ou não a vedação prevista no art.73, § 10, da Lei nº 9.504/1997 à transferência de recursos, mediante termo de colaboração ou, fomento, à organização da sociedade civil. Nesse contexto, será analisado o conteúdo da Lei nº 13.019/2014, uma vez que esta norma define quem é organização da sociedade civil, bem como estabelece a definição do termo de colaboração e fomento, explicando suas nuances no que tange à definição, bem como as exigências para celebração destes instrumentos. Para resolução do problema, será utilizado elemento de interpretação clássico empregado pelos operadores de direito; sem prejuízo da pesquisa de precedente judicial sobre a matéria.

Palavras-chave: Proibição; Transferência de Recurso; organização da sociedade civil. Art.73, § 10, da Lei nº 9.504/1997.

Abstract

The present article intends to analyze whether or not the prohibition provided for in Article 73, § 10, of Law 9.504 / 1997 is applicable to the transferring of resources, by means of collaboration or fomentation, to the organization of civil society. In this context, the content of Law 13.019 / 2014 will be analyzed, since this standard defines who is the organization of civil society, as well as establishing the definition of the term of collaboration and encouragement, explaining its nuances as regards definition, as well as requirements for these instruments. To solve the problem, a classical interpretation element will be used by the legal operators; without prejudice to the research of judicial precedent on the matter.

Keywords: Prohibition; Resource Transfer; organization of civil society. Art. 73, § 10,of Law 9.504 / 1997.

1. Introdução

É muito comum em ano eleitoral existirem dúvidas sobre as condutas proibidas pelos agentes públicos durante o ano em que ocorrem as eleições, uma vez que estas condutas proibidas visam dar equilibro à disputa eleitoral.

A lei 9.504/1997 apresenta diversas vedações ao gestor público antes e durante o processo eleitoral, sendo que, neste trabalho, o foco é apresentar resposta sobre a aplicabilidade ou não da vedação prevista no art.73, § 10, da Lei nº 9.504/97 para repasse de valores às organizações da sociedade civil, mediante termo de colaboração ou de fomento; sendo necessário mencionar que esses instrumentos são regidos pela Lei nº 13.094/2014.

Para resolução do problema proposto neste trabalho, será utilizado elemento de interpretação empregado pelos operadores de direito; além de pesquisa de precedente do Tribunal Superior Eleitoral semelhante ao tema objeto deste artigo científico; tudo com o fito de conferir supedâneo e credibilidade à conclusão do problema.

Em tempo, convém consignar que este Trabalho tem o escopo de contribuir com os demais operadores de direito e gestores públicos na busca de medidas que efetivem e viabilizem juridicamente as políticas públicas previstas na Constituição Federal de 1988 durante o ano eleitoral.

2. Breves considerações sobre organização da sociedade civil (OSCs)

É consabido que a Constituição da República Federativa do Brasil de 1988(CONSTITUIÇÃO FEDERAL - CF/88) exigiu do Estado ações que garantam o mínimo existencial e qualidade de vida ao seu povo; a título de exemplo, convém destacar a prestação de serviços na área de saúde, meio ambiente ecologicamente equilibrado[160], educação e segurança; sem deixar de lado os demais serviços mencionados no art.6º da CONSTITUIÇÃO FEDERAL - CF/88, a saber: "Art. 6º. São direitos sociais a educação, a saúde, a alimentação, o trabalho, a moradia, o transporte, o lazer, a segurança, a previdência social, a proteção à maternidade e à infância, a assistência aos desamparados, na forma desta Constituição".

Essas "prestações" do Estado são chamadas pela doutrina de Direitos Sociais[161], uma vez que estabelecem no Brasil Direitos Fundamentais de 2º dimensão; direitos estes que exigem do Estado determinadas prestações materiais ao seu povo a fim de garantir uma qualidade de vida digna, dando concretude, portanto, ao fundamento da Constituição, qual seja: a dignidade da pessoa humana (Art.1º, III da CONSTITUIÇÃO FEDERAL - CF/88).

---

160 Art.225. Todos têm direito ao meio ambiente ecologicamente equilibrado(...) (Constituição da República Federativa do Brasil).

161 Para ilustrar melhor o tema, é necessário citar o seguinte trecho do livro do Ministro Gilmar Mendes:"A Constituição de 1988 consagra, de forma expressa, amplo catálogo de direitos sociais. Em parte, referida Carta segue a tradição inaugurada pela Constituição de 1934, que pela primeira vez incluiu os direitos sociais em seu texto. Sob forte influência europeia, a Carta de 1934 trazia um capítulo específico intitulado "Ordem Econômica e Social" (arts. 115-147), com especial destaque aos direitos fundamentais que regem as relações trabalhistas.A tradição de destinar um capítulo específico à ordem econômica e social foi seguida pelas Cartas seguintes – Constituição de 1937 (arts. 135-155), de 1946 (arts. 145-162), de 1967/69 (arts. 157-166) –e apenas rompida pela Constituição de 1988. Esta adotou o mais amplo catálogo de direitos sociais da história do nosso constitucionalismo, incluindo os direitos trabalhistas em capítulo próprio, o "Dos Direitos Sociais".Ademais, como já dito, a Constituição de 1988 conferiu significado ímpar ao direito de acesso à justiça e criou mecanismos especiais de controle da omissão legislativa (ação direta por omissão e mandado de injunção), destinados a colmatar eventuais lacunas na realização de direitos, especialmente na formulação de políticas públicas destinadas a atender às determinações constitucionais. Nos termos da atual Carta Constitucional, são direitos sociais a educação, a saúde, a alimentação, o trabalho, a moradia, o lazer, a segurança, a previdência social, proteção à maternidade e à infância, e a assistência aos desamparados (art. 6º). A introdução da alimentação no rol dos direitos sociais foi feita pela Emenda Constitucional n.64/2010, após forte campanha liderada pelo Conselho Nacional de Segurança Alimentar e Nutricional. De acordo com esse órgão, a inclusão explícita do direito à alimentação no campo dos direitos fundamentais fortaleceria o conjunto de políticas públicas de segurança alimentar em andamento, além de estar em consonância com vários tratados internacionais dos quais o Brasil é signatário.Atualmente, a Constituição brasileira não apenas prevê expressamente a existência de direitos fundamentais sociais (art. 6º), especificando seu conteúdo e forma de prestação (arts. 196, 201, 203, 205,215, 217, entre outros), como também não faz distinção entre os direitos previstos no capítulo I do Título II e os direitos sociais (capítulo II do Título II), ao estabelecer que os direitos e garantias fundamentais têm aplicação imediata (art. 5º, § 1º, da CONSTITUIÇÃO FEDERAL - CF/88).Vê-se, pois, que os direitos sociais foram acolhidos pela Constituição Federal de 1988 como autênticos direitos fundamentais. Mendes, Gilmar Ferreira; Branco, Paulo Gustavo Gonet. **Curso de Direito Constitucional**. 9 ed. São Paulo: Saraiva, 2014, p.586.

Nesse contexto, é exigido da Administração Pública mais agilidade e eficiência para consecução das referidas prestações, razão por que é imprescindível a participação do Terceiro Setor a fim de realizar parcerias para concretização dos serviços de interesse público previstos na CONSTITUIÇÃO FEDERAL - CF/88.

O Terceiro Setor[162] refere-se às entidades da sociedade civil sem fins lucrativos; estas entidades desempenham atividades de interesse social.

No direito aplicado no Brasil, destacam-se as seguintes qualificações jurídicas no Terceiro Setor: os Serviços Sociais Autônomos (conhecido como sistema "S"), as Organizações Sociais (Lei nº 9.637/1998) e organizações da sociedade civil de interesse público (Lei nº 9.790/1999).

Com o fito de conquistar mais eficiência, abrangência e celeridade concernentes a suas prestações, é necessário destacar a Lei nº 13.019, de 31 de julho de 2014, uma vez que esta norma definiu no seu art.2º[163] o conceito de Organizações da Sociedade Civil (OSCs) como entidade privada sem fins lucrativos que não distribua entre os seus sócios ou associados, conselheiros, diretores, empregados, doadores ou terceiros eventuais resultados, sobras, excedentes operacionais, bru-

---

[162] A expressão "Terceiro Setor", que engloba as entidades da sociedade civil sem fins lucrativos, surge justamente como uma "terceira via" possível no atendimento do interesse público.Usualmente, o Primeiro Setor, formado pelo Estado (Entes Federados e entidades da Administração Pública Indireta), e o Segundo Setor, relativo ao mercado (entidades privadas com fins lucrativos, tais como os concessionários e os permissionários de serviços públicos), eram os responsáveis pelo atendimento do interesse público. Atualmente, com visto, em virtude da aproximação entre o Estado e a sociedade civil, a iniciativa privada, que presta atividades socialmente relevantes, vai ser fomentada notadamente pelo recebimento de benefícios públicos (recursos orçamentários, cessão de bens, entre outros previstos em lei). Em verdade, as entidades que integram o Terceiro Setor não representam novidades intrínsecas do ponto de vista organizacional. São entidades privadas que assumem formas organizacionais conhecidas há bastante tempo e compatíveis com a ausência do escopo do lucro: fundações privadas ou associações civis. O que existe de novidade, destarte, é a qualificação jurídica que será atribuída a tais entidades e o respectivo regime jurídico consagrado em leis especiais.Muito embora sejam pessoas da iniciativa privada, não integrantes da Administração Pública Indireta, as entidades do Terceiro Setor formalizam vínculos com o Estado (lei, contrato de gestão e termo de parceria) e recebem benefícios. OLIVEIRA, Rafael Carvalho Rezende. **Administração pública, concessões e terceiro setor**. 3. ed. Rio de Janeiro: Método, 2015, p.338.

[163] Art. 2º Para os fins desta Lei, considera-se:

I - organização da sociedade civil: a) entidade privada sem fins lucrativos que não distribua entre os seus sócios ou associados, conselheiros, diretores, empregados, doadores ou terceiros eventuais resultados, sobras, excedentes operacionais, brutos ou líquidos, dividendos, isenções de qualquer natureza, participações ou parcelas do seu patrimônio, auferidos mediante o exercício de suas atividades, e que os aplique integralmente na consecução do respectivo objeto social, de forma imediata ou por meio da constituição de fundo patrimonial ou fundo de reserva.

tos ou líquidos, dividendos, isenções de qualquer natureza, participações ou parcelas do seu patrimônio, recebidos por meio do exercício de suas atividades, e que os apliquem integralmente na realização do respectivo objeto social, de forma imediata ou por meio da constituição de fundo patrimonial ou fundo de reserva.

Aliás, a supracitada norma jurídica é decorrente do árduo trabalho realizado pelo Grupo de Trabalho Interministerial (GTI), que foi instituído pelo Decreto 7.568/2011.

O referido decreto teve a preocupação de colher as informações dos órgãos que mais participam, no âmbito da União, na transferência de recursos (Casa Civil da Presidência da República, Controladoria-Geral da União, Advocacia-Geral da União, Ministério da Justiça, Ministério do Planejamento, Orçamento e Gestão e Ministério da Fazenda); no entanto, não foram esquecidas de ser convidadas para participação do GTI as entidades sem fins lucrativos, conforme noticia o conteúdo do art.6º do Decreto 7.568/2011[164].

O Grupo de Trabalho Interministerial chegou à conclusão[165], após amplo diagnóstico sobre o tema, da necessidade de uma norma jurídica que estabelecesse um ambiente institucional mais seguro para as parcerias firmadas entre as entidades públicas e as entidades privadas sem fins lucrativos, razão pela qual foi elaborada a Lei nº 13.094/2014, que teve o desiderato de tornar menos complexa a execução de parcerias pelos gestores públicos e possibilitar ampliação da participação da sociedade com o escopo de realizar as políticas públicas, concebendo materialidade ao objetivo da Constituição de construir uma sociedade solidária, a saber: "Art. 3º Constituem objetivos fundamentais da República Federativa do Brasil:I - construir uma sociedade livre, justa e solidária[...]".

---

164 Art. 6ºO Grupo de Trabalho previsto no art. 5º será constituído por representantes dos seguintes órgãos e entidades:

I - Secretaria-Geral da Presidência da República, que o coordenará;

II - Casa Civil da Presidência da República;

III - Controladoria-Geral da União;

IV - Advocacia-Geral da União;

V - Ministério da Justiça;

VI - Ministério do Planejamento, Orçamento e Gestão;

VII - Ministério da Fazenda; e

VIII - sete entidades sem fins lucrativos com atuação nacional.

165 Ofício nº281/2013/SE/SG-PR., disponível em: <http://www.secretariadegoverno.gov.br/iniciativas/mrosc/notas-tecnicas/cgu>. Acesso em 30de março de 2018

A jurista Fernanda Marinela explica bem, em seu livro[166], a importância dessa norma para participação da sociedade na execução das políticas públicas.

Em tempo, é imprescindível mencionar que as parcerias, conforme Maria Sylvia Zanella Di Pietro[167], têm o escopo de atingir três objetivos: a) reduzir a máquina estatal; b) fomento à iniciativa privada na realização de serviços de interesse público e c) eficiência na prestação destes serviços, tendo em vista aplicação de técnicas de gestão administrativa praticadas no setor privado.

Aliás, as parcerias possibilitam aplicação do comando do § 1º do art.5º da CONSTITUIÇÃO FEDERAL - CF/88, uma vez que esta norma determina obrigatoriedade de aplicação imediata de normas definidoras de direitos e garantias fundamentais.

---

166 "Atualmente, há uma diversidade de instrumentos para definir as relações entre o Estado e a sociedade civil, o que dificulta bastante essas relações. A lei 13.019, de 31.07.2014, instituiu o chamado Marco Regulatório das Organizações da Sociedade Civil (MROSC), criando as parcerias voluntárias.O debate sobre o Marco Regulatório teve início em 2010, quando um grupo de organizações, movimentos e redes começou a se articular para desenhar esse novo instrumento. Foi criado um grupo de trabalho interministerial que, em conjunto com a sociedade civil, passou a elaborar as propostas e análises sobre o tema. O plano de ação definiu três eixos orientadores do projeto: contratualização, sustentabilidade econômica e certificação.O objetivo do Marco Regulatório é ampliar a participação da sociedade na gestão e execução dos interesses públicos, para tanto é essencial a presença dos atores sociais na concepção, execução e acompanhamento de políticas públicas. E, para que essa participação se concretize, as Organizações da Sociedade Civil (OSCs) são peças fundamentais. A incorporação das OSCs, no ciclo de políticas públicas com regras claras, tem como propósito transformar a democracia exclusivamente representativa que se vive hoje o Brasil em uma democracia mais participativa, conforme estabeleceu a Constituição Federal, fomentando e garantindo os valores de organização e participação social, além de colaborar para que o país dê o salto necessário da igualdade formal garantida no texto constitucional– na qual todos são iguais parente a lei– para uma igualdade concreta, real, buscando uma sociedade efetivamente livre, justa e solidária.[...] Trata-se de um marco legal para o setor, disciplinando novos arranjos para o repasse de recursos públicos às organizações, tentando definir regras mais claras, visando a trazer benefícios aos servidores envolvidos. A norma aponta as direções e cria novos consensos e prioridades, na tentativa de superar os desafios sociais complexos. A ideia é que muitas pautas construídas no âmbito da sociedade sejam incorporadas pelo Poder Público qualificando as políticas públicas e aproximando o Estado das realidades locais para um melhor atendimento dos problemas sociais.Ocorre que as normas até então existentes eram imprecisas, insuficientes e não deixavam claras quais regras eram aplicáveis às parcerias com as organizações da sociedade. Afinal de contas, até a edição da Lei n.13.019/2014, os contratos e convênios com essas entidades eram julgados pelos Tribunais de Contas com base na Lei n.8.666/93, e as parcerias eram analisadas sem critérios específicos, com base em uma legislação que não foi construída com esse objetivo."MARINELA, Fernanda. **Direito Administrativo**. 10. ed. São Paulo: Saraiva, 2016, p.245-246.

167 DI PIETRO, Maria Sylvia Zanella. **Parcerias na Administração Pública: concessão, permissão, franquia, terceirização, parceria público-privada e outras formas.** 5 ed. São Paulo: Atlas, 2005, p.41.

Por fim, cabe reiterar a ideia de que a realização de serviços pelas OSCs permite que a sociedade participe e ajude a resolver os problemas enfrentados pelo Estado, concebendo uma sociedade mais solidária e independente, conforme deseja a Constituição da República Federativa do Brasil de 1988.

3. Instrumentos jurídicos utilizados para repasse de recursos públicos às OSCs

São dois os instrumentos jurídicos previstos pela Lei nº 13.019/2014[168] com o fito de realizar repasse de valores às organizações da sociedade civil, quais sejam: a) termo de colaboração, cuja finalidade é realizar transferências voluntárias de recursos para implementos de planos de trabalhos *propostos pela administração pública interessada*; b) termo de fomento: tem o desiderato de realizar transferências voluntárias de recursos públicos para realização de planos de *trabalhos propostos pelas organizações da sociedade civil*.

É necessário explicar que a distinção entre o termo de colaboração e termo de fomento reside no fato de que o primeiro visa à mútua cooperação para realizações de planos de trabalhos *propostos pela Administração Pública*; enquanto o segundo tem objetivo de realizar planos de trabalhos, de forma mútua, *propostos pelas organizações da sociedade civil*.

Nesse contexto, foi necessário destacar a distinção de que o plano de trabalho proposto pela Administração Pública tem como instrumento jurídico o Termo de Colaboração, tendo em vista que este instrumento visa à consecução de finalidades de interesse público e recíproco propostas pela administração pública que envolva a transferência de recursos financeiros às OSCs.

Já no plano de trabalho proposto pelas OSCs, são formalizadas as parcerias, mediante Termo de Fomento, estabelecidas pela administração pública com organizações da sociedade civil para a consecução de finalidades de inte-

---

168 Art. 2º Para os fins desta Lei, considera-se: VII - termo de colaboração: instrumento por meio do qual são formalizadas as parcerias estabelecidas pela administração pública com organizações da sociedade civil para a consecução de finalidades de interesse público e recíproco propostas pela administração pública que envolvam a transferência de recursos financeiros;VIII - termo de fomento: instrumento por meio do qual são formalizadas as parcerias estabelecidas pela administração pública com organizações da sociedade civil para a consecução de finalidades de interesse público e recíproco propostas pelas organizações da sociedade civil, que envolvam a transferência de recursos financeiros [...].

resse público e recíproco propostas pelas organizações da sociedade civil, que envolvam a transferência de recursos financeiros.

Convém mencionar que a Lei nº 13.094/2014 possibilita às organizações da sociedade civil, movimentos sociais e cidadãos apresentarem propostas ao poder público para que este avalie a possibilidade de realização de um chamamento público objetivando a celebração de parceria.

Esse procedimento é denominado Procedimento de Manifestação de Interesse Social e está previsto no conteúdo do art.18 da Lei nº 13.094/2014.

Cabe destacar que a proposição ou a participação no Procedimento de Manifestação de Interesse Social não inviabiliza a participação da OSCs proponente no procedimento de chamamento público, conforme assevera o conteúdo do art.19, § 2º, da Lei nº 13.094/2014.

Todavia, os referidos instrumentos jurídicos miram à viabilização de parcerias entre administração pública e entidades privadas sem fins lucrativos; sem esquecer que as OSCs realizam contraprestações de bens ou serviços e, em regra, os termos de colaborações e termos de fomentos são realizados após o procedimento denominado chamamento público, sendo dispensado e inexigível nos casos previstos na Lei nº 13.019/2014 (arts.30 e 31).

Mediante os referidos instrumentos jurídicos, a administração pública concebe efetividade às políticas públicas consignadas na Constituição Federal de 1988.

4. A vedação prevista no art.73 § 10 da lei 9.504/97 é aplicável aos repasses de recurso mediante termo de colaboração ou termo de fomento?

A Lei nº 9.504/97, mais conhecida como a lei de regência das eleições, assevera diversas vedações ao agente público em determinado período do ano eleitoral, tudo com o fito de assegurar a higidez, isonomia e equidade ao processo eleitoral, consoante ratifica o conteúdo da cabeça do art.73 da Lei nº 9.504/97, a saber: "Art. 73. São proibidas aos agentes públicos, servidores ou não, as seguintes condutas tendentes a afetar a igualdade de oportunidades entre candidatos nos pleitos eleitorais".

No curso do referido artigo[169], há vedação, objeto deste trabalho, de que, em regra, no ano em que se realizar eleição, é proibida a distribuição gratuita de bens, valores ou benefícios por parte da Administração Pública.

Verifica-se que o supracitado texto legal inviabiliza o repasse de valores ou benefícios pela Administração Pública no ano que se realizar a eleição.

Contudo, a referida proibição se estende aos repasses de valores mediante Termo de colaboração ou Termo de fomento?

Para resposta a essa indagação, é imprescindível que este trabalho utilize de um dos processos interpretativos empregados pelos operadores de direito para interpretação correta da norma, qual seja: interpretação literal ou gramatical.

Sobre o processo interpretativo, preconiza o professor Antônio Bento que em Betiolli[170] há vários momentos, sendo que, neste trabalho, cabe efetuar destaque ao momento de interpretação literal.

Pois bem. O método de interpretação literal ou gramatical é suficiente para resposta do problema proposto neste trabalho.

Antes de explicar o motivo, em tempo, é de bom alvitre discorrer sobre o referido elemento de interpretação.

O método de interpretação literal prioriza o texto cru, despido de elucubração ou apetrecho interpretativo que conduza a mais de um resultado.

Na verdade, esse método é apegado à gramática, podendo até parecer um método de interpretação muito primitivo, não comportando, aparentemente, a sua utilização em uma sociedade tão complexa como a vigente.

---

169 Art.73.[...] § 10: No ano em que se realizar eleição, fica proibida a distribuição gratuita de bens, valores ou benefícios por parte da Administração Pública, exceto nos casos de calamidade pública, de estado de emergência ou de programas sociais autorizados em lei e já em execução orçamentária no exercício anterior, casos em que o Ministério Público poderá promover o acompanhamento de sua execução financeira e administrativa.

170 O processo interpretativo é, em si, uno e complexo, ou seja, composto de vários momentos. Não se trata, pois, de métodos autônomos. Podemos enumerar como momentos de interpretação, embora haja variações terminológicas de autor para autor, os seguintes:

1) momento literal, gramatical ou filológico;

2) momento lógico-sistemático;

3) momento histórico-evolutivo;

4) momento teleológico ou finalístico (BETIOLLI, Antônio Bento. **Introdução ao Direito: lições de propedêutica jurídica tridimensional**.14. ed. São Paulo: Saraiva, 2015, p.448)

Todavia, apesar de rudimentar[171], o método de interpretação literal é suficiente para resolver a proposição deste trabalho.

Após a explicação sobre o elemento de interpretação literal, é possível examinar que o conteúdo da vedação prevista no art.73, § 10, da Lei nº 9.504/97 não é dirigido aos repasses de recursos públicos mediante termo de colaboração ou termo de fomento; é porque os mencionados instrumentos jurídicos exigem uma contraprestação das organizações da sociedade civil, uma vez que estas realizarão, de forma mútua com Administração Pública, objeto de interesse público mediante apresentação e aprovação dos seus respectivos Planos de Trabalhos, conforme preconiza o art.35, IV, da Lei nº 13.019/2014[172].

Nesse contexto, é possível perceber que a vedação prevista no art. 73, § 10, da Lei nº 9.504/97 tem o escopo de evitar a **distribuição gratuita** de bens, valores e benefícios pela Administração Pública.

Ocorre que no termo de colaboração e no termo de fomento não há distribuição gratuita, uma vez que as organizações da sociedade civil deverão realizar serviços de interesse público juntamente com Administração Pública, tanto que é imprescindível que aquelas apresentem e tenham aprovados seus planos de trabalhos para que consigam receber os recursos públicos.

A par desse entendimento, convém mencionar o precedente do Tribunal Superior Eleitoral (TSE)[173] que, em julgamento de caso semelhante, reconhece

---

171 Em se tratando de Direito escrito, é pelo elemento gramatical que o intérprete toma o primeiro contato com a proposição normativa. Malgrado a palavra se revele, às vezes, um instrumento rude de manifestação do pensamento, pois nem sempre consegue traduzir as ideias, constitui a forma definitiva de apresentação do Direito, pelas vantagens que oferece do ponto de vista da segurança jurídica. Cumpre ao legislador aperfeiçoar os processos da técnica legislativa, objetivando sempre uma redação simples, clara e concisa. (NADER, Paulo. **Introdução ao estudo do direito**. 36.ª ed. Rio de Janeiro: Forense, 2014, p.255)

172 Art. 35. A celebração e a formalização do termo de colaboração e do termo de fomento dependerão da adoção das seguintes providências pela administração pública: IV - aprovação do plano de trabalho, a ser apresentado nos termos desta Lei.

173 RECURSO ESPECIAL. CONDUTA VEDADA. ART. 73, IV e § 10, DA LEI Nº 9.504/97. SENADOR. DEPUTADO ESTADUAL. REPASSE. RECURSOS FINANCEIROS. SUBVENÇÃO SOCIAL. ENTIDADES PÚBLICAS E PRIVADAS. FOMENTO. TURISMO. ESPORTE. CULTURA. CONTRATO ADMINISTRATIVO. CONTRAPARTIDA. GRATUIDADE. DESCARACTERIZAÇÃO. DESPROVIMENTO. PRELIMINARES.

1. É cabível o recurso ordinário, nos termos do art. 121, § 4º, III, da Constituição Federal, quando seu julgamento puder resultar na declaração de inelegibilidade ou na perda do diploma ou mandato obtido em eleições federais ou estaduais. 2. Segundo o disposto no art. 77 da LC nº 75/93, a Procuradoria

que a transferência voluntária de recursos financeiros a entidades públicas e privadas para a realização de projetos na área da cultura, do esporte e do turismo não se amolda ao conceito de distribuição gratuita, previsto no art. 73, § 10, da Lei nº 9.5047/97, tendo em vista que esse ato administrativo é precedido de adoção de contrapartidas por parte daquelas entidades.

Ademais, convém registrar que as transferências voluntárias a OSCs são monitoradas e avaliadas mediante relatório técnico de monitoramento e avaliação, submetido a uma comissão, que deverá conter as seguintes informações: descrição sumária das atividades e metas estabelecidas; análise das atividades realizadas, do cumprimento das metas e do impacto do benefício social obtido em razão da execução do objeto até o período, com base nos indicadores estabelecidos e aprovados no plano de trabalho; valores efetivamente transferidos pela administração pública; análise dos documentos comprobatórios das despesas apresentados pela organização da sociedade civil na prestação de contas, quando não for comprovado o alcance das metas e resultados estabelecidos no respectivo termo de colaboração, ou de fomento e análise de eventuais auditorias realizadas pelos controles interno e externo, no âmbito da fiscalização preventiva, bem como de suas conclusões e das medidas que tomaram em decorrência dessas auditorias.

Essas exigências estão previstas no conteúdo do parágrafo único do artigo 59 da Lei nº 13.094/2014.

Como se percebeu, o precedente supracitado reforça a conclusão proposta neste trabalho, uma vez que consigna que o repasse de recursos a entidades privadas– mediante contrapartida destas– não pode ser considerado distribuição

---

Regional Eleitoral é parte legítima para atuar perante os feitos de competência dos tribunais regionais eleitorais.3. Na linha dos precedentes desta Corte, o ajuizamento de investigação judicial eleitoral com base nos mesmos fatos que embasaram a representação não prejudica o trâmite desta. Trata-se de meios processuais autônomos e, no caso vertente, contêm acervos probatórios distintos. MÉRITO 4. A assinatura de convênios e o repasse de recursos financeiros a entidades públicas e privadas para a realização de projetos na área da cultura, do esporte e do turismo não se amoldam ao conceito de distribuição gratuita, previsto no art. 73, § 10, da Lei nº 9.5047/97, sobretudo quando os instrumentos preveem a adoção de contrapartidas por parte das instituições.5. Para caracterização da conduta tipificada no art. 73, IV, da Lei das Eleições, é necessário que o ato administrativo, supostamente irregular, seja praticado de forma a beneficiar partidos políticos ou candidatos. In casu, não ficou comprovado que as assinaturas dos convênios tenham sido acompanhadas de pedidos de votos, apresentação de propostas políticas ou referência a eleições vindouras, o que afasta a incidência da norma.6. Recurso especial conhecido como ordinário e desprovido. (TSE - REspe: 282675 SC, Relator: Min. MARCELO HENRIQUES RIBEIRO DE OLIVEIRA, Data de Julgamento: 24/04/2012, Data de Publicação: DJE - Diário de justiça eletrônico, Tomo 95, Data 22/5/2012, Página 115-116)

gratuita; portanto, não é possível inviabilizar o apoio financeiro da Administração Pública aos planos de trabalhos que consubstanciam os termos de colaborações e termo de fomentos das organizações da sociedade civil.

Considerações finais

Como há diversas vedações de condutas que não podem ser praticadas no ano eleitoral, este trabalho teve o desiderato de analisar, especificamente, a vedação prevista no art.73 § 10 da Lei nº 9.504/1997, uma vez que a interpretação equivocada do operador do direito sobre esta vedação pode inviabilizar políticas públicas imprescindíveis para consecução do interesse público.

Neste trabalho, foi suscitado um elemento de interpretação clássico utilizado pelos operadores de direito para dar azo à conclusão deste artigo científico; sem se esquivar de utilizar um precedente, semelhante, do Tribunal Superior Eleitoral sobre o tema.

Com efeito, concluiu-se que a vedação prevista no art.73, § 10, da Lei nº 9.504/1997 não pode ser aplicada aos repasses de recursos realizados por meio de termo de colaboração ou termo de fomento, tendo em vista que estes instrumentos registram contraprestação das organizações da sociedade civil, motivo pelo qual não há distribuição gratuita de valores pela administração pública, conduta vedada pelo comando do art.73, § 10, da Lei nº 9.504/1997.

Referências bibliográficas

BETIOLLI, Antônio Bento. **Introdução ao Direito: lições de propedêutica jurídica tridimensional**. 14. ed. São Paulo: Saraiva, 2015, p.448.

BRASIL. Presidência da República. **Constituição da República Federativa do Brasil de 1988**. Disponível em: <http://www.planalto.gov.br/ccivil_03/constituicao/constituicaocompilado.htm>. Acesso em: 21 jan. 2018.

_____. **Lei Nº 13.019, de 31 de julho de 2014.**Estabelece o regime jurídico das parcerias entre a administração pública e as organizações da sociedade civil, em regime de mútua cooperação, para a consecução de finalidades de interesse público e recíproco, mediante a execução de atividades ou de projetos previamente estabelecidos em planos de trabalho inseridos em termos de colaboração, em termos de fomento ou em acordos de cooperação; define diretrizes para a política de fomento, de colaboração e de cooperação com organizações da sociedade civil; e altera as Leis nos 8.429, de 2 de junho de 1992, e 9.790, de 23 de março de 1999. Disponível em: <planalto.gov.br/ccivil_03/_ato2011-2014/2014/lei/l13019.htm>. Acesso em: 21 jan. 2018.

DI PIETRO, Maria Sylvia Zanella. **Parcerias na Administração Pública: concessão, permissão, franquia, terceirização, parceria público-privada e outras formas.** 5. ed. São Paulo: Atlas, 2005, p.41.

MARINELA, Fernanda. **Direito Administrativo.** 10. ed. São Paulo: Saraiva, 2016, p.245-246.

MENDES,GilmarFerreira;BRANCO, Paulo Gustavo Gonet.**Curso de Direito Constitucional.** 9. ed. São Paulo: Saraiva, 2014, p.586.

NADER, Paulo. **Introdução ao estudo do direito.** 36. ed. Rio de Janeiro: Forense, 2014, p.255

OLIVEIRA, Rafael Carvalho Rezende. **Administração pública, concessões e terceiro setor.** 3. ed. Rio de Janeiro: Método, 2015, p.338.

OFÍCIO nº281/2013/SE/SG-PR. Disponível em: <**http://www.secretariadegoverno.gov.br/iniciativas/mrosc/notastecnicas/cgu**>. Acesso em: 30 de março de 2018.

TSE - REspe: 282675 SC, Relator: Min. MARCELO HENRIQUES RIBEIRO DE OLIVEIRA, Data de Julgamento: 24/04/2012, Data de Publicação: DJE - Diário de justiça eletrônico, tomo 95, Data 22/5/2012, p. 115-116.

O Poder de Requisição do Procurador do Estado

Lia Torres Dias

Resumo

O poder de requisição é inerente aos cargos típicos das carreiras da Advocacia Pública. Percebe-se o desconhecimento do público interno e do público externo à Administração Pública quanto ao exercício do Poder de Requisição inerente aos cargos da Advocacia Pública, apesar de ser uma prerrogativa expressa na legislação especial dos entes públicos, como sói ser no Estado de Rondônia, razão pela qual o texto objetiva o esclarecimento do leitor quanto a esse importante poder, de modo a otimizar o fluxo de informações e obtenção de documentos em prol da defesa do interesse público.

Palavras-chave: direito; direito constitucional; direito administrativo; advocacia pública; prerrogativas; poder de requisição.

Abstract

Requisition power is inherent to the typical positions of the Public Advocacy careers. It is noticed the ignorance of the internal public and the public outside the Public Administration regarding the exercise of the Power of Requisition inherent to the positions of the Public Advocacy, although it is a prerogative expressed in the special legislation of public entities, as it is in the State of Rondônia, which is why the text aims to clarify the reader about this important power, so as to optimize the flow of information and documents in defense of the public interest.

Keywords: law; constitutional law; Administrative law; public advocacy; prerogatives; requisition power.

1. Apresentação e contextualização do tema

Muito se escreveu sobre as prerrogativas da Fazenda Pública e sobre as prerrogativas dos Advogados Públicos, dentre os quais se inserem os Procuradores dos Estados e do Distrito Federal, mas o poder de requisição me parece ser uma das prerrogativas mais importantes do cargo, sem a qual seria impossível o desempenho das suas funções. Por isso, acredito que o tema proposto, por tocar diretamente em ponto presente no cotidiano das atividades afetas ao cargo de Procurador do Estado, não poderia deixar de constar em uma revista comemorativa da Procuradoria Geral do Estado de Rondônia.

De fato, ainda é muito comum mesmo nos dias atuais os Procuradores do Estado enfrentarem questionamentos de órgãos e servidores quanto ao dever de atendimento, ou não, às suas solicitações para a apresentação de informações ou para o fornecimento de documentos produzidos pelos órgãos do próprio ente público a quem representam.

Percebe-se que tais dúvidas ou questionamentos ocorrem com mais frequência quando se trata com o público externo ou com servidores nomeados para cargos de provimento em comissão, portanto, de quem não se exige a comprovação do conhecimento da legislação estadual. Por essa razão, é importante o esclarecimento quanto ao poder de requisição do Procurador do Estado a partir da sua origem e fundamento.

2. Contornos constitucionais da Advocacia Pública e das atividades da Procuradoria do Estado

A Advocacia Pública é a responsável pela defesa do Estado (*lato sensu*), cujos interesses são públicos e indisponíveis. Trata-se de função essencial à Justiça (Constituição da República de 1988, art. 132), indispensável para a efetividade do Estado Democrático de Direito, que se encontra no mesmo patamar constitucional do Ministério Público e da Defensoria Pública.

Para Mércia Miranda Vasconcellos[174]:

> Entende-se por advocacia pública o conjunto de funções permanentes, referentes à representação judicial, extrajudicial e de consultoria, com

---

174 VASCONCELLOS, Mércia Miranda. A Procuradoria do Estado no Contexto Constitucional Brasileiro. **Revista Jurídica da Procuradoria Geral do Estado do Paraná**, n.2, p. 101-24, 2011.

a finalidade de patrocinar o interesse público de pessoas jurídicas de direito público. Em outras palavras, a advocacia pública é a competente para defender os interesses do Estado.

Todas as instituições incluídas no conceito de "função essencial à Justiça" atuam na defesa do interesse público, razão pela qual são essenciais à administração da Justiça, diferenciando-se apenas em relação à divisão de atribuições que lhes foi cometida pela Constituição, em conformidade com a parcela do interesse público a ser tutelado.

Desde a Constituição Federal de 1988, a representação judicial ou extrajudicial da União, dos Estados-membros e do Distrito Federal foi atribuída com exclusividade aos seus órgãos de advocacia pública por força dos artigos 131 e 132, que compõem a Seção II – Da Advocacia Pública, do Capítulo IV – Das funções essenciais à Justiça, do Título IV – Da organização dos poderes.

É o artigo 132 que trata da Advocacia Pública dos Estados e do Distrito Federal, que, desde a Emenda Constitucional n.19, de 1998, passou a ter a seguinte redação:

> Art. 132. Os Procuradores dos Estados e do Distrito Federal, organizados em carreira, na qual o ingresso dependerá de concurso público de provas e títulos, com a participação da Ordem dos Advogados do Brasil em todas as suas fases, exercerão a representação judicial e a consultoria jurídica das respectivas unidades federadas.
>
> Parágrafo único. Aos procuradores referidos neste artigo é assegurada estabilidade após três anos de efetivo exercício, mediante avaliação de desempenho perante os órgãos próprios, após relatório circunstanciado das corregedorias.

Maria Regina Ferrari[175] lembra a origem da Advocacia Pública no Estado brasileiro:

> Como se sabe, até a Constituição Federal de 1988 a representação judicial ou extrajudicial da União ou a advocacia dos Estados vinha sendo exercida pelo Ministério Público, que, de um lado, realizava as clássicas funções de defensor da ordem jurídica, de guardião da lei, de promotor da ação penal, bem como de fiscal da aplicação do direito, e, de outro, desempenhava papel de Advogado Público, defendendo a União e os Es-

---

175 FERRARI, Regina Maria Macedo Nery. **Curso de Direito Constitucional.** 2. ed. Belo Horizonte: Fórum, 2016.

tados, respectivamente, nos processos contra eles movidos ou até mesmo atuando como autor para patrocinar em juízo os seus interesses.

(...)

A Constituição Federal atual criou, como integrante das "Funções essenciais à justiça", a Advocacia-Geral da União, a quem conferiu competência para representá-la, judicial e extrajudicial, cabendo-lhe, ainda, nos termos da lei complementar que dispuser sobre sua organização e funcionamento, as atividades de consultoria e assessoramento do Poder Executivo.

(...)

No art. 132 institucionalizou, na qualidade de advogados dos Estados, as suas Procuradorias dos Estados, e a elas conferiu, além do exercício da representação judicial, a atividade de consultoria jurídica das respectivas entidades federadas.

Àquela época, porém, dada a autonomia administrativa reconhecida aos entes federados na forma das constituições anteriores, não havia uma uniformidade de organização dessas prerrogativas aos órgãos com competência para o seu exercício. Assim, alguns Estados-membros já haviam organizado o serviço em uma única procuradoria, ainda que com atribuições meramente consultivas.

Por essa razão, consta no art. 69 do Ato das Disposições Constitucionais Transitórias a permissão aos Estados para manterem suas consultorias jurídicas separadas de suas Procuradorias Gerais ou Advocacias-Gerais, desde que, na data da promulgação da Constituição, tivessem órgãos distintos para as respectivas funções. Confira-se:

> Art. 69. Será permitido aos Estados manter consultorias jurídicas separadas de suas Procuradorias-Gerais ou Advocacias-Gerais, desde que, na data da promulgação da Constituição, tenham órgãos distintos para as respectivas funções.

Essas consultorias acabaram por ser incorporadas ao órgão de representação criado pelos Estados-membros.

Na Constituição do Estado de Rondônia encontramos a Procuradoria Geral do Estado no art. 104, na seção II, do Capítulo IV do Título II, dentre as funções essenciais à Justiça, artigo esse que consta com a seguinte redação, após sofrer alterações determinadas por sete emendas constitucionais, no que importa a este estudo:

Art. 104. A Procuradoria-Geral do Estado é a instituição que representa o Estado, judicial e extrajudicialmente cabendo-lhe, nos termos da lei complementar que dispuser sobre sua organização e funcionamento, as atividades de consultoria e assessoramento jurídico do Poder Executivo.

§ 1º A Procuradoria Geral do Estado será dirigida pelo Procurador-Geral, nomeado pelo Governador dentre os membros estáveis em exercício na carreira de Procurador do Estado. (NR dada pela EC nº 70, de 09/11/2010 – D.O.ALE nº 82 de 10/11/2010)

§ 2° A Procuradoria-Geral do Estado será integrada pelos Procuradores do Estado, organizados em carreira, por nomeação dos aprovados em concurso público de provas e títulos, com a participação da Ordem dos Advogados do Brasil, Secção de Rondônia, na forma que a lei estabelecer.

§ 3° Lei complementar organizará a carreira da Procuradoria-Geral do Estado e regulamentará o provimento e investidura nos cargos mencionados neste artigo, no prazo de cento e oitenta dias.

(...)

Portanto, temos que a Advocacia Pública dos estados-membros será exercida por seus procuradores, organizados em carreira, a quem compete, com exclusividade, a representação jurídica do ente, bem como a consultoria ou assessoramento jurídico dos seus órgãos e entidades.

Como bem esclarece Cláudio Madureira[176], no exercício de suas funções precípuas, o Procurador do Estado exerce típica atividade de controle interno[177], restrita aos aspectos jurídicos:

> Quando desempenham essas funções típicas, os advogados do poder público (comumente chamados advogados públicos ou procuradores) desempenham, ainda, o controle da juridicidade do agir administrativo, em típica atividade de controle interno (art. 70).

---

176 MADUREIRA, Claudio. O problema da autonomia técnica da Advocacia Pública. **A&C – Revista de Direito Administrativo & Constitucional,** Belo Horizonte, ano 16, n. 66, p. 179-207, out./dez. 2016.

177 No mesmo sentido, vide MOURÃO, Carlos Figueiredo. A advocacia pública como instituição de controle interno da Administração. **Interesse Público IP,** Belo Horizonte, ano 10, n. 52, nov./dez. 2008. Disponível em: <http://www.bidforum.com.br/bid/PDI0006.aspx?pdiCntd=56174>. Acesso em: 2 jun. 2018.

E destaca que a finalidade do exercício dessas atividades é a promoção do interesse público:

> O exercício dessas três atividades típicas (contencioso, consultoria e controle de juridicidade) tem por finalidade promover a realização do interesse público, compreendido por Celso Antônio Bandeira de Mello como "interesse do Estado e da sociedade na observância da ordem jurídica estabelecida", que, nessa perspectiva, compatibiliza-se com o direito subjetivo que têm os administrados de apenas sofrerem intervenções do Estado na esfera de suas disponibilidades jurídicas nos limites estabelecidos pelo ordenamento jurídico-positivo (legalidade administrativa). No entanto, para que esse objetivo se consume, é necessário que se reconheça alguma independência (ou autonomia) aos profissionais que compõem a Advocacia Pública, sob pena de que a sua atividade jurídica se circunscreva, na prática, a procurar conferir aparência de legalidade a opções políticas e administrativas concebidas pelos governantes e demais agentes estatais, em prejuízo da realização do interesse público e ao cumprimento do princípio administrativo da legalidade.

Para que os Procuradores do Estado possam exercer suas atividades e, assim, alcançar a efetividade de suas atribuições institucionais, o sistema jurídico lhes assegura poderes que visam garantir o exercício de suas competências.

Embora não seja o objetivo do presente trabalho analisar o direito de acesso à informação, mas sim o poder de requisição, no entanto é importante lembrar que a Constituição da República, ao traçar as normas basilares do mencionado direito, também contribuiu para o entendimento dos pilares do poder de requisição, enquanto voltado à obtenção de informações necessárias às atividades próprias do cargo de Procurador do Estado.

Vamos encontrar no seu art. 5º, inciso XIV, que "é assegurado a todos o acesso à informação e resguardado o sigilo da fonte, quando necessário ao exercício profissional" e que a informação não sofrerá qualquer restrição, a não ser nos termos do que instituído pela própria constituição, quando voltada a assegurar o direito à intimidade, à vida privada, à honra e à imagem das pessoas, ou quando necessário à segurança nacional (art. 220, *caput* c/c art. 5º,X). E, em complemento a essa noção, o § 2º do art. 216 da CONSTITUIÇÃO FEDERAL - CF/88, ao mesmo tempo em que confere à Administração Pública a gestão da documentação governamental, na forma da lei, também lhe determina "franquear sua consulta a quantos dela necessitem".

Assim, o poder de requisição do cargo de Procurador do Estado também tem a ver com o direito de acesso a informação entre os órgãos da própria Administração Pública.

3. O poder de requisição enquanto prerrogativa do cargo de Procurador do Estado

O poder de requisição é um dos poderes inerente aos cargos típicos das carreiras de Estado cujas funções se voltam ao controle e à defesa do interesse público.

Trata-se, portanto, de um poder-dever conferido a alguns cargos da Administração Pública, aos quais a lei atribuiu competência para a defesa do interesse público.

Como antecipado acima, em seu nascedouro, as atividades próprias das atuais carreiras da advocacia pública – de consultoria e de representação do ente federado – se incluíam dentro das atribuições dos cargos do Ministério Público, da mesma forma como ainda hoje acontece em alguns países, a exemplo de Portugal[178] e outros, que adotaram o modelo unitário de organização da advocacia pública[179].

Em importante apanhado histórico sobre o poder de requisição na legislação imperial e na legislação da primeira república, Jefferson Carús Guedes e Geza Carús Guedes apresentam artigo de revisão sobre o tema, na esfera federal[180], destacando o berço em que foi gestada a normativa administrativista atualmente em vigor. Explicam:

> O poder de requisição sempre esteve presente nas normas federais que regulavam a atuação do Ministério Público, ao longo do período republicano. **Tinha como fim precípuo o de permitir a busca de documentos essen-**

---

178 Lei n.47/86, de 15 de outubro, artigo 1º e artigo 3º, 1, a.Disponível em: <http://www.pgdlisboa.pt/leis/lei_mostra_articulado.php?nid=6&tabela=leis>. Acesso em: 17 jun.2018.

179 Vide apanhado de Cláudio Grande Júnior, em Advocacia pública: estudo classificatório de direito comparado, artigo publicado na revista eletrônica **Interesse Público**, Belo Horizonte, ano 11, n. 54, mar./abr. 2009. Disponível em: <http://www.bidforum.com.br/PDI0006.aspx?pdiCntd=57285>. Acesso em: 2 jun. 2018.

180 O poder de requisição dos advogados públicos federais: uma revisão desde a consultoria geral da república até a advocacia geral da União. Publicado na **Revista do Instituto do Direito Brasileiro**, Ano 2 (2013), n.2, ISSN: 2182-7567, p. 1315-1345. Disponível em: <https://cidp.pt/publicacoes/revistas/ridb/2013/02/2013_02_01315_01345.pdf>. Acesso em 25 maio 2018.

ciais ao exercício da função de "advogado da União" exercida na Justiça Federal, enquanto esta existiu, e na Justiça dos Estados[181]. (Grifo nosso).

A divisão das atribuições do antigo e original Ministério Público, no Brasil, que resultou na criação de órgãos especiais com competência exclusiva para o exercício da consultoria e do procuratório das pessoas jurídicas de direito público interno, para deixá-lo com atribuições reduzidas, não teve o condão de excluir o poder de requisição das novas carreiras. Antes, pelo contrário, as novas funções já nasceram com tal prerrogativa. Isso porque o poder é conferido pelo sistema jurídico como prerrogativa do cargo, ou seja, como necessário ao exercício das competências que a constituição lhe outorgou.

É sabido que o Direito Administrativo brasileiro seguiu a linha do Direito Administrativo Moderno da Europa continental, baseado na concepção clássica do chamado *regime exorbitante* do qual advêm as *prerrogativas da Administração Pública*, conforme preconizado no Direito Francês, em que "a aplicação de prerrogativas de poder público ainda constitui um critério fundamental da noção de ato administrativo"[182].

Dentro das prerrogativas da Administração Pública é que vamos encontrar as prerrogativas da Advocacia Pública e os poderes a ela inerentes.

Como já foi exposto pelo Dr. Luiz Henrique Sormani Barbugiani em artigo sobre as prerrogativas da Advocacia Pública[183], o tema não é dos mais fáceis "devido à interferência de inúmeros fatores na compreensão, interpretação e implementação desse instituto". E justifica tratar-se de um instituto, "pois se trata de instrumento jurídico vocacionado a proporcionar a efetividade do interesse público erigido como objetivo a ser alcançado por meio de mecanismos que permitam uma maior eficiência em sua consagração".

---

181 Referência do texto original: "Sobre a história dos cargos da Advocacia Pública, ver: GUEDES, Jefferson Carús. *Anotações sobre a história dos cargos e carreiras da Procuradoria e da Advocacia Pública no Brasil*: começo e meio de uma longa construção, item n. 3".

182 Nesse sentido, vide artigo de Corvalán, Juan Gustavo. Transformações do "regime de Direito Administrativo" - A propósito do regime exorbitante e das prerrogativas da Administração Pública, publicado em **A&C – Revista de Direito Administrativo & Constitucional**, Belo Horizonte, ano 13, n.51, p.49-73, jan/mar, 2013.

183 BARBUGIANI, Luiz Henrique Sormani. Prerrogativas da Advocacia Pública: instrumento de defesa do interesse público e de valorização de uma carreira de Estado. Publicado em **Revista Jurídica da Procuradoria-Geral do Estado do Paraná**, Curitiba, n.8, p.95-145, 2017

Citando Aldemario Araújo Castro[184], Barbugiani ressalta que não se trata de privilégios:

> A fixação de garantias e prerrogativas para o exercício das atividades da Advocacia Pública não surge como uma outorga de favores ou privilégios inaceitáveis, particularmente quando se observa a sua nobre missão de sustentar e aperfeiçoar o Estado Democrático de Direito, zelando pela incolumidade dos interesses públicos primários. Afinal, a possibilidade efetiva de contrariar interesses os mais diversos, desde aqueles dos governantes do momento até poderosas manifestações econômicas privadas, reclama a existência de proteções institucionais ao desempenho retilíneo das atribuições da Advocacia Pública. Assim, as garantias e as prerrogativas dos membros da Advocacia Pública revelam-se meios ou instrumentos de realização plena do interesse público submetido, de uma forma ou de outra, ao crivo de análise dos vários segmentos da Advocacia Pública.

Barbugiani ainda se vale da concepção de Plácido e Silva sobre a gênese da palavra "prerrogativa", para traçar "uma linha de raciocínio para delimitar o que seria esse instituto na era contemporânea" como premissa da análise das prerrogativas da Advocacia Pública. Expõe:

> Em sua origem remota o termo 'prerrogativa' consistia no direito de votar, falar, pedir ou posicionar-se em primeiro lugar em relação aos demais derivando do designativo latino 'praerogativa'. No desenvolvimento do conteúdo do vocábulo exsurge o sentido de 'a vantagem, o privilégio, a imunidade, a primazia deferida a certas pessoas, em razão do cargo ocupado ou do ofício que desempenham'. As prerrogativas na contemporaneidade não são previstas no ordenamento jurídico como benefícios ou privilégios atinentes a um Advogado no intuito de diferenciá-lo dos demais cidadãos ou profissionais visando engrandecê-lo ou colocá-lo num patamar superior em relação aos demais membros da sociedade.
>
> Na realidade a estipulação de prerrogativas funciona como um instrumento tendente a salvaguardar a atividade profissional do jurista na defesa e postulação de direitos de seus clientes.
>
> Assim, a prerrogativa não é um fim em si mesmo, pois possui uma finalidade específica no sentido de proporcionar uma atuação independente e livre do causídico por meio do exercício de sua atividade profissional no

---

184 CASTRO, Aldemario Araujo. A Advocacia Pública como instrumento do Estado brasileiro no controle da juridicidade dos atos da Administração Pública. **Conteúdo Jurídico**, Brasília-DF: 13 mar. 2009. Disponível em: http://conteudojuridico.com.br/?artigos&ver=2.22886&seo=1. Acesso em: 17.06.2018.

âmbito administrativo ou no âmbito judicial na busca da melhor solução para a demanda relacionada ao conflito que seu contratante possui com a parte oposta na lide ou nas relações jurídicas em geral.

Na hipótese dos Defensores Públicos o interesse e direito a ser defendido e postulado são os dos necessitados que não podem constituir um Advogado privado e no caso dos Procuradores do Estado, Procuradores do Município, Advogados da União, Procuradores da Fazenda Nacional e Procuradores Federais, o direito e interesse primário e secundário do poder público (ente federal, estadual ou municipal) a que estão vinculados e para o qual foram aprovados em concurso público[185].

Partindo-se do conceito de prerrogativa, há aqueles que professam ser apenas duas as prerrogativas da Advocacia Pública, tal como inscritas no art. 132 da Constituição da República: a consultoria jurídica e a representação[186] da pessoa jurídica de direito público interno. Portanto, somente as carreiras da Advocacia Pública teriam tais prerrogativas. E para a garantia do exercício das prerrogativas do cargo, o sistema jurídico lhes dotou de *poderes* que as asseguram, sendo esses mesmos poderes muito comumente tidos e confundidos com as próprias prerrogativas do cargo.

Como se vê, não há consenso quanto à utilização dos termos prerrogativa e poder.

Em assim sendo, temos por considerar como prerrogativa de um *cargo ou função tudo aquilo o que é necessário ao seu exercício e que está amparado por poderes conferidos pelo sistema jurídico, dotados de presunção de legitimidade, imperatividade e de executoriedade, para a garantia da sua efetividade.*

De fato, de nada adiantaria a atribuição de competência constitucional a uma instituição pública, sem lhe conferir o consectário lógico dos poderes necessários ao exercício de suas funções institucionais[187].

---

[185] Referência no texto original a Barbugiani, Luiz Henrique Sormani. O Advogado Público e o crime de desobediência: considerações sobre as prerrogativas da Advocacia Pública. In: BARBUGIANI, Luiz Henrique Sormani (Coord.). **Prerrogativas da Advocacia Pública**: direitos não são benefícios, mas instrumentos da democracia para uma atuação eficiente e ética no trato da coisa pública. Belo Horizonte: Editora Fórum, 2016, p. 17-18.

[186] Vide: Pereira e Silva, Reinaldo. As prerrogativas constitucionais do Procuradores do Estado. *Revista de Informação Legislativa*, ano52, n.206, abril/junho, 2015, p.67-81.

[187] Válida aqui, *mutatis mutandis*, a explicação de Hugo Nigro Mazzilli, quanto ao poder de requisição do Ministério Público: "(...) o órgão do Ministério Público precisa ter instrumentos eficazes para exercer seus misteres constitucionais. Não haveria como adimplir corretamente sua destinação institucional sem

Nesse sentido é que o Poder de Requisição é considerado como uma prerrogativa da Advocacia Pública e abrange a requisição de informações, documentos e tudo o mais que necessário for para a defesa dos interesses do ente público em cujo nome atua.

Para Guedes e Guedes[188], "a requisição é uma ordem, de cumprimento obrigatório, cujo desatendimento implica responsabilização administrativa".

De fato, a requisição é uma ordem, dotada de presunção de legitimidade, imperatividade e executoriedade, que cria para o destinatário um dever de atendimento e obediência.

4. O poder de requisição do cargo de Procurador do Estado na legislação estadual

O Poder de Requisição, por ser inerente ao cargo e destinado à realização do interesse público, é pressuposto do próprio exercício do cargo e independe de norma para se consubstanciar e se tornar efetivo.

Mesmo assim, é comum encontrá-lo explícito nas normas especiais das pessoas jurídicas de direito público interno, principalmente para reforçar o dever de atendimento pelos demais órgãos da Administração Pública.

Para exemplificar, vejamos as normas de regência de alguns Estados.

Há Estados em que o poder de requisição foi concentrado em um único órgão (secretaria geral, por exemplo) ou cargo da Procuradoria, por opção normativa. Mas, em todos os casos, a característica da executoriedade da ordem é da essência do poder.

Exemplo de concentração do poder de requisição em um único cargo é o do Estado de Minas Gerais, onde a Lei nº 7.900, de 23 de dezembro de 1980, prevê, no seu artigo 6º, inciso X, a competência do Procurador Geral do Estado para

---

o consectário lógico, que é o poder de requisitar informações". Em: **Manual do Promotor de Justiça,** Capítulo 13. Disponível em: <http://mazzilli.com.br/pages/livros/manualpj.pdf>. Acesso em: 30 maio 2018.

188 .GUEDES, Jeferson Carús E GUEDES, Geza Carús. O poder de requisição dos advogados públicos federais: uma revisão desde a consultoria geral da republicana até a advocacia geral da União. Revista do Instituto do Direito Brasileiro, ano 2, n.2, 2013, p. 8. Disponível em: http://www.agu.gov.br/page/dowload/index/id/15215005. Acesso em 25 de maio de 2018.

"requisitar dos órgãos da Administração Pública documentos, exames, diligências e esclarecimentos necessários à atuação da Procuradoria Geral do Estado"

Tal competência, obviamente, pode ser delegada.

No Estado de Goiás vamos encontrar normativa mais específica que, inclusive, utiliza expressamente o termo "prerrogativa" para designar o poder de requisição do cargo de Procurador do Estado, na sua Lei Complementar n.58, de 4 de julho de 2006[189]:

> **CAPÍTULO IV**
> DAS PRERROGATIVAS
>
> Art. 38. São prerrogativas do Procurador do Estado, além das previstas nas Constituições da República e do Estado, as seguintes:
>
> I - não ser constrangido por qualquer modo ou forma a agir em desconformidade com a sua consciência ético-profissional;
>
> II - requisitar, sempre que necessário, auxílio e colaboração das autoridades públicas para o exercício de suas atribuições;
>
> III - requisitar das autoridades competentes certidões, informações e diligências necessárias ao desempenho de suas funções;

A mesma lei complementar também prescreve prazo para o atendimento das requisições do Procurador do Estado e o tratamento preferencial para atendimento dessas requisições, sob pena de responsabilidade, o que revela a característica da imperatividade do poder de requisição.

Além disso, o estatuto dos servidores públicos civis daquele estado, a Lei n.10.460[190], de 22 de fevereiro de 1988, prescreve o dever do servidor público de atender com preterição de qualquer outro serviço as requisições para a defesa do Estado (Art. 294, XII, *a*). Além disso, dispõe expressamente ser a requisição uma prerrogativa do cargo de Procurador do Estado:

> Art. 1º. A requisição ou promoção de diligência necessária à formação de sua convicção ou conveniente para a devida instrução do processo

---

[189] Disponível em: <http://gabinetecivil.goias.gov.br/leis_complementares/2006/lei_complementar_n58.htm>. Acesso em: 10 jun.2018.

[190] Disponível em: <http://gabinetecivil.goias.gov.br/leis_ordinarias/1988/lei_10460.htm>. Acesso em: 10 jun. 2018.

constituem prerrogativas do cargo de Procurador do Estado fundadas nos arts. 38, incisos II, III e IV, e 43, §§ 1º e 2º, ambos da Lei Complementar n. 58, de 4 de julho de 2006.

Parágrafo único. A prerrogativa mencionada decorre do dever de cumprimento das atribuições funcionais constitucionais do cargo de Procurador do Estado, consistentes na promoção da representação judicial e consultoria jurídica do Estado de Goiás, previstas no art. 132 da Constituição da República, no controle da legalidade dos atos do Poder Executivo e na defesa de seus interesses, previstas no art. 118, parágrafo único, da Constituição do Estado de Goiás.

No Estado do Rio de Janeiro, a Lei Complementar n. 15, de 25 de novembro de 1980[191], a Lei Orgânica da Procuradoria Geral do Estado, ao estabelecer as suas competências, prescreveu, também, a "prioridade absoluta" de tramitação dos pedidos de informação e diligência, formulados pelo órgão, tal como consta no sei art. 2º, § 2º. E, ao dispor a lei sobre os Procuradores do Estado, faz remissão às competências do órgão como *inerentes à investidura no cargo* (parágrafo único do artigo 10).

Já o Estado de São Paulo, através da Lei Complementar n.1.270, de 25 de agosto de 2015[192], é mais explícito em relação às prerrogativas e às garantias do cargo de Procurador do Estado, a exemplo do antes mencionado Estado de Goiás, tal como consta na redação do § 7º do art. 3º.

A mesma lei também menciona expressamente o poder de requisição entre as prerrogativas e garantias do Procurador do Estado. Confira-se:

> CAPÍTULO II
>
> **Das Prerrogativas e das Garantias**
>
> **Artigo 118** - São prerrogativas e garantias do Procurador do Estado, além das revistas em lei, notadamente a que dispõe sobre o Estatuto da Advocacia e a Ordem dos Advogados do Brasil - OAB:
>
> I - não ser constrangido, por qualquer modo ou forma, a agir em desconformidade com a sua consciência ético-profissional;

---

191 Disponível em: <http://alerjln1.alerj.rj.gov.br/contlei.nsf/a99e317a9cfec383032568620071f5d2/f4ff81f34af7713c032565df007155b1?OpenDocument>. Acesso em: 16 jun. 2018.

192 Disponível em: <https://al.sp.gov.br/norma/?id=175286>. Acesso em: 16 jun. 2018.

II - requisitar auxílio e colaboração das autoridades públicas para o exercício de suas atribuições;

III - requisitar das autoridades competentes certidões, informações, autos de processo administrativo, documentos e diligências necessários ao desempenho de suas funções nos prazos e condições fixadas em decreto;

Antes dela, a Lei Complementar n. 478, de 18 de julho de 1986, também do Estado de São Paulo, já disciplinava como *prerrogativas* do cargo de Procurador do Estado as *requisições* (art. 103, I e II), demonstrando que há muito tempo o poder de requisição recebe o mesmo tratamento legislativo.

Também no Estado de Santa Catarina[193] o poder de requisição do Procurador do Estado recebe normativa expressa na Lei complementar n. 317, de 30 de dezembro de 2005, conforme redação do seu artigo 69, VI.

Já no Regimento Interno da PGE-SC[194], aprovado pelo Decreto n. 1.485, de 7 de fevereiro de 2018, a normativa é específica e também trata o poder de requisição como prerrogativa do cargo de Procurador do Estado:

Art. 3º. Compete também à PGE, como órgão central do Sistema Administrativo de Serviços Jurídicos da Administração Pública Estadual Direta e Indireta:

(...)

X – requisitar de quaisquer órgãos ou entidades do Poder Executivo Estadual documentos ou informações necessários ao exame de matéria jurídica;

Art. 6º Compete ao Procurador-Geral do Estado:

(...)

XVIII – requisitar para exame, quando assim exigir o interesse público, atos, contratos, documentos e processos administrativos dos órgãos e entidades da Administração Pública Estadual;

---

193 Disponível em: <http://leis.alesc.sc.gov.br/html/2005/317_2005_lei_complementar.html>. Acesso em: 12 jun..06.2018.

194 Disponível em: <http://pge.sc.gov.br/index.php/legislacoes/regimento-interno-da-pge>. Acesso em: 28 maio 2018.

TÍTULO III
DOS PROCURADORES DO ESTADO
CAPÍTULO I
DAS ATRIBUIÇÕES

Art. 41. O Procurador do Estado exerce função essencial à Justiça e ao regime de legalidade dos atos da Administração Pública Estadual, atua com independência no exercício de suas funções, bem como goza das prerrogativas inerentes à atividade da advocacia, além das estabelecidas na Lei Orgânica da PGE, sendo inviolável por seus atos e manifestações, nos termos da lei, e tendo, no desempenho de suas atividades, as seguintes atribuições:

(...)

X – realizar e propor diligências e requisições para esclarecimento dos casos em estudo;

No Estado de Rondônia, o regime jurídico dos servidores públicos civis, incluindo Autarquias e Fundações Públicas estaduais – a Lei Complementar estadual n.68, de 9 de dezembro de 1992 –, incluiu, dentre os deveres impostos a todos os servidores públicos, o dever de atender prontamente às requisições para a defesa da Fazenda Pública:

TÍTULO IV
DO REGIME DISCIPLINAR
CAPÍTULO I
DOS DEVERES

Art. 154 - São deveres do servidor:

(...)

VI - atender prontamente às requisições para defesa da Fazenda Pública e à expedição de certidões;

A infração ao dever de atender a requisições sujeita o servidor público do Estado de Rondônia às penalidades previstas no art. 168, IX, *a*, e no art. 169, I, do mesmo estatuto legal:

> Art. 168 - São infrações disciplinares puníveis com suspensão de até 10 (dez) dias:
>
> (...)
>
> IX - deixar de atender:
>
> a) a requisição para defesa da Fazenda Pública;
>
> Art. 169 - São infrações disciplinares puníveis com suspensão de até 30 (trinta) dias:
>
> I - a reincidência de qualquer um dos itens do artigo 168;

Os exemplos acima demonstram o tratamento normativo conferido ao poder de requisição no âmbito das legislações dos Estados-membros, inclusive no Estado de Rondônia.

Contudo, como dito acima, o poder de requisição é inerente ao cargo de Procurador do Estado e seria até desnecessário que uma lei ou ato normativo dispusesse a respeito, uma vez que se constitui em prerrogativa essencial à garantia do exercício das atribuições do cargo. Dessa forma, temos que a normativa existente somente explicita a concepção pressuposta.

5. Questões práticas envolvendo o poder de requisição do Procurador do Estado

Como exposto acima, o atendimento às requisições da Advocacia Pública para a defesa da Fazenda Pública em Juízo é de observância obrigatória por todas as autoridades e servidores de todos os órgãos da Administração Pública, de modo que a infração a esse dever funcional sujeita o servidor às penas administrativas previstas em lei.

Além disso, o não atendimento da requisição pelos demais agentes públicos poderá até implicar em conduta tipificada no Direito Penal e, a depender da sua gravidade e das suas consequências, também poderá configurar ato de improbidade administrativa, se comprovada a intenção deliberada de violar os princípios da Administração Pública, com prejuízo ao erário.

Assim, o poder de requisição do Procurador do Estado voltado à defesa do interesse público não encontra limitação na matéria objeto da requisição, que poderá, inclusive, estar gravada com o sigilo das comunicações, seja em razão do sigilo fiscal, ou do segredo de justiça. Obviamente, incumbe ao Procurador do Estado as cautelas próprias do trato com tal assunto, mas isso não significa que sua atuação estará limitada ou impedida.

Exemplo disso é o acesso irrestrito aos dados fiscais dos contribuintes pelos Procuradores que atuam na cobrança da Dívida Ativa da Fazenda Pública. Esse acesso é inerente ao cargo, para o próprio desempenho de suas funções.

O mesmo se diga com relação ao acesso aos prontuários médicos de pacientes atendidos nas unidades de saúde do ente público. Caso o ente público seja demandado em Juízo em razão do atendimento ministrado por seus profissionais de saúde ao paciente, os seus Procuradores terão acesso irrestrito aos documentos e exames, não somente por se tratar de documentos de propriedade do próprio ente, mas também por serem necessários à confecção da defesa. Nesse caso, não há que se falar em violação de sigilo do ato médico, que fica mitigado em face do direito à ampla defesa, constituído como garantia constitucional da pessoa jurídica de direito público a quem tocará a defesa do próprio ato médico. Assim, pode e deve o Procurador do Estado requisitar às unidades de saúde todas as informações e toda a documentação relacionada à instrução da sua defesa.

Essa, inclusive, é uma questão prática de grande interesse. Na Procuradoria do Estado de Rondônia já tivemos de lidar diversas vezes com resistência de diretores de unidades de saúde – que nem sempre são escolhidos dentre os servidores do Estado. A resistência, certamente causada por falta de esclarecimento, os leva a protelar ou mesmo a recusar atendimento às requisições para a defesa da Fazenda Pública.

De um modo geral, tais resistências cedem aos esclarecimentos prestados pelos Procuradores. Contudo, em caso de recalcitrância, alguns instrumentos jurídicos poderão ser utilizados para a garantia do direito de defesa do ente público.

Caso se verifique recusa expressa, o Procurador do Estado poderá valer-se da ação constitucional de Mandado de Segurança (CONSTITUIÇÃO FEDERAL - CF, art. 5º, LXIX).

Na Procuradoria do Contencioso da PGE-RO já houve ocasião em que tivemos de enfrentar judicialmente a negativa de diretora de hospital público, quanto ao fornecimento de prontuários médicos, requisitados para a instrução da defesa da Fazenda Pública em face de ação indenizatória proposta pelos familiares de paciente falecido. A negativa da diretora do hospital baseou-se simplesmente na alegação de que o fornecimento dos prontuários implicaria em violação ao dever de sigilo imposto no art. 89 da Resolução do Conselho Federal de Medicina n.1931/2009, que aprovou o Código de Ética Médica. À época, o Procurador do Estado, Dr. Evanir Borba, nosso colega na Procuradoria do Contencioso, não encontrou alternativa a não ser impetrar Mandado de Segurança em face do ato da citada Diretora, de modo a obter a documentação necessária em tempo para a confecção da defesa na ação de indenização.

De certo que a ordem de segurança foi concedida, conforme fundamentação que trago à colação, extraída da sentença da Juíza rondoniense, Dra. Silvana Maria de Freitas, então respondendo pela 2ª Vara da Fazenda Pública:

> Assim, via de regra o sigilo deve ser preservado.
>
> Contudo, existem situações que merecem tratamento diferenciado.
>
> Indo a óbito o paciente e estando em discussão a conduta do Estado quanto ao encaminhamento de seu tratamento, nasce ao Estado, em nome da garantia da ampla defesa, o direito de ter acesso aos documentos.
>
> Neste contexto, não cabe mais a defesa do sigilo na medida em que a família do paciente trouxe aos autos a questão para apreciação, sendo indispensável que todos os documentos instruam o feito, até para, se for o caso, demonstrar aos familiares que o paciente teve todo o atendimento devido.
>
> Anota-se que neste caso a cópia do prontuário médico cingiu-se essencialmente na busca da prova real, em se tratando de defesa judicial a ser promovida pelo Estado em ação indenizatória.
>
> (...)
>
> Ante o exposto, pelos fundamentos expostos e na forma dos arts. 10, 11 e 12 da Lei 12.016/09, CONCEDO A SEGURANÇA, pois evidenciada a violação ao direito líquido e certo do Impetrante, anotando que em se tratando de documento imprescindível para compor ação judicial o seu fornecimento é medida que se impõe.

Não há dúvida que a negativa de atendimento à requisição do Procurador do Estado configura ordem ilegal a desafiar Mandado de Segurança, inclusive em face de terceiros, que, por ventura estejam em posse de documentos necessários à defesa do erário.

Exemplo disso são as empresas contratadas pela Administração para os trabalhos de digitalização, catalogação e arquivamento dos documentos do ente públicos, em atendimento à legislação própria dessa era digital, do início do século XXI.

Tais empresas detém a posse de documentos do Estado e a elas se estende o dever de atendimento das requisições para a defesa da Fazenda Pública. Inclusive, para maior segurança do ente contratante, sugere-se que o contrato estipule cláusula penal, para estabelecer penalidade contratual específica para o caso de atraso ou recusa no fornecimento dos documentos requisitados, além da responsabilidade por perdas e danos que vier a causar.

Mas com o advento do atual Código de Processo Civil, o Mandado de Segurança já não é mais o único instrumento de que se dispõe para garantir o acesso a documentos e informações necessárias à defesa do interesse público, uma vez que o Procurador do Estado também poderá se valer do pedido judicial de exibição de documento ou coisa, na forma do art. 401 do Código de Processo Civil.

E o que fazer em caso de demora ou atraso dos agentes públicos na entrega da documentação necessária à defesa? Sem dúvida o ente público não poderá ser penalizado. Nesse caso, vale fazer constar na defesa o pedido pela produção de prova documental, com a demonstração da impossibilidade de sua obtenção ao tempo da defesa, na forma da permissão do parágrafo único do art. 435 do Código de Processo Civil.

Considerações finais

1. O poder de requisição é prerrogativa inerente ao cargo de Procurador do Estado, uma vez que destinado a conferir efetividade ao seu exercício e, dessa forma, configura-se como um pressuposto da atividade atribuída ao cargo, não havendo necessidade de estar positivado em norma escrita.

2. As normas escritas que tratam do poder de requisição apenas explicitam o pressuposto constitucional instituidor da Advocacia Pública.

3. A requisição do Procurador do Estado tem conteúdo ordinatório, ou seja, consubstancia-se em uma ordem, dotada de presunção de legitimidade, imperatividade e executoriedade, que cria para o destinatário um dever de atendimento e obediência, sob pena de imposição de sanções administrativas.

4. No exercício do cargo, o Procurador do ente público não só pode, como deve valer-se de todos os instrumentos processuais ofertados pelo sistema jurídico-processual para garantir-lhe o acesso a todos os elementos de prova necessários à defesa da Fazenda Pública em Juízo.

Referências bibliográficas

ADAMS, Luís Inácio Lucena. A advocacia pública e o Estado Democrático de Direito. **Fórum Administrativo – FA**, Belo Horizonte, ano 13, n. 152, p. 4145, out. 2013.

BARBUGIANI, Luiz Henrique Sormani. Prerrogativas da Advocacia Pública: instrumento de defesa do interesse público e de valorização de uma carreira de Estado. **Revista Jurídica da Procuradoria-Geral do Estado do Paraná**, Curitiba, n.8, p.95-145, 2017.

CASTRO, Aldemario Araujo. A Advocacia Pública como instrumento do Estado brasileiro no controle da juridicidade dos atos da Administração Pública. **Conteúdo Jurídico**, Brasília-DF: 13 mar. 2009. Disponível em: <http://conteudojuridico.com.br/?artigos&ver=2.22886&seo=1>. Acesso em: 17 jun. 2018.

COELHO, Inocêncio Mártires. Por que voltar a Kelsen, o jurista do século XX?**Revista de Direito Internacional**, Brasília, v. 12, n. 2, 2015 p. 15-43.

CORVALÁN, Juan Gustavo. Transformações do "regime de Direito Administrativo" - A propósito do regime exorbitante e das prerrogativas da Administração Pública.A&C – **Revista de Direito Administrativo & Constitucional**, Belo Horizonte, ano 13, n.51, p.49-73, jan/mar, 2013.

ESTATUTO DO MINISTÉRIO PÚBLICO DE PORTUGAL. Lei n.47/86, de 15 de outubro, artigo 1º e artigo 3º, 1, a. Disponível em: <http://www.pgdlisboa.pt/leis/lei_mostra_articulado.php?nid=6&tabela=leis>. Acesso em: 17 jun. 2018.

FERRARI, Regina Maria Macedo Nery. **Curso de Direito Constitucional.** 2. ed. Belo Horizonte: Fórum, 2016.

GRANDE JÚNIOR, Cláudio. Advocacia pública: estudo classificatório de direito comparado.**Interesse Público**, Belo Horizonte, ano 11, n. 54, mar./abr. 2009. Disponível em: <http://www.bidforum.com.br/PDI0006.aspx?pdiCntd=57285>. Acesso em: 2 jun. 2018.

GUEDES, Jefferson Carús; GUEDES, Geza Carús. O poder de requisição dos advogados públicos federais: uma revisão desde a consultoria geral da república até a advocacia geral da União. **Revista do Instituto do Direito Brasileiro**, ano 2, n.2, 2013, p. 1315-1345. Disponível em: <http://www.agu.gov.br/page/download/index/id/15215005>. Acesso em: 25 maio 2018.

MADUREIRA, Claudio. O problema da autonomia técnica da Advocacia Pública. **A&C – Revista de Direito Administrativo & Constitucional**, Belo Horizonte, ano 16, n. 66, p. 179-207, out./dez. 2016.

MAZZILLI, Hugo Nigro. **Manual do Promotor de Justiça**, Capítulo 13. Disponível em: <http://mazzilli.com.br/pages/livros/manualpj.pdf>. Acesso em: 30 maio 2018.

MOURÃO, Carlos Figueiredo. A advocacia pública como instituição de controle interno da Administração. **Interesse Público IP**, Belo Horizonte, ano 10, n. 52, nov./dez. 2008. Disponível em: <http://www.bidforum.com.br/bid/PDI0006.aspx?pdiCntd=56174>. Acesso em: 2 jun. 2018.

PEREIRA E SILVA, Reinaldo. As prerrogativas constitucionais do Procuradores do Estado, **Revista de Informação Legislativa**, ano 52, n. 206, abril/junho, 2015, p.67-81.

VASCONCELLOS, Mércia Miranda. A Procuradoria do Estado no Contexto Constitucional Brasileiro. Revista Jurídica da Procuradoria Geral do Estado do Paraná, n.2, p. 101-24, 2011.

O Equilíbrio Financeiro e Atuarial dos Regimes Próprios de Previdência Social dos Servidores Públicos - RPPS

Maria Rejane Sampaio dos Santos Vieira

Resumo

O objetivo deste estudo foianalisar o princípio constitucional do equilíbrio financeiro e atuarial nos Regimes Próprios de Previdência dos Servidores Públicos-RPPS, assentado no artigo 40, *caput*, da Constituição da República Federativa do Brasil- CRFB, sob o enfoque legislativo e bibliográfico, como medida imperativa para a saúde previdenciária e salvaguarda dos interesses e garantias dos segurados do sistema. O cumprimento detal princípio deve ser priorizado pelos Gestores Públicos visando afastar ou minimizar, ao máximo, eventos que afetem a saúde fiscal dos Entes da Federação. Tal cautela merece respeitosa atenção e comprometimento de toda a sociedade considerando quea concretização de políticas públicas, a exemplo da saúde, educação e segurança pública, pode sofrer severos prejuízos, caso se verifique o desequilíbrio nos RPPS. O estudo foi baseado em pesquisa bibliográfica, análise de artigos e palestras proferidas por estudiosos do tema. Foi possível constatar a necessidade de amplo debate sobre o relevante assunto abordado, elevando o princípio do equilíbrio financeiro e atuarial ao patamar de política pública de Estado, o que já é defendido na doutrina pátria. Ao final, foram apresentadas reflexões e propostas para que destacada norma fundamental de conduta seja cumprida conclamando a sociedade a participar do debate.

Palavras-chave:RPPS. Equilíbrio Financeiro e Atuarial. Precedência da Fonte de Custeio. Princípio da Contributividade.UnidadeGestoraÚnica.

Abstract:

The purpose of this study was to analyze the constitutional principle of the financial and actuarial balance in the Civil Servants Pension Schemes, based on article 40, *caput*, of the Constitution of the Federative Republic of Brazil - CRFB, under legislative and bibliographic approach, as an imperative measure for social security and safeguarding the interests and guarantees of the insured persons of the system. The application of the principle of financial and actuarial balance must be prioritized by the Public Managers in order to avoid or minimize, to the maximum extent possible, events that might affect the fiscal health of the Federation's Entities. Suchwariness deserves respectful attention and commitment from society considering that implementation of public policies, such as health, education and public safety, can suffer severe losses if the financial and actuarial imbalance of the Civil Servants Pension Schemes. This study was based on bibliographical research, and analysis of articles and lectures given by scholars of social security law. It was possible to verify the need for a wide debate on the relevant subject, raising the principle of financial and actuarial balance to the level of public policy of the State, which is already defended in the homeland doctrine. At the end, reflections and proposals were presented so that a fundamental rule of conduct could be fulfilled by calling on society to participate in the debate, noting that it should actively participate in the deliberations.

Keywords: Civil Servants Pension Schemes. Principle of the Financial and Actuarial. Social InsuranceandtheContributoryPrinciple. Management Unit.

1. Introdução

Atualmente, discussões envolvendo temas que abordam a previdência social ganham destaque nos estudos acadêmicos especialmente nos ambientes em que se debatem a sustentabilidade fiscal dos entes da federação.

O presente estudo tem o objetivo de apresentar, de forma sucinta e direta, o princípio do equilíbrio financeiro e atuarial, assentado naConstituição da República Federativa do Brasil- CRFB[195], no artigo40, *caput*, como impositivo que deve nortear a atuação dos entes da federação, delimitando a discussão aos Regimes Próprios de Previdência dos Servidores Públicos - RPPS.

---

[195] BRASIL. Constituição (1988). **Constituição da República Federativa do Brasil.** Brasília, DF: Senado Federal: Centro Gráfico, 1988.

A motivação do estudo foi o atual cenário de crise enfrentado pelo Brasil, um país promissor que inaugura, como se espera, um momento de amadurecimento nas reflexões éticas, políticas e na concretização das garantias fundamentais.

A proteção social, ao longo dos tempos, angariourobustos contornos até alcançar o caráter social e adefinição de seguridade social da atualidade, como acentua a CRFB, que a conceitua como conjunto de ações destinadas à saúde, previdência e assistência social. Vê-se que a seguridade social objetiva atender relevantes necessidadesda coletividade e, consequentemente a necessidade estatal, na medida em que busca preservar o homem do infortúnio.

Inobstante as ricas possibilidades de discussões sobre o tema pela sociedade, as que já ocorrem ainda se ressentem de maior amadurecimento pela ausência de políticas de educação previdenciária, representadas no limitado conhecimento das necessidades dos custos necessários à sustentabilidade do sistema, que está diretamente relacionado a conceitos de atuária.

Consigna-se que apreciar o tema pressupõe, também, refletirsobre a questão demográfica (taxa de nascimento, morte e longevidade), sobre as fontes de custeio, novas receitas e cautela com as despesas, por exemplo.

O assunto deve ser destaque na pauta de estudo de todos os entes da federação, da mesma forma que não pode passar despercebido pela população, considerando a relevância do tema e a repercussão financeira, que, se nefasta, deverá ser suportada por toda sociedade, em especial, pelas partes que contribuem para o regime próprio de previdência social.

Para que o sistema se robusteça, o modelo de gestão dos RPPS deve evoluir com o aperfeiçoamento de mecanismos de controle e transparência que possibilitem o acompanhamento da sociedade em geral, a exemplo da proposta da Secretaria de Previdência Social do Ministério da Fazenda, através do Pró-Gestão RPPS, da efetiva instalação de Unidades Gestoras, de medidas saneadoras dos gastos com a previdência como também através de novas receitas, além das contribuições previdenciárias.

O tema é sobremaneira relevante, uma vez que eventuais*déficits*, financeiro e atuarial,serão diretamente suportados pelo "cofre" do ente da federação, que ficará, a depender da gravidade do problema, impossibilitado de promover maiores investimentos de recursos em políticas públicas voltadas para a saúde, segurança, educação e infraestrutura, na medida em que deverá custear, além da folha de pagamento dos servidores públicos em atividade, o pagamento dos proventos dos aposentados e pensionistas.

A base normativa fundamental dos RPPS está disposta no artigo 40, da CRFB, cujaredação inicial não dispunha sobre a organização dos RPPS, o que evidencia que os pretéritos conceitos acerca da aposentadoria eram de que se tratava de benefício de natureza jurídica estatutária, bastando para sua concessão comprovar o vínculo de trabalho, não havendo a preocupação, inicialmente, com o caráter contributivo[196].

No campo infraconstitucional, os RPPS estão regulamentados na Lei n. 9.717, de 27/11/1998[197], norma queestabelece regras básicas para o regime mantido pela União, Estados, Distrito Federal e Municípios possuindo, como beneficiários, os servidores públicos ocupantes de cargos públicos efetivos. Referida lei traça diretrizes gerais de gestão dos recursos dos RPPS, determina o modelo de organização com base em normas gerais de contabilidade e atuária. Na qualidade de norma geral, aplica-se a todos os servidores públicos dos entes da federação.

2Breve relato da Evolução da Previdência Social no Mundo e no Brasil

A proteção social, estabelecida sob a viga mestra da necessidade coletiva e estatal, visando preservar o homem do infortúnio, com o decorrer do tempo angariou contornos mais robustos até alcançar o caráter social e o conceito de seguridade da atualidade. A atual CRFB a conceitua como conjunto de ações destinadas à saúde, à previdência eàassistência social.

Na Europa do Século XVII registrou-se um período de grande desigualdade social em que os ricos se tornavam cada vez mais poderosos economicamente, emprestando dinheiro e, consequentemente, capitalizando mais recursos financeiros. Tratava-se de um comércio que produzia muita riqueza, entretanto limitada a poucos, concomitantemente a uma pobreza reincidente. De forma que aos menos abastados restava trabalhar arduamente para sobreviver com as mínimas condições quando assim era possível.

A Revolução Inglesa, que consistiu numa manifestação contrária aoabsolutismo da época e que resultou no Parlamentarismo até hoje estabelecido,

---

196 BRASIL, **Previdência Social: Reflexões e Desafios**. Coleção Previdência Social, Série Estudos; v. 30, 1. Ed.. Brasília: MPS, 2009. 232 p.

197 BRASIL, **Regimes Próprios de Previdência Social, Consolidação da Legislação Federal**, Brasília, 2014, disponível em: <http://www.mpsp.mp.br/portal/page/portal/ cao_cidadania/ Regime_Próprio_Previdência_Social/Diversos_RPPS/CONSOLIDA%C3%87%C3%83O%20 LEGISLA%C3%87%C3%83O%20RPPS%20-%20 atualizada %20at%C3%A9%2016%20maio%20 2014.pdf>.Acesso em 16 abr. 2016.

representa um movimento dos trabalhadores que estavam desgostosos com a ambição burguesa e não mais se contentavam com a exploração da classe operária, que, na época, era obrigada a laborar por até 15 horas por dia em troca de baixo salário e condições precárias de trabalho.

As mulheres e crianças precisavam trabalhar arduamente para ajudar no sustento de suas famílias. Caso ocorressem doenças, acidentes ou qualquer outro evento que os impedisse de comparecer ao trabalho, instalava-se o desamparo, já que inexistia qualquer garantia de salário. As classes eram muito bem definidas e as circunstâncias sociais e econômicas muitas vezes conduziam essa massa mais empobrecida para a fome.

Russomano[198] empresta grande importância para a Lei dos Pobres (*Poor Law*), promulgada na Inglaterra em 1601, destacando que, a partir dela, o Estado passou a exercer o papel de garantidor da assistência às pessoas necessitadas.

Mas o verdadeiro sentido da previdência social ainda estava longe de ser efetivamente compreendido. Diante da insegurança ainda estabelecida entre os trabalhadores, sociedades de ajuda mútua foram criadas. Eram as caixas formadas por essas sociedades mutualistas, constituídas com a contribuição dos próprios trabalhadores, em que os recursos eram usados para remuneração dos que contribuíam em caso de doença, auxílio funeral e auxílio às famílias, nas hipóteses de morte do trabalhador. Desse modo, com os poucos recursos que conseguiam juntar, os trabalhadores começaram a formar um fundo de ajuda cujo conteúdo de solidariedade de classe era explícito.

No final do século XIX e início do século XX, quando já se registravam expressivos recursos nos fundos previdenciários dos trabalhadores, se estabeleceram reformas sociais e trabalhistas, definindo que os fundos de ajuda mútua dos trabalhadores fossem transferidos para sistemas previdenciários administrados pelo Estado. Daí surgiu como moeda de troca por parte dos trabalhadores a exigência da contribuição patronal do Estado (em vários países) e uma administração desses fundos com a participação dos empregados e empregadores.

Assim, os trabalhadores aceitaram transferir a gestão desses fundos para o Estado, mas fizeram valer a exigência da contribuição patronal e a de que seus sindicatos tivessem participação na administração desse patrimônio. No Brasil, por exemplo, a gestão da seguridade social possui índole democrática da

---

198 RUSSOMANO, Mozart Victor. **Curso de Previdência Social.** Rio de Janeiro: Forense. 1978.

qual participam os trabalhadores, empregadores, aposentados e o poder público, em estrita observância ao que consta no artigo 10 da CRFB, que assegura a participação dos trabalhadores e dos empregadores em todos os colegiados dos órgãos públicos que discutam assuntos atinentes aos seus direitos, quer sejam profissionais quer sejam previdenciários.

Malgrado a falta de delimitação do tema, inicia-se um período em que o homem começa a olhar além; novos horizontes se apresentam, o desejo de proteção alarga-se do seu núcleo familiar e social e se amplia para os que lhe são desconhecidos, mas que vivenciam as nefastas dores sociais.

Por oportuno ressalta-se que a Declaração dos Direitos do Homem e do Cidadão (1789) *apud* Jardim[199] traz em seu item XXI que "os auxílios públicos são uma dívida sagrada. A sociedade deve a subsistência aos cidadãos infelizes, quer seja procurando-lhes trabalho, quer seja assegurando os meios de existência àqueles que são impossibilitados de trabalhar".

Foi Bismarck, Chanceler Alemão, quem atuou para ampliar o alcance da proteção previdenciária aos trabalhadores, acentuando que "por mais caro que pareça o seguro social, resulta menos gravoso que os riscos de uma revolução"[200].

Nogueira[201] destaca a formação da previdência social na história e o papel exercido por Bismarck, que promoveu a edição da primeira legislação destinada a regulamentar as relações de trabalho, no mundo:

> O modelo adotado por Bismarck baseava-se na constituição de um sistema estatal centralizado de seguro social, organizado por categoria profissional e fundamentado no regime de capitalização, distinto dos mecanismos de proteção social anteriores pela sua natureza contributiva e compulsória.

Sir William Henry Beveridgeelaborou, em 1942, o *Reporton Social InsuranceandAllied Services*, cujaproposta era um sistema previdenciário que ficou conhecido como Plano Beveridge, diferente do implantado pelo Chanceler Ale-

---

199 JARDIM, Rodrigo Guimarães. **Antecedentes históricos da Seguridade Social no mundo e no Brasil.** Conteúdo Jurídico, Brasília-DF: 02 ago. 2013.p. 3. Disponível em: <http://www.conteudojuridico.com.br/?artigos&ver=2.44593&seo=1>. Acesso em: 17 mar. 2016.

200 CASTRO, C. A. P.; LAZZARI, J. B.; **Manual de Direito Previdenciário.** 4. ed. São Paulo: LTr, 2003. p. 30.

201 NOGUEIRA. NarlonGutierre. **O Equilíbrio financeiro e atuarial dos RPPS: de princípio constitucional a política publica de Estado.** Brasília, MPS, 2012. p. 26.

mão Bismarck[202], pois, segundo acentua Amado[203], seu plano idealizava que a previdência social deveria ser "custeada primordialmente com recursos dos tributos em geral, inexistindo apenas contribuições específicas para a sua manutenção, a serem pagas pelas empresas e trabalhadores, efetivamente implantado em 1946", considerando-o verdadeiramente universal e solidário, mas de difícil equilíbrio financeiro e atuarial.

A partir dessa época o conceito de seguridade e previdência social vem evoluindo, não se permitindo mais, em tese, o desamparo do cidadão, que deve ser assistido sempre que vitimado por uma necessidade social.

No âmbito do Direito Internacional, a título de exemplificação, pode-secitar instrumentos protetivos como: a) Declaração Americana Dos Direitos e Deveres do Homem (1948); b) Declaração Universal dos Direitos do Homem (1948); c) Carta Social Europeia (1961); d) Pacto Internacional de Direitos Econômicos Sociais e Culturais (1966) e; e) Convenção Americana sobre Direitos Humanos (1969).

Russomano[204] destaca, ao tratar da expansão internacional da previdência social, que o Tratado de Versalhes (1919), que pôs fim a Primeira Guerra Mundial, permitiu que o olhar do mundo contemporâneo se voltasse para os problemas sociais, resultando desse pacto, inclusive, a criação da Organização Internacional do Trabalho – OIT:

> A OIT foi criada em 1919, como parte do Tratado de Versalhes, que pôs fim à Primeira Guerra Mundial. Fundou-se sobre a convicção primordial de que a paz universal e permanente somente pode estar baseada na justiça social.[205]

Com efeito, no Brasil, a proteção social evoluiu como no contexto internacional, do mutualismo para o modelo de maior intervenção estatal. Ibrahim[206] arrola como mais antigos exemplos da proteção social no Brasil as Santas Casas

---

202 JARDIM, Rodrigo Guimarães. **Antecedentes históricos da Seguridade Social no mundo e no Brasil.** Conteúdo Jurídico, Brasília-DF: 02 ago. 2013. p. 3. Disponível em: <http://www.conteudojuridico.com.br/?artigos&ver=2.44593&seo=1>. Acesso em: 17 mar. 2016.

203 AMADO, Frederico, **Curso de Direito e Processo Previdenciário**. 5. ed., Salvador: JusPodium, 2014ª.

204 RUSSOMANO, Mozart Victor. **Curso de Previdência Social**. Rio de Janeiro: Forense. 1978.

205 OIT – Organização Internacional do Trabalho. **Históriada OIT**, 2016, disponível na internet em www.oitbrasil.org.br/content/historia.Acesso em: 22 mai. 2016.

206 IBRAHIM, Fabio Zambitte, **Previdência Social no Estado Contemporâneo**. Ed. Impetus, Niterói-RJ, 2011p. 81.

de Misericórdia, que atuavam no assistencialismo desde 1543, destacando também o montepio para a guarda pessoal de D. João VI, em 1808.

Russomano[207] indica outro momento histórico, da Lei n. 3.397, de 24 de novembro de 1888, que previa a criação de uma "caixa de socorros" para os trabalhadores das estradas de ferro, desde que de propriedade do Estado. Afirma o saudoso mestre tratar-se do primeiro marco legislativo brasileiro em matéria previdenciária, seguida pelo montepio para os funcionários dos Correios e o fundo especial de pensões dos trabalhadores das oficinas da Imprensa Real.

Prossegue Russomano[208], circulando do Império para a República, asseverando que o legislador republicano concedeu "vantagens" previdenciárias aos servidores públicos. Apesar disso, ressalta que a Constituição Republicana de 1891 não traz destaques sobre Previdência Social, pois acreditavam os constituintes na época que essa matéria não deveria ser tratada na Constituição, mas em Leis infraconstitucionais, salvo a previsão contida no artigo 76, norma de caráter restrito, em que tratava da aposentadoria por invalidez apenas para os funcionários públicos, desde que a causa tenha ocorrido no serviço da nação.

Antes da promulgação da Constituição de 1891, prossegue Russomano[209], esclarecendo que Marechal Deodoro da Fonseca, que governava provisoriamente o Brasil, expediu o Decreto n. 221, de 26 de fevereiro de 1890, tratando da aposentadoria dos trabalhadores da Estrada de Ferro Central do Brasil, estendendo os direitos em menos de três meses aos demais trabalhadores de Estradas de Ferro, através do Decreto n. 405, de 17 de maio de 1890. Acentua também que, na vigência da Constituição de 1891, muitas outras normas infraconstitucionais esparsas, sobre previdência social, foram editadas.

Posteriormente, sobreveio o Decreto-lei n. 4.682, de 24 de janeiro de 1923, que ficou conhecido como Lei Eloy Chaves, considerado como marco inaugural da Previdência Social no Brasil, de acordo com Amado[210]. A partir daí, a data de 24 de janeiro passou a ser considerada oficialmente o Dia da Previdência Social no Brasil. Amado[211] registra ainda que o referido diploma legal deva ser

---

207 RUSSOMANO, Mozart Victor. **Curso de Previdência Social.** Rio de Janeiro: Forense. 1978. p. 29--30.
208 RUSSOMANO, Mozart Victor. **Curso de Previdência Social.** Rio de Janeiro: Forense. 1978. p. 30- 31.
209 Ibidem.
210 AMADO, Frederico, **Curso de Direito e Processo Previdenciário.** 5. ed., Salvador: JusPodium, 2014a
211 Ibidem.

considerado como marco da previdência brasileira, mas do sistema privado, já que as caixas dos ferroviários possuíam administração pelas próprias empresas, inexistindo a atuação administrativa do poder público, que se limitava a regulamentar e supervisionar a atividade por eles exercida.

Foi na CRFB de 1988, denominada Constituição Cidadã (artigo 194), que a seguridade social passou a ser tratada como um "conjunto integrado de ações de iniciativa dos poderes públicos e da sociedade, destinadas a assegurar os direitos relativos à saúde, à previdência e à assistência social", estabelecendo inclusive que a contribuição de seguridade social possui destinação constitucional específica e vinculada.

A previdência social, no Brasil, assim como os países da América Latina, está fundamentada nos princípios Bismarckianos, com temperamentos, conforme palavras de Ibrahim[212], de filiação compulsória, coletivo, contributivoe organizado pelo poder público, "amparando seus beneficiários frente às chamadas necessidades sociais."

No que concerne aos servidores públicos, desde pouco tempo possuem um regime próprio de previdência social, os RPPS, com a devida regulamentação, através de regras específicas de aposentadoria, controle, contabilidade, atuária, fiscalização e auditoria.

A preocupação com a sustentabilidade dos RPPS é tema recente e pouco amadurecido. A CRFB (1988) registra a importância da previdência social como um dos sustentáculos da seguridade social como direitos sociais, a exemplo das disposições contidas nos artigos 6º, 40, 193 e 194.

Assim, destacam-se como planos básicos o Regime Geral de Previdência Social (RGPS), de caráter obrigatório para as pessoas que desenvolvam atividade remunerada, e o Regime Próprio de Previdência Social (RPPS), que também possuicaráter obrigatório para os servidores públicos efetivos da União, Estados, Distrito Federal e Municípios e aos Militares[213].

Faz-se breve destaque para previsão contida no parágrafo 12 da CRFB, no excerto que autoriza a aplicação supletiva das regras do RGPS ao RPPS: "Além do disposto neste artigo, o regime de previdência dos servidores públicos titu-

---

212 IBRAHIM, Fabio Zambitte, **Previdência Social no Estado Contemporâneo**. Ed. Impetus, Niterói-RJ, 2011, p. 90.

213 AMADO, Frederico, **Sinopse de Direito Previdenciário**. 4. ed., Salvador: JusPodium, 2014b. p. 99.

lares de cargo efetivo observará, no que couber, os requisitos e critérios fixados para o regime geral de previdência social."[214]

No que concerne ao RPPS, está regulamentado na Lei n. 9.717[215], de 27 de novembro de 1998, e estabelece regras básicas para o regime mantido pela União, Estados, Distrito Federal e Municípios possuindo como beneficiários os servidores públicosocupantes de cargos públicos efetivos, enquanto as normas do RGPS são de exclusiva competência da União, conforme determina o artigo 22, XXIII da CRFB[216].

3. Equilíbrio financeiro e equilíbrio atuarial dos RPPS

Ao se estudar a previdência social do servidor público, é imperativo fazer-uma madura reflexão sobre a sustentabilidade dos regimes próprios dos servidores públicos, tema pouco abordado e pouco discutido na sociedade, mas de irrefutável importância, pois existindo *déficit*, restará ao ente da federação a obrigatoriedade de aportar recursos e garantir o pagamento dos benefícios previdenciários, e na ocorrência de *superávit*, deve-se avaliar também a necessidade de equilíbrio, aumentando-se os benefícios e com isso as despesas ou diminuindo as contribuições vertidas pelo servidor e pelo ente público.

Importa dizer que, evidencia-se o equilíbrio financeiro quando os valores de contribuições arrecadadas são suficientes para o pagamento de todos os benefícios devidos numdeterminado exercício financeiro. Faz-se necessário distinguir o equilíbrio financeiro do atuarial, onde: O equilíbrio financeiro está relacionado às obrigações imediatas, ocorrendo quando o valor arrecadado com as contribuições previdenciárias é suficiente para honrar os compromissos com

---

214 BRASIL. Constituição (1988). **Constituição da República Federativa do Brasil.** Brasília, DF: Senado Federal: Centro Gráfico, 1988.

215 BRASIL, **Lei n. 9717, de 27/11/1998.** Dispõe sobre regras gerais para a organização e o funcionamento dos regimes próprios de previdência social dos servidores públicos da União, dos Estados, do Distrito Federal e dos Municípios, dos militares dos Estados e do Distrito Federal e dá outras providências. 1988. Brasília, DF: Planalto, 1998.Disponível em:<http://www.planalto.gov.br/ccivil_03/leis/L9717.htm>. Acesso em: 16 abr.2016.

216 BRASIL, **Regimes Próprios de Previdência Social, Consolidação da Legislação Federal**, Brasília, 2014, disponível em: <http://www.mpsp.mp.br/portal/page/portal/ cao_cidadania/Regime_ Próprio_Previdência_Social/Diversos_RPPS/CONSOLIDA%C3%87%C3%83O%20LEGISLA%C3%87%C3%83O%20 RPPS%20-%20 atualizada %20at%C3%A9%2016%20maio%202014.pdf>.Acesso em: 16 abr.2016.

os benefícios concedidos; O equilíbrio atuarial é constatado a partir da relação entre o fluxo das receitas projetadas e as obrigações projetadas em longo prazo.

A seriedade do tema justifica-se no fato de que aos RPPS competem a gestão e o pagamento das aposentadorias de seus segurados e dos dependentes, nos casos de pensão por morte, conforme previsão sobre os critérios de concessão dos benefícios e dos cálculos dos proventos. Entretanto, para que seja possível avaliar a dimensão desse compromisso e os riscos existentes que são expressos monetariamente, se faz a avaliação atuarial, a partir da análise da base de dados dos servidores efetivos, os indicadores demográficos, os dados relativos à economia e ao mercado financeiro, dentre outros relevantes aspectos. Desse modo é possível concluir qual montante de recursos financeiros será necessário para a manutenção das despesas com os pagamentos dos benefícios previdenciários nas próximas décadas.

É forçoso dizer que uma eficiente avaliação atuarial deve estar fundamentada em consentânea base de dados funcionais e cadastrais dos servidores públicos efetivos. Desse modo, a constante atualização dessas informações deve ser uma política de gestão de pessoas, promovendo maior confiabilidade nas informações submetidas ao crivo dos profissionais da atuária.

Esse acompanhamento da situação financeira e atuarial dos RPPS deve ser promovido pelos órgãos fiscalizadores, pelos que supervisionam como também pelos executores da previdência social dos servidores públicos. Assim, analisando e adotando medidas efetivas, tendentes à sustentabilidade dos RPPS, na medida em que são descritos os riscos de desequilíbrio nas avaliações atuariais, cumpre-se o dever contido no artigo 40, *caput*, da CRFB, o qual determina que devam ser observados critérios que preservem o princípio do equilíbrio financeiro e atuarial do RPPS.

No mesmo sentido, a Lei n. 9.717/1998[217] estabelece algumas regras para preservação desse princípio, como a Portaria MPS 402/2008 estabelece que as orientações da avaliação atuarial devam ser objeto de rigoroso acompanhamento (a inicial e as reavaliações) para o fim de fortalecer a organização da Unidade Gestora, a revisão do plano de custeio e de benefícios. O Ministério responsável pela pasta da Previdência analisa a Nota Técnica Atuarial, que deve ser

---

217 BRASIL, **Lei n. 9717, de 27/11/1998.** Dispõe sobre regras gerais para a organização e o funcionamento dos regimes próprios de previdência social dos servidores públicos da União, dos Estados, do Distrito Federal e dos Municípios, dos militares dos Estados e do Distrito Federal e dá outras providências. 1988. Brasília, DF: Planalto, 1998. Disponível em <http://www.planalto.gov.br/ccivil_03/leis/L9717.htm>. Acesso em: 16 abr.2016.

enviada anualmente pelos RPPS, para que, num exercício de fiscalização, seja possível acompanhar as medidas de equacionamento do *déficit*.

Novas fontes de custeio dos RPPS podem assegurar a concretização de medidas tendentes ao equilíbrio financeiro e atuarial, vez que os recursos dos regimes de previdência dos servidores públicos, segundo Lima e Guimarães[218]não se limitam as contribuições previdenciárias (parte servidor e patronal),mas se perfazem também através de aportes de recursos realizados de forma espontânea pelo ente da federação:

> As fontes de recursos do RPPS encontram-se atualmente classificadas em três grupos de contas: receitas de contribuições (receitas correntes), contribuições sociais intraorçamentárias e repasses previdenciários recebidos pelos RPPS.[219]

Nogueira defende que o princípio do equilíbrio financeiro e atuarial deve ser elevado a um patamar de política pública de Estado, considerando a importância que possui na saúde fiscal dos entes federativos, destacando, que a política pública é uma atividade estatal que conduz a prática de ações fundamentadas em lei para a solução de questões relevantes, gerais e específicas da sociedade.[220]

> Quando se trata do equilíbrio financeiro e atuarial dos regimes de previdência dos servidores públicos, estamos diante da tarefa assumida pelo Estado de garantir um direito social específico (a previdência social) a uma parcela da coletividade (os servidores públicos) de forma justa e com o emprego de recursos tais que a manutenção desse direito não venha a se constituir em ônus excessivo para o conjunto mais amplo da sociedade, o que passa necessariamente pela atividade de planejamento.[221]

De fato, estabelecer que o princípio do equilíbrio financeiro e atuarial deva ser disposto comopolítica pública de Estado exige a promoção de real planejamento para que seja equacionado o *déficit* através de medidas paulatinas e res-

---

218 LIMA, Diana Vaz, & Guimarães, O. G..**Contabilidade Aplicada aos Regimes Próprios de Previdência Social** (1ª ed., Vol. 29). Brasília: Ministério da Previdência Social. 2009. p. 93. Disponível em: http://www.previdencia.gov.br/arquivos/office/3_0912 21-160747-684.pdf. Acesso em: 15 mar. 2016.

219 NOGUEIRA. NarlonGutierre. **O Equilíbrio financeiro e atuarial dos RPPS: de princípio constitucional a política publica de Estado**. Brasília, MPS, 2012. p. 194.

220 Ibidem, p. 207.

221 Ibidem, p. 226.

ponsáveis, evitando-se impactos que resultem em grave situação financeira para o ente federativo. A educação previdenciária é peça fundamental nesse processo de amadurecimento, pois sem o conhecimento da realidade e do peso da inércia histórica da sociedade e do poder público, limitando a discussão previdenciária apenas ao âmbito da consecução de benefícios, olvidando-se o tema sobre o custeio, não será possível uma avaliação responsável acerca do problema.

Uma das medidas enérgicas e necessárias é a fiscalização dos gastos para proteção dos recursos reservados nos RPPS, oportunidade em que se destaca o trabalho executado pelas períciasmédicas, de indiscutível importância, nos casos de afastamento por doença, repercutindo não somente nos pagamentos de auxílio doença, para aqueles RPPS que arcam com tais despesas,mas também nos casos em que se evidenciam aposentadorias por invalidez.

Merece igualdestaque a impossibilidade de extensão de direitos concedidos a determinada categoria de servidorespara outras distintas, como a inclusão de verbas na composição dos proventos, sobre as quais não tenha ocorrido a incidência decontribuição previdenciária. A razão encontra-se no princípio da precedência da fonte de custeio, que tem ligação umbilical com o princípio do equilíbrio financeiro e atuarial do sistema previdenciário, bem como se respalda no princípio da contributividade, fato que não ocorria anteriormente, quando a previdência estava relacionada a tempo de serviço e a sua relação laboral.

É indiscutível que a previdência social é um dos mais antigos e tradicionais mecanismos de proteção social, mas para que assim permaneça se faz necessária a mudança de paradigma voltando-se um olhar grave para o equilíbrio financeiro e atuarial do sistema.

É válido o alerta para a necessidade de se reconhecer os erros do passado e que muitos benefícios foram concedidos sem a devida fonte de custeio, o que somado a muitos outros aspectos discutidos por juristas e economistas brasileiros, representam hoje em um dos fatores que resultaram no desequilíbrio fiscal de muitos entes da federação.

Vê-se que foi num momento de dificuldade financeira que começava a incapacitar a União, Estados, Municípios e Distrito Federal de arcar com as respectivas folhas de pagamentos dos servidores, que mudanças ocorreram. Nesse contexto foi editada a Emenda Constitucional 20, de 1998, quando através dela se estabeleceu de vez o caráter previdenciário aos benefícios de aposentadoria e pensão, pelo menos e diversas regras que deveriam ser seguidas a exemplo da possibilidade de limitação dos benefícios dos RPPS ao teto do RGPS, desde que criados planos de previdência complementar nos respectivos entes federativos, conforme artigo 40, §§14, 15 e 16 da CRFB. Também, nessa oportunidade, além do caráter contributivo, estipulou, o constituinte reformador, o império do princípio do equilíbrio financeiro e atuarial do sistema.

Mencionar a Previdência Complementar é de especial importância para as reflexões trazidas neste trabalho, já que a sua criação, no âmbito da União, dos Estados e Municípios representa uma das medidas para efetivar o principio do equilíbrio financeiro e atuarial e permite fixar o valor das aposentadorias e pensões no teto do RGPS, para os servidores que ingressarem no serviço público após a efetiva instituição do regime complementar, que além de mais um elemento protetivo ao servidor público, no caso dos RPPS, é indiscutível remédio, somado a outras medidas de sustentabilidade.

É preciso migrar de um sistema que ao longo da históriaoportunizava que benefícios fossem concedidos sem nenhuma cautela com a fonte de custeio, para um modelo mais seguro e sustentável, que garanta os pagamentos de aposentadorias e pensões por morte, minimizando o impacto financeiro para o "tesouro" e via de consequência, aliviando asociedade.

Para que se alcance tal perspectiva, destaca-se um ponto de especial importância, que é a instituição de Unidade Gestora Única, nos entes federativos, destinada à gestão do RPPS, cuja exigência é clara, na CRFB:

> Art. 40 (...) § 20. Fica vedada a existência de mais de um regime próprio de previdência social para os servidores titulares de cargos efetivos, e de mais de uma unidade gestora do respectivo regime em cada ente estatal, ressalvado o disposto no art. 142, § 3º, X. (Incluído pela EC nº 47, 2005).[222]

A imposição constitucional da existência daunidade gestora única para cada ente da federação é um comando que preza pelo tratamento isonômico que deve ser concedido a todos os servidores públicos civis e aos militares, independentemente das carreiras ou dos cargos públicos, como também preza pela

---

[222] BRASIL, **Regimes Próprios de Previdência Social, Consolidação da Legislação Federal**, Brasília, 2014, p. 18. disponível em: <http://www.mpsp.mp.br/portal/page/portal/cao_cidadania/Regime_Próprio_Previdência_Social/Diversos_RPPS/CONSOLIDA%C3%87%C3%83O%20LEGISLA%C3%87%C3%83O%20RPPS%20-%20atualizada%20at%C3%A9%2016%20maio%202014.pdf>.Acesso em: 16 abr. 2016.

concreção do princípio da unicidade de regime e gestão do sistema previdenciário e do princípio do equilíbrio financeiro e atuarial.

É importante consignar que a Secretaria de Política Previdenciária atualmente capitaneia um processo denominado Programa de Certificação Institucional e Modernização da Gestão dos Regimes Próprios de Previdência Social da União, dos Estados, do Distrito Federal e dos Municípios denominado Pro-Gestão RPPS, que demonstra exatamente a importância de se buscar a profissionalização e a padronização das atribuições dos RPPS, a fiscalização das contribuições vertidas e os gastos, dentre outras medidas que possibilitem ganhos de escala e aumento de controle, eficiência e eficácia, mediante a consolidação e padronização de tarefas.

O objetivo do Pró-Gestão RPPS é incentivar que os RPPS adotem boas práticas de gestão previdenciária, resultando em efetivo controle dos seus ativos e passivos e a necessária transparência no relacionamento com os segurados e a sociedade, o que obviamente busca resguardar o cumprimento do princípio do equilíbrio financeiro e atuarial.

Cabe destacar que a capacitação dos servidores que atuam na instituição previdenciária é imperativa, assim como é imprescindível que os gestores também se aperfeiçoem. Inclui-se nesse rol a qualificação dos membros dos Conselhos, que devem ter conhecimento dos assuntos previdenciários, atuariais e de investimentos.

O estudo da matéria que envolve o princípio do equilíbrio financeiro e atuarial resulta na conclusão de que é imperativo o estabelecimento de um modelo de gestão corporativa que valorize a profissionalização dos envolvidos nos processos de decisão e a definição de instrumentos eficazes de fiscalização dos recursos vertidos e dos gastos dos RPPS.

Assim, o equilíbrio financeiro e atuarial dos RPPS é mandamento constitucional e busca a sustentabilidade de um sistema que necessita de racionalidade econômica e administrativa.

4. Considerações Finais

O desequilíbrio financeiro e atuarial afeta a saúde financeira do ente da federação ao qual está vinculado o RPPS, uma vez que provoca odesajustenas contas públicas e, consequentemente, prejudica diretamente a promoção de políticas públicas na área da saúde, educação, segurança pública e infraestrutura, por exemplo.

Para isso, devem ser implementadas medidas saneadoras que busquem alcançar o almejadoequilíbrio dos RPPS, dentre as quais a instituição das"Unidades Gestoras Previdenciárias", conforme comando constitucional, para maior controle das evoluções e projeções de concessões de benefícios, pagamento e manutenção das aposentadorias e pensões.

Importante que seja concedida à unidade gestora única autonomia administrativa e financeira, sem interferências alheias ao interesse precípuo da previdência, que não deve sofrer ingerências políticas, devendo atuar tecnicamente e à luz do comando constitucional e demais normas que regem a previdência no Brasil. A autonomia permite uma atuação mais eficaz, eficiente e efetiva da gestão dos RPPS.

Sob esse aspecto, da gestão autônoma, Ibrahim[223] registra que o acompanhamento atuarial deve ser periódico, como também consigna a necessidade de exposição à sociedade e aos parlamentares dos ajustes no regime, evidenciando o problema de forma leal, "sem o influxo do debate político que, não raramente, mascara o real problema".

Deve ser estabelecida uma rotina de discussão sobre previdência, com a participação dasautoridades dos Poderes Executivo, Legislativo e Judiciário, como também Ministério Público, Tribunal de Contas, Defensoria Pública e, especialmente, com os Servidores Públicos efetivos do ente federativo, oportunizando maior discussão da matéria entre aqueles que podem e devem adotar medidas legais para a almejada sustentabilidade do RPPS.

Indispensável a implementação de ferramentas de governançacorporativaotimizando a gestão do RPPS e profissionalizando a atuação, garantindo melhor controle do repasse das contribuições previdenciárias, dos investimentos no mercado financeiro e da gestão de benefícios, sendo que a efetivação do Pró-Gestão RPPS é um marco histórico nesse processo.

Não se pode olvidar que a educação previdenciária é de suma importância na busca da sustentabilidade, já que o conhecimento acerca do assunto promove amadurecimento nas discussões em prol da melhoria do sistema. Deve-se romper com uma histórica postura social acomodada e distante dos problemas, que outrora foram reservados apenas a restrito grupo, que decidiasobre as políticas públicas e sobre os assuntos mais relevantes da nossa existência. Esse comportamento não é mais aceitável. É importante que se estudem já nas

---

223 IBRAHIM, Fabio Zambitte. **Curso de Direito Previdenciário.** 11. ed. Niterói, Impetus, 2014.

escolas de ensino fundamental e médio temas relacionados à seguridade social, com destaque para a previdência social e,nas faculdades, a disciplina de DireitoPrevidenciário deve ser obrigatória.

Assinala-se também a necessidade da obrigatoriedade legal de estudo atuarial, sempre que esteja em destaque alteração em planos de cargos, carreiras e salários e até mesmo aumentos nas remunerações dos servidores públicos, vez que incorporações e aumentos remuneratóriosimpactam nas contas previdenciárias.

Outra medida de sustentabilidade seria limitar as despesas com recursos dos fundos dos RPPS apenas às aposentadorias e pensões por morte, estes de caráter indiscutivelmente previdenciário, afastando das despesas dos RPPS aquelas advindas de licenças médicas, salário maternidade e outros benefícios de caráter assistencial.

A realização regular de censos, cadastral e funcional, é medida imperativa de modo que a Administração Pública possa estar controlando com efetividade a folha de pagamento, salvaguardando-se de fraudes, como nos casos em que o segurado vem a óbito e membro da família persiste recebendo seus proventos, sem que tenha a condição de dependente.

A cautela no controle das folhas de pagamentodeve ocorrer para que se evitem erros nas inclusões e pagamentos em desacato à lei, a exemplo da inobservância ao teto remuneratório e o controle dos óbitos.

Neste caso, devem ser utilizadas ferramentas eficazes que sejam capazes de evitar a ocorrência de fraudes, lesando e onerando o RPPS, o que pode ser estabelecido a partir de convênios ou termos de cooperação com os Cartórios Extrajudiciais, como também através do acompanhamento do Sistema de Controle de Óbitos- -SISOB, da Empresa de Tecnologia e Informações da Previdência Social- Dataprev.

O acompanhamento e o controle da relação individualizada das contribuições vertidas por todo segurado do sistema permitem o monitoramento com mais segurança da arrecadação previdenciária. Dentro dessa observação, vale salientar que, nos casos de cedência de servidores públicos, para outrosentes da federação,a unidade gestora previdenciáriadeve ser comunicada para que, assim, possa promover o acompanhamento do recolhimento das contribuições, evitando prejuízo ao beneficiário, servidor público cedido, e ao RPPS.

Para que no futuro seja possível, especialmente às novas gerações, vivenciar uma previdência social segura e com plena condição de contribuir com a efetividade do princípio da dignidade da pessoa humana, em que seja possível pacificar a existência de direitos e garantias individuais e coletivas com o equilíbrio fiscal,torna-se necessário enfrentar o problema com coragem, partindo de um estudo jurídico e econômico aprofundado,lastreado na responsabilidade e compromisso com o bem comum.

Referências

AMADO, Frederico, **Curso de Direito e Processo Previdenciário**. 5.ed., Salvador: JusPodium, 2014a.

____, **Sinopse de Direito Previdenciário**.4.ed., Salvador: JusPodium, 2014b.

BRASIL. Constituição (1988). **Constituição da República Federativa do Brasil.** Brasília, DF: Senado Federal: Centro Gráfico, 1988.

____, **Lei n. 9.717, de 27/11/1998.** Dispõe sobre regras gerais para a organização e o funcionamento dos regimes próprios de previdência social dos servidores públicos da União, dos Estados, do Distrito Federal e dos Municípios, dos militares dos Estados e do Distrito Federal e dá outras providências. 1988. Brasília, DF: Planalto, 1998. Disponível em <http://www.planalto.gov.br/ccivil_03/leis/L9.717.htm>,acesso em 16 abr.2016.

____,**Previdência Social: Reflexões e Desafios.**, Série Estudos; v. 30, 1. Brasília: MPS, 2009. (Coleção Previdência Social).

____, **Regimes Próprios de Previdência Social, Consolidação da Legislação Federal**, Brasília, 2014.Disponível em: <http://www.mpsp.mp.br/portal/page/portal/ cao_cidadania/Regime_Próprio_Previdência_Social/Diversos_RPPS/CONSOLIDA%C3%87%C3%83O%20LEGISLA%C3%87%C3%83O%20 RPPS%20-%20 atualizada %20at%C3%A9%2016%20maio%202014.pdf>. Acesso em 16 abr.2016.

____, **Descontrole põe Europa em crise.** Revista Em Discussão. Senado Federal, Brasília, julho de2013,Disponível em: <http://www.senado.gov.br/noticias/Jornal/ emdiscussao/contas-publicas/mundo/causas-da-crise-na-europa-

-o-problema-fiscal-enorme-divida-publica-consequencias-reservas-baixas-o-
-aumento-das-taxas-de-desemprego-divida-publica-em-relacao-ao-pib. aspx>.
Acesso: em 21 abr.2016.

CASTRO, C. A. P.; LAZZARI, J. B.; **Manual de Direito Previdenciário**. 4. ed. São Paulo: LTr, 2003.

COIMBRA, Feijó. **Direito previdenciário brasileiro**. Rio de Janeiro: Trabalhistas, 1996, p. 36.

COSTA, Elaine Romeiro. **O Desafio do Equilíbrio Financeiro em Atuarial para a gestão dos Regimes próprios de Previdência Social**. Estudos, Goiânia, v. 34, 5/6, p.432. Goiás: mai/jun, 2007.

ESAF. **A importância da entidade gestora única nos regimes próprios de previdência social:** o caso dos estados membros da federação – Texto para discussão nº 17, Brasília, 2011, disponível em: <http://www.esaf.fazenda.gov.br/assuntos/biblioteca/textos-para-dissertacao/arquivo2013-04-17.1616666768>. Acesso em: 16 abr. 2016.

FARIA JUNIOR, Jaime Mariz. **A Previdência Complementar nos RPPS:** a efetividade do equilíbrio financeiro e atuarial. Instalação da Comissão Técnica de Fundos dos Servidores Públicos, AABRAPP, Brasília – DF, 2016.

FERREIRA, Aurélio Buarque de Holanda. **Dicionário Aurélio da Língua Portuguesa**. Curitiba/PR: Editora Positivo, 2010.

IBRAHIM, Fabio Zambitte.**Previdência Social no Estado Contemporâneo**. Niterói, Impetus, 2011.

____, **Curso de Direito Previdenciário**. 11.ed.Niterói, Impetus, 2014.

JARDIM, Rodrigo Guimarães. **Antecedentes históricos da Seguridade Social no mundo e no Brasil**. Conteúdo Jurídico, Brasília-DF: 02 ago. 2013. Disponível em: <http://www.conteudojuridico.com.br/?artigos&ver=2.44593&seo=1>. Acesso em: 17 mar. 2016.

LIMA, Diana Vaz, & Guimarães, O. G.. **Contablidade Aplicada aos Regimes Próprios de Previdência Social** (1ª ed., Vol. 29). Brasilia: Ministério da Previdência Social. 2009. Disponível em: http://www.previdencia.gov.br/arquivos/office/3_0912 21-160747-684.pdf. Acesso em: 15 mar. 2016.

MANUAL DO PRÓ-GESTÃO RPPS. **Programa de Certificação Institucional e Modernização da Gestão dos Regimes Próprios de Previdência Social da União, dos Estados, do Distrito Federal e dos Municípios (Portaria MPS nº 185/2015, alterada pela Portaria MF nº 577/2017).** Disponível em: <http://www.previdencia.gov.br.wp-content/uploads/2018/05/MANUAL-DO--PRÓ- GESTÃO-RPPS-VERSÃO-FINAL-2018-03-21-COM-ANEXO-5-ALTERADO-ATUAL-1.pdf≥. Acesso em: 15 jun. 2018.

MARANHÃO, Délio, CARVALHO, Luiz Inácio Barboza Carvalho. **Direito do Trabalho.** 17. ed. Rio de Janeiro: Ed. Da Fundação Getúlio Vargas, 1993.

MARTINEZ, Wladimir Novaes. **Princípios de direito previdenciário.** 6. ed. São Paulo: LTr Editora, 2015.

NOGUEIRA, NarlonGutierre. **O Equilíbrio financeiro e atuarial dos RPPS: de princípio constitucional a política pública de Estado.** Brasília, MPS, 2012.

OIT – Organização Internacional do Trabalho. **Históriada OIT,** 2016, Disponível em:<www.oitbrasil.org.br/content/historia>.Acesso em: 22 mai. 2016.

RUSSOMANO, Mozart Victor. **Curso de Previdência Social.** Rio de Janeiro: Forense. 1978.

UGINO, C. K.**As Reformas das Previdências Brasileiras sob a pressão Neoliberal.** 2011. 107 f. Dissertação de Mestrado em Economia Política – Pontifícia Universidade Católica – PUC, São Paulo.

Ação de Improbidade Administrativa como Mecanismo de Controle Judicial da Administração Pública Exercido pela Procuradoria Geral do Estado

Olival Rodrigues Gonçalves Filho

Resumo

No exercício das atividades administrativas, os órgãos, agentes e instituições devem ser controlados com o objetivo de que se garanta uma atuação eficiente, impessoal e sem desvios e ilegalidades. O controle judicial da administração consiste na revisão realizada pelo Poder Judiciário acerca dos atos administrativos editados no exercício da função administrativa, sendo a Ação de Improbidade Administrativa um importante instrumento de controle. Nesse contexto, faz-se imperioso destacar a legitimidade das Procuradorias do Estado para o ajuizamento dessas ações como mecanismo de controle judicial. Isso porque, como cediço, a Constituição Federal – CONSTITUIÇÃO FEDERAL - CF (art. 132) preconiza a competência e legitimidade da Procuradoria Geral do Estado para o exercício da representação judicial e da consultoria jurídica da respectiva unidade federada. Especificamente no âmbito judicial, é indiscutível a legitimidade do ente federado para o ajuizamento de Ações de Improbidade Administrativa, o que é materializado por meio da representação judicial exercida pelas Procuradorias correspondentes, consoante inteligência dos artigos 129, §1º, CONSTITUIÇÃO FEDERAL - CF, 5º, da Lei 7347/1985, 17, da Lei 8.429/1992 e 6º, §3º, da Lei n. 4.717/1965, aplicáveis ao microssistema de processo coletivo.

Palavras-Chave: Controle Judicial da Administração Pública. Instrumentos. Ação de Improbidade. Procuradoria Geral do Estado. Legitimidade.

Abstract

In the exercise of the administrative activities, the organs, agents and institutions must be controlled with the aim to guarantee an efficient, impersonal performance and without deviation and illegalities. The judicial control of the administration consists in the review made by the Judicial Power among the administrative acts edited in the exercise of the administrative function, being the Action of Administrative Improbity an important instrument of control. In this context, it is imperious to highlight the legitimacy of the Prosecutors office of the State to the judgment of these actions as a mechanism of judicial control. This is because, as musty, the Federal Constitution - (hereby CF) (art. 132) preconizes the competence and legitimacy of the General Prosecutors Office of the State to the exercise of the judicial representation and of the juridical consultancy of the respective federal unit. Specifically in the judicial sphere, it is indisputable the legitimacy of the federated entity to the judgment of the Actions of Administrative Improbity, which is materialized through the judicial representation prosecuted by the correspondent Attorney, consonant intelligence of the articles 129, §1º, CONSTITUIÇÃO FEDERAL - CF, 5º, of the Law 7347/1985, 17, of the Law 8.429/1992 e 6º, §3º, of the Law n. 4.717/1965, applicable to the microsystem of the collective process.

Key Words: Judicial Control of Public Administration. Instruments. Action of Improbity. General Prosecutors Office of the State. Legitimacy.

1. Introdução

1.1. Administração Pública

A Administração Pública, em sentido amplo, abrange os órgãos de governo incumbidos da instituição e elaboração dos planos de governo e de políticas públicas voltados ao interesse da coletividade (função política), bem como da materialização e execução destes atos e programas políticos (função administrativa).

Por sua vez, em sentido estrito, a Administração Pública abrange pessoas jurídicas e órgãos que executam atos e atividades administrativos com vistas à satisfação do interesse coletivo.

Embora a função administrativa seja inerente ao Poder Executivo, os demais Poderes exercem funções desta natureza (funções atípicas) nas hipóteses permitidas pelo ordenamento jurídico, de sorte que o controle da administração abrange os atos praticados por quaisquer desses Poderes no exercício da função administrativa.

1.2. Controle da Administração Pública

Primacialmente, cumpre consignar que não estamos a tratar, neste trabalho, de controle político da administração, que visa garantir a harmonização entre os Poderes estatais, decorrentes da teoria dos freios e contrapesos (*checksand balances*), evitando a sobreposição de um sobre o outro, mas sim do controle da atividade administrativa do Poder Público.

No exercício das atividades administrativas, os órgãos, agentes e instituições devem ser controlados com o objetivo de que se garanta uma atuação eficiente, impessoal e sem desvios e ilegalidades, porquanto o verdadeiro titular da coisa pública, como corolário do Estado Democrático de Direito, é o povo.

O eminente professor José dos Santos Carvalho Filho define o controle da Administração como "o conjunto de mecanismos jurídicos e administrativos por meio dos quais se exerce o poder de fiscalização e de revisão da atividade administrativa em qualquer das esferas de Poder"[224].

Nesse contexto, inúmeros são os instrumentos e as formas de controle, a exemplo do controle administrativo, legislativo ou judicial, os quais podem ser exercidos previamente, concomitantemente ou repressivamente. Todavia, restringimo-nos ao controle judicial, especificamente o materializado pelo ajuizamento de ação civil pela prática de ato de improbidade administrativa.

1.2.1. Controle Judicial da Administração Pública

O controle judicial da administração consiste no controle realizado pelo Poder Judiciário acerca dos atos administrativos editados no exercício da função administrativa – independentemente do Poder que a desempenhe –, com vistas a assegurar o cumprimento do princípio da legalidade regente no âmbito do Poder Público.

---

[224] CARVALHO FILHO, José dos Santos. **Manual de Direito Administrativo**. 31. ed. São Paulo: Atlas Ltda., 2017.

Ora, o princípio da legalidade preceitua a submissão da Administração Pública ao ordenamento jurídico, de modo que podemos afirmar que estamos adstritos a um Estado de Direito. Isso significa que a própria administração e os agentes que lhes façam as vezes devem se sujeitar aos preceitos e mandamentos legais.

Em decorrência do princípio da inércia, a atividade jurisdicional deve ser provocada, mediante o ajuizamento de ações judiciais para tanto.

Não se pode olvidar que, no controle judicial, fala-se tão somente em controle de legalidade dos atos administrativos, decorrentes do cotejo do ato concreto e sua subsunção com a norma jurídica, e jamais em controle do mérito administrativo.

Isso porque o mérito administrativo decorre do juízo de conveniência e oportunidade do gestor diante das situações postas no caso concreto, ou seja, a prática do ato perpassa pela discricionariedade do agente, a quem incumbe sopesar as circunstâncias que permeiam a prática do ato.

Outrossim, como regra, o controle judicial é exercido após a prática do ato, ou seja, *a posteriori*, repressivamente, corrigindo a ilegalidade praticada. Nada obstante isso, é possível que em situações caracterizadoras de ameaça de lesão a direito, o Judiciário atue previamente com vistas a salvaguardar direitos individuais e coletivos, o que decorre do princípio da inafastabilidade da jurisdição (art.5º, XXXV, CONSTITUIÇÃO FEDERAL - CF).

Deste modo, em linhas gerais, verifica-se que o controle judicial incide sobre a atividade administrativa quanto ao aspecto da legalidade, a ser exercido posteriormente à sua prática.

2. Improbidade Administrativa

2.1. Conceito. Regramento

A improbidade possui previsão constitucional no art.37, §4º, no qual se estipula que os atos de improbidade importarão a suspensão dos direitos políticos, a perda da função pública, a indisponibilidade dos bens e o ressarcimento ao erário, na forma e gradação previstas em lei, sem prejuízo da ação penal cabível.

A Lei n.º 8429/1992 regula a matéria e dispõe acerca dos atos de improbidade e as sanções aplicáveis aos agentes públicos e particulares, sendo conhecida também como a Lei de Improbidade Administrativa – LIA.

O ato de improbidade administrativa pode ser definido como a conduta, omissiva ou comissiva, praticada com desonradez, violadora do ordenamento jurídico que ensejam enriquecimento ilícito, dano ao erário ou violem princípios basilares e valores da administração pública, tais como honestidade, legalidade, lealdade, imparcialidade, em prejuízo dos sujeitos passivos[225].

2.2. Sujeitos ativo e passivo

O sujeito ativo é aquele que pratica ou concorre para a prática do ato ímprobo ou dele é beneficiado (artigos 2º e 3º). São os agentes públicos e os particulares (terceiros) que com eles concorram para a prática do ato ou dele sejam beneficiários.

Deste modo, o papel do terceiro no ato de improbidade pode ser o de induzir (instigar, estimular) o agente público a praticar o ato de improbidade; concorrer para o ato de improbidade (auxiliar o agente público a praticar); ou, ainda, ser beneficiário do ato, obtendo vantagem direta ou indireta.

Insta consignar, neste ponto, que a Jurisprudência do Superior Tribunal de Justiça (AgRg no AREsp 574500/PA,Rel. Ministro Humberto Martins, Segunda Turma, Julgado em 02/06/2015, DJE 10/06/2015) é uníssona quanto à inviabilidade de propositura de ação civil de improbidade administrativa exclusivamente contra o particular.

Por sua vez, o sujeito passivo é a vítima do ato, sendo definidas pela lei como as administrações diretas e indiretas, pessoa para cuja criação ou custeio haja contribuído com mais de 50% do patrimônio ou receita anual (art.1º) ou mesmo entidades que recebam subvenção ou benefício de órgão público ou para cuja criação ou custeio haja contribuído com menos de 50% do patrimônio ou receita anual.

3. Espécies de atos de improbidade

São tradicionalmente três as espécies enquadradas como atos de improbidade: atos que importam enriquecimento ilícito (art.9º); atos que ensejam danos ao erário (art. 10º) e atos violadores de princípios da Administração (art.11º).

---

225 HOLANDA JR, André Jackson de. DE TORRES, Ronny Charles L. **Improbidade Administrativa.** 2. ed. Salvador: JusPodivm, 2016, p.19.

Além delas, foi incluída recentemente pela Lei Complementar n.º 157/2016 uma 4ª hipótese, qual seja, atos de improbidade decorrentes de concessão ou aplicação indevida de benefício financeiro ou tributário (art.10-A).

Destarte, faz-se imperioso salientar que o Superior Tribunal de Justiça – STJ possui entendimento pacífico acerca da necessidade do elemento doloso na conduta do agente nas hipóteses dos artigos 9º e 11º da LIA e, ao menos, culpa grave na hipótese do art.10º (AgRg no REsp 1500812/SE, Rel. Ministro Mauro Campbell Marques, Segunda Turma, julgado em 21/05/2015, DJe 28/05/2015).

Os atos de improbidade que importam em enriquecimento ilícito têm seu rol de condutas previsto no art.9º da LIA e possui como pressuposto a obtenção de vantagens ilícitas decorrentes do exercício da função pública. Nesses casos, não se faz imprescindível a ocorrência de dano direto ao erário, eis que a tutela jurídica visa combater o enriquecimento do agente, o que pode estar desvinculado do dano ao erário.

Por sua vez os atos que importem dano ao erário estão contidos no art.10º da LIA e consistem em "qualquer ação ou omissão, dolosa ou culposa, que enseje perda patrimonial, desvio, apropriação, malbaratamento ou dilapidação dos bens ou haveres das entidades referidas no art. 1º" da lei.

Como visto acima, nesses casos as condutas podem ser tanto dolosas ou culposas (culpa grave), haja vista que o foco da proteção jurídica é o patrimônio público.

Por fim, os atos administrativos que violam os princípios da administração pública estão previstos no art.11 da lei e são definidos como "qualquer ação ou omissão que viole os deveres de honestidade, imparcialidade, legalidade e lealdade às instituições". Busca inibir a prática de condutas tortuosas no trato da coisa pública.

Nas hipóteses configuradoras do art.11, não é exigida pela jurisprudência a presença de dolo específico, mas tão somente de dolo genérico, ou seja, a consciência e vontade do agente para a prática do ato ímprobo, sendo desnecessária qualquer finalidade específica (REsp 1.444.874/MG, Rel. Ministro Herman Benjamin, Segunda Turma, DJe 31/3/2015).

Os atos não devem ser revestidos tão somente de meras irregularidades, mas sim de má-fé e dolo, além de violação aos princípios da Administração, porquanto a exegese da lei vertente visa punir o agente desonesto, imoral, e não o agente inábil (REsp 1257150/MG, Rel. Ministro Napoleão Nunes Maia Filho, Primeira Turma, julgado em 03/09/2013, DJe 17/09/2013).

O conceito de moralidade administrativa está ligado à probidade, ao decoro e à boa-fé, razão pela qual o ordenamento jurídico possui menções a essas nomenclaturas com vistas a não só reafirmar a necessidade de observância da moralidade no âmbito administrativo, mas também com vistas a protegê-la, sendo a ação de improbidade um importante instrumento de proteção.

4.Ação de Improbidade Administrativa

4.1. Conceito

A Ação de improbidade administrativa consiste na demanda judicial ajuizada com o fito de reprimir a prática de atos ímprobos por agentes públicos e terceiros particulares, bem como aplicar as sanções correspondentes como medida punitiva e de salvaguarda ao interesse público e à moralidade administrativa.

Deste modo, extrai-se que o objeto da ação de improbidade é o ato ímprobo, definido nas linhas precedentes.

4.2. Da legitimidade da Procuradoria Geral do Estado para o ajuizamento de Ação de Improbidade Administrativa

A Constituição Federal, em seu artigo 132, *caput*, preceitua a competência das Procuradorias do Estado e do DF para exercer a representação judicial, bem assim a consultoria jurídica das respectivas unidades federadas. A previsão é reproduzida no artigo 104 da Constituição do Estado de Rondônia.

Por sua vez, a Lei Orgânica da Procuradoria-Geral do Estado de Rondônia (Lei complementar estadual n.º 620/2011), preconiza, em seu art.3º, incisos I, VI, XVI e XXI, a competência da PGE para a propositura de ações visando à tutela do patrimônio público e social, interesses difusos e coletivos, além da já propalada representação do Estado em Juízo ou fora dele.

Destaca-se, ainda, a previsão contida no art. 1º da Lei n.º 7347/1985 – Lei da Ação Civil Pública, que disciplina a ação civil pública e rege as ações por danos morais e patrimoniais causados ao meio ambiente, ao patrimônio público e social, dentre outros que elenca expressamente.

Destarte, nos termos de seu art. 5º da Lei da ACP, os entes federados detêm legitimidade para sua propositura, o que é materializado por meio da representação judicial exercida pelas Procuradorias correspondentes.

Por fim, não se pode olvidar da previsão expressa contida na Lei de Improbidade Administrativa que, ao tratar sobre a medida cautelar, em seu art.17, §2º, vaticina que "A Fazenda Pública, quando for o caso, promoverá as ações necessárias à complementação do ressarcimento do patrimônio público".

Deste modo, chegando ao conhecimento da Procuradoria Geral do Estado – PGE a existência da prática de atos ímprobos, deverá ajuizar a ação correspondente com vistas a reparar o dano e sancionar os agentes responsáveis.

Ora, como cediço, no exercício da consultoria e do assessoramento jurídico, a PGE possui uma função preventiva, buscando orientar o gestor acerca da juridicidade dos procedimentos a serem adotados, oferecendo alternativas às questões postas em análise.

Isso ocorre, *v.g.*, quando emite pareceres acerca da legalidade de procedimentos licitatórios, análise de editais, resposta a consultas formuladas pelos gestores.

Nada obstante, inúmeras são as possibilidades de desvios de condutas durante a execução de políticas públicas que, uma vez constatadas como atos de improbidade, ensejarão o controle judicial por parte da PGE, notadamente porque faz parte de seu mister a proteção do interesse público, como visto alhures.

Considerações finais

A existência da ação de improbidade administrativa como mecanismo de controle da administração pública revela-se essencial para o fortalecimento do Estado Democrático de Direito, notadamente diante do sem número de casos de desvios de condutas reveladas diariamente nos noticiários.

A Procuradoria Geral do Estado, como órgão de representação judicial e de assessoramento jurídico do Estado, responsável pelo controle preventivo da juridicidade dos atos praticados pela administração, uma vez conhecedora da prática de atos de improbidade, detém ampla legitimidade para o ajuizamento da ação de improbidade com vistas a punir os infratores e garantir a reparação ao erário, quando o for o caso.

Referências Bibliográficas

ALEXANDRINO, Marcelo; PAULO, Vicente.**Direito Administrativo Descomplicado**. 23. ed. rev. atual. e ampl. Rio de Janeiro: Forense; São Paulo: Método, 2015.

CARVALHO FILHO, José dos Santos. **Manual de Direito Administrativo**. 31. ed.SãoPaulo:Atlas Ltda., 2017.

HOLANDA JR., André Jackson de.; DE TORRES, Ronny Charles L. **Improbidade Administrativa**. 2. ed. Salvador:JusPodivm, 2016.

MAZZA, Alexandre. **Manual de direito administrativo**. 6. ed. São Paulo: Saraiva, 2016.

TORRES, Paulo. **Manual do Advogado Público**: atuação nos âmbitos cível, administrativo, constitucional e trabalhista. Salvador: JusPodivm, 2018.

Fundação Pública de Direito Privado: Instrumento de Efetivação do Princípio Constitucional da Eficiência na Gestão do Trabalho de Pessoas Privadas de Liberdade

Paulo Adriano da Silva

Resumo

Com o advento da Reforma do Estado a Administração Públicateve positivado seu deverde entregar aos administrados resultados que lhe sejam efetivamente satisfatórios, recebendo imposição constitucional que supera o meramente servir, exigindo, pois, o bem servir, a administração com qualidadeprestza eperfeição. Nessa esteira, as entidades classificadas como integrantes da administração indireta exsurgem como meios hábeis à modernização do serviço público brasileiro, sobretudo aquelas de natureza autárquica. Inobstante,ainda hodiernamente não se tem verificado a expressiva utilização deentidades fundacionais públicas de direito privado. Tais entidades, submetidas a regime jurídico dedireito público e privado, ostentam eloquente potencial de êxito nas iniciativas de modernização da administração pública, posto que ao tempo que gozam das prerrogativas próprias à Fazenda, não se sujeitam, e.g., ao Regime Jurídico Único e à Lei Nacional de Licitações, emboracompulsória a observância dos princípios norteadores da Administraçãotanto no provimento do seu quadro de pessoal quanto em suas aquisições e contratações.O artigo em perspectiva visa: apresentar a conceituação jurídica das fundações públicas de direito privado e público, distinguindo-as; delimitar o regime jurídico normativodestas entidades, bem como sugerir serviços públicos em cuja implementação guarda potencial de maior efetividade ao princípio constitucional da eficiência.

Palavras-chave: Administração Pública. Eficiência. Fundações Públicas. Serviços Públicos

Abstract:

With the advent of the Reform of the State, the Public Administration had positivado its duty to deliver to the administrated results that are actually satisfactory, receiving constitutional imposition that surpasses the merely serve, demanding, therefore, the good to serve, the administration with quality promptness and perfection. In this wake, the entities classified as members of the indirect administration exsurge as a skillful means to the modernization of the Brazilian public service, especially those of an autarchic nature. In spite of this, the expressive use of public foundations of private law has not yet been verified. These entities, subject to a legal regime governed by public and private law, have eloquent potential for success in the modernization of public administration, since, while they enjoy the prerogatives proper to the Treasury, they are not subject, for example, to the Single Legal Regime and National Law of Tenders, although compulsory the observance of the guiding principles of the Administration both in the provision of its staff and in their acquisitions and contracting. The article in perspective aims to: present the legal conceptualization of public foundations of private and public law, distinguishing them; to delimit the normative legal regime of these entities, as well as to suggest public services whose implementation holds the potential of greater effectiveness to the constitutional principle of efficiency.

Keywords: Public Administration. Efficiency. Public Foundations. Public services.

1. Introdução

Em face do processo de globalização e do neo-liberalismo o Estado brasileiro, a partir da década de 90, modificou sua forma de atuação. Buscando maior eficiência na prestação de serviços públicos e atividades econômicas, deixou de ser o Estado interventor para tornar-se o Estado regulador[226].

A visão do cliente-cidadão incorpora, nesse sentido, processos e rotinas da administração pública que devem se alinhar para bem satisfazer as necessidades básicas e prover condições de justiça. Desse modo, com o desdobramento da

---

[226] MADEIRA, José Maria Pinheiro. **Administração Pública:** tomo I. 12. ed. Rio de Janeiro: Freitas Bastos, 2014, pag. 854.

Administração Pública em diversos modelos organizacionais, resultado da descentralização, não se torna suficiente projetar tal modificação e para ela ditar-se as regras, mas acima de tudo refletir que este foi um estágio de inovação que embora tenha sido consolidada juridicamente, não é aplicada com tanta flexibilidade e se converteu em procedimento natural da gestão da máquina pública.

Assim, necessário verificar se os serviços prestados pela Administração não poderiam ser executados por alguma dessas novas entidades, as quais foram concebidas como ferramenta para o alcance da eficiência. E esse monitoramento não se daria em único estágio, como se fez ao propor a existência dos entes descentralizados. Seria, pois, um processo contínuo, tratando a administração como uma ciência de adaptação ao mundo real. E isso nem seria algo tão longínquo, dado que todos os setores e entidades estão nesse mundo de conexões, logo, devem se ajustar as novas estratégias, tecnologias e necessidades.

No contexto, este artigo apresenta os conceitos sobre a Administração Pública e sua vinculação com o princípio da eficiência, contextualizando a Administração Indireta como instrumento para o atendimento desse princípio modernizador. São traçadas as características das entidades descentralizadas, com foco nas Fundações Públicas.

O artigo em perspectiva visa: apresentar a conceituação jurídica das fundações públicas de direito privado e público, distinguindo-as; delimitar o regime jurídico normativo destas entidades, bem como sugerir serviços públicos em cuja implementação guarda potencial de maior efetividade ao princípio constitucional da eficiência.

2. Administração Pública

Carvalho Filho[227] em sentido subjetivo conceitua a Administração Pública como "o conjunto de agentes, órgãos e pessoas jurídicas que tenham a incumbência de executar as atividades administrativas". Madeira[228] complementa essa definição ao citar que a Administração Pública é também "a atividade de gestão dos interesses e das necessidades em benefício da coletividade" e a traduz como

---

227 CARVALHO FILHO, José dos Santos. **Manual de Direito Administrativo.** 24. ed. São Paulo: Atlas, 2011, pag. 11.

228 Ibidem, pag. 854.

a ferramenta de uso estatal para promover o interesse público, definição esta de caráter objetivo, material ou funcional.

Para compreender de modo ampliado o conceito de Administração Pública se recorre ao que fora citado por Matias-Pereira[229]ao afirmar que consiste em todo o sistema de governo, reunião de ideias, atitudes, normas, processos, instituições e outros métodos da conduta do indivíduo capazes de indicar a forma de distribuir e exercer autoridade política no atendimento dos interesses públicos.

Há de se observar, assim,precipuamente a promoção do bem-estar social e o foco no cidadão, fato este que implica não apenas o mero direcionamento de políticas e processos que atendam as necessidades da sociedade nos diversos papéis do Estado, mas é preciso adotar constante vigilância com a transparência e prestação de contas, de forma a garantir modelos de governança que tornem efetivamente a administração pública um ativo da nação, estados e municípios[230].

Ao desenvolver sobre a historicidade da Administração Pública no Brasil, Pascarelli Filho[231]declara que a sociedade brasileira colonial fundamentou-se fora dos meios urbanos, desse modo, sendo um país que teve longa existênciacomo uma terra de senhores e escravos, comércio dominado por elites e suntuosa vida da nobreza, há de se questionar os obstáculos para encontrar-se modelos administrativos estruturados e dirigidos a prestação de serviços públicos voltados aos interesses da coletividade. O autor complementa que os empecilhos ainda observados no funcionamento dos serviços públicos atuais possuem raízes no quadro histórico de construção dos modelos de governabilidade e administração.

O Brasil teve três modelos de Administração Pública, o patrimonialista, o burocrático e como mais recente o gerencial.

O primeiro modelo se apresenta pelo Estado centralizador e espoliado por uma elite patrimonial[232].O patrimonialismo é conceituado como forma de dominação política tradicional na qual inexiste distinção entre os institutose, portanto,

---

[229] MATIAS-PEREIRA, José. **Curso de Administração Pública.** São Paulo: Atlas, 2008.

[230] STURESSON, Jan; OWMAN, Linus; LIDÉ, Sarah. Construindo o governo do século XXI: uma perspectiva global. Cap. 1. In: DUBOIS, Richard; LINS, João. (Coord.) **Inovação na gestão pública.** São Paulo: Saint Paul Editora, 2012, pag. 25.

[231] PASCARELLI FILHO, Mario. **A nova Administração Pública:** profissionalização, eficiência e governança. São Paulo: DVS Editora, 2011, pag. 22.

[232] BRESSER-PEREIRA, Luiz Carlos; SPINK, Peter. **Reforma do Estado e Administração Pública Gerencial.** Rio de Janeiro: FGV Editora, 2003.

os bens, públicos e privados; tais domínios são entrelaçados segundo a concepção do governante que governa o Estado como extensão de seu próprio domínio. O Plano Diretor da Reforma do Aparelho do Estado explica que no patrimonialismo a composição do Estado trabalha como "uma extensão do poder do soberano, e os seus auxiliares, servidores, possuem status de nobreza real. Os cargos são considerados prebendas. A *res publica* não é diferenciada das *res principis*"[233].

Em contraponto ao modelo patrimonialista, surgiu a administração burocrática que teve advento na segunda metade do século XIX, época do Estado liberal. No Brasil, iniciou na década de 1930, durante a presidência de Getúlio Vargas, influenciado pelos ideais de Weber, considerado o "pai" da burocracia. Revestida de grande progresso ao opor-se ao sistema vigente, a burocracia pautou-se no caráter racional-legal para combater o nepotismo e corrupção.

Weber[234] desenhara a burocracia em princípios impositivos: (1)do caráter legal das normas e regulamentos, de forma que todas as regras deverão ser previamente estabelecidas por escrito; (2)do caráter formal das comunicações; (3) da racional divisão do trabalho, onde cada participante possui cargo com atribuições específicas; (4) da impessoalidade nas relações; (5) da hierarquia da autoridade por meio da designação de privilégios e obrigações definidos por regras; (6) da padronização de rotinas e procedimentos; (7) da especialização, competência técnicas e meritocracia e ainda, (8)da completa previsibilidade do funcionamento.

Tal previsibilidade gerou a incapacidade da burocracia visualizar o cidadão como um cliente, todavia, essa situação não se manifestoudecisivadurante o surgimento da administração pública burocrática, ora que os serviços do Estado eram muito reduzidos e este limitava-se amanter a ordem e administrar a justiça, conforme o Plano Diretor da Reforma do Aparelho do Estado[235].Pascarelli Filho[236]retrata que o conceito de burocracia está ligado a ideia de oligarquização e antidemocracia em face do distanciamento da cúpula em relação às bases das organizações, onde uma elite de dirigentes profissionais se apodera do controle, da dinâmica e funcionamento das instituições. Contudo, ressalta o ilustríssimo autor que tal como a disfuncionalidade administrativa, o caráter antidemocráti-

---

233 _____. **Plano Diretor da Reforma do Aparelho do Estado.** Ministério da Administração Federal e da Reforma do Estado. Câmara da Reforma do Estado. Brasília, 1995, pag. 15.

234 WEBER, Max. **Economyand Society.**New York: Bedminster, 1968.

235 Ibidem, pag. 15.

236 Ibidem, pags. 26-28.

co e oligárquico são acepções distorcidas da burocracia que foi concebida como contestaçãoàs práticas patrimonialistas e preponderantes. Assim, o modelo burocrático atuou como moderna resposta ao crescimento vertiginoso das instituições públicas e privadas, desempenhando papel fundamental e possibilitando enorme expansão qualitativa e quantitativas das funções administrativas.

A despeito do progresso trazido pela administração burocrática, quando o Estado ampliou sua atuação às esferas econômica e social, o controle hierárquico e extremo formalismo dos processos mostraram-se inadequados para implementação das novas estratégias de governabilidade. Constatou-se que o combate à corrupção e nepotismo eram insuficientes e que a administração pública requeria também a eficiência e eficácia no provimento de bens e serviços públicos exclusivos da atuação estatal.

A administração pública gerencial surgiu na segunda metade do século XX como resposta à crise do Estado do bem-estar social e trouxe como objetivos centrais o enfrentamento da crise fiscal, redução dos custos e promoção de maior eficiência na administração dos bens e serviços públicos, ensina Pascarelli Filho[237].

Como bem pontuaram Sturesson, Owman e Lidé[238], o pensamento reativo e a consciência dos riscos advinda de um mundo previsível e com foco ajustado às atividades básicas de prestação dos serviços públicossãoformas de reflexãoque estão no passado. No governo do futuro a mentalidade "é proativa e o foco centrado no espaço de oportunidades" e visacriar mecanismos de planejamento e prospecção de oportunidades para o desenvolvimento.

O modelo gerencial pode ser conceituado como a reunião de argumentos e filosofias administrativas apresentadas como novo paradigma de gestão pública[239]. Costa Faro, Muniz Jorge e Neves[240], em compêndio dos valores administrativos defendidos pela administração gerencial, assim os estabeleceu: (1)

---

237 Ibidem, pag. 29.

238 Ibidem, pag. 25.

239 MARTINS, Humberto Falcão. Administração para o Desenvolvimento: a relevância em busca da disciplina. In.: LEVY, E.: DRAGO, P. A. (Orgs.). **Gestão pública no Brasil contemporâneo.** São Paulo: Fundap – Casa Civil, 2005.

240 FARO, Eduardo Soares da Costa; MUNIZ JORGE, Maria Aparecida; NEVES, Fernanda de Siqueira. A construção do novo modelo de gestão do desempenho por competências no Governo do Estado de Minas Gerais. Cap. 5. In: DUBOIS, Richard; LINS, João. (Coord.) **Inovação na gestão pública.** São Paulo: Saint Paul Editora, 2012, pag. 94.

descentralização política por meio da transferência de recursos e atribuições para os níveis estatais, regionais e locais; (2) descentralização administrativa; (3) estruturação mais flexível e diminuição dos níveis hierárquicos; (4) controle e cobrança *a posteriori*; (5) administração focada no cidadão; (6) estímulo a competitividade interna e externa, direcionamento estratégico, desenvolvimento das habilidades gerenciais e inovação; (7) terceirização de atividades[241].

Com a transição do modelo burocrático para o gerencial ocorrido com a reforma do Estado, houve a positivação do princípio da eficiência na Constituição Federal, objetivando maior controle de resultados das ações estatais.

Inobstante a perspectiva do resultado, Bandeira de Mello[242] elucida que além de desejável, o princípio da eficiência não pode existir ausente do cumprimento da legalidade, de modo que seria inadmissível a atuação eficiente sem o atendimento ao dever precípuo do atendimento ao arcabouço normativo-legal.

Por sua vez, Carranza[243] menciona que em sua acepção operacional a Administração Pública é o desempenho inexaurível e ordenado, legal e técnico, dos serviços inerentes ao Estado ou por ele assumidos. Ao relacionar o princípio da eficiência e conduta dos agentes públicos, Di Pietro[244] observa que é esperado desempenho superior em suas atribuições, com o objetivo de obter-se os melhores resultados possíveis, aplicando-se essa ideia também ao modo de ordenar, estruturar e disciplinar a administração pública.

2.1 Administração Direta e Indireta

O serviço público constitui toda prestação realizada pela Administração ou seus delegados, em sentido amplo, a partir de normas e controles do Estado, com o intuito de satisfazer as demandas essenciais ou secundárias da coletividade[245]. Para concretização desse objetivo o Estado pode recorrer a outros entes, por meio

---

241 Com base em BELTRÃO, 1984; HOLANDA, 1993; MARTINS, 2005; REZENDE, 2005; BRESSER PEREIRA, 2006; ABRUCIO 2006.

242 BANDEIRA DE MELLO, Celso Antônio. **Curso de Direito Administrativo.** 12. ed. São Paulo: Malheiros, 1999.

243 CARRANZA, Giovanna. **Administração Geral e Pública.** 2. ed. Salvador: JusPodivm, 2015, pag. 17.

244 DI PIETRO, Maria Sylvia Zanella. **Direito administrativo.** 18. ed. São Paulo: Atlas, 2005.

245 MEIRELLES, Hely Lopes. **Direito Administrativo Brasileiro.** 32. ed. São Paulo: Malheiros, 2006.

de execução indireta.Como explica Di Pietro[246]de modo direto o Estado poderá prestar serviços por meio de órgãos da Administração Pública centralizada da União, Estados e Municípios ou de modo indireto através de concessões, permissões ou pessoas jurídicas criadas pelo Estado para tal finalidade.

Bandeira de Mello[247]aclara relevante questão sobre a titularidade do serviço público, dado que esta distingue-se da titularidade da prestação.Seu magistério elucida que o Estado é titular dos serviços públicos, ou seja, detém o poder sobre eles, todavia, tal fato não gera de *per si*a obrigatoriedade de prestá-los, mas sim a obrigaçãode discipliná-los e promove-los. Essa distinção complementa a lição de Di Pietro[248] quando aborda a atuação direta e indireta do Estado, assim, nas situações em que o Estado além de titular é o executor dos serviços públicos, este age de modo direto. Em contrapartida, quando confere a outros entes a execução, mediante termos e condições fixadas e disciplinadoras, o Estado permanece titular dos serviços públicos, porém não é o titular de sua prestação.

Nessecontexto seinserem ainda os conceitos de centralização e descentralização. O primeiro trata do exercício de competências administrativas executados por única pessoa jurídica governamental, como União, Estados, Distrito Federal e Municípios. O segundo impõe que as competências sejam exercidas por pessoas jurídicas autônomas, onde se incluem as autarquias, fundações públicas, empresas públicas e sociedades de economia mista[249].

Reitera-se que a eficiência, imprescindível aos serviços públicos, não é um conceito elástico e ocasional, de modo que não se limita a centralização ou descentralização do aparelhamento de Estado. Requer-se nesse cenário a observaçãodas características individuais do que é tido como eficiência. Para a observância desse almejado princípio deve-se proceder análise holística da estrutura governamental, sendo construídos métodos capazes de mensurar e qualificar a eficiência requerida. A situação torna-se ainda mais complexa quando se tratam de entidades descentralizadas surgindo, pois, o questionamento: como conceber condições para o atendimento ao princípio da eficiência para entidades autôno-

---

246 Ibidem.

247 Ibidem.

248 Ibidem.

249 BRASIL, Presidência da República. **Decreto-Lei nº 200, de 25 de fevereiro de 1967.** Dispõe sobre a organização da Administração Federal, estabelece diretrizes para a Reforma Administrativa e dá outras providências. Brasília, 1967.

mas na qualidade de titulares da prestação de serviços públicos? Inevitavelmente aplica-se como resposta a indicação de seguir-se o modelo aplicado pelos órgãos centralizados. E tudo aconteceria de modo facilitado, não fosse o princípio da eficiência cercado de subjetividade, a administração pública evoluiria bem. Logo tal resposta automática levantaria outras questões: como o princípio da eficiência é aplicado nos órgãos centralizados? Quais objetivos perseguem e mensuram?

Adentrando na discussão sobre a Administração Pública Indiretaapresenta-se com base no Decreto-Lei nº 900, de 29 de setembro de 1969a definiçãode empresa pública e sociedade de economia mista. O citado Decreto-Lei conceitua **empresa pública**como a"entidade dotada de personalidade jurídica de direito privado, com patrimônio próprio e capital exclusivo da União, criada por lei para a exploração de atividade econômica". Tal atividade econômica é exercida pelo Estadopor "força de contingência ou de conveniência administrativa podendo revestir-se de qualquer das formas admitidas em direito". A **sociedade de economia mista** é tida como a entidade "dotada de personalidade jurídica de direito privado, criada por lei para a exploração de atividade econômica, sob a forma de sociedade anônima, cujas ações com direito a voto pertençam em sua maioria à União ou a entidade da Administração Indireta"[250].

Como apresentado no texto legal, a empresa pública e sociedade de economia mista são criadas tendo em vista a exploração de atividade econômica.Nesse sentido, opoder público, em caráter excepcional, poderá exercer atribuições específicas da esfera privada e por meio de Lei específica criar, estabelecer ou ainda autorizar a criação de entidades que tenham por fim o exercício de atividades econômicas e produção ou comercialização de bens[251]. Complementa-se ainda que o exercício da atividade econômica sob regime de direito privado não corresponde ao fornecimento de serviços públicos, mas sim serviços governamentais, uma vez que não se tratam de atividades assumidas pelo Estado como pertencentes ao seu campo específico, as quais podem ocorrer por meio de monopólio ou em concorrência com particulares, consoante Bandeira de Mello[252] e Rolim[253].

---

250 BRASIL, Presidência da República. **Decreto-Lei nº 200, de 25 de fevereiro de 1967.** Dispõe sobre a organização da Administração Federal, estabelece diretrizes para a Reforma Administrativa e dá outras providências. Brasília, 1967.

251 ROLIM, Luiz Antonio. **A Administração Indireta, as Concessionárias e Permissionárias em Juízo.** São Paulo: Revista dos Tribunais, 2004.

252 Ibidem

253 Ibidem

2.1.1 Administração Indireta e Serviços Públicos Essenciais

Pautando-se nosquestionamentos levantados anteriormente, busca-se apresentar as características das entidades descentralizadas constituíveis sob a forma de autarquias e de fundações, com enfoque nas fundaçõesde direito privado como soluções eficientes para a reestruturação do aparelhamento do Estado. De modo a perceber-se que a eficiência pode ocorrer com a descentralização e isso é positivo e vantajoso ao poder público. Com isso, refuta-se a ideia de que o problema de ineficiência é ocasionado pela operação de órgãos centralizados ou descentralizados, na verdade ela é gerada pela má execução, seja qual for o titular da prestação de serviços públicos. Todavia, como bem posicionaram Sturesson, Owman e Lidé[254] para o alcance da inovação do setor público é preciso a criação de um ambiente propício à colaboração, onde os gestores públicos podem favorecer o crescimento de novas e interessantes relações entre públicos de interesse, os quais poderão em conjunto atuar no fornecimento de serviços públicos. Desse modo, defende-se que as entidades autárquicas e fundacionais sejam alternativas viáveis à implantação de modelos mais eficientes de gestão pública.

2.1.2 Autarquias

A autarquia é o serviço autônomo, criado por lei, com personalidade jurídica, patrimônio e receita próprios para executar atividades típicas da Administração Pública, tais como saúde, educação e previdência social[255]. Têm caráter administrativo e são criadas pelo Estado com a finalidade de receber funções de forma descentralizada, não podendo elaborar para si regramento jurídico de auto-organização ou mesmo possuir capacidade política, mas tão somente uma função administrativa, conforme conceituação de Carvalho Filho[256]. As autarquias são, portanto, pessoas jurídicas de direito público com capacidade exclusivamente administrativa e ao contrário das empresas públicas e sociedades de economia mista podem ser titulares de serviços públicos. São entidades contro-

---

254 Ibidem.

255 BRASIL, Presidência da República. **Decreto-Lei nº 200, de 25 de fevereiro de 1967.** Dispõe sobre a organização da Administração Federal, estabelece diretrizes para a Reforma Administrativa e dá outras providências. Brasília, 1967.

256 Ibidem

ladas pelo Estado, possuem patrimônio e recursos próprios, além de autonomia financeira e administrativa, na clássica conceituação de Bandeira e Mello[257].

Ao abordar as características das autarquias, Madeira[258] as concebe como sujeito auxiliar direto do Poder Público, atuante como parcela e apêndice do Estado e devendo executar exclusivamente serviços típicos ou próprios aos do ente estatal, em condições idênticas e gozando dos privilégios e vantagens da Administração Pública. O autor esclarece ainda que as autarquias podem realizar quaisquer serviços públicos essenciais, porém são indicadas especificamente ao exercício daqueles que requeiram maior especialização, fato este que justifica por meio da eficiência e economicidade a criação da entidade autárquica.

3. Fundações Públicas

Madeira[259] (2014) aborda que a base teórica das fundações públicas são as fundações privadas, uma vez que conforme preceitua o Código Civil brasileiro estas consistem em uma afetação patrimonial que se personaliza à realização de um fim social, sem para isso, objetivar o lucro. Desse modo, a fundação surge da figura de um instituidor que reserva uma parcela de seu patrimônio para a constituição de pessoa jurídica diversa do próprio instituidor, visando exclusivamente o fim de interesse social. As fundações de direito privado "regem-se pelo Direito Civil em tudo o que não for derrogado pelo direito público", na lição de Di Pietro[260].

Carvalho Filho[261] elenca três características básicas das fundações, sendo elas: a figura do instituidor, o fim social e a ausência de fins lucrativos. Cita ainda que a primeira distinção a ser feita ao se tratar das fundações é aquela inerente ao instituidor, sendo as fundações privadas instituídas por pessoas da iniciativa privada e as fundações públicas instituídas pelo Estado.

Da personalização da fundação privada surgiu a inspiração para o advento das fundações públicas, onde "o poder público vai se valer dessa forma do direito privado para retirar do âmbito da administração direta determinados

---

257 Ibidem.
258 Ibidem.
259 Ibidem.
260 Ibidem, pag. 436.
261 Ibidem, pag. 540.

serviços que poderiam ser exercidos pela própria administração, nos dizeres de Madeira[262].CretellaJúnior[263]já havia tratado sobre essa generalidade ao afirmar que a fundação é resumida a um patrimônio direcionado a um objetivo, cabendo tal definição, tanto a fundação pública quanto a fundação privada.

Carvalho Filho[264]aborda que "os bens do patrimônio das fundações públicas de direito público são caracterizados como bens públicos, protegidos por todas as prerrogativas que o ordenamento jurídico contempla" e que contrariamente, as fundações públicas de direito privado têm patrimônio constituído por bens privados, "incumbindo sua gestão aos órgãos dirigentes da entidade na forma definida no respectivo estatuto". De tal forma, somente haverão impedimentos e restrições na gestão dos bens caso a lei de autorização indique previamentetais limitação e, havendo desvio de finalidade os responsáveis pela entidade responderão civil e criminalmente.

Sobre os atos constitutivos das fundações públicas, se estas possuírem natureza de direito privado a lei autorizará a criação da entidade e sua personalidade será adquirida com a inscrição pública no Registro Civil de Pessoas Jurídicas, como se indica art. 5º, § 3º, do Decreto-lei nº 200/1967. Ao passo que para aquelas de personalidade inerente ao direito público, tal como se dá na criação das autarquias, o ato constitutivo ocorre por meio delei[265]exigindo-se, por simetria, que a extinção ocorra pela mesma via.

Esclarece Rolim[266]que em regra, as fundações públicas são pessoas jurídicas de direito privado, tal como citado por Madeira[267], todavia não existe impedimento ao Estado para a criação das fundações com personalidade jurídica de direito público, as quais são consideradas por alguns autores e até mesmo pela jurisprudência como espécies de autarquias. Di Pietro[268]elucida que as fundações dotadas de personalidade do direito público possuemregime jurídico idêntico ao

---

262 Ibidem, pag. 1035.

263 CRETELLA JÚNIOR, José. **Administração Indireta Brasileira**. 4. ed. Rio de Janeiro: Forense, 2000.

264 Ibidem, pag. 550.

265 BRASIL, Presidência da República. **Decreto-Lei nº 200, de 25 de fevereiro de 1967**. Dispõe sobre a organização da Administração Federal, estabelece diretrizes para a Reforma Administrativa e dá outras providências. Brasília, 1967.

266 Ibidem.

267 Ibidem.

268 Ibidem.

das autarquias, sendo, por isso mesmo, chamadas de autarquias fundacionais.Di Pietro[269]segue a corrente majoritária que considera as fundações de personalidade jurídica de direito público autarquias, fundações autárquicas ou autarquias fundacionais. Acompanhamesse entendimento Bandeira de Mello[270], Gasparini[271], Reale[272]e Cretella Junior[273]e o Supremo Tribunal Federal[274,275].

Na corrente secundária defende-se que mesmos constituídas pelo Poder Público as fundações terão sempre personalidade do direito privado, ora que o Estado também é constituidor de empresas públicas e sociedades de economia mista e tal fato não interfere na personalidade jurídica destas entidades. Divergências à parte, o Supremo Tribunal Federal distingue acentua que são de direito públicas as fundações públicas: (1) desempenharem serviço estatal; (2) estiverem sujeitas a regime administrativo; (3) exercerem finalidade pública e (4) serem financiadas por recursos públicos.

Carvalho Filho[276]traz relevante discussão sobre os quatro fatores, ondedescreve que o desempenho do serviço estatal e finalidade correspondemao exercício do serviço público não lucrativo, não existindo distinção entre as de personalidade de direito privado ou público. O regime administrativo por sua vez não poderia ser designado como fator de distinção, dado que é, na verdade, o efeito da qualificação da entidade. Para o ilustre autor, o único fator diferenciador, ainda que pequeno, diz respeito a origem dos recursos, no qual serão consideradas fundações de direito público aquelas "cujos recursos tiverem previsão própria no orçamento da pessoa federativa e que, por isso mesmo, sejam mantidas por tais verbas" e, as de direito privado "aquelas que sobreviverem basicamente com as rendas dos serviços que prestem e com outras rendas e doações oriundas de terceiros".

---

269 Ibidem.

270 Ibidem.

271 GASPARINI, Diógenes. **Direito administrativo**. São Paulo, Saraiva, 1992.

272 REALE, Miguel. **Revogação e anulamento do ato administrativo**. Rio de Janeiro: Forense, 1986.

273 Ibidem.

274 _____. Supremo Tribunal Federal. **Recurso Extraordinário nº 101.126-2 RJ**. Relator Moreira Alves.Brasília, 1984.

275 _____. Supremo Tribunal Federal. **Recurso Extraordinário nº 215.741-4 SE**. Fundação Nacional de Saúde. Conflito de competência entre a Justiça Federal e a Justiça Comum. Natureza jurídica das fundações instituídas pelo poder público. Relator Mauricio Corrêa. Brasília, 1999.

276 Ibidem, pag. 544.

Na medida que são consideradas espécies do gênero autarquia, as fundações de direito público fazem jus às prerrogativas idênticas às atribuídas as autarquias, tanto no direito substantivo, como processual.Já o regime jurídico aplicado as fundações públicas de direito privado possuem "caráter híbrido, isto é, em parte (quanto à constituição e ao registro) recebem o influxo de normas de direito privado e noutra parte incidirão normas de direito público", encerra Carvalho Filho[277]. Todavia, no que se trata das prerrogativas processuais de prazos para recorrer e contestar, assim como o duplo grau obrigatório de jurisdição não contemplam as fundações categorizadas como pertencentes ao direito privado.

Sobre o princípio da imunidade tributária concernente aos impostos sobre renda, patrimônio e os serviços federais, estaduais e municipais, determina o art. 150, § 2º da Constituição Federal que a vedação sobre instituição de impostos "é extensiva às autarquias e às fundações instituídas e mantidas pelo Poder Público, no que se refere ao patrimônio, à renda e aos serviços, vinculados a suas finalidades essenciais ou às delas decorrentes"[278]

Outro aspecto qualitativo entre personalidade de direito público e privado das fundações corresponde aos recursos humanos. Enquanto as fundações autárquicas adotam mesmo regime aplicado aos servidores da Administração Direta e autarquias, as fundações públicas de direito privado sujeitam-se exclusivamente ao regime trabalhista da Consolidação das Leis do Trabalho (CLT), conforme Carvalho Filho[279]. Madeira[280]explica que somente as fundações autárquicas "podem ter cargos públicos no âmbito de sua estrutura organizacional", os quais serão regidos por estatutos. Seja para cargos ou empregos públicos, a seleção ocorrerá a partir de aprovação em concurso público de provas ou provas e títulos como preconiza o art. 37, incisoII da Constituição Federal[281].

---

277 Ibidem, pag. 549.
278 _____. **Constituição da República Federativa do Brasil de 1988.** Brasília, 1988.
279 Ibidem, pag. 551.
280 Ibidem, pag. 1050.
281 Ibidem.

3.1 Fundações Privadas na Gestão Laboral das Pessoas Privadas de Liberidade

Considerando a natureza das entidades fundacionais, erige-se como objeto de discussão desse artigo o uso das fundações como instrumentos de modernização da administração pública, posto que ao tempo que gozam das prerrogativas próprias à Fazenda, não se sujeitam, e.g., ao Regime Jurídico Único e à Lei Nacional de Licitações.

Nesse particular, resta evidenciado que diversas das atividades desenvolvidas diretamente por órgãos integrantes da administração direta, ou mesmo por entidades autárquicas, ostentam potencial de maior efetividade se afetados a fundações públicas de direito privado.

É o caso, por exemplo, da gestão dos equipamentos culturais que, por sua própria natureza, podem apresentar resultados econômicos expressivos, sem descuidar de sua finalidade social.

Inobstante, o presente estudo volta-se precipuamente a examinar o modelo jurídico que melhor ampare as necessidades de gestão das ações inerentes a ressocialização de pessoas em cumprimento de penas no âmbito do sistema penitenciário, notadamente com enfoque na produção e bens e serviços.

Consoante informações do Departamento Penitenciário Nacional – DEPEN, o país encerrou o primeiro semestre do ano de 2016 com uma população carcerária de 726.712 (setecentos e vinte e seis mil setecentos e doze) pessoas privadas de liberdade.

Ainda segundo essa mesma pesquisa, desse montante, apenas 95.919 (novecentas e cinco mil novecentas e dezenove) encontram-se desenvolvendo atividades com finalidade laboral, o que correspondente a pouco mais de 13% do contingente de pessoas privadas de liberdade no Brasil, e deste montante, 87% encontra-se desempenhando atividades no âmbito da própria unidade em que cumpre a pena.

Nesse cenário, a intervenção estatal surge inequívoca, e a fundação pública de direito privado desponta como modelo jurídico que melhor guarida empresta a esta necessidade, porquanto a prestação do serviço permaneça no âmbito da administração pública, esta passa a dispor de meios de ação próprios da iniciativa privada.

Desse modo referido serviço, a par de não objetivar o lucro, pode organizar-se como verdadeiro empreendimento de produção de resultados econômicos, seja prestando serviços a própria administração, a exemplo manutenção de veículos, serviços gerais em prédios públicos, confecção de uniformes escolares, confecção de rouparia de unidades de saúde, dentre outros, bem como ofertá-los a particulares, elevando o rol, por exemplo, com oferta de mão de obra especializada (notadamente para as atividades compatíveis com a situação de privação de liberdade) e produção de bens, tais como móveis para escritórios e alojamentos, e artefatos de concreto (tijolos ecológicos, manilhas, bloquetes, etc).

E demandando esta oferta a variável necessidade de aquisições dos meios de produção, exsurge a necessidade de contratação de treinamentos, consultorias especializadas na formulação e/ou acompanhamento de cada segmento de produção de bens ou serviços, além da necessidade de aquisição de insumos a serem empregados nas unidades produtivas.

Tais necessidades, em tese, podem ser atendidas pelas entidades constituídas sob a forma de direito público. Entrementes, notórias as dificuldades ordinariamente enfrentadas pela Administração quanto ao provimento de suas necessidades de pessoal em caráter permanente, quanto mais àquelas de caráter transitório, como seria o caso na contratação de instrutor de um ofício específico, cuja necessidade decorre da prestação de serviço específico.

Para além, exsurge como vantagem que não pode ser desprezada o fato de que enquanto destinatária exclusiva dos próprios recursos, a fundação pública de direito privado pode e deve ser concebida sob modelo que, a partir de determinado período de existência, seja provedora de suas próprias necessidades, perseguindo com plenitude os objetivos para os quais fora constituindo, sujeitando-se ao poder central apenas quanto ao controle finalístico.

4. Considerações Finais

Observa-se que embora o direito pátrio admita que a administração pública veicule seus serviços através de estruturas diversas, seus órgãos e entidades, tem subutilizado aquele modelo que, compreendendo faculdades tanto do direito público quanto do direito privado, parecem prestigiar o princípio da eficiência com maior vigor, pois denotam ser ambiente mais propício ao desenvolvimento de modernas e eficientes técnicas de gestão e aprimoramento institucional.

Desse modo, o presente trabalho objetivou demonstrar – e quiçá, estimular -, o fomento às fundações públicas de direito privado no âmbito da administração pública, iniciativa que conjuntando com os demais modelos organizacionais possíveis ao Poder Público, tem potencial de incrementar sensível melhora na qualidade dos serviços disponibilizados à sociedade.

Referências

BANDEIRA DE MELLO, Celso Antônio. **Curso de Direito Administrativo.** 12. ed. São Paulo: Malheiros, 1999.

_____.**Curso de Direito Administrativo.** 14. ed. São Paulo: Malheiros, 2002.

BRASIL, Presidência da República. **Decreto-Lei nº 200, de 25 de fevereiro de 1967.** Dispõe sobre a organização da Administração Federal, estabelece diretrizes para a Reforma Administrativa e dá outras providências. Brasília, 1967.

_____. **Decreto-Lei nº 900, de 29 de setembro de 1969.** Altera disposições do Decreto-lei número 200, de 25 de fevereiro de 1967, e dá outras providências. Brasília, 1969.

_____. Supremo Tribunal Federal. **Recurso Extraordinário nº 101.126-2RJ.** Relator Moreira Alves. Brasília, 1984.

_____. **Constituição da República Federativa do Brasil de 1988.** Brasília, 1988.

_____.**PlanoDiretor da Reforma do Aparelho do Estado.** Ministério da Administração Federal e da Reforma do Estado. Câmara da Reforma do Estado. Brasília, 1995.

_____. Supremo Tribunal Federal. **Recurso Extraordinário nº 215.741-4 SE.** Fundação Nacional de Saúde. Conflito de competência entre a Justiça Federal e a Justiça Comum. Natureza jurídica das fundações instituídas pelo poder público. Relator Mauricio Corrêa. Brasília, 1999.

BRESSER-PEREIRA, Luiz Carlos; SPINK, Peter. **Reforma do Estado e Administração Pública Gerencial.** Rio de Janeiro: FGV Editora, 2003.

DI PIETRO, Maria Sylvia Zanella. **Direito administrativo.** 18. ed. São Paulo: Atlas, 2005.

_____. **Direito Administrativo.** 24 Ed. São Paulo: Atlas, 2011.

CARRANZA, Giovanna. **Administração Geral e Pública.** 2. ed. Salvador: JusPodivm, 2015.

CARVALHO FILHO, José dos Santos. **Manual de Direito Administrativo.** 24. ed. São Paulo: Atlas, 2011.

_____. **Manual de Direito Administrativo.** 28. ed. rev. ampl. e atual. São Paulo: Atlas, 2015.

CRETELLA JÚNIOR, José. **Administração Indireta Brasileira.** 4. ed. Rio de Janeiro: Forense, 2000.

FARO, Eduardo Soares da Costa; MUNIZ JORGE, Maria Aparecida; NEVES, Fernanda de Siqueira. A construção do novo modelo de gestão do desempenho por competências no Governo do Estado de Minas Gerais. Cap. 5. In: DUBOIS, Richard; LINS, João. (Coord.) **Inovação na gestão pública.** São Paulo: Saint Paul Editora, 2012.

GASPARINI, Diógenes. **Direito administrativo.** São Paulo, Saraiva, 1992.

MADEIRA, José Maria Pinheiro. **Administração Pública:** tomo I. 12. ed. Rio de Janeiro: Freitas Bastos, 2014.

MARTINS, Humberto Falcão. Administração para o Desenvolvimento: a relevância em busca da disciplina. In.: LEVY, E.: DRAGO, P. A. (Orgs.). **Gestão pública no Brasil contemporâneo.** São Paulo: Fundap – Casa Civil, 2005.

MATIAS-PEREIRA, José. **Curso de Administração Pública.** São Paulo: Atlas, 2008.

MEIRELLES, Hely Lopes. **Direito Administrativo Brasileiro.** 32. ed. São Paulo: Malheiros, 2006.

PASCARELLI FILHO, Mario. **A nova Administração Pública:** profissionalização, eficiência e governança. São Paulo: DVS Editora, 2011.

REALE, Miguel. **Revogação e anulamento do ato administrativo.** Rio de Janeiro: Forense, 1986.

ROLIM, Luiz Antonio. **A Administração Indireta, as Concessionárias e Permissionárias em Juízo.** São Paulo: Revista dos Tribunais, 2004.

RONDÔNIA. Governo do Estado. **Lei nº 126 de 28 de julho de 1986.** Institui o Fundo Penitenciário, vinculado à Secretaria de Estado do Interior e Justiça e dá outras providências. Porto Velho, 1986.

STURESSON, Jan; OWMAN, Linus; LIDÉ, Sarah. Construindo o governo do século XXI: uma perspectiva global. Cap. 1. In: DUBOIS, Richard; LINS, João. (Coord.) **Inovação na gestão pública.** São Paulo: Saint Paul Editora, 2012.

WEBER, Max. **Economy and Society.** New York: Bedminster, 1968.

Da Constitucionalidade dos Honorários Administrativos Cobrados pelo Estado de Rondônia no Protesto de Certidões de Dívida Ativa (CDAs)

Pedro Henrique Moreira Simões

Sérgio Fernandes de Abreu Júnior

Resumo

O presente trabalho pretende analisar, partindo-se da experiência do Estado de Rondônia, com a edição da Lei Estadual nº 2.913/2012, com redação incluída pela Lei Estadual nº 3.526/2015, a constitucionalidade, legalidade e legitimidade da cobrança administrativa de honorários em favor dos Procuradores do Estado de Rondônia em razão de protestos de Certidões de Dívida Ativa (CDAs).

Palavras-chave: Verba honorária. Procurador. Receita pública. Teto remuneratório.

Abstract

The present study analyzes the constitutionality, legality and legitimacy of the administrative fees charged by the State of Rondônia in protest of Certificate of Active Debt (CDA's), according to State Law nº 2,913/2012 and State Law nº 3,526 / 2015.

Keywords: Prosecutor. Government revenue. Maximum wage.

1. Introdução

É muito comum o enfrentamento do desafio da recuperação de passivos judiciais pelos Estados, sobretudo os passivos que versam sobre Dívida Ativa.

Prova disso é o elevado número de protestos extrajudiciais de Certidões de Dívida Ativa (CDAs) e execuções fiscais ajuizadas pelos Estados e pelo Distrito Federal em Varas, especializadas ou não, nos respectivos Tribunais de Justiça de Todo o Território Nacional.

De acordo com o Conselho Nacional de Justiça (CNJ), em notícia publicada em seu Sítio Eletrônico, na Rede Mundial de Computadores, em 20 de março de 2015, os processos de execução fiscal representavam cerca de 50% (cinquenta por cento) dos 95,14 milhões de feitos judiciais em tramitação no País.

Também de acordo com o Relatório Anual do Poder Judiciário de 2015, ano-base 2015 do CNJ, os executivos fiscais representam cerca de 75% (setenta e cinco por cento) de todas as execuções pendentes no Poder Judiciário Brasileiro.

Assim, não restam dúvidas no sentido de que, contemporaneamente, diante de um cenário de grave crise econômica e institucional em que está mergulhado o Brasil, a constitucional, legal e legítima cobrança de honorários administrativos oriundos do protesto como meio mais eficiente do crédito tributário surge como uma alternativa efetiva à fundamental atividade de recuperação de créditos tributários e não tributários inscritos em Dívida Ativa, na medida em que é comprovadamente mais eficiente em relação a executivos fiscais ajuizados pela Fazenda Pública.

Procura-se, assim, demonstrar, ao final deste singelo artigo, partindo-se da experiência do Estado de Rondônia, com a edição da Lei Estadual nº 2.913/2012, ser constitucional, legal e legítima a cobrança administrativa de honorários em favor dos Procuradores do Estado de Rondônia em razão de protestos de Certidões de Dívida Ativa (CDAs).

2. Da natureza jurídica dos honorários oriundos do protesto de Certidões de Dívida Ativa (CDAs)

Não se pode querer vincular os honorários advocatícios previstos no dispositivo impugnado com os honorários sucumbenciais previstos na legislação processual.

Isso, com a devida vênia, é um erro que deve ser enfrentado.

Para tanto, citamos Romeu e Julieta, de William Shakespeare, para auxiliar nossa análise.

Afinal, como disse Julieta a seu amante: *De que vale um nome, se o que chamamos rosa, sob outra designação, teria igual perfume?*

Buscando trazer o sentido do texto acima para o mundo jurídico, temos que o nome de um instituto jurídico não importa para fins de explicitar a sua essência ou, no mundo do Direito, sua natureza jurídica.

Contudo, forçoso reconhecer que o nome dado a determinada coisa acaba por influir na sua compreensão, já que, junto ao nome, há um contexto de compreensão em que o próprio intérprete está inserido. Assim, aplicando ao nome o que será dito em relação à própria norma jurídica, possível afirmar que:

> [...] não há um sentido escondido na norma/texto, que possa ser alcançado de forma essencialista; tampouco há um sentido imanente, inerente, como uma espécie de elo (fundado/fundante) que liga o significante ao significado, como um objeto que possa ser buscado, através de um processo interpretativo-objetivante, pelo sujeito cognoscente (bem caracterizado pela ideia de subsunção (STRECK, 2012, p. 42).

Razão disso, quando o operador do direito está diante de um nome (instituto) ou de uma norma, tende a nela aplicar os conceitos que já lhe são internalizados, passando a compreender aquilo que está interpretando com seus próprios olhos. Não é por outra razão que, diante de uma indagação jurídica, "*o intérprete, antes até de consultar as normas pertinentes, já tende a antecipar uma solução, com base na sua pré-compreensão*" (SARMENTO; SOUZA NETO, 2012, p. 372).

No caso, diante da expressão "honorários advocatícios", não é de se surpreender que o intérprete – assim como fez o autor da inicial – busque em sua "bagagem jurídica" a adequação do termo utilizado com aquilo que lhe é familiar. Assim, desfazendo-nos dessas preconcepções, é mister investigar a natureza jurídica dessa verba.

A cobrança dos créditos inscritos em Dívida Ativa é um ônus ao Estado, isso, com a devida vênia, parece ser induvidoso.

Afinal, cobra-se em Dívida Ativa aquilo que, no mais das vezes, deixou-se de recolher de forma regular e voluntária ao Estado pelos devedores. Inclusive, mesmo diante de créditos não tributários – como multas ambientais, oriundas de condenação penal ou administrativa –, a inscrição em Dívida Ativa somente é consubstanciada após o decurso do prazo legal de pagamento.

Com isso, insofismável o fato de que, quando atua na cobrança de Dívida Ativa, a Fazenda Pública empreende esforços para cobrar aquilo que deveria lhe ter sido pago espontaneamente.

De outro lado, afastadas interpretações *pro misero* que são estranhas ao Direito Financeiro e, tratando-se de Dívida Ativa, no mais das vezes, ao Direito Tributário, aquele que deixa de pagar seus débitos com o Estado, geralmente, obtém posição de vantagem na sociedade.

Isso, outrossim, parece bastante fácil de se concluir.

Diante do não pagamento de um tributo, uma taxa ou, até mesmo, uma multa, o devedor insere em seu patrimônio crédito do Estado. Esse crédito, até mesmo do ponto de vista contábil, deixará de ser empregado nas atividades típicas da Administração (custeio e investimento), passando a ser utilizado pelo devedor. Por sua vez, o devedor, apropriando-se do crédito, estará em posição de vantagem em relação ao seu concidadão que pagou, corretamente, seu débito.

Aliás, esse raciocínio serve tanto para os casos de agentes econômicos – como empresários em situação concorrencial – como também para o cidadão comum, que, além da irresignação em ver que seu concidadão não é cobrado pela mesma dívida, passa a ter menos poder de compra para aquisição de bens de consumo.

Com isso, parece certo que, ao deixar de pagar devidamente seus débitos com o Estado, o devedor inscrito em Dívida Ativa aufere benefícios por sua mora que, no mais das vezes, são superiores aos ônus regulares da dívida, como juros de mora ou multas de mora.

É em razão disso que, após a inscrição em Dívida Ativa, a Fazenda Pública insere sobre o valor do crédito principal determinados encargos. Esses encargos, cuja natureza não é sancionatória, buscam patrocinar os custos de cobrança, suprindo os recursos despendidos para recuperação de outros recursos que já deveriam estar disponíveis ao ente público.

É dizer, caso não instituídos encargos em virtude da inscrição de créditos em Dívida Ativa, o devedor do Estado teria, em muitas hipóteses, benefício em não pagar suas obrigações de forma voluntária.

Por isso, os entes públicos inserem encargos quando da inscrição dos créditos em Dívida Ativa.

Aqui, cite-se o exemplo da União, que, desde o Decreto-Lei 1.025 de 1969 (BRASIL, 1969), prevê a incidência de encargos à razão de 20% do valor originalmente devido, após a inclusão dos créditos em Dívida Ativa da Administração Direta:

> Art. 1º - É declarada extinta a participação de servidores públicos na cobrança da Dívida da União, a que se referem os artigos 21 da Lei nº 4.439, de 27 de outubro de 1964, e 1º, inciso II, da Lei nº 5.421, de 25 de abril de 1968, passando a taxa, no total de 20% (vinte por cento), paga pelo executado, a ser recolhida aos cofres públicos, como renda da União (BRASIL, 1969).

Inclusive, após a Lei 11.941 (BRASIL, 2009), a incidência de encargos semelhantes foi prevista para quando da inscrição em Dívida Ativa dos créditos da Administração Indireta da União: "Art. 37-A - Os créditos das autarquias e fundações públicas federais, de qualquer natureza, não pagos nos prazos previstos na legislação, serão acrescidos de juros e multa de mora, calculados nos termos e na forma da legislação aplicável aos tributos federais."

Outrossim, há interessante previsão no âmbito da União no que tange à redução do encargo à metade (10%) quando satisfeito o crédito previamente ao seu encaminhamento, após inscrição em Dívida Ativa, ao órgão responsável pela cobrança judicial:

> Art. 3º O encargo previsto no art. 1º do Decreto-lei nº 1.025, de 21 de outubro de 1969, calculado sobre montante do débito, inclusive multas, atualizado monetariamente e acrescido dos juros e multa de mora, será reduzidopara 10% (dez por cento), caso o débito, inscrito como Dívida Ativada da União, seja pago antes da remessa da respectiva certidão ao competente órgão do Ministério Público, federal ou estadual, para o devido ajuizamento. (BRASIL, 1969)

Esse encargo, à razão de 20% (vinte por cento), servia para, facilitando a cobrança, substituir os honorários advocatícios devidos na cobrança do crédito público que, inclusive, à época, era promovida pelo Ministério Público. Nesse sentido, ainda, há verbete consolidando a jurisprudência do antigo Tribunal Federal de Recursos: "TRF, súmula 168 –O encargo de 20% (vinte por cento) do Decreto-Lei é sempre devido nas execuções fiscais da União e substitui, nos embargos, a condenação do devedor em honorários advocatícios."

Aliás, a jurisprudência do Superior Tribunal de Justiça também entende que esses encargos – incluídos quando da inscrição em Dívida Ativa de créditos pela União – possuem natureza substitutiva aos honorários advocatícios. Cite-se aqui didático julgado da lavra do Ministro Mauro Campbell Marques:

> PROCESSUAL CIVIL. EXECUÇÃO FISCAL EM DESFAVOR DA FAZENDA ESTADUAL. DÉBITO PREVIDENCIÁRIO. INCIDÊNCIA DO ENCARGO LEGAL PREVISTO NO DECRETO-LEI Nº 1.025/69. DÍVIDA ATIVA CONSTITUÍDA APÓS A LEI 11.457/2007. RECURSO ESPECIAL NÃO PROVIDO. **1.O encargo previsto no Decreto-lei 1.025/1969 engloba honorários sucumbenciais e verbas destinadas ao aparelhamento e desenvolvimento da arrecadação fiscal, nos termos dos artigos 3º,** parágrafo único**, e 4º da Lei 7.711/1988, combinado com Decreto-Lei 1.437/1975.** 2. Em razão do caráter especial deste encargo frente ao artigo 20, § 4º, do Código de Processo Civil, prevalece por critério de especialidade, o teor do artigo 1º do Decreto-Lei 1.025/1969 quando se tratar de execução fiscal proposta pela União em face de outras pessoas jurídicas de direito público. Nesse sentido: REsp 1538950/RS, Rel. Ministro MAURO CAMPBELL MARQUES, SEGUNDA TURMA, julgado em 19/11/2015, DJe 27/11/2015. 3. Não obstante se tratar de crédito oriundo de contribuição previdenciária, a Dívida Ativa foi constituída após a edição da Lei 11.457/2007, que atribui à Fazenda Nacional a competência para ajuizar a execução fiscal visando a cobrança do crédito. 4. Portanto, nos termos do artigo 1º do Decreto-Lei 1.025/1969, incide o encargo legal nas execuções fiscais promovidas pela União em face de outras pessoas jurídicas de direito público. 5. Recurso especial não provido. (STJ, 2015, grifo nosso).

Apenas a título de curiosidade, os encargos em questão somente perderam a destinação como verbas honorárias em 1989 com o advento da Lei 7.711/1988:

> **Art. 3º** A partir do exercício de 1989 fica instituído programa de trabalho de "Incentivo à Arrecadação da Dívida Ativa da União", constituído de projetos destinados ao incentivo da arrecadação, administrativa ou judicial, de receitas inscritas como Dívida Ativa da União, à implementação, desenvolvimento e modernização de redes e sistemas de processamento de dados, no custeio de taxas, custas e emolumentos relacionados com a execução fiscal e a defesa judicial da Fazenda Nacional e sua representação em Juízo, em causas de natureza fiscal, bem assim diligências, publicações, pro labore de peritos técnicos, de êxito, inclusive a seus procuradores e ao Ministério Público Estadual e de avaliadores e contadores, e aos serviços relativos a penhora de bens e a remoção e depósito de bens penhorados ou adjudicados à Fazenda Nacional. (BRASIL, 1988).

Atualmente, contudo, com a Lei 13.327/2016 (BRASIL, 2016), os encargos retornaram a ter natureza honorária aos membros das carreiras da Advocacia-Geral da União (AGU).

Com efeito, os advogados da União, os procuradores da Fazenda Nacional, os procuradores federais e os procuradores do Banco Central – todos, inclusive, remunerados por subsídio – auferem como honorários parcela dos encargos incidentes na inscrição de créditos em Dívida Ativa:

> Art. 30. Os honorários advocatícios de sucumbência incluem: I – o total do produto dos honorários de sucumbência recebidos nas ações judiciais em que forem parte a União, as autarquias e as fundações públicas federais; **II – até 75% (setenta e cinco por cento) do produto do encargo legal acrescido aos débitos inscritos na Dívida Ativa da União, previsto no art. 1º do Decreto-Lei no 1.025, de 21 de outubro de 1969.** (BRASIL, 1969, grifo nosso).

Assim, diante da similitude de institutos, não há como diferençar os "honorários advocatícios" previstos no art. 2º, § 5º, da Lei Estadual 2913/2012 (RONDÔNIA, 2012) com aqueles previstos no âmbito da União.

Com efeito, nada mais são esses "honorários advocatícios" que um encargo incluído pela lei do ente inscritor para remuneração daqueles que atuam na recuperação de seus créditos.

Aqui, apenas a título comparativo, enquanto o Estado de Rondônia somente faz incidir 10% (dez por cento) a título de encargo sobre o crédito inscrito em Dívida Ativa, a União faz incidir 20% (vinte por cento).

Lado outro, no Estado são destinados 80% dos "honorários advocatícios" incidentes sobre a Dívida Ativa para os procuradores de Estado, conforme o art. 57 da Lei Complementar Estadual 57/1987 (RONDÔNIA, 1987). Ou seja, 8% do valor do crédito inscrito. Já na União, como os honorários são fixados em 75% dos 20% incidentes sobre o crédito principal, os membros da AGU recebem até 15% do valor inscrito.

A incidência dos encargos, à razão de 10% (dez por cento) do débito, no Estado de Rondônia, somente se dá após a atuação real dos procuradores, mediante atos de cobrança extrajudicial que não se resumem ao protesto. Ao contrário, na União, bem como nos diversos entes com previsões semelhantes, os encargos já incidem quando da mera inscrição em Dívida Ativa.

Logo, não parece que subsista dúvida no sentido de que os "honorários advocatícios" do dispositivo questionado nada mais são que encargos a serem incluídos quando da cobrança administrativa – extrajudicial, se preferirem – dos créditos inscritos em Dívida Ativa.

É dizer: trata-se de um meio para que o contribuinte seja compelido a pagar suas obrigações com a Fazenda em dia, bem como evita que o contribuinte se locuplete com a demora na cobrança, já que sobre o valor principal haverá incidência do encargo, chamado aqui de "honorários advocatícios", e, finalmente, remunera a atuação extrajudicial do procurador.

Por oportuno, necessário consignar que não é estranha ao ordenamento jurídico a possibilidade de cobrança ao devedor dos ônus incidentes em virtude da cobrança extrajudicial, inclusive honorários advocatícios, conforme a jurisprudência:

> RECURSOS ESPECIAIS. CIVIL, PROCESSUAL CIVIL E CONSUMIDOR. AÇÃO CIVIL PÚBLICA. I - RECURSO DO BANCO PROMOVIDO: CONTRATO BANCÁRIO. LEASING. INCIDÊNCIA DE HONORÁRIOS ADVOCATÍCIOS EM CASO DE COBRANÇA EXTRAJUDICIAL. ÔNUS DECORRENTE DA MORA. RESPONSABILIDADE DO DEVEDOR. LEGALIDADE (CC/2002, ARTS. 389, 395 E 404). CONTRATO DE ADESÃO (CDC, ART. 51, XII). EXISTÊNCIA DE CLÁUSULA CONTRATUAL EXPRESSA. IMPROCEDÊNCIA DA AÇÃO. RECURSO PROVIDO. II - RECURSO DO PROMOVENTE: HONORÁRIOS ADVOCATÍCIOS EM FAVOR DO MINISTÉRIO PÚBLICO. RECURSO PREJUDICADO. 1. Inexiste abuso na exigência, pelo credor, de honorários advocatícios extrajudiciais a serem suportados pelo devedor em mora em caso de cobrança extrajudicial, pois, além de não causar prejuízo indevido para o devedor em atraso, tem previsão expressa nas normas dos arts. 389, 395 e 404 do Código Civil de 2002 (antes, respectivamente, nos arts. 1.056, 956 e 1.061 do CC/1916). 2. **Nas relações de consumo, havendo expressa previsão contratual, ainda que em contrato de adesão, não se tem por abusiva a cobrança de honorários advocatícios extrajudiciais em caso de mora ou inadimplemento do consumidor.** Igual direito é assegurado ao consumidor, em decorrência de imposição legal, nos termos do art. 51, XII, do CDC, independentemente de previsão contratual. (STJ, 2015, grifo nosso).

No ensejo, em julgamento analisando a legalidade da cobrança de honorários advocatícios em cobrança extrajudicial, a 1ª Câmara Cível do Tribunal de

Justiça do Estado de Rondônia também entendeu válida a fixação contratual de honorários em virtude da cobrança de créditos não pagos, inclusive como substitutivo dos honorários na fase de execução:

> Ação revisional. Cédula de crédito bancário. Cláusula contratual relativa a cobrança de honorários advocatícios extrajudiciais. Legalidade. Não há nenhuma ilegalidade na fixação da verba honorária contratual, uma vez que, além de ter sido estipulada em percentual inferior ao disposto no art. 85 do CPC, a cláusula foi estabelecida para ser exigida na hipótese de inadimplemento do devedor, o que aconteceu in casu, tanto que o apelado ajuizou ação executiva para reaver seu crédito, sendo certo que tal estipulação encontra arrimo nos arts. 389, 395 e 404 do CC. (TJRO, 2016).

Ora, se é possível aprevisão em contrato do ressarcimento por despesas do credor com a cobrança extrajudicial de seus créditos, inclusive de honorários advocatícios, não parece demasiada a previsão de encargos, com a mesma finalidade, mediante lei do ente federado.

Aliás, em julgamento de Incidente de Resolução de Demanda Repetitiva (IRDR), o Egrégio Tribunal de Justiça do Distrito Federal entendeu que a cobrança de honorários pela mera inscrição do crédito em Dívida Ativa é lícita e consubstancia encargo em razão da necessidade de promoção de atos de cobrança contra o devedor.

Inclusive, diga-se de passagem, o Tribunal de Justiça do Distrito Federal e Territórios compreende como constitucionalmente válida a destinação dos valores recolhidos nesses encargos aos procuradores do Distrito Federal a título de "honorários", conforme a seguinte ementa:

> PROCESSO CIVIL. INCIDENTE DE RESOLUÇÃO DE DEMANDAS REPETITIVAS. EXECUÇÃO FISCAL. LEI COMPLEMENTAR Nº 4/94. NATUREZA JURÍDICA DO ENCARGO DE 10%. COBRANÇA CONJUNTA COM CRÉDITO TRIBUTÁRIO. DESMEMBRAMENTO. EXECUÇÃO ESPECÍFICA. DESTINAÇÃO DO VALOR COBRADO. II - **Os encargos da Dívida Ativa são cobrados em juízo pela Fazenda Pública, pois o ente político (e não o Advogado Público integrante de seus quadros funcionais) é o credor da verba, ainda que, uma vez obtida em juízo a satisfação da Dívida Ativa, o Distrito Federal tenha legalmente optado por repassar aos seus servidores (procuradores públicos) parcela do produto obtido com a satisfação da CDA (qual seja, a parte referente aos encargos**

nela incluídos), nos termos da Lei 5.369/2014 e art. 42 do CTDF. III - O encargo de 10% do valor do crédito inscrito em Dívida Ativa, previsto no art. 42, §§ 1º e 2º da Lei Complementar n.º 4/94, não perde a natureza de encargo pelo fato de, após arrecadado pelo titular (ente público), ser destinado aos advogados públicos do Distrito Federal. IV - O encargo do art. 42 da CTDF, executado em conjunto com o crédito tributário pelo rito das execuções fiscais, nos termos do art. 39, § 4º da Lei 4.320/64 e do art. 2º, §§ 1º e 2º da LEF, ainda que não tenha natureza tributária é receita pública que Pode ser inscrita em Dívida Ativa. (TJDF, 2016, ementa parcial, grifo nosso).

Lado outro, necessário consignar que a cobrança desses valores em sede extrajudicial acaba por promover a isonomia entre os devedores. Afinal, caso o crédito fosse cobrado em Juízo – pela *via crucis* interminável da Execução Fiscal –, seriam devidos honorários advocatícios (aqui, na modalidade típica) e, ainda, seria imputado ao devedor o ônus das custas processuais.

Assim, a cobrança extrajudicial acaba por se tornar mais vantajosa financeiramente ao devedor da Fazenda. Isso porque, ainda que cobrados os encargos, o valor dos emolumentos é bastante inferior ao das custas processuais, fixadas à razão de 3% do valor do crédito principal.

Outrossim, com essa cobrança há evidentes benefícios ao Poder Judiciário, que se vê livre de um número considerável de execuções fiscais de baixo valor[282]. Assim, o próprio Estado passa a economizar – em virtude da redução de gastos com a máquina judiciária – e os devedores do Estado também são beneficiados pela cobrança extrajudicial.

Em conclusão, constata-se que os "honorários advocatícios" em questionamento possuem natureza administrativa (encargos de cobrança) e são substitutivos dos honorários sucumbenciais devidos na execução fiscal.

Assim, analisados os "honorários advocatícios" previstos no art. 2º, § 5º, da Lei Estadual 2913/2012 (RONDÔNIA, 2012), com redação incluída pela Lei 3526/2015 (RONDÔNIA, 2015), podemos partir com segurança para a análise da constitucionalidade da cobrança destes pela Procuradoria Geral do Estado de Rondônia.

---

282 Em 2016, apenas nas Comarcas de Porto Velho, Guajará-Mirim, Ariquemes, Buritis e Machadinho do Oeste foram encaminhadas a protesto extrajudicial 12.267 CDAs.

Advocacia Pública e Desenvolvimento

3. Da constitucionalidade da cobrança dos honorários no protesto pelos Estados e pelo distrito federal no que toca à competência legislativa

Ao se analisar a norma do artigo 22, inciso I, da Constituição da República de 1988 (BRASIL, 1988), é possível concluir que a verba honorária cobrada pela Procuradoria Geraldo Estado de Rondônia na atividade de protesto de CDAs possui natureza administrativa, não podendo ser matéria de direito civil e processual civil[283], de modo que não viola o art. 22, inciso I, da CONSTITUIÇÃO FEDERAL - CF/88, norma estadual de natureza administrativa.

Por outro lado, a previsão de encargos na cobrança extrajudicial da Dívida Ativa é plenamente constitucional, como também o é o fato de esses encargos serem destinados aos advogados públicos.

Em primeiro plano, evitando-se repetições tautológicas, fundamental repisar o que já foi afirmado no item 2. Ademais, não parece haver dúvida de que a incidência de encargos, à razão de 10% (dez por cento) do montante inscrito em Dívida, seja plenamente constitucional.

Apenas para reforçar o já dito, é fundamental trazer à coleção julgado do Tribunal Regional Federal da 4ª Região, em incidente de arguição de inconstitucionalidade do encargo previsto no Decreto 1.025/69 (BRASIL, 1969) (encargo de 20% sobre o crédito principal quando da inscrição do crédito na Dívida Ativa da União), ao entender que:

> ARGUIÇÃO DE INCONSTITUCIONALIDADE. TRIBUTÁRIO. ENCARGO LEGAL. DEC.-LEI "Nº 1.025/69, DE 21-10-69. LEGALIDADE E CONSTITUCIONALIDADE. 1. Afastadas as preliminares levantadas pela Fazenda Nacional da impossibilidade de controle de constitucionalidade de normas editadas perante constituição revogada e da recepção, bem como da ausência de parâmetro para o controle de constitucionalidade. 2. Constitui o denominado encargo legal (Decreto-lei nº 1.025/69, de 21-10-69) de valor exigido pelo Poder Público, tendo por base o montante do crédito da fazenda, tributário e não tributário, lançado em Dívida Ativa, sendo exigível a partir da respectiva inscrição. O encargo legal desde a sua origem até a Lei nº 7.711, de 22-12-88,

---

283 Aliás, isso até seria caso de inépcia da inicial, já que o segundo fundamento esposado acaba por conflitar com a causa de pedir. Contudo, mister enfrentar a matéria até mesmo como imperativo de ordem moral.

possuiu natureza exclusiva de honorários advocatícios. A partir da Lei nº 7.711/88, passou a constituir-se em crédito da Fazenda Pública de natureza híbrida não tributária, incluída aí a verba honorária, integrante da receita da Dívida Ativa da União. 3. **Tem-se por constitucional, sob os aspectos tanto formal quanto material, o encargo legal previsto no Dec-lei nº 1.025/69, evidenciando-se legal e legítima a sua cobrança, na linha da jurisprudência uníssona do extinto Tribunal Federal de Recursos (Súmula nº 168), dos Tribunais Regionais Federais do país e do Superior Tribunal de Justiça. Precedentes. 4.** Preliminares arguidas pela Fazenda Nacional afastadas, por unanimidade, e, no mérito, por maioria, vencidos os Desembargadores Luiz Carlos de Castro Lugon e Paulo Afonso Brum Vaz, rejeitada a arguição de inconstitucionalidade, nos termos do voto do Relator. (TRF4, 2009, grifo nosso)

Ademais, diante de norma de caráter meramente administrativo, não parece falecer ao Estado-membro competência legislativa para a fixação desse encargo. Não é por outra razão que o Pretório Excelso sequer vislumbra possibilidade de ofensa direta à Constituição no caso da cobrança dos encargos de Dívida Ativa.

Nesse sentido:

> **Agravo regimental no recurso extraordinário com agravo. Prequestionamento. Ausência. Encargo legal previsto no Decreto-lei nº 1.025/69. Infraconstitucional. 1.** Não se admite o recurso extraordinário quando os dispositivos constitucionais que nele se alega violados não estão devidamente prequestionados. Incidência das Súmulas nºs 282 e 356/STF. **2. A discussão acerca do encargo legal previsto no Decreto-Lei nº 1.025/69 paira no âmbito infraconstitucional, sendo que eventual ofensa ao texto constitucional seria meramente reflexa. 3.** Agravo regimental não provido. Não se aplica ao caso dos autos a majoração dos honorários prevista no art. 85, § 11, do novo Código de Processo Civil, uma vez que não houve apresentação de **contrarrazões.**(STF, 2015, grifo nosso)

Em segundo lugar, o simples fato de a parcela desse encargo – no caso do Estado de Rondônia, 80% do produto sãodestinados aos advogados públicos e 20% permanecem para utilização pelo Centro de Estudos da Procuradoria-Geral do Estado – ser destinada aos advogados públicos não possui qualquer vício capaz de macular sua validade constitucional.

Afinal, como é cediço, o controle de constitucionalidade de leis ou atos normativos nada mais é que uma análise de pertinência do conteúdo do texto em análise frente às normas constitucionais. Não é por outro motivo que "a jurisprudência do STF adota perfil restritivo ao conceito de inconstitucionalidade, resumindo-o, para fins de controle (tanto concreto quanto abstrato), somente ao descompasso direito e frontal da norma impugnada em face da Constituição Federal" (BERNARDES, 2004, p. 138).

Nesse sentido, cite-se o seguinte julgado:

> AÇÃO DIRETA DE INCONSTITUCIONALIDADE. ADMINISTRATIVO. INTERRUPÇÃO DE BEM OU SERVIÇO PÚBLICO SEM AVISO PRÉVIO AO CONSUMIDOR. CONTROLE DE LEGALIDADE E NÃO DE CONSTITUCIONALIDADE DA LEI RONDONIENSE N. 1.126/2002. AÇÃO DIRETA NÃO CONHECIDA. 1. O poder constituinte dos Estados-membros limita-se pelos princípios da Constituição da República. Autonomia dos entes federados definida pelos princípios constitucionais. 2. Ausência de afronta às regras de competência privativa da União. 3. Lei rondoniense n. 1.126/2002 coerente com o previsto na Lei n. 8.987/95, que dispõe sobre o regime de concessão e permissão da prestação de serviços públicos. 4. **Inviabilidade do exame de constitucionalidade da Lei rondoniense: questão posta para cotejar a Lei rondoniensen. 1.126/2002 com a Lei nacional n. 8.078/90 (Código de Defesa do Consumidor). Exame de legalidade que não viabiliza o controle abstrato da lei estadual por meio da ação direta.** Precedentes. 5. Ação direta de inconstitucionalidade não conhecida (STF, 2009) (grifo nosso).

Não se aceita no Brasil, portanto, a chamada inconstitucionalidade reflexa, que é aquela que "resulta da violação de uma norma infraconstitucional interposta entre o ato questionado e a Constituição, tem-se uma inconstitucionalidade reflexa ou por via oblíqua".

Com efeito, ainda que a inconstitucionalidade não seja mais que uma ilegalidade qualificada em virtude do parâmetro de análise (Constituição), não se pode pretender igualá-las, sendo vedada a análise constitucional de uma norma infraconstitucional quando, para isso, é necessário confrontá-la, primeiramente, com outra norma de igual *status*:

> AÇÃO DIRETA DE INCONSTITUCIONALIDADE. MP 1911-9/99. NORMA DE NATUREZA SECUNDÁRIA. VIOLAÇÃO INDIRE-

TA. IMPOSSIBILIDADE DE EXAME EM SEDE DE CONTROLE CONCENTRADO DE CONSTITUCIONALIDADE. 1. É incabível a ação direta de inconstitucionalidade quando destinada a examinar ato normativo de natureza secundária que não regule diretamente dispositivos constitucionais, mas sim normas legais. Violação indireta que não autoriza a aferição abstrata de conformação constitucional. Ação direta de inconstitucionalidade não conhecida. (STF, 2004).

Oportuno dizer, nesse ponto, que inexiste entre as leis critério hierárquico, pois "cada espécie normativa atuará dentro de sua parcela de competência" (LENZA, 2011).

Com efeito, diante do sistema de competências legislativas criado pela Constituição da República, não existe hierarquia entre leis federais, estaduais, distritais e municipais. Quando os campos de competências legislativas distintos são eventualmente violados o Supremo Tribunal Federal deve declarar a inconstitucionalidade, não em virtude da outra lei, mas, sim, da violação às regras constitucionais acerca da competência para legislar (LENZA, 2011).

Nesse sentido, a jurisprudência do Supremo Tribunal Federal:

> AÇÃO DIRETA DE INCONSTITUCIONALIDADE – COMPETÊNCIA CONCORRENTE (CONSTITUIÇÃO FEDERAL - CF, ART. 24) – ALEGADA INVASÃO DE COMPETÊNCIA DA UNIÃO FEDERAL, POR DIPLOMA LEGISLATIVO EDITADO POR ESTADO-MEMBRO – NECESSIDADE DE PRÉVIO CONFRONTO ENTRE LEIS DE CARÁTER INFRACONSTITUCIONAL – INADMISSIBILIDADE EM SEDE DE CONTROLE NORMATIVO ABSTRATO. Nas hipóteses de competência concorrente (CONSTITUIÇÃO FEDERAL - CF, art. 24), nas quais se estabelece verdadeira situação de condomínio legislativo entre a União Federal e os Estados-membros (RAUL MACHADO HORTA, "Estudos de Direito Constitucional", p. 366, item n. 2, 1995, Del Rey), daí resultando clara repartição vertical de competências normativas, a jurisprudência do Supremo Tribunal Federal firmou-se no sentido de entender incabível a ação direta de inconstitucionalidade, se, para o específico efeito de examinar-se a ocorrência, ou não, de invasão de competência da União Federal, por parte de qualquer Estado-membro, tornar-se necessário o confronto prévio entre diplomas normativos de caráter infraconstitucional: a legislação nacional de princípios ou de normas gerais, de um lado (CONSTITUIÇÃO FEDERAL - CF, art. 24, § 1º), e as leis estaduais de aplicação e execução das diretrizes fixadas pela União Federal, de outro (CONS-

TITUIÇÃO FEDERAL - CF, art. 24, § 2º). Precedentes. É que, tratando-se de controle normativo abstrato, a inconstitucionalidade há de transparecer de modo imediato, derivando, o seu reconhecimento, do confronto direto que se faça entre o ato estatal impugnado e o texto da própria Constituição da República. Precedentes. (STF, 2000, ementa parcial, grifo nosso).

De fato, os honorários previstos no Código de Processo Civil (BRASIL, 2015) e no Estatuto da OAB (BRASIL, 1994) possuem natureza processual e civil, respectivamente, sendo impossível ao legislador estadual neles interferir. Nesse âmbito, inclusive, destaque-se a impossibilidade de o ente federado promover a redução de honorários sucumbenciais em programas de benefícios para pagamento de dívidas tributárias já em execução fiscal:

> MANDADO DE SEGURANÇA Município de Guarulhos Parcelamento do débito fiscal condicionado ao pagamento integral da verba honorária Inadmissibilidade Lei Municipal que não prevê tal condicionamento Sentença que concedeu a ordem mantida Recursos oficial e voluntário improvidos. (TJSP, 2013).

Contudo, **os "honorários contratuais" previstos no art. 2º, § 5º, da Lei Estadual 2.913/2012** (RONDÔNIA, 2012)**, não possuem natureza civil ou processual.** Ao contrário, trata-se de norma de natureza administrativa e que se encontra dentro do âmbito de competência do Estado-federado.

Ora, a menos que se pretenda anular a atuação legislativa do Estado-membro, a cada nova legislação editada por nossa Assembleia Legislativa deve, sim, haver uma **inovação legislativa**[284]. Isso no sentido de que a elaboração de lei "é, em última análise, o fruto da decisão de um órgão do Estado de instaurar direito novo, de um órgão, pois, a que a Constituição concede esse poder." (KERVÉGAN, 2006).

Com efeito, não sendo a norma questionada de competência privativa da União – na verdade, competência exclusiva prevista no art. 22 da CONSTITUIÇÃO FEDERAL - CF/88 –, o Estado-membro poderá exercer sua atividade legislativa, inclusive pela criação de novos institutos, sob pena de se restringir a atividade legislativa local, em violação ao art. 24 e art. 25, § 1º, da CONSTITUIÇÃO FEDERAL - CF/88.

---

284 Inovação essa que sequer é novidade no direito nacional, face à existência de diversas outras normas estaduais e municipais com o mesmo conteúdo.

Nunca é demais ressaltar a possibilidade do recebimento dos honorários sucumbenciais (em todas as suas espécies) com o recebimento de proventos no regime de subsídio.

Ao tratar de subsídio, fundamental trazer a definição da melhor doutrina administrativista:

> O subsídio é o estipêndio estatutário, fixado por lei em parcela única, com os estritos acréscimos constitucionalmente admitidos, a ser pago, obrigatoriamente, aos detentores de cargos de natureza política assim definidos na Constituição e, facultativamente, aos titulares de cargos em carreiras especificamente definidas em lei. (MOREIRA NETO, 2014).

Essa parcela única foi instituída com o objetivo de expurgar o "sistema remuneratório que vem vigorando tradicionalmente na Administração Pública e que compreende o padrão fixado em lei mais as vantagens pecuniárias de variada natureza previstas na legislação estatutária". (DI PIETRO, 2014).

Os honorários pagos em decorrência do protesto de CDAs são pagos pelos devedores da Fazenda quando da cobrança administrativa. Logo, não sendo pagos pelo Ente Público, inviável considerar os honorários violadores do regime de remuneração por subsídio.

Ora, somente é passível de ser qualificada como remuneração, inserida na sistemática dos subsídios, dos advogados públicos aquilo que lhes é pago pelo ente público, sob pena de se ter uma espécie remuneratória *sui generis* em que parte dos valores mensais recebidos pelos advogados públicos seria oriunda de pagamento por particulares. Aliás, questionamento semelhante é encontrado nos ensinamentos do Professor Kyoshi Harada (2012, p. 36):

> A inclusão das "vantagens pessoais ou de qualquer outra natureza" a que se refere o inciso XI, do art. 37, da CONSTITUIÇÃO FEDERAL - CF, evidentemente, diz respeito à verba de natureza pública paga pelo erário com observância do regime da despesa pública de conformidade com a lei de regência da matéria, ou seja, da Lei nº 4.320/64 [...].

No caso de verba honorária, por expressa disposição da lei de regência (estadual ou municipal), ela não pertence ao Poder Público, pelo que não pode ser considerada receita pública. Outrossim, a sua distribuição aos integrantes da carreira de Procurador não pode ser considerada uma despesa pública, pois quem a paga não é o Poder Público, mas o sucumbente em ação judicial. Daí porque, na distribuição dos honorários da sucumbência aos Procuradores não se cogita de empenho, aliás, tecnicamente impossível por ausência de despesa pública a esse título.

> [...]Sustentar que a verba honorária tem natureza de vencimento é o mesmo que afirmar que o procurador tem uma parte de seus vencimentos paga por um particular, o sucumbente em processo judicial, incorrendo em violação do elementar conceito do que sejam vencimentos, que exige fixação do respectivo valor por lei como contrapartida pelo exercício do cargo ou função pública. Basta atentar para a origem da verba honorária, como antes afirmado, para se concluir que ela não corresponde à retribuição pecuniária pelo exercício do cargo de Procurador (HARADA, 2012). E mais, se a verba honorária for uma vantagem pessoal paga pelo Poder Público, como querem parte da doutrina e das decisões judiciais de primeira instância, é preciso, antes de mais nada, que ela tenha sido incorporada ao erário como receita pública. E receita pública não o é, pois a verba honorária paga pela parte que sucumbiu na ação contra o Poder Público sequer tem enquadramento na Lei nº 4.320/64, quer na categoria econômica de receitas correntes, quer na categoria econômica de receitas de capital (§§ 1º e 2º, do art. 11). (HARADA, 2012, grifo nosso).

Aliás, a jurisprudência de outros Tribunais já resta pacificada acerca da inexistência de violação ao regime de subsídio em virtude do recebimento de honorários:

> AÇÃO DIRETA DE INCONSTITUCIONALIDADE. PROCURADORES DO ESTADO. HONORÁRIOS ADVOCATÍCIOS DE SUCUMBÊNCIA. LEI COMPLEMENTAR ESTADUAL. PRELIMINAR DE IMPOSSIBILIDADE JURÍDICA DO PEDIDO. REJEITADA. INEXISTÊNCIA DE OFENSA AO PAGAMENTO POR SUBSÍDIO. DESNECESSIDADE DE OBSERVÂNCIA DO TETO CONSTITUCIONAL. INTERPRETAÇÃO CONFORME. I - Rejeita-se a preliminar de impossibilidade jurídica do pedido tendo em vista que a norma constitucional inobservada é de reprodução obrigatória na Constituição Estadual. II - A omissão da Constituição Estadual não constitui óbice a que o Tribunal de Justiça local julgue ação direta de inconstitucionalidade contra lei que dispõe sobre a remuneração dos Procuradores de Estado. III - **Os Advogados Públicos, categoria da qual fazem parte os Procuradores de Estado, fazem jus ao recebimento de honorários advocatícios de sucumbência, sem que haja ofensa ao regime de pagamento do funcionalismo público através de subsídio ou de submissão ao teto remuneratório, tendo em vista que tal verba é variável, é paga mediante rateio e é devida pelo particular (parte sucumbente**

na demanda judicial), não se confundindo com a remuneração paga pelo ente estatal. (TJMA, 2012, grifo nosso).

Inclusive, até mesmo em casos em que os honorários são cobrados de forma conjunta com a Dívida Ativa – quando há inclusão dos valores na própria CDA – onde a Administração acaba recebendo os honorários e posteriormente repassando-os aos procuradores, a jurisprudência entende não haver violação ao regime de subsídio:

> AÇÃO DIRETA DE INCONSTITUCIONALIDADE. DESTINAÇÃO E REPASSE DOS HONORÁRIOS ADVOCATÍCIOS DE SUCUMBÊNCIA AOS MEMBROS INTEGRANTES DO SISTEMA JURÍDICO DO DISTRITO FEDERAL. IMPROCEDÊNCIA DO PEDIDO. 7. **Ausência de incompatibilidade entre a remuneração por subsídios e a percepção de honorários advocatícios de sucumbência. A administração pública funciona como mera fonte arrecadadora da verba honorária para ulterior repasse aos legítimos destinatários, os advogados públicos. Doutrina. 8.** O colendo STF já alertou para a circunstância de que a verba honorária de sucumbência não constitui vantagem funcional sujeita às normas gerais disciplinadoras da remuneração dos servidores públicos, mas de estímulo instituído, em valor obviamente variável, regulado por legislação específica (RE 217585, Rel. Min. Ilmar Galvão, Primeira Turma, DJ 10/12/1999). 9. A matéria em debate não reflete em aumento de despesa pública decorrente do reajuste de vencimentos, gratificações e outras vantagens remuneratórias. Não há necessidade da verificação dos requisitos fundamentais de prévia dotação orçamentária e autorização específica na Lei de Diretrizes Orçamentárias. 11. Ação Direta de Inconstitucionalidade julgada improcedente. (TJDFT, 2014, ementa parcial, grifo nosso)

Com isso, bastante certo que, se sequer quando são incluídos no crédito – como quando o seu valor é inserido na própria CDA, como ocorre no caso do Distrito Federal e da União – os honorários não violam o regime de subsídio, quanto mais quando eles são cobrados em paralelo com o crédito público – como ocorre no Estado de Rondônia, em que os honorários são pagos paralelamente ao valor principal.

Ao final, sempre mister trazer o entendimento do Pretório Excelso acerca da inviabilidade de se compreender os honorários advocatícios como verbas de natureza pública, o que poderia violar o regime de remuneração por subsídio:

ESTADO DE SÃO PAULO. PROCURADORES ESTADUAIS. "VERBA HONORÁRIA". PRETENDIDA INCLUSÃO NO CÁLCULO DO "TERÇO DE FÉRIAS" PREVISTO NO ART. 7º, XVII, C/C ART. 39, § 2º, DA CONSTITUIÇÃO. Vantagem distribuída aos membros da categoria, a título de estímulo, por meio de rateio do montante da verba paga ao Estado pelas partes sucumbentes, na forma prevista em legislação especial que não prevê a sua inclusão no cálculo do "terço de férias". Circunstância suficiente para afastar a incidência, no caso, dos dispositivos constitucionais em referência. Recurso não conhecido. (STF, 1999).

Razão disso, afigura-se plenamente constitucional a fixação de honorários para os advogados públicos, não havendo violação ao regime de subsídio, mormente no que tange à natureza privada da verba.

4. Da experiência de Rondônia com a edição da Lei Estadual Nº 2.913/2012, com redação incluída pela Lei 3.526/2015, Estado de Rondônia

A experiência do Estado de Rondônia difere de outros entes, como a União e o Distrito Federal. Nestes, para que o devedor regularize sua situação será necessário o pagamento do valor inscrito em Dívida (crédito principal e os encargos), incluindo-se a verba honorária nos encargos, de modo que o pagamento destes será condicionante da regularização da situação do devedor.

Hipótese diametralmente oposta é a do Estado de Rondônia.

Ao contrário do que afirmado, o Estado de Rondônia não inclui em sua Dívida Ativa os valores dos honorários.

Com efeito, esses valores são cobrados paralelamente com o crédito principal e não condicionam a regularização da situação fiscal do devedor.

Os honorários são devidos em virtude da cobrança extrajudicial da dívida, à semelhança do que ocorre com a cobrança extrajudicial aos consumidores como se viu acima. Entretanto, o não pagamento dos honorários não inviabiliza a regularização da situação fiscal do devedor da Fazenda.

É dizer, caso a Fazenda promova a cobrança do crédito principal de forma extrajudicial, que o devedor poderá regularizar sua situação fiscal

apenas pagando o primeiro. Assim, a dívida relativa aos honorários – que permanecerá e deverá ser cobrada por outras vias – não impede a regularização da situação fiscal do devedor.

Informe-se, ainda, que, em caso de protesto extrajudicial, realizado perante os Tabelionatos de Protesto, o devedor sempre poderá pagar apenas o crédito principal para regularizar sua situação perante o Fisco (certidão negativa). Contudo, não haverá baixa do protesto sem que ele pague o valor devido de honorários e dos emolumentos.

Assim, a cobrança dos honorários não impede ou é condição para a regularização da situação fiscal do devedor, não se podendo confundir a pendência do protesto extrajudicial com a situação fiscal.

Por oportuno, repise-se a constatação de que a cobrança extrajudicial dos créditos da Fazenda, ainda que incidentes os honorários e eventuais emolumentos (em caso de protesto) é mais benéfica a todos.

Afinal, caso a cobrança dos créditos se dê na via judicial, além do pagamento do crédito principal e dos honorários advocatícios, o devedor suportará as custas processuais – que são bastante superiores aos valores com emolumentos – e ainda despesas para atuar no processo.

De igual modo, não se pode dizer que há violação a qualquer princípio constitucional, como o Princípio da Isonomia. Este, mormente quando atua na conformação da atuação do Poder Legislativo, exige "uma correlação lógica entre: 1) o traço diferencial eleito como ponto de apoio da desigual ação que se pretende instaurar; e 2) a desigualdade de tratamento sugerida em função do traço ou característica adotada".

No caso, o recebimento dos honorários – sucumbenciais ou substitutivos – se dá em virtude do exercício da advocacia pelos Procuradores do Estado de Rondônia, na forma prevista no Estatuto da OAB (BRASIL, 1994):

> Art. 3º, § 1º Exercem atividade de advocacia, sujeitando-se ao regime desta lei, além do regime próprio a que se subordinem, os integrantes da Advocacia-Geral da União, da Procuradoria da Fazenda Nacional, da Defensoria Pública e das Procuradorias e Consultorias Jurídicas dos Estados, do Distrito Federal, dos Municípios e das respectivas entidades de administração indireta e fundacional.

Assim, possível dizer que a submissão dos procuradores ao Estatuto da OAB é o traço diferencial eleito pela legislação em questão como ponto de apoio para a previsão do recebimento desses valores pelos advogados públicos (medida de desigualação).

Lado outro, constata-se que a suposta desigualdade (recebimento dos honorários pelos procuradores em detrimento de todas as demais categorias dos serviços públicos) decorre do próprio regime jurídico dos advogados públicos, que, ao mesmo tempo, encontram-se submetidos a regras do serviço público e do Estatuto da Ordem dos Advogados do Brasil.

Assim, se o critério de desigualação (recebimento de honorários) tem como ponto de apoio a submissão dos procuradores à Lei 8.906/94 (BRASIL, 1994) e, de outro lado, a percepção desses valores somente é dada após a atuação extrajudicial dos advogados públicos – à semelhança do que ocorre com os honorários previstos nas cobranças extrajudiciais privadas –, não há falar-se em violação à isonomia.

Ao contrário, violadora da isonomia seria a hipótese em que outras categorias recebessem tais verbas (medida de desigualação) sem que sobre elas incidisse o traço diferencial (submissão ao regime do Estatuto da OAB).

De igual modo, violadora da isonomia seria a hipótese em que, mesmo diante do mesmo traço diferencial (submissão ao Estatuto da OAB), os advogados públicos não recebessem honorários, sucumbenciais ou substitutivos, ao contrário do que fazem jus os advogados privados.

Sendo assim, inviável falar em violação à isonomia quando o recebimento dos valores se dá por particularidades no regime jurídico a que estão submetidos os advogados públicos.

Finalmente, inexiste violação à atividade do tabelião pela cobrança dos honorários.

Em primeiro lugar porque a sua incidência se dá na cobrança administrativa da Dívida Ativa, que pode, ou não, ser realizada mediante protesto extrajudicial.

Em segundo plano, o que eventualmente é levado a protesto são os valores do crédito fiscal e dos honorários incidentes. Com isso, não há subtração dos emolumentos devidos aos tabeliões e, de outro lado, o não pagamento dos honorários não implica a possibilidade de se promover a regularização da situação do devedor perante o Fisco (o que já foi analisado anteriormente).

Considerações finais

Em face de todo o exposto, CONCLUI-SE que:

Ao deixar de pagar devidamente seus débitos com o Estado, o devedor inscrito em Dívida Ativa aufere benefícios por sua mora que, no mais das vezes, são superiores aos ônus regulares da dívida, como juros e multas de mora.

É em razão disso que, após a inscrição em Dívida Ativa, diversos entes federados inserem, sobre o valor do crédito principal, determinados encargos. Esses "encargos", cuja natureza não é sancionatória, buscam patrocinar os custos de cobrança, suprindo os recursos despendidos para recuperação de outros recursos que já deveriam estar disponíveis ao ente público.

Caso não instituídos encargos em virtude da inscrição de créditos em Dívida Ativa, o devedor do Estado teria, em muitas hipóteses, benefício em não pagar suas obrigações de forma voluntária.

A cobrança de honorários pela mera inscrição do crédito em Dívida Ativa é lícita e consubstancia encargo em razão da necessidade de promoção de atos de cobrança contra o devedor.

É constitucionalmente válida a destinação dos valores recolhidos nesses encargos aos procuradores do Distrito Federal a título de "honorários".

A cobrança desses valores, a título de honorários, em sede extrajudicial, acaba por promover a isonomia entre os devedores.

Afinal, caso o crédito fosse cobrado em Juízo – pela *via crucis* interminável da Execução Fiscal –, seriam devidos honorários advocatícios (aqui, na modalidade típica) e, ainda, seria imputado ao devedor o ônus das custas processuais.

A extrajudicial acaba por se tornar mais vantajosa financeiramente ao devedor da Fazenda. Isso porque, ainda que cobrados os encargos, o valor dos emolumentos é bastante inferior ao das custas processuais, fixadas, em média, à razão de 3% (três por cento) do valor do crédito principal.

Outrossim, com essa cobrança há evidentes benefícios ao Poder Judiciário, que se vê livre de um número considerável de execuções fiscais de valor baixo.

Assim, o próprio Estado passa a economizar – em virtude da redução de gastos com a máquina judiciária – e os devedores do Estado também são beneficiados pela cobrança extrajudicial.

De igual modo, não se pode dizer que o percebimento de honorários, pelos Procuradores dos Estados e do Distrito Federal, decorrentes do protesto de CDAs, viola qualquer princípio constitucional, como o Princípio da Isonomia, na medida em que o recebimento dos honorários – sucumbenciais ou substitutivos – se dá em virtude do exercício da advocacia pelos Procuradores dos Estados e do Distrito Federal, na forma prevista no Estatuto da OAB, Lei 8.906/94 (BRASIL, 1994).

Em conclusão, constata-se que os "honorários advocatícios" oriundos do protesto possuem natureza administrativa (encargos de cobrança) e são substitutivos dos honorários sucumbenciais devidos na execução fiscal, sendo legítimos, constitucionais e legais, nos termos do Ordenamento Jurídico Brasileiro.

Referências bibliográficas

ALVIM, J. E. Carreira. **Comentários ao Novo Código de Processo Civil**. Curitiba: Editora Juruá, 2015, vol. IV.

BERNARDES, Juliano Taveira. **Controle Abstrato de Constitucionalidade**. São Paulo: Saraiva, 2004.

BRASIL, Casa Civil. Decreto nº 1.025, de 21 de outubro de 1969. Declara extinta a participação de servidores públicos na cobrança da Dívida Ativa da União e dá outras providências. **Diário Oficial da União**, Brasília, DF, 21 out. 1969, p. 8945.Disponível em: <http://www.planalto.gov.br/ccivil_03/decreto-lei/Del1025.htm>. Acesso em: 28 mai. 2018.

_____.Decreto nº 11.941, de 27 de maio de 2009. Altera a legislação tributária federal relativa ao parcelamento ordinário de débitos tributários; concede remissão nos casos em que especifica; institui regime tributário de transição, alterando os Decretos [...]. **Diário Oficial da União**, Brasília, DF, 27 mai. 2009, p.3, (Publicação Original).Disponível em: <http://www.planalto.gov.br/ccivil_03/_ato2007-2010/2009/lei/l11941.htm>. Acesso em: 28 mai. 2017.

_____. Lei nº 13.105, de 16 de março de 2015. Código de Processo Civil. **Diário Oficial da União**, Brasília, DF, 16 mar. 2015.Disponível em: < http://www.

planalto.gov.br/ccivil_03/_ato2015-2018/2015/lei/l13105.htm#art1045>. Acesso em 28 mai. 2018.

_____. Lei nº 13.327, de 29 de julho de 2016. Altera a remuneração de servidores públicos; estabelece opção por novas regras de incorporação de gratificação de desempenho a aposentadorias e pensões; altera os requisitos de acesso a cargos públicos; reestrutura cargos e carreiras; dispõe sobre honorários advocatícios de sucumbência das causas em que forem parte a União, suas autarquias e fundações; e dá outras providências. **Diário Oficial da União**, Brasília, DF, 29 jul. 2016, p. 4, (Publicação Original). Disponível em: <http://www.planalto.gov.br/ccivil_03/_ato2015-2018/2016/lei/L13327.htm>. Acesso em: 28 mai. 2017.

_____. Lei nº 7711, de 22 de dezembro 1988. Dispõe sobre formas de melhoria da administração tributária e dá outras providências. **Diário Oficial da União**, Brasília, DF, 22 dez. 1988, p. 25282, (Publicação Original).Disponível em: <http://www.planalto.gov.br/ccivil_03/leis/L7711.htm>. Acesso em: 28 mai. 2017.

_____. Lei nº 8.906, de 4 de julho de 1994. Dispõe sobre o Estatuto da Advocacia e a Ordem dos Advogados do Brasil (OAB). **Diário Oficial da União**, Brasília, DF, 4 jul. 1994.Disponível em: <http://www.planalto.gov.br/ccivil_03/Leis/L8906.htm>. Acesso em: 28 mai. 2018.

_____. Constituição da República Federativa do Brasil. **Diário Oficial da União,** Brasília, DF, 191-A, 05 out. 1988, p.1.

COMPARATO, Fábio Konder. **O Poder de Controle na Sociedade Anônima**. 3. ed. Rio de Janeiro: Forense, 1983.

COSTA MACHADO, Antonio Cláudio. **Novo CPC. Sintetizado e Resumido**. São Paulo: Atlas, 2015.

DI PIETRO, Maria Sylvia Zanella. **Direito Administrativo**. São Paulo: Atlas, 2014

DINIZ, Maria Helena. **Curso de direito civil brasileiro**. 13. ed. São Paulo: Saraiva, 1999, v. 1.

FERREIRA FILHO, Manoel Gonçalves. **Do Processo Legislativo**. São Paulo: Saraiva, 2012.

HARADA, Kiyoshi. Teto remuneratório dos Procuradores Públicos.**Revista Jus Navigandi**, Teresina, ano 17, n. 3338, 21 ago. 2012. Disponível em: <https://jus.com.br/artigos/22463>. Acesso em:18 jun. 2017.

LENZA, Pedro. **Direito Constitucional Esquematizado**. São Paulo: Saraiva, 2011.

MEIRELLES, Hely Lopes. **Direito Administrativo Brasileiro**.26. ed., atualizada por Eurico de Andrade Azevedo, Délcio Balestero Aleixo e José Emmanuel Burle Filho. São Paulo: Malheiros, 2001.

MOREIRA NETO, Diogo de Figueiredo. **Curso de Direito Administrativo**. Rio de Janeiro: Forense, 2014.

NOVELINO, Marcelo. **Direito Constitucional**. São Paulo: Método, 2012.

RONDÔNIA, Governadoria. Lei nº 2.913/12, de 3 de dezembro de 2012.Autoriza a Procuradoria Geral do Estado de Rondônia a utilizar meios alternativos de cobrança de créditos fiscais do Estado, de autarquias e de fundações públicas estaduais, observados os critérios de eficiência administrativa e de custos de administração e cobrança, especialmente o disposto na Lei nº 9.492, de 10 de setembro de 1997, devendo encaminhar para protesto as certidões de Dívida Ativa tributária e não-tributária e os títulos executivos judiciais de quantia certa, bem como inscrever o nome dos sujeitos passivos inadimplentes com o Erário em cadastros públicos ou privados de proteção ao crédito, e dá outras providências. **Diário Oficial do Estado de Rondônia**, Porto Velho, RO, 2 jul., 1987. Disponível em: <https://sapl.al.ro.leg.br/sapl_documentos/norma_juridica/153_texto_integral>. Acesso em: 28 mai. 2017.

_____. Lei nº 20, de 2 de julho de 1987.Dá nova redação ao decreto nº 159, de 23/04/82, que estabelece a competência e aprova a estrutura da Procuradoria Geral do Estado. **Diário Oficial do Estado de Rondônia**, Porto Velho, RO, 2 jul., 1987. Disponível em: <https://sapl.al.ro.leg.br/sapl_documentos/norma_juridica/153_texto_integral>. Acesso em 28 mai. 2017.

_____. Lei nº 2913, de 3 de dezembro de 2012. Autoriza a Procuradoria Geral do Estado de Rondônia a utilizar meios alternativos de cobrança de créditos fiscais do Estado, de autarquias e de fundações públicas estaduais, observados os critérios de eficiência administrativa e de custos de administração e cobrança, especialmente o disposto na lei nº 9.492, de 10 de setembro de 1997, devendo encaminhar para protesto as certidões de Dívida Ativa tributária e não-tributária e os títulos executivos judiciais de quantia certa, bem como inscrever o nome dos sujeitos passivos inadimplentes com o erário em cadastros públicos ou privados de proteção ao crédito, e dá outras providências. **Diário Oficial do Estado de Rondônia**, Porto Velho, RO, 3 dez., 2012. Disponível em: < http://sapl.al.ro.leg.br/sapl_documentos/norma_juridica/6005_texto_integral>. Acesso em: 29 mai. 2017.

_____. Lei nº 3526, de 6 de abril de 2015.Altera a Lei nº 2.913, de 3 de dezembro de 2012, que "Autoriza a Procuradoria Geral do Estado de Rondônia a utilizar meios alternativos de cobrança de créditos fiscais do Estado, de autarquias e de fundações públicas estaduais, observados os critérios de eficiência administrativa e de custos de administração e cobrança, especialmente o disposto na Lei nº 9.492, de 10 de setembro de 1997, devendo encaminhar para protesto as certidões de Dívida Ativa tributária e não-tributária e os títulos executivos judiciais de quantia certa, bem como inscrever o nome dos sujeitos passivos inadimplentes com o Erário em cadastros públicos ou privados de proteção ao crédito, e dá outras providências. **Diário Oficial do Estado de Rondônia**, Porto Velho, RO, 6 de abr., 2015. Disponível em: < https://www.legisweb.com.br/legislacao/?id=282880>. Acesso em: 29 mai. 2017.

SARMENTO, Daniel; SOUZA NETO, Cláudio Pereira de. **Direito Constitucional – Teoria, história e métodos de trabalho**. Belo Horizonte, Editora Fórum, 2012. p. 372.

STF, Supremo Tribunal Federal, 2º Turma. RECURSO EXTRAORDINÁRIO COM AGRAVO: AgR no ARE 953.589/PR. Relator: Ministro Dias Toffilo. DJe 14/02/2017. **JusBrasil**, 2015. Disponível em: < http://redir.stf.jus.br/paginadorpub/paginador.jsp?docTP=TP&docID=12411556 >. Acesso em: 29 mai. 2018.

STF, Supremo Tribunal Federal, 1º Turma. RECURSO EXTRAORDINÁRIO: RE 217585/SP. Relator: Ministro Ilmar Galvão. DJe 28/09/1999. **JusBrasil**, 1999. Disponível em: <https://stf.jusbrasil.com.br/jurisprudencia/738700/recurso-extraordinario-re-217585-sp>. Acesso em: 29 mai. 2018.

STF, Supremo Tribunal Federal. Tribunal Pleno. AÇÃO DIRETA DE INCONSTITUCIONALIDADE: ADI 2876/RO. Relator: Ministra Cármen Lúcia. DJe-218 de 19/11/2009. **JusBrasil**, 2009. Disponível em: <https://stf.jusbrasil.com.br/jurisprudencia/5661824/acao-direta-de-inconstitucionalidade-adi-2876-ro?s=paid>. Acesso em: 29 mai. 2018.

_____. Tribunal Pleno. AÇÃO DIRETA DE INCONSTITUCIONALIDADE: ADI 2065/DF. Relator: Ministro Maurício Corrêa. DJe 04/06/2004. **JusBrasil**, 2004. Disponível em: <https://stf.jusbrasil.com.br/jurisprudencia/14755828/acao-direta-de-inconstitucionalidade-adi-2065-df >. Acesso em 29: mai. 2018.

_____. QUESTÃO DE ORDEM NA AÇÃO DIRETA DE INCONSTITUCIONALIDADE: ADI 2344/SP. Relator: Ministro Celso de Melo. DJe 23/11/2000. **JusBrasil**, 2000. Disponível em: <https://stf.jusbrasil.com.br/jurisprudencia/14752551/questao-de-ordem-na-acao-direta-de-inconstitucionalidade-adi-2344-sp>. Acesso em: 29 mai. 2018.

_____. RECURSO ESPECIAL: REsp 1.002.445 DF 2007/0257665-5. Relator: Ministro Raul Araújo. DJe 14/12/2015. **JusBrasil**, 2015. Disponível em: <https://www.jusbrasil.com.br/diarios/documentos/126184609/recurso-especial-n-1002445-df-do-stj>. Acesso em: 28 mai. 2017.

_____. RECURSO ESPECIAL: REsp 1.002.445 DF 2007/0257665-5. Relator: Ministro Raul Araújo. DJe 14/12/2015. **JusBrasil**, 2015. Disponível em: <ht-

tps://www.jusbrasil.com.br/diarios/documentos/126184609/recurso-especial--n-1002445-df-do-stj>. Acesso em: 28 mai. 2018.

_____. RECURSO ESPECIAL: REsp 1540855 RS 2015/0155201-5. Relator: Ministro Mauro Campbell Marques. DJe 18/12/2015. **JusBrasil**, 2015. Disponível em: <https://stj.jusbrasil.com.br/jurisprudencia/296840295/recurso-especial--resp-1540855-rs-2015-0155201-5?ref=juris-tabs>. Acesso em: 28 mai. 2017.

STRECK, Lênio. **Hermenêutica Jurídica e(m) Crise**. Porto Alegre: Livraria do Advogado, 2014.

TAVARES, André Ramos. **Curso de Direito Constitucional**. São Paulo: Saraiva, 2013. p. 458.

TJDF. Tribunal de Justiça do Distrito Federal, Câmara de Uniformização. PROCESSO CIVIL, IRDR 20160020134714, Relator: José Divino. D.Je 12/12/2016. **JusBrasil**, 2016. Disponível em: < https://tj-df.jusbrasil.com.br/jurisprudencia/353425943/20160020120149-0013347-7520168070000>. Acesso em: 29 mai. 2017.

TJDFT, Tribunal de Justiça do Distrito Federal e Territórios. AÇÃO DIRETA DE INCONSTITUCIONALIDADE: ADI 20140020168258/DF 0016952-97.2014.8.07.0000. Relator: Humberto Adjuto Ulhôa. DJe 28/10/2014. **JusBrasil**, 2014. Disponível em: <https://tj-df.jusbrasil.com.br/jurisprudencia/149209271/acao-direta-de-inconstitucionalidade-adi-20140020168258--df-0016952-9720148070000>. Acesso em: 29 mai. 2018

TJMA, Tribunal de Justiça do Estado do Maranhão. AÇÃO DIRETA DE INCONSTITUCIONALIDADE: ADI 30.721/2010/MA. Relator: Desembargador Paulo Sérgio Velten Pereira. DJe 11/07/2012. **Portal do Poder Judiciário do Estado do Maranhão**, 2012. Disponível em: <http://www.tjma.jus.br/>. Acesso em: 29 mai. 2018.

TJRO. Tribunal de Justiça do Estado de Rondônia. AÇÃO REVISIONAL: 1ª Câmara Cível, 0016987-08.2012.822.0001. Relator: Desembargador Raduan

Miguel Filho. DJe 09/11/2016. **JusBrasil**, 2016. Disponível em: <https://tj-df.jusbrasil.com.br/jurisprudencia/149209271/acao-direta-de-inconstitucionalidade-adi-20140020168258-df-0016952-9720148070000>. Acesso em: 28 mai. 2018.

TJSP, Tribunal de Justiça do Estado de São Paulo. MANDADO DE SEGURANÇA: APL 00500497220118260224/SP. Relator: Desembargador Rezende Silveira. DJe 01/10/2013. **Tribunal de Justiça do Estado de São Paulo**, 2013. Disponível em: <http://www.tjsp.jus.br/>. Acesso em: 29 mai. 2018.

TRF, Tribunal Regional Federal da 4ª Região. ARGUIÇÃO DE INCONSTITUCIONALIDADE: AC 2004.70.08.001295-0/PR. Relator: Desembargador Federal Otávio Roberto Pamplona. DJe 29/09/2009. **JusBrasil**, 2009. Disponível em: <https://trf-4.jusbrasil.com.br/jurisprudencia/6917646/arguicao-de-inconstitucionalidade-arginc-1295-pr-20047008001295-0-trf4?ref=juris-tabs>. Acesso em: 29 mai. 2018.

A Importância da Advocacia Pública no Controle de Legalidade na Criação e Nomeação dos Cargos Comissionados Preenchidos por Servidores não Efetivos

Rafaella Queiroz Del Reis Conversani

Resumo

O presente artigo pretende demonstrar a importância da Advocacia Pública no controle de legalidade na criação e nomeação dos cargos comissionados preenchidos por servidores não efetivos, tendo em vista a ausência de regulamentação do artigo 37, inciso V, da Constituição Federal, demonstrando o grande problema na arbitrariedâde do poder discricionário por parte dos Administradores.

Palavras-chave: Ingresso no Serviço Público; Cargos Comissionados; Poder Discricionário; Controle de Legalidade; Advocacia Pública.

Abstract

The current article intends to demonstrate the importance of Public Advocacy in the controlling of legality concerning on the creation and nomination for commissioned positions that are filled by non effective employees in Brazil. The focus of this discussion relied on the lack of regulation of Federal Constitution' s article 37, item V. This demonstrates the great problem concerning arbitrariness of discretionary powers of the Brazilian Public Administrators.

Keywords: Entry into Public service; Commissioned Positions; Discretionary Powers; Controlling of Legality; Public Advocacy.

1. Introdução

O presente projeto tem como finalidade principal demonstrar a importância da Advocacia Pública no controle de legalidade diante da problemática dos cargos comissionados preenchidos por não ocupantes de carreira devido ao arbítrio na discricionariedade do Poder Público na nomeação de cargos comissionados em confronto com os princípios da administração pública, em especial por inexistir no âmbito da administração pública a regulamentação mencionada no artigo 37, inciso V, da Constituição Federal.

Para tanto, necessário adentrar rapidamente na história do ingresso do serviço público, em especial dos cargos comissionados, nas constituições brasileiras, começando pela Constituição do Império de 1824 até a realidade atual da nossa Constituição Cidadã de 1988.

2. O ingresso no serviço público ao longo das constituições brasileiras

No aspecto formal, a administração pública do Brasil ganhou corpo com a Constituição de 1824, marcada por um modelo fortemente patrimonialista, indicando que o Imperador, como Chefe dos Poderes Executivo e Moderador, detinha a competência para nomear discricionariamente todos os servidores civis, bem como agentes políticos e até mesmo os magistrados.

A Constituição Política do Império do Brasil de 1824 foi elaborada por um Conselho de Estado e outorgada pelo Imperador Dom Pedro I, em 25 de março de 1824, incluindo os empregados públicos na parte relativa a direitos civis e políticos.

O art. 179, inc. XIV, já dava indícios de preocupação com o princípio da isonomia ao permitir o livre acesso aos cargos públicos a todo indivíduo que possuísse mérito ("virtudes e talentos"), abolindo os privilégios, e, assim, dando maior amplitude ao cidadão que possuísse "virtudes e talentos".

Por outro lado, encontramos uma lacuna, na medida em que o artigo não delimitou os meios de aferição, para a análise desses "talentos e virtudes", ficando as nomeações ao arbítrio de quem tivesse o poder de nomear, de maneira que o critério de admissão no serviço público não foi outro senão o apadrinhamento político.

Mesmo com tal falha, a Constituição de 1824 deu o pontapé inicial no ordenamento jurídico brasileiro ao semear pela primeira vez um critério de méritos para a entrada no serviço público.

Contudo, esse período foi fortemente marcado por um modelo patrimonialista de gestão, na medida em que o monarca detinha poderes sobre a máquina administrativa do Estado, dispondo discricionariamente sobre a nomeação de cargos e demissão de agentes, sem que houvesse, contudo, limites legais, ficando os servidores à mercê das autoridades políticas, principalmente do Imperador, que se utilizava do aparelho estatal como sua propriedade.

Nesse período, segundo Raymundo Faoro[285],"O poder – a soberania nominalmente popular – tem donos, que não emanam da nação, da sociedade, da plebe ignara e pobre".

Bernardo Sorj[286] explica as origens da cultura patrimonialista na administração pública do Brasil, no sentido de "famílias patriarcais que dominavam amplas regiões através de relações clientelísticas e laços de sangue".

No estudo de Graham[287], a patronagem é um fenômeno explicativo de toda a história brasileira, onde se vê que "O sistema de protetores e clientes não representa um 'estágio' na história do Brasil, a não ser no sentido de que serviu aos interesses de uma classe cuja vida se espera não seja eterna".

Para Graham[288], a "marca de nascença" da política brasileira remonta ao descobrimento. A prática do favoritismo está presente na carta de Pero Vaz de Caminha em 1500, ao rei Português, rogando favores ao seu genro.

Esse "singelo pedido de Pero Vaz de Caminha ao Rei Dom Manuel para que arranjasse uma colocação para o genro já se incorporou ao folclore nacional. [...] que se incorporou à formação do Brasil Colônia, e se perpetuou de maneira surpreendente."[289]

---

285 FAORO, Raymundo. **Os donos do poder.** 3. ed. Rio de Janeiro: Globo, 2001, p. 837.
286 SORJ, Bernardo. **A Nova Sociedade Brasileira.** 2. ed., Rio de Janeiro: Jorge Zahar, 2001, p.14.
287 GRAHAM, Richard. Clientelismo e política no Brasil do século XIX. Rio de Janeiro: UFRJ, 1997, p. 347.
288 Ibidem, p.271.
289 SANTOS, Luiz Alberto; CARDOSO, Regina Luna dos Santos. **Corrupção, Nepotismo e Gestão predatória:** um estudo no caso brasileiro e alternativa para seu enfrentamento. XVIII Concurso delCLAD sobre Reforma del Estado y Modernización de la Administración Pública/ Cómo combatir la corrupción, garantizar la transparencia y rescatar la ética en la gestión gubernamental en

Conforme nos demonstra Reinhard Bendix[290], o patrimonialismo era predominantemente marcado por uma administração política voltada para os assuntos pessoais, em que "Os funcionários, por sua vez tratam o trabalho administrativo, que executam para o governante como um serviço pessoal, baseado em seu dever de obediência e respeito.".

Emília Viottida Costa[291] exprime claramente essa fase do poder discricionário arbitrário, o qual se arrasta até hoje no Brasil, atualmente denominado de clientelismo político, em que as relações humanas eram marcadas predominantemente por troca de favores, prevalecendo uma cultura em que a política era de "cabide de empregos", "na qual a ética de favores prevalecia sobre a ética competitiva e o bem público confundia-se com os bens pessoais.".

Como se vê, o poder centralizado em uma só pessoa cooperava ainda mais para um Estado no qual as decisões são "**um complexo sistema de agregados e clientes em torno de si, sustentado pelo Estado, confundindo o patrimônio privado com o estatal**"[292] (grifo nosso).

Nesse contexto, deparamo-nos com uma Constituição que, embora reconhecesse a todos o direito ao acesso ao cargo público, tinha, na realidade prática, o sistema de clientelas (troca de favores) como predominante somente eram nomeados os apadrinhados, já que não estabelecia a obrigatoriedade de concurso público ou qualquer outro meio de processo seletivo.

Portanto, o patrimonialismo brasileiro caracteriza-se num poder central no qual a forma de gestão e concepção do bem comum não se distingue do individual. O que pertence à coletividade também pertence ao pessoal. Os detentores do poder fazem da coisa pública a extensão do seu próprio patrimônio, tratando os cargos públicos como verdadeiro comércio e sinecuras (troca de favor político).

Iberoamérica. Caracas: 2004-2005, p. 90. Disponível em: <http://siare.clad.org/fulltext/0052003.pdf>. Acesso em: 15 jun. 2018.

290 BENDIX, Reinhard. **Max Weber: um perfil intelectual**. Trad. Elisabeth Hanna e Jose Viegas Filho. Brasília: Unb, 1986, p.270-271.

291 COSTA; Emília Viotti da. **Da Monarquia à República: momentos decisivos**. 6. ed. São Paulo: Fundação Editora da UNESP, 1999, p.11-12.

292 BRESSER-PEREIRA, Luiz Carlos. **Do Estado Patrimonial ao Gerencial**. In PINHEIRO, Paulo Sérgio; WILHEIM, Jorge; SACHS. Ignacy (Org.), Brasil: Um Século de Transformações. São Paulo: Cia. das Letras, 2001, p. 7. Disponível em: <http://www.bresserpereira.org.br/papers/2000/00-73estadopatrimonial-gerencial.pdf>. Acesso em: 10 mai. 2018.

A Ministra do Supremo Tribunal Federal Cármen Lúcia, no julgamento histórico da Ação Declaratória de Constitucionalidade n.º 12/DF[293], ressaltou que, sob a vigência da Constituição de 1824, o grande Pimenta Bueno[294] já defendia o acesso aos cargos público mediante "o mérito pessoal, que dão a preferência aos cargos públicos; é uma conquista preciosa da civilização e da justiça, que produz importantes resultados."

Com o passar do tempo, a centralização monárquica tornou-se um empecilho para a economia nacional, haja vista que o poder econômico estava nas mãos dos cafeicultores, os quais aspiravam maior autonomia em relação ao poder central, o que só poderia advir de um modelo republicado[295], já que o período constitucional monárquico "**enfeixava numa só pessoa - o Imperador a titularidade e o exercício de dois Poderes. De tal sorte que a Lei Maior criava assim um monstro constitucional.**"[296](grifo nosso).

Em 15 de novembro de 1889 é declarada a República, sendo promulgada em 24 de fevereiro de 1891 a Constituição da República dos Estados Unidos do Brasil. Nascia, então, os Estados Unidos do Brasil, comum a nova orientação política e administrada por um novo governo, "a república passara do sonho à realidade", daí surgem as indagações: "como fazê-la viver? Como transformar o Brasil centralizado da Monarquia parlamentar numa República presidencialista?"[297], considerando que o caráter patrimonialista sobrevive nesse período denominado de República Velha, só que, agora, transmutado na forma do coronelismo.

---

[293] SUPREMO TRIBUNAL FEDERAL, ADC 12, Relator (a): Min. Carlos Britto, Tribunal Pleno, julgado em 20/08/2008. Disponível em: <http://redir.stf.jus.br/paginadorpub/paginador.jsp?docTP=AC&docID=606840>. Acesso em: 12 jun. 2018.

[294] BUENA, Pimenta. **Direito Público Brasileiro e Análise da Constituição do Império**. Rio de Janeiro: Ministério dos Negócios interiores, 1958, p. 412 apud Carmen Lúcia In Supremo Tribunal Federal, ADC12, Relator (a): Min. Carlos Britto, Tribunal Pleno, julgado em 20/08/2008, disponível em: <http://redir.stf.jus.br/paginadorpub/paginador.jsp?docTP=AC&docID=606840>. Acesso em: 12 jun. 2018.

[295] FREITAS NETO, José Alves de.; TASINAFO, Célio Ricardo. **História Geral e do Brasil**. São Paulo: Harbra, 2006, p. 525.

[296] BONAVIDES, Paulo. **Teoria Constitucional da Democracia Participativa**. São Paulo:Malheiros Editores, 2001, p. 197.

[297] BELLO, José Maria. **História da República 1889-1954: síntese de sessenta e cinco anos de vida brasileira**. 8. ed. São Paulo: Companhia Editora Nacional, 1983, p.34.

A Constituição de 1891[298], em seu artigo 73, assevera que "Os cargos públicos civis ou militares são acessíveis a todos os brasileiros, observadas as condições de capacidade especial que a lei estatuir, sendo, porém, vedadas as acumulações remuneradas.

Tal qual a Constituição do Império, a Constituição da República não trouxe em seu arcabouço regulamentação da matéria sobre função pública, demonstrando que o favoritismo e o clientelismo continuava sendo o meio de provimento dos cargos públicos, já que o patrimonialismo herdado da dinastia portuguesa ainda continuava enraizado na realidade republicana e, agora, agregado ao coronelismo.

Diferentemente do centralismo do Império, o federalismo da Constituição de 1890 transporta para os estados maior poder, o qual resta dividido entre o estado e os municípios. Nesse contexto, percebe-se a ascensão da força política dos coronéis no nível municipal e das oligarquias nos níveis estadual e federal. A Carta da República dá aos governantes de Estado grande soma de poder, tendo os coronéis função estratégica nos municípios, já que nestes dominam de forma absoluta, chefiando a política municipal, tendo em vista o coronel possuir o mais alto posto da Guarda Nacional e ser escolhido dentre os homens ricos da cidade devido às suas grandes propriedades rurais.[299]

Victor Nunes Leal[300] define o coronelismo como "um compromisso, uma troca de proveitos entre o poder público, progressivamente fortalecido, e a decadente influência social dos chefes locais, notadamente dos senhores de terra." Nesse cenário, o coronelismo atinge o apogeu, estando os cargos mais importantes sob o domínio do coronel e juntamente composto de militar que ele agrega vem consigo um grande número de cargos públicos à sua livre disposição para nomear.

É aí que surge a outra face do patrimonialismo de império, sobre o manto do coronelismo, verificado nos apadrinhamentos e troca de favores na nomeação dos cargos públicos, pois os coronéis exigiam de seus "protegidos" votos para o governo e em troca cediam cargos públicos. Destaca-se Vicente Barreto,

---

298 BRASIL. Constituição da República dos Estados Unidos do Brasil. Disponível em: <http://www.planalto.gov.br/ccivil_03/Constituicao/Constituicao91.htm>. Acesso em: 15 maio. 2018.

299 TRINDADE, Sérgio Luiz Bezerra. Constituição de 1891: as limitações da cidadania na República Velha. **Revista da FARN**, Natal, v.3, n.1/2, p. 175 - 189, jul. 2003/jun. 2004, p.176-178.

300 LEAL, Victor Nunes. **Coronelismo, Enxada e Voto**. São Paulo: Editora Alfa-Ômega: 1949, p. 20.

fazendo referência a Rui Barbosa[301], o qual à época já defendia o preenchimento dos cargos públicos por critérios de mérito com uma administração pautada na moralidade advindos da capacidade e merecimento do indivíduo.

Salienta-se, por oportuno, que o art. 1º, do Decreto n.º 19.398[302], de 11 de novembro de 1930, o qual instituiu o Governo Provisório dos Estados Unidos do Brasil e pôs fim à República Velha, mencionou pela primeira vez o "provimento em comissão" no Brasil, tendo sido a porta de entrada "legal" para a nomeação de parentes para o cargo de confiança (art. 11,§5º).

O poder oligárquico rural, voltado para uma Administração Pública com traços patrimonialistas sob a denominação e dominação do coronelismo, começou a "ter seus dias contados a partir de 1922"[303], inaugurando-se uma nova era denominada de "Era Vargas":

Com o surgimento do capitalismo, via de consequência, operou-se a diferenciação entre o mercado e a sociedade civil, tornando-se inconcebível a permanência do modelo patrimonialista no Estado, fazendo emergir um novo modelo voltado para a administração burocrática racional-legal.

A constituição de 1934[304] foi a primeira a dedicar um título específico (título VIII) aos funcionários públicos e também a primeira a fazer explicitamente menção do concurso público[305] no constitucionalismo brasileiro.

---

301 BARBOSA, Ruy. A fazenda nacional em 15 de novembro de 1889. In BARBOSA, Ruy. **Queda do império**: diário de notícias. Rio de Janeiro: ministério da educação e saúde, 1949, p. 174-175. (Obras completas de Ruy Barbosa, v. 16, t. 1-8, 1889) apud BARRETO, Vicente (Org.). **O liberalismo e a constituição de 1988**: textos selecionados de Ruy Barbosa. Rio de Janeiro: Nova Fronteira, 1991. p. 213-214.

302 BRASIL. Decreto n.º 19.398, de 11 de novembro de 1930. Institui o Governo Provisório da República dos Estados Unidos do Brasil e dá outras providências.Disponível em: <http://www.planalto.gov.br/ccivil_03/decreto/1930-1949/D19398.htm>. Acesso em: 5 mai. 2018.

303 JUNQUILO, Gelson Silva. Teorias da administração pública. Florianopólis: Departamento de Ciências da Administração. 2010, p. 118. Disponível em http://www.ead.uepb.edu.br/arquivos/Livros_UEPB_053_2012/01- teorias%20da%20administra%E7%E3o%20publica/livro%20grafica%20TGAPublica.pdf. Acesso em 12 jun. 2018.

304 BRASIL. **Constituição da República dos Estados Unidos do Brasil**. Disponível em: http://www.planalto.gov.br/ccivil_03/Constituicao/Constituicao34.htm . Acesso em 10 mai. 2018

305 O concurso público era exigido tão somente para o provimento no cargo inicial da carreira, de modo que os demais cargos componentes da carreira dava-se por meio de sucessivas promoções como forma de provimento derivado, ou seja, o servidor concursado poderia ingressar em cargos superiores sem prestar novo concurso (ascensão funcional).

No âmbito do serviço público, inovações importantes foram trazidas pela Constituição de 1934 (art. 168 a 172). Primeiro, porque ratifica o direito ao livre acesso de todos os brasileiros aos cargos públicos. Segundo, porque exige o exame de sanidade e o concurso público para a primeira investidura no cargo.

Importante salientar que as disposições constitucionais transitórias em seu art.14 passaram a disciplinar o aproveitamento de funcionários, numa total demonstração de exceção à regra do concurso público.

Com a adoção de uma gestão burocrática weberiana, de cunho racional--legal, surge a primeira reforma administrativa no Brasil. O Governo Vargas pretendia modernizar a máquina administrativa do Estado, utilizando-se de uma burocracia pública que eliminasse a influência dos coronéis[306].

Apesar de a Constituição exigir o ingresso no serviço público via concurso, a Lei do Reajustamento n.º 284/36[307] criou uma categoria para funcionário e outra de pessoal extranumerária (contratado, mensalista, diarista e tarefeiro), nesta não se exige explícita ou implicitamente o concurso. Logo, "os primeiros ingressavam por concurso; os segundos, sem a exigência de concurso e à mercê do favorecimento político e pessoal"[308].

Implantou, no seu art. 41, o sistema do mérito (concurso público) previsto na Constituição de 1934, sendo tal lei a pioneira da reforma administrativa brasileira.[309]

Nas lições de Lustosa da Costa[310], a Constituição de 1934 teve vida muito breve, pois se deparou com um campo propício a um golpe de Estado, dando vida a uma nova era denominada de Estado Novo.

---

306 MARTINS, Paulo Emilio M.; PIERANTI, Octavio Penna. **Estado e Gestão Pública: visões do Brasil Contemporâneo**. 2. ed. Rio de Janeiro: FGV, 2006, p. 115.

307 BRASIL. Lei n.º 284, de 28 de outubro de 1936. **Reajusta o quadro e vencimento do funcionalismo público civil da união e estabelece diversas providências.** Disponível em: http://legis.senado.gov.br/legislacao/ListaNormas.action?numero=284&tipo_norma=LEI&data=19361028&link=s. Acesso em 10 mai. de 2018.

308 JUNIOR, José Celso Cardoso(Coord.);CARVALHO, Eneuton Dornellas Pessoa de. **Burocracia e ocupação no setor público brasileiro/O aparelho Administrativo brasileiro: sua gestão e seus servidores – Do período colonial a 1930.** Rio de Janeiro: Ipea, 2011. v. 5 (445 p.), p. 54.

309 WAHRLICH, Beatriz Marques de Sousa. Classificação de cargos e implantação do sistema do mérito: a lei do reajustamento de 1936, suas origens, conteúdo e primeiras repercussões.**Revista de Administração Pública**, v. 10, n. 3, p. 7 a 46, 1976, p. 32.

310 DA COSTA, Frederico Lustosa. Brasil: 200 anos de Estado; 200 anos de administração pública; 200 anos de reformas. RAP-Rio de Janeiro, v. 42, n. 5, 2008, p. 843.

A quarta Constituição da história brasileira foi outorgada em 10 de novembro de 1937[311] pelo presidente Getúlio Vargas, o qual instaurou um regime despótico e ditatorial, denominado de Estado-Novo, cuja principal característica era a centralização de poderes nas mãos do chefe do Executivo.

No título "dos direitos e garantias individuais", a Constituição de 1937 estabelece a igualdade de acesso dos brasileiros aos cargos públicos, "observadas as condições de capacidade prescritas nas leis e regulamentos" (art. 122, §3º), permanecendo na seção "Dos Funcionários Públicos" a exigência de concurso de provas ou de títulos destinado à primeira investidura nos cargos de carreira (art. 156, "b").

O caráter burocrático weberiano é visto com mais intensidade no DASP – Departamento Administrativo do Serviço Público, voltado para o sistema do mérito com foco na profissionalização do pessoal.

Entretanto, como bem afirma Martins: "pressões populistas-clientelistas limitariam o escopo dessa ambiciosa reforma"[312].

Como se vê, o patrimonialismo histórico, tremendamente enraizado na cultura política-administrativo do Brasil, tendo na República Velha assumido a forma de coronelismo, chocou-se e entremesclou-se com a burocracia nascente da época Vargas, estando presente até os dias de hoje com outras facetas e denominações, tais como clientelismo, empreguismo, corrupção, apadrinhamento, favoritismo.

Conforme bem analisou Humberto Falcão Martins[313], "**as forças tradicionais de índole patrimonialista continuaram latentes e preponderantes, tanto na administração pública quanto na política, tornando-se uma bomba de efeito retardado sobre o período pós-Vargas.**" (grifo nosso).

O que se nota é que, apesar da implementação do concurso público e do treinamento voltado para os funcionários, a tentativa de racionalizar a máquina pública jamais chegou a ser concluída. Pelo contrário, elementos do clientelismo continua-

---

311 BRASIL. **Constituição dos Estados Unidos do Brasil de 1937**. Disponível em: <http://www.planalto.gov.br/ccivil_03/Constituicao/Constituicao37.htm>. Acesso em: 10 mai. 2018. Era também comumente denominada como "Polaca", pois tinha inspiração na Constituição da Polônia, de caráter fascista.
312 MARTINS, Luciano. **Reforma da Administração Pública e cultura política no Brasil: uma visão geral**. Brasília: Cadernos ENAP n. 8, 1997. p. 16.
313 FALCÃO MARTINS, Humberto. **A Ética do Patrimonialismo e a Modernização da Administração Pública Brasileira**. p.5. Disponível em: <http://www.academia.edu/3261499/A_%C3%A9tica_do_patrimonialismo_ea_moderniza%C3%A7%C3%A3o_da_administra%C3%A7%C3%A3o_p%C3%BAblica_brasileira>. Acesso em: 13 jun. 2018.

ram engessados mesmo com a abertura democrática de 1945, de modo que, embora já bastante modificado, o patrimonialismo subsistiu dentro da política brasileira.

Com o fim da ditadura Vargas, o qual foi deposto em 29 de outubro de 1945, o regime democrático é instalado. A Mesa da Assembleia Constituinte promulga a Constituição dos Estados Unidos do Brasil de 1946 e o Ato das Disposições Constitucionais Transitórias (18 de setembro de 1946)[314]. Um Título (VIII) específico voltou a tratar dos funcionários públicos, consagrando o princípio da ampla acessibilidade aos cargos públicos (art.184). Manteve a exigência do concurso público para a primeira investidura em cargo de carreira e em outros determinados em lei, agregando a necessidade de "inspeção de saúde prévia" (art.186).

Ressalta-se que a figura jurídica dos cargos de confiança, bem como de livre nomeação e demissão, aparece pela primeira vez no texto constitucional (art. 184 a 188) quando o legislador excetua o direito de estabilidade aos servidores detentores de tais cargos.

A verdade é que "o sistema de mérito, pedra angular de uma administração pública profissionalizada, continuou a ser inteiramente desrespeitada, mesmo após, como salientei, a Constituição de 1946 que inaugurou a democratização no país"[315], evidenciando que o concurso que era para ser a regra continuava sendo exceção.

Em virtude de a Constituição de 1946 abrir brechas para a formação de práticas fisiológicas e paternalistas, o ingresso no serviço público pelo sistema de méritos foi sucateado por causa das diversas situações que surgiam em contraposição ao merecimento, tais como a Lei 4.069/62, conhecida como a Lei do Favor, pois estabilizava contratados há mais de cinco anos como funcionários efetivos, e a Lei 4.242/63, a qual deu estabilidade aos funcionários da Companhia Urbanizadora da Nova Capital (NOVAPAC) admitidos até 31 de março de 1963, transparecendo que a "estabilização de situações transitórias, mesmo

---

314 BRASIL. **Constituição dos Estados Unidos do Brasil de 1946**. Disponível em:<http://www.planalto.gov.br/ccivil_03/Constituicao/Constituicao46.htm>. Acesso em: 10 mai. 2018.

315 LIMA JÚNIOR, Olavo Brasil de. As reformas administrativas no Brasil: modelo, sucessos e fracassos. **Revista do Serviço Público/Fundação Escola Nacional de Administração Pública**, v.1, n.1 (nov. 1937) ano 49, n.2 (abr-jun/1998), p.11.

em um governo tido como democrático e de vanguarda, já revelava a fragilidade institucional brasileira diante das pressões do sistema político"[316].

A Constituição de 1946 passou por quatro Atos Institucionais – AI e vinte e uma emendas, o que desencadeou a sua substituição pela Constituição de 1967, conforme proposta pelo Ato Institucional n.º 4.

Na Constituição de 1967[317], o tema sobre os funcionários públicos é tratado na seção VII, tendo apresentado certo avanço em comparação ao previsto na Constituição de 1946, pois retirou a exigência de concurso para "a primeira investidura em órgão de carreira" e generalizou a exigência do concurso para acesso aos cargos públicos, exceto para os cargos em comissão (art. 95, parágrafos 1º e 2º).

Nesse período, nasce a reforma efetuada na administração pública brasileira através do Decreto-Lei 200/1967, na tentativa de romper com a rigidez do modelo burocrático tradicional[318] e se concentrar na descentralização e delegação de competências.

Segundo Camila Romero Lameirão[319], os cargos de Direção e Assessoramento, ditos cargos comissionados (de confiança), foram criados pelo Decreto-Lei 200/67, o que se pode observar no seu art. 101, com grande avanço ao admitir para tal função que o funcionário pertença aos quadros de servidores efetivos e possua experiência adequada.

Todavia, não demorou muito para que tal artigo fosse substituído por nova redação, alterando por completo o conteúdo da sua norma que antes privilegiava o

---

316 VIEIRA, Leonardo Carneiro Assumpção. **Merecimento na administração pública – Concurso Público, avaliação de desempenho e Política Pública de Pessoal**. Belo Horizonte; Fórum, 2011, p. 84.

317 BRASIL. **Constituição da República Federativa do Brasil de 1967**. Disponível em: <http://www.planalto.gov.br/ccivil_03/Constituicao/Constituicao67.htm>. Acesso em: 14 mai. 2018.

318 BRESSER-PEREIRA, Luiz Carlos. Da Administração pública burocrática à gerencial. **Revista do Serviço Público/Fundação Escola Nacional de Administração Pública** v. 120, n.1, jan-abr.1996. Brasília: ENAP, p. 7. Disponível em: <http://blogs.al.ce.gov.br/unipace/files/2011/11/Bresser1.pdf>. Acesso em: 15 mai. 2018.

319 LAMEIRÃO, Camila Romero. Reformas no Poder Executivo: Um camino para o fortalecimento institucional e decisório do Presidente da República? Notas sobre mudanças na regulação dos cargos de direção e assessoramento superiores (DAS) do Poder Executivo Federal. In: **Seminário Direito, Gestão e Democracia**, p. 39-60. Anais Eletrônicos. Disponível em: <http://www.gespublica.gov.br/projetos-acoes/pasta.2009-0715.5584002076/pagina.2010-05-   11.0321542124/1%20Limites%20da%20Autonomia_LASER.pdf#page=39>. Acesso em 14 mai. 2018.

concurso como acesso aos cargos comissionados. O art. 101 foi modificado pelo Decreto-Lei 900/69,estipulando que seria de livre escolha do Presidente da República.

Sendo assim, embora a Constituição de 1967, bem como o Decreto-Lei 200/67, tivesse inserido o sistema de mérito mediante a exigência do concurso público, havia "a presença marcante do patrimonialismo na herança da cultura brasileira, cuja exacerbação já se anunciava com a presença da edição a Emenda Constitucional n.1, de 17 de outubro de 1969, considerada como verdadeira Constituição."[320]

A emenda Constitucional n.º 01/69[321], na realidade, constituía-se numa nova constituição, tendo por meio de seu art. 97 retornado ao molde anterior quanto à necessidade de concurso público apenas para a primeira investidura em cargo, o que evidenciava grande retrocesso.

A parte final do § 1º do art. 97 concedeu ao legislador poderes para excepcionar a exigência de concurso para o ingresso inicial no serviço público. Essa constituição, sob os sustentáculos do regime militar, passou por 26 Emendas até que em 1985 surgiu a Emenda nº 26, de 27 de novembro de 1985, tendo sido convocada a Assembleia Nacional Constituinte, que acabaria com a repressão militar e editaria a nossa atual Constituição Cidadã de 1988.

A nossa atual Constituição Federal de 1988[322] trata da Administração Pública em seu capítulo VII (arts. 37-43) e mais especificamente dos servidores públicos nos seus artigos 39 a 41, trazendo obrigatoriamente a regra do concurso público para a investidura (preenchimento) em cargo público, tendo como exceção tão somente os cargos comissionados (art. 37, inc. V), as contratações por tempo determinado (art. 37, inc. IX), bem como o processo seletivo público para contratação discricionária de agentes de saúde e agentes de combate a endemias (art.198,§§ 4º,5º e 6º), demonstrando claramente a tentativa de moralizar o sistema de ingresso no serviço público brasileiro em conjunto com os princípios de legalidade, impessoalidade, moralidade, publicidade e eficiência. Digo tentativa de moralizar o sistema de acesso aos cargos públicos, pois os

---

320 MAGALHÃES, André Luiz Alves de. **O jeitinho brasileiro na admissão ao serviço público – a história constitucional do recrutamento de servidores sem concurso.** São Paulo: Baraúna, 2011, p. 60.

321 BRASIL. **Constituição da República Federativa do Brasil de 1969.** Disponível em: <http://www.planalto.gov.br/ccivil_03/Constituicao/Constituicao67EMC69.htm>. Acesso em: 14 mai. 2018.

322 BRASIL. **Constituição da República Federativa do Brasil de 1988.** Disponível em <http://www.planalto.gov.br/ccivil_03/constituicao/constituicao.htm>. Acesso em: 14 mai. 2018.

cargos em comissão, que deveriam ser situação de exceção, na realidade não o são, e eis aí o grande problema a ser delineado no trabalho em comento.

Em que pese a Constituição Federal privilegiar o mérito via concurso público como regra de acesso aos cargos públicos, por outro giro admite a nomeação de pessoas para ocupar cargos comissionados sem a exigência do concurso público. Logo, verifica-se que a praxe presente nas constituições anteriores de nomear pessoas para o exercício de um cargo comissionado no Brasil mediante o favoritismo ainda permeia a realidade brasileira, afrontando os princípios constitucionais.

2. A advocacia pública no controle de legalidade na criação e na nomeação dos cargos comissionados

Considerando que os cargos em comissão são de livre nomeação e exoneração, ou seja, baseado no poder discricionário da autoridade nomeante, não se pode olvidar que tal discricionariedade deve estar pautada nos princípios constitucionais relacionados à administração pública, pois, embora seja livre o ato de nomeação, não deve ser arbitrário, "não pode a autoridade ultrapassar os limites que a lei traça à sua atividade, sob pena de ilegalidade"[323].

O artigo 37, inciso V, da Constituição Federal prevê que

> [...] as funções de confiança, exercidas exclusivamente por servidores ocupantes de cargo efetivo, e os cargos em comissão, a serem preenchidos por servidores de carreira nos casos, condições e percentuais mínimos, previstos em lei, destinam-se apenas às atribuições de direção, chefia e assessoramento.

O referido artigo não é suficiente para impedir que o administrador e o legislador continuem criando cargos em comissão de forma aleatória e arbitrária, desrespeitando os princípios constitucionais, pois trata-se de norma constitucional que depende de uma lei infraconstitucional para regulamentar os **"casos, condições e percentuais mínimos, _previstos em lei_"**, não havendo por parte da maioria dos Administradores tal regulamentação.

---

[323] DI PIETRO, Maria Sylvia Zanella. **Direito Administrativo**. 25. ed. São Paulo: Atlas, 2012, p. 218.

No ato administrativo de provimento dos cargos em comissão, o poder da administração em nomear é discricionário e deve "valorizar pessoas engajadas com projeto de políticas públicas, e não pessoas engajadas com outras pessoas[324].

Desse modo, a autoridade competente, valendo-se do seu poder discricionário, para preencher os cargos em comissão, há de respeitar os princípios da administração pública, os quais são "normas-chaves de todo o sistema jurídico"[325]e desempenham um "papel limitador da discricionariedade administrativa"[326], pois o provimento dos cargos em comissão, conquanto livre, não deve jamais ser arbitrário.

Nesse ínterim, para diferenciar e expurgar qualquer ato arbitrário disfarçado pela roupagem da discricionariedade, temos os princípios da administração pública que devem ser atentamente observados pelo administrador na nomeação dos cargos comissionados, pois "Violar um princípio é muito mais grave que transgredir uma norma qualquer. A desatenção ao princípio implica ofensa não apenas a um específico mandamento obrigatório, mas a todo o sistema de comandos"[327].

O artigo 37, *caput*, da Carta Maior elenca os princípios da administração pública brasileira. Quanto ao princípio da legalidade, as atividades da administração pública devem se submeter e se conformar à lei, pois a sua "atividade administrativa é atividade sublegal, infralegal, consistente na expedição de comandos complementares à lei"[328].

O Ministro do Supremo Tribunal Federal, Luís Roberto Barroso[329], defende que o princípio da legalidade é "princípio da constitucionalidade", de modo que o administrador atua em submissão direta à Constituição e à lei. Contudo, o cumprimento da lei deve se dar também sob o prisma do princípio da moralidade, pois "quando sua execução é feita, por exemplo, com o intuito de prejudicar

---

324 VIEIRA, Leonardo Carneiro Assumpção. **Merecimento na administração pública – Concurso Público, avaliação de desempenho e Política Pública de Pessoal.** Belo Horizonte; Fórum, 2011, p. 154.

325 BONAVIDES, Paulo. **Curso de Direito Constitucional.** 15. Ed. São Paulo: Malheiros, 2004, p. 286.

326 DI PIETRO, Op. cit., 2012, p. 162.

327 DE MELLO, Celso Antonio Bandeira. **Curso de Direito Administrativo.** 27. ed. São Paulo: Malheiros, 2010, p. 959.

328 DE MELLO, Celso Antonio Bandeira. **Curso de Direito Administrativo.** 27. ed. São Paulo: Malheiros, 2010, p. 100.

329 BARROSO, Luís Roberto. **Curso de Direito Constitucional Contemporâneo/ Os Conceitos Fundamentais e a Construção do Novo Modelo.** São Paulo: Saraiva, 2009, p. 375.

ou favorecer alguém deliberadamente, por certo que se está produzindo um ato formalmente legal, mas materialmente ofensivo à moralidade administrativa"[330].

Almiro do Couto e Silva, citando Rousseau[331], diz que a:

> [...] lei considera os indivíduos como coletividade e as ações como abstratas, jamais um homem como indivíduo, nem uma ação particular [...] Toda função que se relaciona a um objeto individual não pertence à função legislativa.

Nessa seara, induvidoso que o princípio da legalidade é uma garantia constitucional que age como escudo "a todas as formas de poder autoritário, desde o absolutista, contra o qual irrompeu, até as manifestações caudilhescas ou messiânicas típicas dos países subdesenvolvidos"[332].

Considerando a nossa origem advinda de um estado patrimonialista e perpetrada até hoje, torna-se necessária a aplicação constante do princípio da legalidade,o qual funciona como"antídoto natural do poder monocrático ou oligárquico, pois tem como raiz a idéia de soberania popular, de exaltação da cidadania"[333].

Os cargos em comissão devem ser criados por lei, bem como por resolução quando se tratar do Poder Legislativo, conforme se extrai dos artigos 48, inciso X, e 61, II,alínea"a", da Constituição Federal. Na criação por parte do Poder Legislativo, a competência também é privativa, contudo, neste caso a criação se dará por resolução, conforme disposto no artigo 48, c/c os artigos 51, inc.IV e 52, inc.XIII, da Constituição Federal.

No que diz respeito ao Poder Judiciário, a criação depende de lei de iniciativa do Supremo Tribunal Federal, Tribunais Superiores e Tribunais de Justiça, consoante regra do artigo 96, inciso II, alínea "b" da Constituição Federal. Para o Ministério Público é garantida a autonomia funcional e administrativa, po-

---

330 SILVA, José Afonso da. **Comentário Contextual à Constituição**. 5. ed. São Paulo: Malheiros, 2008, p. 336.
331 ROUSSEAU apud SILVA, Almiro do Couto e. In: SILVA, Almiro do Couto. Princípios da legalidade da administração pública e da segurança jurídica no estado de direito contemporâneo. **Revista de direito público,** v. 84, p. 86, 1987. Disponível em: <http://186.202.176.109/arquivos/file_527a403845914.pdf>. Acesso em 5 mai. 2014.
332 DE MELLO, Celso Antonio Bandeira. Op. cit., 2010, p. 100.
333 DE MELLO, Celso Antonio Bandeira. **Curso de Direito Administrativo**. 27. ed. São Paulo: Malheiros,2010, p. 100.

dendo propor ao Poder Legislativo a criação e extinção de seus cargos, por meio de seu Procurador-Geral, nos termos do artigo 127,§2º.

Com relação aos Tribunais de Contas, o art. 73, da Constituição Federal o remete às atribuições fixadas para o Poder Judiciário no art. 96.

Na hipótese dos cargos comissionados, o art. 37, V, da CONSTITUIÇÃO FEDERAL - CF, expressamente vincula o legislador, haja vista que este fica impedido de criar cargo comissionado que não seja para as funções de direção, chefia e assessoramento, sob o risco de a norma ser declarada inconstitucional.

Para tanto, não basta que a criação dos cargos comissionados seja feita mediante lei, devem tais atos também serem públicos, baseados no princípio da publicidade, evitando-se, assim, os tais atos secretos.

Daí a importância da Advocacia Pública, na elaboração de leis e atos no que concerne à criação de cargos comissionados pelo administrador. À exemplo da Procuradoria Geral do Estado de Rondônia, que estabeleceu no artigo 29, incisos I, da Lei Complementar 620/2011[334]a Procuradoria de Técnica e Controle Legislativo, com competência para "examinar minutas e decreto e anteprojetos de leis do Poder Executivo, bem como analisar os projetos de lei com vistas à sanção ou veto do Governador do Estado de Rondônia". Na mesma Lei também se tem a Procuradoria de Controle dos Direitos do Servidor, competindo em seu artigo 21, incisos:

> I - emitir pareceres, informações ou despachos sobre matérias jurídicas referentes a direitos, vantagens ou deveres do servidor público. Inciso II - elaborar minutas de decretos, resoluções, instruções normativas e portarias para orientar e coordenar os procedimentos administrativos a serem observados, de modo a uniformizar e agilizar os processos em tramitação; [...] VI – dentro do âmbito de suas atribuições, orientar e coordenar as atividades das consultorias jurídicas referentes aos servidores públicos.

Imprescindível a atuação da Advocacia Pública na orientação ao administrador quanto à nomeação dos cargos comissionados, para que os atos sejam feitos na estrita obediência aos princípios da administração pública, ou seja, o ato, além de ser legal (respeitando-se o percentual mínimo e somente para os cargos de direção, chefia e assessoramento) também deve ser público e impes-

---

[334] BRASIL. Lei Complementar 620, de 20 de junho de 2011. Dispõe sobre a lei orgânica da Procuradoria Geral do Estado de Rondônia. Disponível em: <http://ditel.casacivil.ro.gov.br/cotel/Livros/Files/LC620.pdf>. Acesso em: 10 mai. 2018.

soal, de modo a valorizar a igualdade (isonomia), impedindo que pretensões pessoais dos administradores se sobreponham aos interesses públicos nos atos de nomeações. O princípio da impessoalidade cria um escudo contra favoritismos pessoais ou a terceiros, afastando, assim, que a nomeação para o cargo em comissão recaia em parente próximo ou em pessoa "chegada" da autoridade nomeante. Tampouco deve haver perseguições por questões físicas, políticas, religiosas, sociais, ideológicas ou pessoais de qualquer natureza.

Por essa razão, a Advocacia Pública Consultiva é função essencial à Justiça e tem relevante papel em assegurar que os princípios da administração pública sejam devidamente observados, conduzindo os agentes públicos a procederem sempre pautados nos preceitos éticos da boa-fé, da probidade, da lealdade, da honradez, tudo em obediência ao princípio da moralidade.

O Legislador Constitucional, ao inserir o princípio da moralidade, impôs ao administrador a observância não apenas dos aspectos legais do ato, ou seja, diferenciar aquilo que é legal daquilo que é ilegal, mas também separar o honesto do desonesto, pois, como nos ensina Kant[335], a moralidade é uma das únicas coisas que conferem dignidade ao homem e "representa um valor interior (moral) e é de interesse geral. As coisas têm preço; as pessoas, dignidade"[336].

Chegando à Consultoria da Advocacia Pública qualquer ato de nomeação ou criação de cargos em comissão e identificando-se a desproporcionalidade entre os cargos efetivos e os cargos em comissão, deve-se emitir parecer, informação ou despacho de cunho jurídico, demonstrando a transgressão dos princípios da moralidade e da proporcionalidade.

Nesse ponto, importante destacar que, apesar do patrimonialismo ter surgido na administração pública em um período distante, ainda são perceptíveis os seus traços nas gestões atuais, em que pese a tentativa de extirpá-lo do nosso meio através das proibições de nepotismo nos três poderes da República: Executivo, Judiciário e Legislativo (Súmula Vinculante n.º 13).

---

[335] KANT, Immanuel. **Fundamentação à metafísica dos costumes**, 2005, p. 77-78 apud BARROSO, Luís Roberto. Curso de Direito Constitucional Contemporâneo. São Paulo: Saraiva, 2009, p. 250-1.

[336] BODINA DE MORAES, Maria Celina. In: SARLET, Ingo Wolfgang (Org.). **Constituição, direitos fundamentais e direito privado**, 2003 apud BARROSO, Luís Roberto. **Curso de Direito Constitucional Contemporâneo**. São Paulo: Saraiva, 2009, p. 251.

A Advocacia Pública tem competência para fazer a análise legal e justa de qualquer ato discricionário do administrador, com o fito de orientá-lo a resguardar os princípios da Administração Pública, primando sempre pelo bem comum e o erário.

Considerações finais

Não se discute que desde o nascimento da primeira Constituição brasileira já havia fortes traços do patrimonialismo, ou seja, uma administração predominantemente marcada por assuntos pessoais, cujo poder discricionário abusivo centralizado reinava na pessoa do Imperador, o qual fazia da coisa pública a extensão de seu próprio patrimônio, sem nenhuma diferenciação entre a esfera pública e a coisa privada, nomeando funcionários com base na confiança pessoal, os quais, em troca, lhe deviam obediência, lealdade e respeito.

Tivemos ao longo da história das Constituições brasileiras avanços e retrocessos, sempre notadamente marcadas com o câncer do patrimonialismo na nomeação de cargos comissionados. O modelo patrimonialista junto ao Estado brasileiro originou-se da própria cultura do povo brasileiro, com a confusão entre o público e o privado, o uso do patrimônio público como se fosse patrimônio privado, a troca de favores (favorecimentismo), o apadrinhamento, havendo uma completa apropriação dos cargos e espaços públicos pelos representantes do Estado, que nomeavam sob sua exclusiva discricionariedade. O patrimonialismo passou pelo período colonial, republicano, sob a roupagem do fenômeno do coronelismo e sobreviveu ao caráter burocrático e democrático brasileiro, estendendo os seus reflexos até hoje.

É transparente, em nosso Brasil, a existência de uma forte tendência de os administradores utilizarem o instituto constitucional da livre nomeação e exoneração unicamente com fundamento no poder discricionário de competência arbitrária para nomear os cargos em comissão de forma totalmente incondicionada, unicamente com critérios pessoais e clientelistas, como se de sua "propriedade particular" fossem.

Até hoje há presença de sinais patrimonialistas na administração pública e continuarão enquanto não houver, ao menos na seara do ingresso ao cargo público, norma constitucional delimitando o percentual mínimo a ser preenchido por servidores de carreira. Como a Constituição Federal não estipula prazo ou sequer parâmetro quantitativo para a regulamentação do artigo 37, inc. V,

CONSTITUIÇÃO FEDERAL - CF, os detentores do Poder, enquanto puderem, continuarão levando a máquina pública como bem entenderem, pouco se importando com as consequências ou a qualidade do serviço.

O problema não consiste na criação dos cargos comissionados, e sim na desproporcionalidade de ocupação dos cargos por pessoas estranhas ao quadro da administração pública em virtude de interesses meramente pessoais, sendo dever da Advocacia Pública fazer o controle de legalidade na consultoria jurídica de tais atos, emitindo pareceres que orientem o administrador a primar pelos princípios da administração pública, evitando-se, assim, qualquer prática ilícita e imoral de desvio de finalidade.

Referências

BARBOSA, Ruy. A fazenda nacional em 15 de novembro de 1889. In BARBOSA, Ruy. **Queda do império**: diário de notícias. Rio de Janeiro: Ministério da Educação e Saúde, 1949, p. 174-175. (Obras completas de Ruy Barbosa, v.16, t. 1-8, 1889).

BARRETO, Vicente (Org.). **O liberalismo e a constituição de 1988**: textos selecionados de Ruy Barbosa. Rio de Janeiro: Nova Fronteira, 1991.

BARROSO, Luís Roberto. **Curso de Direito Constitucional Contemporâneo/ Os Conceitos Fundamentais e a Construção do Novo Modelo**. São Paulo: Saraiva, 2009.

BELLO, José Maria. **História da República 1889-1954: síntese de sessenta e cinco anos de vida brasileira**. 8. ed. São Paulo: Companhia Editora Nacional, 1983.

BENDIX, Reinhard. **Max Weber: um perfil intelectual**. Trad. Elisabeth Hanna e Jose Viegas Filho. Brasília: Unb, 1986.

BODINA DE MORAES, Maria Celina. In: SARLET, Ingo Wolfgang (Org.). **Constituição, direitos fundamentais e direito privado**, 2003.

BONAVIDES, Paulo. **Curso de Direito Constitucional**. 15. Ed. São Paulo: Malheiros, 2004.

_____. **Teoria Constitucional da Democracia Participativa**. São Paulo: Malheiros Editores, 2001.

BRASIL. Constituição da República dos Estados Unidos do Brasil. Disponível em: <http://www.planalto.gov.br/ccivil_03/Constituicao/Constituicao91.htm>. Acesso em: 10 mai. 2018.

_____. **Constituição da República dos Estados Unidos do Brasil**. Disponívelem:<http://www.planalto.gov.br/ccivil_03/Constituicao/Constituicao34.htm>. Acesso em: 10 mai. 2018.

_____. **Constituição da República Federativa do Brasil de 1967**. Disponível em: <http://www.planalto.gov.br/ccivil_03/Constituicao/Constituicao67.htm>. Acesso em: 10 mai. 2018.

_____. **Constituição da República Federativa do Brasil de 1969**. Disponível em: <http://www.planalto.gov.br/ccivil_03/Constituicao/Constituicao67EMC69.htm>. Acesso em 10 mai. 2018.

_____. **Constituição da República Federativa do Brasil de 1988**. Disponível em <http://www.planalto.gov.br/ccivil_03/constituicao/constituicao.htm>. Acesso em 10 mai. 2018.

_____. **Constituição dos Estados Unidos do Brasil de 1937**. Disponível em: <http://www.planalto.gov.br/ccivil_03/Constituicao/Constituicao37.htm>. Acesso em 10 mai. 2018.

_____. **Constituição dos Estados Unidos do Brasil de 1946**. Disponível em: <http://www.planalto.gov.br/ccivil_03/Constituicao/Constituicao46.htm>. Acesso em: 10 mai. 2018.

_____. **Decreto nº 19.398, de 11 de novembro de 1930.** Instituto Governo Provisório da República dos Estados Unidos do Brasil, e dá outras providências. Disponível em: <http://www.planalto.gov.br/ccivil_03/decreto/1930-1949/D19398.htm>. Acesso em: 10 mai. 2018

_____. **Lei n.º 284, de 28 de outubro de 1936.** Reajusta o quadro e vencimento do funcionalismo público civil da união e estabelece diversas providências. Disponível em: <http://legis.senado.gov.br/legislacao/ListaNormas.action?numero=284&tipo_norma=LEI&data=19361028&link=s>. Acesso em 10 mai. 2018.

_____. **Lei Complementar 620, de 20 de junho de 2011.** Dispõe sobre a lei orgânica da Procuradoria Geral do Estado de Rondônia. Disponível em: <http://ditel.casacivil.ro.gov.br/cotel/Livros/Files/LC620.pdf>. Acesso em: 10 mai. 2018.

BRESSER-PEREIRA, Luiz Carlos. Da Administração pública burocrática à gerencial. **Revista do Serviço Público/Fundação Escola Nacional de Administração Pública,** v. 120, n. 1, jan-abr. 1996. Brasília: ENAP, p. 7. Disponível em: http://blogs.al.ce.gov.br/unipace/files/2011/11/Bresser1.pdf.

_____. **Do Estado Patrimonial ao Gerencial.** Disponível em: <http://www.bresserpereira.org.br/papers/2000/00-73estadopatrimonial-gerencial.pdf>. Acesso em: 10 mai. 2018.

BUENA, Pimenta, **Direito Público Brasileiro e Análise da Constituição do Império.** Rio de Janeiro: ministério dos Negócios interiores, 1958, p. 412

COSTA; Emília Viotti da. **Da Monarquia à República**: momentos decisivos. 6. ed. São Paulo: Fundação Editora da UNESP, 1999.

DA COSTA, Frederico Lustosa. Brasil: 200 anos de Estado; 200 anos de administração pública; 200 anos de reformas. **RAP—Rio de Janeiro**, v. 42, n. 5, 2008.

DE MELLO, Celso Antonio Bandeira. Curso de Direito Administrativo. 27. ed. São Paulo: Malheiros, 2010.

DI PIETRO, Maria Sylvia Zanella. **Direito Administrativo**. 25. ed. São Paulo: Atlas, 2012.

FALCÃO MARTINS, Humberto. **A Ética do Patrimonialismo e a Modernização da Administração Pública Brasileira**. p.5. Disponível em: <http://www.academia.edu/3261499/A_%C3%A9tica_do_patrimonialismo_ea_moderniza%C3%A7%C3%A3o_da_administra%C3%A7%C3%A3o_p%C3%BAblica_brasileira>. Acesso em: 10 mai. 2018.

FAORO, Raymundo. **Os donos do poder**. 3. ed. Rio de Janeiro: Globo, 2001.

FREITAS NETO, José Alves de; TASINAFO, Célio Ricardo. **História Geral e do Brasil**.São Paulo:Harbra,2006.

GRAHAM, Richard. **Clientelismo e política no Brasil do século XIX**. Rio de Janeiro: UFRJ,1997.

JUNIOR, José Celso Cardoso (Coord.);CARVALHO, Eneuton Dornellas Pessoa de. **Burocracia e ocupação no setor público brasileiro/O aparelho Administrativo brasileiro**: sua gestão e seus servidores – Do período colonial a 1930. Rio de Janeiro: Ipea, 2011. v. 5 (445p.).

JUNQUILO, Gelson Silva. **Teorias da administração pública**. Florianopólis: Departamento de Ciências da Administração. 2010. Disponível em <http://www.ead.uepb.edu.br/arquivos/Livros_UEPB_053_2012/01-teorias%20da%20administra%E7%E3o%20publica/livro%20grafica%20TGAPublica.pdf>. Acesso em 10 mai. 2018.

KANT, Immanuel. **Fundamentação à metafísica dos costumes**, 2005, p. 77-78.

LAMEIRÃO, Camila Romero. Reformas no Poder Executivo: Um caminho para o fortalecimento institucional e decisório do Presidente da República? Notas sobre mudanças na regulação dos cargos de direção e assessoramento superiores (DAS) do Poder Executivo Federal. In: **Seminário Direito, Gestão e Democracia**, p. 39-60. Anais Eletrônicos. Disponível em: <http://www.gespublica.gov.br/projetos-acoes/pasta.2009-

0715.5584002076/pagina.2010-05-11.0321542124/1%20Limites%20da%20Autonomia_LASER.pdf#page=39>. Acesso em: 10 mai. 2018.

LEAL, Victor Nunes. **Coronelismo, Enxada e Voto**. São Paulo: Editora Alfa-Ômega: 1949.

LIMA JÚNIOR, Olavo Brasil de. As reformas administrativas no Brasil:modelo, sucessos e fracassos. **Revista do Serviço Público/Fundação Escola Nacional de Administração Pública**, v.1, n.1 (nov. 1937) Ano 49, n.2 (abr- jun/1998).

LÚCIA, Carmen. Supremo Tribunal Federal, ADC 12, Relator (a): Min. Carlos Britto, Tribunal Pleno, julgado em 20/08/2008, Disponível em: <http://redir.stf.jus.br/paginadorpub/paginador.jsp?docTP=AC&docID=606840>. Acesso em 10 mai. 2018.

MAGALHÃES, André Luiz Alves de. **O jeitinho brasileiro na admissão ao serviço público – a história constitucional do recrutamento de servidores sem concurso**. São Paulo: Baraúna, 2011.

MARTINS, Luciano. **Reforma da Administração Pública e cultura política no Brasil: uma visão geral**. Brasília: Cadernos ENAP n.º 8, 1997.

MARTINS, Paulo Emilio M.; PIERANTI, Octavio Penna. **Estado e Gestão Pública: visões do Brasil Contemporâneo**. 2. ed. Rio de Janeiro: FGV, 2006, p.115.

SILVA, Almiro do Couto e. Princípios da legalidade da administração pública e da segurança jurídica no estado de direito contemporâneo.**Revista de direito público**, v. 84, p. 86, 1987. Disponível em:<http://186.202.176.109/arquivos/file_527a403845914.pdf>. Acesso em: 10 mai. 2018.

SANTOS, Luiz Alberto;CARDOSO, Regina Luna dos Santos. **Corrupção, Nepotismo e Gestão predatória: um estudo no caso brasileiro e alternativa para seu enfrentamento**. XVIII Concurso del CLAD sobre Reforma del Estado y Modernización de la Administración Pública/ Cómo combatir la corrupción, garantizar la transparencia y rescatar la ética en la gestión gubernamental en Iberoamérica. Caracas: 2004-2005. Disponível em: <http://siare.clad.org/fulltext/0052003.pdf>. Acesso em 10 mai. 2018.

SILVA, José Afonso da. Comentário Contextual à Constituição. 5.ed. São Paulo: Malheiros, 2008.

SORJ, Bernardo. **A Nova Sociedade Brasileira**. 2. ed., Rio de Janeiro: Jorge Zahar, 2001.

SUPREMO TRIBUNAL FEDERAL. ADC 12, Relator (a): Min. Carlos Britto, Tribunal Pleno, julgado em 20/08/2008, Disponível em: <http://redir.stf.jus.br/paginadorpub/paginador.jsp?docTP=AC&docID=606840>. Acesso em 10 mai. 2018.

TRINDADE, Sérgio Luiz Bezerra. Constituição de 1891: as limitações da cidadania na República Velha.**Revista da FARN**, Natal, v.3, n.1/2, p. 175 - 189, jul. 2003/jun.2004.

VIEIRA, Leonardo Carneiro Assumpção. **Merecimento na administração pública – Concurso Público, avaliação de desempenho e Política Pública de Pessoal**. Belo Horizonte; Fórum, 2011.

WAHRLICH, Beatriz Marques de Sousa. Classificação de cargos e implantação do sistema do mérito: a lei do reajustamento de 1936, suas origens, conteúdo e primeiras repercussões. **Revista de Administração Pública**, v. 10, n. 3, p. 7-46, 1976.

As Procuradorias Estaduais e o Sistema Interamericano de Direitos Humanos

Tais Macedo de Brito Cunha

Resumo

O Brasil reconheceu a jurisdição contenciosa da Corte Interamericana de Direitos Humanos e, portanto, assumiu o compromisso internacional de cumprir suas decisões. Em que pese não possuírem representação nem competência em matéria internacional, os Estados-membros estão vinculados aos compromissos internacionais assumidos pela União, uma vez que nessa atuação a União representa a República Federativa do Brasil. Atos de competência estadual, portanto, são objeto de apreciação pela Comissão e pela Corte Interamericana de Direitos Humanos, podendo ensejar decisões que, consoante repartição constitucional de competência, terão que ser atendidas pelo Estado membro. Nesta toada, a participação da respectiva Procuradoria Estadual se revela extremamente importante, seja em observância à cooperação Federativa, seja porque viabiliza no âmbito estadual a prestação das informações necessárias, bem como a adequada orientação ao Chefe do Executivo Estadual acerca do cumprimento das decisões. Neste contexto foi criada a Rede de Advocacias Públicas para o aprimoramento da atuação do Brasil no Sistema Interamericano de Direitos Humanos – Rede-SIDH, resultado do reconhecimento da importância da participação das Procuradorias do Estado durante todo o trâmite dos processos internacionais quando a temática envolver ato de competência estadual.

Palavras-chave: Jurisdição Contenciosa da Corte Interamericana de Direitos Humanos; Papel fundamental das Procuradorias do Estado; Rede de Advocacias Públicas para o aprimoramento da atuação do Brasil no Sistema Interamericano de Direitos Humanos; Cooperação permanente.

Abstract

Brazil has recognized the contentious jurisdiction of the Inter-American Court on Human Rights, what means an international commitment to comply with its decisions. Despite their lack of representation and competence in international matters, the States are bound to the international commitments assumed by the Union because in this action the Union represents the Federative Republic of Brazil. Acts of state competence, therefore, are subject to appraisal by the Inter-American Commission and Court on Human Rights, which may lead to decisions that, according to the constitutional division of jurisdiction, will have to be executed by a State. In this regard, the participation of the respective State Attorney's Office is essential, either in compliance with Federative cooperation, or because it makes it possible to provide the necessary information, as well as the appropriate guidance to the Chief Executive of the State about compliance with decisions. In this context, the Public Advocacy Network was created to improve Brazil's performance in the Inter-American Human Rights System, as a result of the recognition of the importance of state attorneys' participation in these international processes when the issue involves acts of state competence.

Keywords: Contentious Jurisdiction of the Inter-American Court on Human Rights; Essential Role of State Attorneys; Public Advocacy Network for the improvement of Brazil's performance in the Inter-American Human Rights System; Permanent cooperation.

1. Considerações introdutórias: reconhecimento da jurisdição contenciosa da Corte Interamericana de Direitos Humanos pelo Brasil

A Convenção Americana de Direitos Humanos, também denominada Pacto de San José da Costa Rica, foi elaborada e aberta à assinatura em 22 de novembro de 1969, entrando em vigor internacional somente no ano de 1978, quando o décimo primeiro instrumento de ratificação foi depositado, conforme o art. 74.2 da Convenção.[337]

---

[337] 74.2. A ratificação desta Convenção ou a adesão a ela se efetuará mediante depósito de um instrumento de ratificação ou de adesão na Secretaria-Geral da Organização dos Estados Americanos. Esta Convenção entrará em vigor logo que onze Estados houverem depositado os seus respectivos instrumentos de ratificação ou de adesão. Com referência a qualquer outro Estado que a ratificar ou que a ela aderir ulteriormente, a Convenção entrará em vigor na data do depósito do seu instrumento de ratificação ou de adesão.

No território Nacional, a Convenção Interamericana de Direitos Humanos entrou em vigor em 25 de setembro de 1992, quando o Brasil depositou a Carta de Adesão à Convenção, tendo sido ratificada em 6 de novembro do mesmo ano, através do Decreto n. 678/1992.

Com a ratificação da Convenção pelo Estado Brasileiro, ficou reconhecida a existência de obrigações internacionais em matéria de direitos humanos, bem como o compromisso de cumprir as obrigações internacionalmente assumidas.

Entretanto, não se revelou suficiente a ratificação da Convenção para conferir efetiva proteção internacional dos direitos humanos no território brasileiro, tendo em vista a ausência de força vinculante de eventual decisão internacional. A responsabilização internacional do Brasil por violações a direitos humanos permanecia restrita a sanção moral e publicidade negativa, ou seja, condenações simbólicas repercutidas na mídia internacional, insuficientes para a efetiva implementação dos direitos humanos.

Neste contexto, o reconhecimento da competência jurisdicional da Corte Interamericana de Direitos Humanos, ocorrido em 3 de dezembro de 1998 por meio do Decreto Legislativo 89 – que teceu a declaração expressa de tal reconhecimento, na forma do art. 62 da Convenção Americana –, foi de extrema importância para conferir força jurídica vinculante às normas internacionais protetivas de direitos humanos no território nacional[338].

Neste ponto, cumpre destacar que a internacionalização dos Direitos Humanos já foi almejada pelo Constituinte Originário no Art. 7º do ADCT, que estabelece que "O Brasil propugnará pela formação de um tribunal internacional dos direitos humanos".[339]

Dez anos depois, portanto, com o reconhecimento da Jurisdição Contenciosa obrigatória da Corte Interamericana de Direitos Humanos, foi atendida a vontade do constituinte originário, dando-se um largo passo na viabilização de efetiva proteção internacional dos direitos humanos no Brasil.

---

338 RAMOS, André de Carvalho. **Responsabilidade internacional por violação de direitos humanos: seus elementos, a reparação devida e sanções possíveis:** teoria e prática do direito internacional. Rio de Janeiro: Renovar, 2004.

339 BRASIL. Constituição Federal de 1988. Promulgada em 5 de outubro de 1988. Disponível em <http://www.planalto.gov.br/ccivil_03/constituicao/constituição.htm>. Acesso em: 13 ago. 2018.

O Brasil, portanto, está sujeito a condenações por violação de direitos humanos pela Corte Interamericana de Direitos Humanos, contexto no qual está inserido o objeto deste trabalho, consistente na participação das Procuradorias dos Estados como colaboradores permanentes nos processos que se instalam perante a Corte Interamericana em face da República Federativa do Brasil, quando as violações envolverem políticas públicas de competência do Estado ou atos de agentes públicos estaduais.

2. Contextualização dos Estados membros nos processos iniciados perante o Sistema Interamericano de Direitos Humanos

A Constituição Federal atribui exclusivamente à União a competência de manter relações com Estados estrangeiros e participar de organizações internacionais, conforme disciplina expressa e literal do art. 21, I, da Carta Magna[340].

Na mesma linha, a disciplina do art. 84, incisos VII e VIII, da CONSTITUIÇÃO FEDERAL - CF[341] determina ser competência privativa do Presidente da República manter relações com Estados Estrangeiros e acreditar seus representantes diplomáticos, assim como celebrar tratados, convenções e atos internacionais.

A partir da disciplina constitucional acima mencionada, impende destacar que, muito embora seja por intermédio da União que a República Federativa do Brasil se apresente nas suas relações internacionais, não há coincidência entre essas pessoas jurídicas, sendo a União pessoa jurídica de direito público interno, entidade federativa autônoma em relação aos Estados membros, Municípios e Distrito Federal, enquanto a República Federativa do Brasil é o todo, pessoa jurídica de direito público internacional, formada pela união indissolúvel da União, Estado, Distrito Federal e Municípios.

---

[340] Art. 21. Compete à União:I - manter relações com Estados estrangeiros e participar de organizações internacionais [...].

[341] Art. 84. Compete privativamente ao Presidente da República:
VII - manter relações com Estados estrangeiros e acreditar seus representantes diplomáticos;
VIII - celebrar tratados, convenções e atos internacionais, sujeitos a referendo do Congresso Nacional [...].

Nesta senda, em que pese o Estado Federal ser representado por órgãos da União nos atos internacionais, não é a União que aparece nesses atos, mas sim a República Federativa do Brasil.

Neste sentido, resta inconteste que a disciplina constitucional não atribui aos Estados-membros representação nem competência em matéria internacional, restringindo essa capacidade à República Federativa do Brasil, representada pela União.

Em que pese as relações internacionais da República Federativa do Brasil serem perfectibilizadas através de órgãos da União, muitas vezes as tratativas internacionais estão relacionadas a atos de Estados-membros da Federação ou matérias que, consoante a repartição constitucional de competências, são de competência dos Estados.

Com efeito, quando o Presidente da República celebra tratados e convenções internacionais, o faz não em nome da União, mas como representante da República Federativa do Brasil, vinculando todos os entes federativos aos compromissos internacionais assumidos, de modo que as subdivisões políticas do Estado Federado devem observância às obrigações contraídas internacionalmente.

Neste sentido, não há qualquer dúvida acerca da submissão dos Estados-membros da Federação aos compromissos internacionais firmados pela União e, por consequência, às decisões proferidas pela Corte Interamericana de Direitos Humanos[342].

Desse modo, apresentada perante a Comissão Interamericana de Direitos Humanos uma violação perpetrada pela República Federativa do Brasil, deve ser identificado, segundo as repartições internas de competência, sobre qual ente recai o dever de cumprir, internamente, eventuais recomendações ou decisão da Corte.

Sobrevindo conclusão pela competência estadual, ainda que não exclusiva no caso em análise perante a Corte, deve ser oportunizada uma efetiva participação do ente federado em todas as tratativas, através de seu órgão jurídico, para que restem observados os princípios mais comezinhos do ordenamento jurídico pátrio.

Por óbvio que essa participação efetiva do Estado-membro através de seu órgão jurídico não deve ocorrer em todas as demandas internacionais em face da República Federativa do Brasil, mas apenas naqueles casos nos quais eventual obrigação assu-

---

342 BARROSO, Luís Roberto. **Parecer n. 01/08 – LRB, de 18 de janeiro de 2008.** Procuradoria Geral do Estado do Rio de Janeiro. Responsabilidade internacional de Estado-membro da Federação. Eficácia jurídica das recomendações da Comissão Interamericana de Direitos Humanos. Possibilidade e meios de seu cumprimento pelo Estado do Rio de Janeiro.

mida pela União possa interferir diretamente ou reflexamente em esfera de direito do Estado ou imputar ao Estado-membro o dever de assumir obrigações.

Destaque-se que, ainda que não possua personalidade jurídica de direito internacional e não possa comparecer em nome próprio perante a Corte ou Comissão Interamericana de direitos humanos, isso não pode significar que o Estado-membro da Federação não possa assessorar a República Federativa do Brasil no processo, ou mesmo atuar como seu representante, mediante delegação própria.

Veja-se que, embora no âmbito internacional a representação do Estado Federado seja de competência da União, como exigir internamente em momento posterior o cumprimento pelo Ente Federado de decisão em cujo processo não teve qualquer participação?Certamente violaria a cooperação inerente ao Federalismo brasileiro a ausência de participação do ente estatal.

Em verdade, todos os princípios que regem o ordenamento jurídico pátrio conduzem à necessidade de participação do Estado-membro na demanda que envolva matéria de sua competência. Seja o devido processo legal, a cooperação processual, a boa-fé objetiva e até o próprio Federalismo, cláusula pétrea inserida na Constituição Federal de 1988.

Neste contexto, parece que a melhor solução para compatibilizar a inexistência de personalidade jurídica internacional dos Estado-membros com a vinculação destes entes às decisões e normas de direitos internacionais, bem como ao atendimento das decisões do Sistema Interamericano de Direitos Humanos, é a participação efetiva do Ente em todas as etapas do processo, o que deve ser feito não apenas através dos órgãos políticos dos Estados membros, mas principalmente através do seu órgão jurídico, ou seja, através da respectiva Procuradoria Estadual, que é o órgão constitucional de representação judicial e extrajudicial dos Estados.

3. Do trâmite dos processos perante a Comissão Interamericana de Direitos Humanos e da importância da cooperação das Procuradorias Estaduais em todas as suas etapas

O Brasil reconheceu a jurisdição contenciosa da Corte Interamericana e, portanto, assumiu o compromisso internacional de cumprir suas decisões.

Pergunta-se, então, como funciona esse trâmite? Como a República Federativa do Brasil pode ser conduzida a figurar no banco dos réus da Corte Interamericana de Direitos Humanos?

No sítio eletrônico da Organização dos Estados Americanos – OEA[343] há um folheto informativo que, com linguagem simples e acessível, explica conceitos básicos que se deve conhecer para apresentação de denúncias perante a Comissão de Direitos Humanos, com exposição de quais são os direitos humanos protegidos, como e quando apresentar uma denúncia, os requisitos que devem ser cumpridos e quais os procedimentos que devem ser seguidos.

Todo o processo pode ser resumido conforme o seguinte trâmite: petição-> admissibilidade -> fase conciliatória -> Primeiro Informe -> Segundo Informe ou Ação Judicial perante a Corte Interamericana de Direitos Humanos.

O processo, portanto, é iniciado com a provocação da Comissão Interamericana de Direitos Humanos através de uma petição, que pode ser apresentada pela própria vítima, representantes da vítima ou terceiros, como organizações não Governamentais, além de outro Estado signatário do pacto.

Apresentada a petição, é feita a verificação da presença das condições de admissibilidade, a saber: o esgotamento dos recursos locais, ausência do decurso do prazo de seis meses para a representação, ausência de litispendência internacional e ausência de coisa julgada internacional.

Reconhecida a admissibilidade da petição ou comunicação, serão solicitadas informações ao Governo do Estado ao qual pertença a autoridade apontada como responsável pela violação alegada.

Já é possível verificar aqui neste momento inicial a conveniência de ser principiada a colaboração das Procuradorias Estaduais caso a demanda envolva atos de competência estadual. Veja-se que o auxílio das Procuradorias estaduais no colhimento das informações para serem prestadas à Comissão Interamericana de Direitos Humanos é de grande valia. Primeiro porque está mais próxima dos fatos, dos agentes envolvidos e, de uma forma geral, das informações necessárias para apresentação perante a Comissão Interamericana de Direitos Humanos. Segundo porque a orientação pela PGE das autoridades locais favorece muito a identificação dos documentos e dados relevantes, daí não ser tão

---

[343] Disponível em: <http://www.oas.org/pt/cidh/mandato/peticiones.asp>. Acesso em 13 ago. 2018.

eficiente a provocação exclusiva da autoridade estadual, sem participação da PGE nesse processo para prestação das informações.

Pertinente aqui mencionar depoimento do Embaixador Brasileiro Lindgren Alves, citado em obra do doutrinador André de Carvalho Ramos, acerca da dificuldade de obter informações das autoridades diretamente competentes para transmissão ao exterior[344].

Com efeito, até bem pouco tempo atrás, a Advocacia-Geral da União– AGU, responsável pela representação da República Federativa do Brasil nos processos internacionais, restringia-se à provocação das autoridades estaduais na busca de subsídios para a prestação de informações à Comissão Interamericana de Direitos Humanos, não travando um diálogo mais próximo com a respectiva Procuradoria do Estado na busca desses subsídios.

Entretanto, a própria experiência revelou que a participação das Procuradorias estaduais se faz necessária para facilitação da busca das informações, bem assim para maior qualidade e utilidade nas informações prestadas, de modo que hoje a AGU provoca diretamente a PGE, além das autoridades locais, para que seja prestado um auxílio na busca da informação.

Recebidas as informações, ou transcorrido o prazo fixado sem que sejam elas recebidas, a Comissão verificará se existem ou subsistem os motivos da petição ou comunicação. No caso de não existirem ou não subsistirem, mandará arquivar o expediente.

Passada a fase da admissibilidade da petição perante a Corte Interamericana de Direitos Humanos e não sendo caso de arquivamento, ingressa-se na fase conciliatória, na qual a Comissão Interamericana tentará estabelecer uma solução amistosa do litígio, sempre respeitando os direitos reconhecidos na Convenção.

Aqui, mais uma vez, salta aos olhos a necessidade da cooperação permanente das Procuradorias do Estado.

Veja-se que, em se tratando de matéria de competência estadual, o acordo deverá ser entabulado com o Estado, que será o responsável pelo seu cumpri-

---

344 RAMOS, André de Carvalho. Op. cit., 2004, p.192 e 193.

mento, exigindo-se, portanto, a participação da Procuradoria do Estado como órgão constitucional de representação judicial e extrajudicial do Estado[345].

No caso dos Meninos Emasculados do Maranhão, o Decreto Presidencial n. 5.619/2005 autorizou o Estado do Maranhão a negociar perante a Comissão Interamericana de Direitos Humanos o conteúdo da solução amistosa, ato que respeitou o pacto federativo, legitimando a futura exigência do cumprimento da avença em face do Estado-membro, o que deverá sempre ser reproduzido nas demandas que envolverem matéria de competência estadual.

Esgotada a fase de conciliação, a Comissão delibera editando o primeiro informe, previsto no art. 50[346] da Convenção Americana, no qual a Comissão exporá os fatos e suas conclusões acerca da existência ou não de violação aos direitos consagrados na Convenção Americana de Direitos Humanos.

Constatada a violação, o Primeiro Informe é remetido aos Estados envolvidos, concedendo-se ao Estado violador o prazo de três meses (art. 30), prorrogáveis, para que cumpra as recomendações constantes desse informe não consideradas vinculantes.

Registre-se que não é permitida a publicação do primeiro informe, consoante previsão expressa do art. 50.2 da Convenção, não havendo ainda neste momento, portanto, publicidade negativa para o Estado violador.

A relevância da participação da Procuradoria Estadual é de destaque nessa fase do trâmite da demanda internacional, no sentido de orientar os órgãos políticos estaduais acerca do cumprimento das recomendações expedidas.

Por serem consideradas não vinculantes, as autoridades muitas vezes não empreendem os esforços necessários para o cumprimento das Recomendações ex-

---

345 Art. 132. Os Procuradores dos Estados e do Distrito Federal, organizados em carreira, na qual o ingresso dependerá de concurso público de provas e títulos, com a participação da Ordem dos Advogados do Brasil em todas as suas fases, exercerão a representação judicial e a consultoria jurídica das respectivas unidades federadas. (Redação dada pela Emenda Constitucional nº 19, de 1998)

346 Artigo 50 - 1. Se não se chegar a uma solução, e dentro do prazo que for fixado pelo Estatuto da Comissão, esta redigirá um relatório no qual exporá os fatos e suas conclusões. Se o relatório não representar, no todo ou em parte, o acordo unânime dos membros da Comissão, qualquer deles poderá agregar ao referido relatório seu voto em separado. Também se agregarão ao relatório as exposições verbais ou escritas que houverem sido feitas pelos interessados em virtude do inciso 1, "e", do artigo 48. 2. O relatório será encaminhado aos Estados interessados, aos quais não será facultado publicá-lo. 3. Ao encaminhar o relatório, a Comissão pode formular as proposições e recomendações que julgar adequadas.

pedidas pela Comissão Interamericana de Direitos Humanos, sendo de extrema importância e eficácia a consultoria jurídica da Unidade Federada sobre a matéria.

Acerca da obrigatoriedade moral e política das Recomendações expedidas pela Comissão, esclarecedor é o parecer emitido pela Advogada da União Ana Cláudia de Sousa Freitas, ao destacar que, embora não haja consenso acerca da coercitividade e obrigatoriedade das recomendações, "o cumprimento voluntário por parte dos Estados é medida legítima que se impõe aos países que se orientam, em suas relações internacionais, pelo princípio da boa-fé e do comprometimento para com a promoção dos direitos humanos".[347]

Superado o prazo de três meses sem o devido atendimento das deliberações, há duas opções para o trâmite da demanda internacional, ou a Comissão propõe a ação contra o Estado frente à Corte Interamericana de Direitos Humanos, ou edita o segundo informe, caso a maioria absoluta dos comissários conclua pela não propositura de ação.

O não atendimento da Recomendação constante no primeiro informe, portanto, pode ensejar a propositura de ação pela Comissão perante a Corte Interamericana de Direitos Humanos, o que reforça a necessidade do atendimento pelas Unidades Federadas das recomendações constantes nos informes.

O Segundo Informe, assim como o primeiro, contém recomendações ao Estado violador e estabelece um prazo para que sejam atendidas. Entretanto, diferentemente do primeiro informe, o Segundo Informe é público.

Por fim, impende registrar que compete à Comissão solicitar que um Estado adote medidas cautelares, nos casos previstos no Regulamento da Comissão, com o escopo de evitar possíveis danos irreparáveis às pessoas ou ao objeto de um processo sobre o qual haja uma petição ou um caso pendente.

Verifica-se, portanto, que, desde a fase da admissibilidade da petição, na qual informações devem ser prestadas à Comissão, até o cumprimento de eventual recomendação ou de uma decisão, a cooperação das Procuradorias estaduais se revela imprescindível para obtenção de um resultado eficiente e favorável ao Estado Brasileiro perante o Sistema Interamericano de Direitos Humanos.

---

347 FREITAS, Ana Cláudia. Parecer n. 073-F/13-AC/DPI/PGU, de 28 de junho de 2013.Procuradoria Geral da União. Responsabilidade da União diante do cumprimento de recomendação do Comitê para a Eliminação da Discriminação Contra a Mulher da Organização das Nações Unidas (CEDAW) no Caso Alyne da Silva Pimentel.

4. Da rede de advocacias para o aprimoramento da atuação do Brasil no Sistema interamericano de Direitos Humanos – Rede-SIDH

A I Reunião Técnica de Procuradorias dos Estados sobre o Sistema Interamericano de Direitos Humanos, ocorrida em 9 de dezembro de 2014 na Escola da Advocacia-Geral da União, foi o primeiro passo para uma maior integração entre as Advocacias Públicas.

Na referida reunião foram compartilhadas as experiências das Procuradorias estaduais e sobrelevada a importância de uma cooperação permanente entre as advocacias públicas nos casos em curso no Sistema Interamericano de Direitos Humanos, propondo-se a criação de pontos focais para cada Estado--membro e a formação de uma rede especializada.

A proposta foi formalizada quase três anos depois com a celebração do "acordo de cooperação entre advocacias públicas para o aprimoramento da atuação do Brasil no Sistema Interamericano de Direitos Humanos", firmado em 10 de agosto de 2017 entre a Advocacia-Geral da União, as Procuradorias estaduais e do Distrito Federal.

O referido acordo cria a Rede de Cooperação entre Advocacias Públicas para atuação do Brasil no Sistema Interamericano de Direitos Humanos – Rede-SIDH, materializando o reconhecimento da importância e necessidade de cooperação das Procuradorias estaduais nos processos do Sistema Interamericano de Direitos Humanos.

Além de reconhecer que a cooperação da advocacia pública estadual resulta no aprimoramento da atuação do Brasil, o acordo em tela consigna a "importância da instituição de um mecanismo jurídico interno de contato entre as Advocacias Públicas Federal, Estaduais e do Distrito Federal, para dar segurança jurídica à atuação da República Federativa do Brasil no Sistema Interamericano de Direitos Humanos".

A Rede-SIDH viabiliza uma atuação mais especializada das Procuradorias estaduais, uniformização de entendimentos e harmonização da atuação dos Estados-membros, principalmente em razão da elaboração de enunciados que devem orientar a atuação da advocacia pública nessas demandas.

Merece destaque o enunciado número dois, fruto do 1º encontro da Rede de Advocacias Públicas, realizado em 12 de dezembro de 2017, ao estabelecer que, no caso de direitos e obrigações assumidos por Estado ou Distrito Federal, a celebração de acordos e soluções amistosas pela República Federativa do Brasil relacionados a petição ou caso em curso perante o Sistema Interamericano de Direitos Humanos depende de aprovação prévia da respectiva Advocacia Pública.

A participação efetiva das Procuradorias estaduais perante o Sistema Interamericano de Direitos Humanos é, portanto, realidade concreta e materializada, para a qual as Procuradorias estaduais devem se preparar, capacitando o Procurador do Estado para essa atuação especializada, além de atuar sempre no sentido de fortalecer a Rede-SIDH e dar continuidade aos trabalhos que estão sendo desenvolvidos.

Considerações finais

Ainda que a União figure como signatária dos tratados internacionais, certo é que os compromissos assumidos pela República Federativa do Brasil alcançam todos os entes federados, uma vez que não há alteração da natureza Federativa dos compromissos assumidos pelo Estado Brasileiro por ser a União o ente responsável pela interlocução.

Neste sentido, considerando que o compromisso de proteção dos direitos humanos deve envolver todos os entes, notadamente o ente federado que detém competência no caso específico, segundo a repartição legal e constitucional das competências entre a União, Estados e Municípios, demonstra o presente trabalho a importância da integração entre as advocacias públicas, em especial a importância das Procuradorias estaduais figurarem como colaboradores permanentes nas demandas internacionais quando a matéria envolver competência estadual.

Muito embora a Advocacia-Geral da União assista juridicamente a União nas controvérsias movidas contra o Brasil na Corte Interamericana de Direitos Humanos, a necessidade de participação efetiva dos Estado-membros, quando a matéria envolver competência estadual, é necessária para legitimar futura exigência do cumprimento de acordo ou decisão perante o Estado-membro. Nesse cenário, tem-se por imperiosa a efetiva participação da respectiva Procuradoria Estadual nesse processo.

Não se pode olvidar que, muito embora a União represente o Estado Federado nas suas relações internacionais, quando se tratar de demanda que envolva competência estadual, o devido processo legal, bem como o respeito ao Pacto Federativo, exige a efetiva participação do Estado membro, o que deve ser viabilizado também através do seu órgão de representação judicial e extrajudicial.

Nesta senda, as Procuradorias do Estado devem formar, juntamente com o Departamento Internacional da Advocacia-Geral da União e as Consultorias e Assessorias da AGU junto aos Ministérios, um conjunto de órgãos jurídicos à disposição do Estado Brasileiro nessas demandas internacionais.

Essa necessária integração entre as advocacias públicas foi formalizada através do "acordo de cooperação entre advocacias públicas para o aprimoramento da atuação do Brasil no Sistema Interamericano de Direitos Humanos", subscrito pela Advocacia geral da união e por todas as Procuradorias Estaduais e do Distrito Federal.

Esse acordo de cooperação criou a Rede de Advocacias para o aprimoramento da atuação do Brasil no Sistema Interamericano de Direitos Humanos – Rede-SIDH, materializando o reconhecimento da importância e necessidade de cooperação das Procuradorias Estaduais nos processos do Sistema Interamericano de Direitos Humanos.

Em que pese ainda poder ser considerado um fenômeno tímido, em especial quando se tem como referencial a quantidade de casos envolvendo outros países, a demanda em face do Brasil tende a aumentar, bem como a judicialização do cumprimento dos provimentos do Sistema Interamericano.

Neste sentido, a criação da Rede-SIDH representa importante avanço para o aperfeiçoamento da atuação do Brasil no Sistema Interamericano de Direitos Humanos, tornando mais harmoniosa, ajustada e efetiva a atividade de representação e defesa da República Federativa do Brasil.

Referências bibliográficas

BAPTISTA, Felipe Derbli. **Parecer n. 05/2013-FDCB, de 12 de julho de 2013**. Procuradoria Geral do Estado do Rio de Janeiro. Responsabilidade civil do Estado. Óbitos decorrentes de alegada violência policial na repressão ao tráfico de entorpecentes na comunidade de Nova Brasília. Recomendação de Pagamento de indenização emitida pela Comissão de Direitos Humanos: ausência de caráter cogente, sem prejuízo da obrigação política e/ou moral de seu cumprimento, mediante avaliação realizada no seu exercício de autotutela. Precedentes da Procuradoria Geral do Estado. Demonstração de insuficiência dos mecanismos internos de proteção dos direitos humanos. Prescrição da pretensão indenizatória. Juridicidade do pagamento de indenização prescritas. Discricionariedade do agente político para decidir quanto à indenização.

BARROSO, Luís Roberto. **Parecer n. 01/08 – LRB, de 18 de janeiro de 2008.** Procuradoria Geral do Estado do Rio de Janeiro. Responsabilidade internacional de Estado-membro da Federação. Eficácia jurídica das recomendações da Comissão Interamericana de Direitos Humanos. Possibilidade e meios de seu cumprimento pelo Estado do Rio de Janeiro.

BRASIL. Constituição (1988). **Constituição da República Federativa do Brasil**: promulgada em 5 de outubro de 1988. Disponível em: <http://www.planalto.gov.br/ccivil_03/Constituicao/Constituicao.htm>. Acesso em: 30 out. 2016.

_____. Decreto nº 678, de 6 de novembro de 1992. **Promulga a Convenção Americana sobre Direitos Humanos (Pacto de São José da Costa Rica).** Disponível em: < http://www.planalto.gov.br/ccivil_03/decreto/D0678.htm?TSPD_101_R0=dc48645c30bac6a9cead583a2c76d854o3v00000000000 000007e907fb1ffff000000000000000000000000000005b266d6e008f8033bc>. Acesso em: 17 de junho de 2018.

_____. Decreto n. 5.619, de 14 de dezembro de 2005. **Autoriza a Secretaria Especial de Direitos Humanos da Presidência da República a concluir Acordo de Composição Amistosa com vistas ao encerramento dos casos n°s 12.426 e 12.427 em trâmite perante a Comissão Interamericana de Direitos Humanos.** Disponível em: < http://www.planalto.gov.br/ccivil_03/_Ato2004-2006/2005/Decreto/D5619.htm?TSPD_101_R0=38a486a8dba4b8945ba7c12bc df76bd5n9400000000000000007e907fb1ffff0000000000000000000000000 005b26709d00ab0f5502>. Acesso em 17 de junho de 2018.

FREITAS, Ana Cláudia. **Parecer n. 073-F/13-AC/DPI/PGU, de 28 de junho de 2013.** Procuradoria Geral da União. Responsabilidade da União diante do cumprimento de recomendação do Comitê para a Eliminação da Discriminação Contra a Mulher da Organização das Nações Unidas (CEDAW) no Caso Alyne da Silva Pimentel.

MACORATTI, Diogo Saldanha. **Parecer n. 2/2013, de 22 de fevereiro de 2013.** Procuradoria Geral do Estado do Paraná. Relatório emitido pela Comissão Interamericana de Direitos Humanos indicando a responsabilidade do Estado Brasileiro pela morte do agricultor Sebastião Camargo Filho. Interesse do Estado do Paraná em reparar a família da vítima de homicídio em conflitos rurais. Possibilidade de fixação de indenização mediante a edição de lei.

OLIVEIRA, Aline Albuquerque Sant'anna de. **Parecer n. 480/2014/AASO/ASJUR-SDH/CGU, de 30 de outubro de 2014.** Assessoria da Secretaria de Direitos Humanos da Presidência da República. Exigência de Procuração em Acordos de Cumprimento de Recomendação ou Solução Amistosa realizados no âmbito do Sistema Interamericano de Direitos Humanos.

ORGANIZAÇÃO DOS ESTADOS AMERICANOS. **Convenção Americana sobre Direitos Humanos.** 1969.Disponível em: < https://www.cidh.oas.org/basicos/portugues/c.convencao_americana.htm>. Acesso em 17 de junho de 2018.

_____. **Sistema de Petições e Casos.** Disponível em: <http://www.oas.org/es/cidh/docs/folleto/CIDHFolleto_port.pdf>. Acesso em: 17 de junho de 2018.

PIOVESAN, Flávia. **Direitos humanos e o direito constitucional internacional.** 2. ed. [S. L].: Max Limonad, 1997.

_____. **Direitos humanos globais, justiça internacional e o Brasil.** Rev. Fund. Esc. Super. Minist. Público Dist. Fed. Territ., Brasília, Ano 8, V. 15, jan./jun. 2000.

_____. **Direitos humanos e justiça internacional: um estudo comparativo dos sistemas europeu, africano e interamericano.** São Paulo: Saraiva, 2007.

RAMOS, André de Carvalho. **Responsabilidade internacional por violação de direitos humanos: seus elementos, a reparação devida e sanções possíveis: teoria e prática do direito internacional.** Rio de Janeiro: Renovar, 2004.

_____. **Processo internacional de Direitos Humanos.** 3.ed. São Paulo: Saraiva, 2013.

_____. **Teoria Geral dos Direitos Humanos na Ordem Internacional.** 3. ed. São Paulo: Saraiva, 2013.

SILVEIRA, Daniel Barile Da. **A Corte Interamericana de Direitos Humanos e Sua Jurisprudência.** Vol. II. 2.ed. Coleção Unitoledo. Ed. Boreal. 2014.

O Papel da Advocacia Pública no Controle de Constitucionalidade Exercido pelo Poder Executivo

Thiago Alencar Alves Pereira

Resumo

O presente trabalho introduz a marcante atuação da advocacia pública no aconselhamento do Poder Executivo quando do controle de constitucionalidade de atos normativos.

Embora a advocacia pública tenha registros de sua existência nas ordenações afonsinas de 1446, ela somente ganhou envergadura constitucional em 1988, quando o constituinte expressamente previu a competência da Advocacia-Geral da União e dos Procuradores de Estado para representar e exercer a consultoria dos respectivos entes.

Desta sorte, ouvir a Advocacia Pública antes de tomar decisões administrativas se tornou uma rotina que espelha segurança jurídico-constitucional.

Nota-se que, mesmo na vigência da Constituição de 1967/69, o Supremo Tribunal Federal se manifestava no sentido da constitucionalidade de ato do Chefe de Poder Executivo determinando aos órgãos a ele subordinados que se abstivessem de cumprir dispositivos legais que não tinham a iniciativa exclusiva do Poder Executivo.[348]

Com a chegada da Constituição de 1988, vozes ecoavam, e ecoam, no trilho da impossibilidade de o chefe de Poder Executivo ordenar, por ato próprio, o descumprimento de lei que entenda inconstitucional.

---

348 "É constitucional decreto de Chefe de Poder Executivo Estadual que determina aos órgãos a ele subordinados que se abstenham da prática de atos que impliquem a execução de dispositivos legais vetados por falta de iniciativa exclusiva do Poder Executivo. Constitucionalidade do Decreto nº 7.864, de 30 de abril de 1976, do Governador do Estado de São Paulo. Representação julgada improcedente." (Rp 980, Relator(a):Min. MOREIRA ALVES, Tribunal Pleno, julgado em 21/11/1979, DJ 19-09-1980 PP-07202 EMENT VOL-01184-01 PP-00100 RTJ VOL-00096-03 PP-00496)

Por isso, o papel marcante dado à Advocacia Pública pela Constituição de 1988 não pode refletir a repetida passagem de Seabra Fagundes de que administrar é aplicar a lei de ofício, já que vem sofrendo constante desconstrução, especialmente quando falamos na constitucionalidade do direito administrativo e na aproximação do exercício da jurisdição material pela Advocacia Pública.

Alfim, exsurge a necessidade de se estudar, mais e mais, como a advocacia pública exerce a atribuição de consultoria e conduz a decisão do Poder Executivo no controle de constitucionalidade extrajudicial, mantendo-se constante respeito ao Estado de Direito Constitucional.

Abstract

This article introduces the outstanding performance of public advocacy in advising the Executive Branch on constitutionality control.

Although public advocacy has records of its existence in the afonsine ordinations of 1446, it only gained constitutional scope in 1988, when the constituent expressly foresaw the competence of the Federal Attorney General's Office and of the State Attorneys to represent and to exercise the advice of the respective entities.

That way consulting the Public Advocacy before any administrative decisions has become a routine that mirrors legal-constitutional security.

Particulary noteworthy that even under the 1967/69 Constitution, the Federal Supreme Court recognized the constitutionality of Chief Executive Power acts that determined the non-observance of legal acts that did not have the initiative Executive Branch observed. [349]

With the arrival of the 1988 Constitution, voices echoed and echoed, on the trail of the impossibility of the head of the executive branch ordering, by their own act, the non-compliance with a law that they consider unconstitutional.

---

349 "It is constitutional decree of Head of State Executive Branch that determines to the subordinate organs that they abstain from the practice of acts that imply the execution of legal devices vetoed by lack of initiative of the Executive. Constitutionality of Decree No. 7.864, of April 30, 1976, of the Governor of the State of São Paulo. Representation rejected."(Rp 980, Rapporteur: Min. MOREIRA ALVES, Full Court, dismissed on 11/21/1979, DJ 19-09-1980 PP-07202 EMENT VOL-01184-01 PP-00100 RTJ VOL. -00096-03 PP-00496)

Therefore, the outstanding role given to the Public Advocacy by the 1988 Constitution can not reflect Seabra Fagundes' repeated passage that administering is to apply the law, since it has been undergoing constant deconstruction, especially when we speak of the constitutionality of administrative law and approximation of the exercise of the material jurisdiction by Public Advocacy.

In this context it is verified the importance to study how public advocacy exercises its attribution of advicing and leading the decision of the Executive Power in the control of extrajudicial constitutionality, keeping constant respect for the Constitutional State of Law.

1. A constitucionalidade do Direito Administrativo

O primeiro passo para iniciarmos o estudo desta tormenta é compreender a amplitude do constitucionalismo em um Estado de Direito.

Partindo da teoria geral do Estado, encontramos os elementos formadores deste, quais sejam: território, povo e soberania. Todo Estado há de possuir um território ocupado por um povo e com natural exercício da soberania (autoridade).

Portanto, Estado de direito é o sistema institucional em que o povo soberano, fixado no território, decide por impor um sistema jurídico hierarquizado, onde todos devem seguir. E este sistema hierarquizado há muito é a Constituição.

José Joaquim Gomes Canotilho nos presenteia dizendo que Constituição é um diploma sistematizado e racional do conjunto político, firmado de forma escrita, do qual se garantem os direitos fundamentais e se organiza o poder político, com base no princípio da separação de poderes.[350]

Bem antes do professor Canotilho, Ferdinand Lassale e Konrad Hesse já traçavam teses sobre as questões constitucionais, se jurídicas ou políticas.

Kelsen dizia que o ordenamento jurídico não é um sistema jurídico de normas igualmente ordenadas, colocadas lado a lado, mas um ordenamento escalonado de várias camadas de normas jurídicas.[351]

---

350 CANOTILHO, J. J. Gomes. **Direito constitucional**. 6. ed. Coimbra: Almedina, 1993.
351 KELSEN, Hans. Teoria pura do direito. **Revista dos Tribunais**, São Paulo, 2003, p. 103.

E este escalonamento de normas jurídicas, juntamente com a força normativa da Constituição, tão evoluída por Hesse, propiciaria indícios de que a Constituição, no ápice do ordenamento jurídico, deve ser o primeiro ato normativo a ser defendido.

A Constituição do Estado, então, seria um sistema de normas jurídicas que regula a forma de Estado, a forma de seu governo, as atribuições e competências de seus Poderes e órgãos, os direitos e garantias dos cidadãos e os limites de cada um dentro do território.

Traçadas as balizas preliminares, inauguramos o que a doutrina moderna chama de constitucionalização do direito.

O professor Luís Roberto Barroso explica que a percepção de constitucionalização do direito está ligada a um efeito expansivo das normas constitucionais, de modo que o conteúdo material e valorativo se espalha, imperativamente, por todo o sistema jurídico. Os princípios e regras da Constituição passam a balizar a validade e o sentido jurídico dos atos infraconstitucionais. A constitucionalização, intuitivamente, repercute sobre a atuação de todos os Poderes e Órgãos autônomos de Estado. Assim, a constitucionalização frente ao Legislativo reduz a discricionariedade ou liberdade de confecção de leis em geral e impõe alguns deveres na atuação frente a direitos e programas constitucionais. No tocante à *Administração Pública*, igualmente limita a discricionariedade, impondo a ela deveres de atuação, validando a feitura de atos na aplicação direta e imediata da Constituição, independentemente da interposição do legislador ordinário. Quanto ao *Poder Judiciário*, serve de parâmetro para o controle de constitucionalidade por ele desempenhado (incidental e por ação direta), bem como condiciona a interpretação de todas as normas do sistema.[352]

Veja que a constitucionalização do direito, mesmo que tardia em nossa pátria, vem a confirmar, parece-me, os mandados de otimização trilhados por Robert Alexy, denotando a técnica da ponderação.[353]

---

352 BARROSO, Luís Roberto. A constitucionalização do direito e suas repercussões no âmbito administrativo. In: ARAGÃO, Alexandre Santos de; MARQUES NETO, Floriano de Azevedo (Coord.). **Direito administrativo e seus novos paradigmas**. Belo Horizonte: Fórum, 2012. p. 31-63.

353 Devemos lembrar que o próprio Alexy reconhece ter buscado em Ronald Dworkin as bases de sua teoria dos princípios como *mandados de otimização*, de modo que é possível se ver uma certa identidade entre os autores.

A professora Maria Sylvia Zanella Di Pietro, ao tratar do princípio da legalidade, em artigo que trata da constitucionalização do direito administrativo, explica que a lei, quando é observada dentro de um sistema lógico-jurídico, destituído de qualquer conteúdo valorativo, torna a discricionariedade administrativa mais forte, porque a Administração Pública só tem que observar a lei em seu sentido formal. Porém, quando à lei formal se acrescentam considerações axiológicas, amplia-se a possibilidade de controle judicial, porque, por essa via, poderão ser corrigidos os atos administrativos praticados com inobservância de certos valores adotados como dogmas em cada ordenamento jurídico. Então, ao lado do princípio da legalidade, colocam-se os princípios gerais de direito e os princípios da moralidade, da razoabilidade, do interesse público, da motivação, como essenciais para delimitar o espectro de discricionariedade que a lei confere à Administração Pública.[354]

Tem-se, então, que a solução normativa aos problemas concretos não se pauta mais pela subsunção do fato à lei, mas exige do intérprete um procedimento de avaliação condizente com os valores jurídicos envolvidos (justiça, equidade, democracia, república).[355]

Neste soar, a Advocacia Pública, elevada a patamar constitucional, deve igualmente sofrer uma releitura do seu nobre papel.

E fala-se em releitura pelo fato de, possuindo o atributo de exercer a representação judicial e consultoria da Administração Pública, não pode ficar limitado em seu papel interpretativo. Não há como impor ao Advogado Público que ele oriente pura e simplesmente a aplicação da lei estrita, sem consonância alguma com a Constituição. O respeito à constituição é corolário do Estado democrático de direito.

Assim, o tradicional discurso de que a advocacia pública exerce controle de legalidade da administração pública salta para um controle de juridicidade dos atos da administração pública.

E, sobre juridicidade, cumpre-nos acolher os ensinamentos do saudoso Procurador do Estado do Rio de Janeiro Diogo de Figueiredo Moreira Neto, para quem o princípio da juridicidade seria como o "princípio da legalidade"

---

354 DI PIETRO, Maria Sylvia Zanella. Da constitucionalização do direito administrativo: reflexos sobre o princípio da legalidade e a discricionariedade administrativa. **Atualidades Jurídicas – Revista do Conselho Federal da Ordem dos Advogados do Brasil**, Belo Horizonte, ano 2, n. 2, p. 83106, jan./jun. 2012.

355 PERLINGIERI, Pietro. **Perfis do Direito Civil**: Introdução ao Direito Civil Constitucional. Trad. M. C. de Cicco, Rio de Janeiro: Renovar, 1999, p. 80-81.

em sentido amplo, ou seja, não se o restringindo à mera submissão à lei, como produto das fontes legislativas, mas de reverência a toda a ordem jurídica.[356]

Talvez por isso o Código de Processo Civil vigente traga imensa carga principiológica, reproduzindo, inclusive, passagens do texto maior.

É um momento de Estado Constitucional.

2. O poder executivo, o controle de constitucionalidade e a advocacia pública consultiva

O Poder executivo, seja em sua função típica de administrar ou atípica de legislar e julgar, deve zelar pelo fiel cumprimento do direito.

A função promocional do Direito, confiada aos princípios da república e da democracia, impõe a todos que ocupam funções públicas a máxima eficácia do texto constitucional, expressão mais honesta das profundas aspirações de transformação social.

Por isso que os princípios constitucionais imperam nomes de rigor: Princípio da Supremacia das Normas da Constituição, Princípio da Força Normativa, Princípio da Imperatividade (ou da Máxima Efetividade) da Norma Constitucional, Princípio da Unidade da Constituição.

Embora pareça racional pensar em um sistema de respeito imediato do texto constitucional, quando o Poder Executivo se propõe a defendê-lo, logo surgem vozes contrárias.

Dizem os que doutrinam em contrário que o Poder Executivo está pautado na legalidade estrita e que não há previsão constitucional autorizando-o a descumprir normas inconstitucionais, atribuição exclusiva do Poder Judiciário quando exerce o controle de atos normativos, seja de maneira concentrada ou difusa.

Caem por terra estes argumentos quando, da leitura dos artigos 78 e 85 da Constituição de outubro, vê-se que o Presidente da República, chefe do Poder Executivo Federal, ao tomar posse, prestará o compromisso de manter, defender e cumprir a Constituição, e que, descumprindo-a, cometerá crime de responsabilidade.

---

356 MOREIRA NETO, Diogo de Figueiredo. **Curso de direito administrativo**: parte introdutória, parte geral e parte especial. 15. ed. Rio de Janeiro: Forense, 2009, p. 85.

A própria constituição determinou que o Chefe do Poder Executivo cumpra e respeite a Constituição e, consequentemente, as leis – quando constitucionais.

Percebe-se que o constituinte possibilita o exercício do controle constitucional ao Poder Executivo, não excluindo, por lógico, o controle posterior pelo Estado-juiz.

A doutrina majoritária, de semelhante, fincada especialmente nos autores Rui Medeiros e André Salgado Matos, milita favoravelmenteao controle de constitucionalidade pela Administração Pública.

Dizem que, acaso o Poder Executivo não pudesse exercer o controle de constitucionalidade de normas, seria o único poder estatal imune ao texto constitucional.

Pensar assim seria atribuir ao Poder Executivo o desempenho de atividades inconstitucionais, em desprestígio aos princípios da Supremacia e Força da constituição.

A administração deve ser conforme a Constituição.

De nobreza ímpar, portanto, a decisão do Supremo Tribunal Federal na Ação Direta de Inconstitucionalidade nº 2, de relatoria do saudoso Ministro Paulo Brossard. Disse o Ministro que a lei ou é constitucional ou não é lei. Seria um contrassenso falar em uma lei inconstitucional, já que se teria o ato inconstitucional em patamar de supremacia ao texto Constitucional.[357]

E o Poder Executivo, situado no centro das políticas públicas, deve, igualmente aos demais Poderes e Órgãos Autônomos[358], guiar suas decisões no ápice da pirâmide jurídica. Não se trata de uma opção, mas de um dever.

---

[357] EMENTA: CONSTITUIÇÃO. LEI ANTERIOR QUE A CONTRARIE. REVOGAÇÃO. INCONSTITUCIONALIDADE SUPERVENIENTE. IMPOSSIBILIDADE. 1. A lei ou é constitucional ou não é lei. Lei inconstitucional é uma contradição em si. A lei é constitucional quando fiel à Constituição; inconstitucional na medida em que a desrespeita, dispondo sobre o que lhe era vedado. O vício da inconstitucionalidade é congênito à lei e há de ser apurado em face da Constituição vigente ao tempo de sua elaboração. Lei anterior não pode ser inconstitucional em relação à Constituição superveniente; nem o legislador poderia infringir Constituição futura. A Constituição sobrevinda não torna inconstitucionais leis anteriores com ela conflitantes: revoga-as. Pelo fato de ser superior, a Constituição não deixa de produzir efeitos revogatórios. Seria ilógico que a lei fundamental, por ser suprema, não revogasse, ao ser promulgada, leis ordinárias. A lei maior valeria menos que a lei ordinária. 2. Reafirmação da antiga jurisprudência do STF, mais que cinquentenária. 3. Ação direta de que se não conhece por impossibilidade jurídica do pedido. (ADI 2. Relator(a):Min. PAULO BROSSARD, Tribunal Pleno, julgado em 06/02/1992, DJ 21-11-1997 PP-60585 EMENT VOL-01892-01 PP-00001).

[358] Tribunal de Contas, Ministério Público e Defensoria Pública.

Como dito alhures, da própria leitura da Carta de Outubro de 1988 se abstrai que o Presidente da República, chefe do Poder Executivo Federal, cometerá crime de responsabilidade sempre que atente contra ela (artigo 85, *caput*).

Ora, se atentar contra a Constituição é crime de responsabilidade e, neste caso, entendo que a conduta culposa não é punível, como não permitir que uma autoridade constitucionalmente investida e soberanamente constituída se guie sobre trilhos sabidamente frágeis? Não há como ser diferente. Se a lei fundamental do Estado é a Constituição, as normas que com ela não condizem não podem prevalecer[359]. Deixa-se para trás o Estado Legal para se ter um Estado de Direito Constitucional (axiológico).

Poder-se-ia dizer, inclusive, que temos na espécie uma vertente da teoria da sociedade aberta de intérpretes da constituição, de Peter Häberle.

Aí ingressa o relevante papel da Advocacia Pública.

Tendo sido lançada no ápice do manual jurídico, passa atualmente a exercer, livre e independente, a atribuição de interpretar as normas, inclusive no seu aspecto constitucional. É o que denominam jurisdição material.[360]

Ao exercer o ato de consultoria, analisa o Advogado Público o caso concreto com base em todas as relações jurídicas existentes, sempre com olhos à manutenção da higidez constitucional, em um exercício de sistematização e concretização do interesse público primário.

De se recordar que a Constituição escrita nasce como uma instituição política que tinha finalidade bem definida: a delimitação do Poder. E como função essencial à justiça, a Advocacia Pública tem por dever institucional preservar a ordem constitucional.

Daí porque os ensinamentos do professor Häberle serem mais que atuais.

Dizia ele que no processo de interpretação constitucional todos os órgãos estatais, todos os cidadãos e grupos, estão hipoteticamente vinculados, não sendo possível restringir os intérpretes da Constituição, afastando o sistema fechado de interpretação constitucional.

---

[359] Dworkin afirma que *regras são aplicáveis segundo um modelo de tudo-ou-nada*. Desta sorte, se uma norma infra não está em consonância com a supra, deve ser expulsa do sistema.

[360] A jurisdição constitucional pode ser compreendida em um aspecto formal e material. No aspecto formal, a importância maior é atribuída ao sujeito que exerce a jurisdição, enquanto no aspecto material basta o exercício em si da função de aplicar diretamente a Constituição.

Continuava dizendo que a interpretação constitucional é, em realidade, mais um elemento da sociedade aberta, que, cada vez mais pluralista, diversificará os sujeitos passíveis de interpretação.[361,362]

Sobre esta teoria, Canotilho pontuou que a lei constitucional e a interpretação constitucional republicana acontecem numa sociedade pluralista aberta como obra de todos os participantes, com elementos de diálogo e de conflitos, de continuidade e descontinuidade, de tese e antítese. A constituição seria ela mesmo um "processo" e daí a sua insistência no "processo" em vez de conteúdo, na compressão "pluralística normativo-processual", nas "alternativas", na "pluralização da legislação constitucional", na heterogeneidade de intérpretes na força normativa.[363]

Nelson Nery Jr. e Georges Abboud explicam que a norma não é descoberta a partir de um significado já contido no texto da lei, mas de um produzir/atribuir sentido, sempre diante de um caso concreto posto ao intérprete.[364]

Insiste-se. Para além da tese pluralista de interpretação da constituição, tem-se que o fato de o chefe do Poder Executivo descumprir lei que entenda inconstitucional, especialmente sob o manto opinativo da Advocacia Pública, não afronta a separação de poderes e, muito menos, o princípio da inafastabilidade do Poder Judiciário, já que o faz em sua vertente atípica.

Tanto que, sob a égide da Constituição de 1988, o ministro Moreira Alves, do Supremo Tribunal Federal, posicionou-se devidamente sobre o tema ao analisar a medida cautelar requerida na Ação Direta de Inconstitucionalidade nº 221. Em seu voto, o Mi-

---

[361] HÄBERLE, Peter. **Hermenêutica Constitucional - A sociedade aberta dos intérpretes da Constituição:** Contribuição para a interpretação pluralista e "procedimental" da Constituição. Porto Alegre: Sergio Antonio Fabris Editor, 2002. p. 13.

[362] Ressalto, momentaneamente, que permitir uma interpretação constitucional aberta não é premiar o desrespeito puro à lei. Há mecanismos para que se exerça esta interpretação, como o Decreto, no caso do Poder Executivo, a Resolução, quando os Poderes Legislativo e Judiciário, e as ações "anulatórias", quando os particulares – neste caso, tendo em vista a presunção de constitucionalidade das leis, não pode simplesmente o particular descumprir a lei.

[363] CANOTILHO, José. Joaquim. Gomes. **Constituição Dirigente e Vinculação do Legislador Contribuição para a compreensão das normas constitucionais programáticas.** Coimbra Limitada. 1994. p. 91.

[364] NERY JUNIOR, Nelson; ABBOUD, Georges. **Direito Constitucional brasileiro:** curso completo. São Paulo: Editora Revista dos Tribunais, 2017.

nistro disse que os Poderes Executivo e Judiciário podem determinar a seus subordinados que deixem de aplicar administrativamente as leis que entendem inconstitucionais.[365]

Data vênia, o único equívoco no voto do Ministro é sua exposição de que controle de constitucionalidade é exclusivo do Poder Judiciário. Como dito alhures, o Poder Executivo pode deixar de aplicar uma lei que entenda inconstitucional, e isso é, sim, exercer controle de constitucionalidade. Não há que confundir este controle com o princípio da inafastabilidade do Estado-juiz.

Já a 2ª Turma do Superior Tribunal de Justiça, julgando o Recurso em Mandado de Segurança (RMS) nº 24.675/RJ[366], cuja relatoria coube ao Ministro Mauro Campbell Marques, decidiu que os Chefes dos Poderes Executivos federal, estaduais, distrital e municipais, por tomarem posse com o compromisso de guardar especial observância à Constituição da República, podem deixar de cumprir lei que entendam por inconstitucional, ainda que sem manifestação do Judiciário a respeito, decisão esta que vincula toda a Administração Pública a eles subordinada.

Mais. Os professores e, atualmente, Ministros do Supremo Tribunal Federal, Luís Roberto Barroso e Alexandre de Moraes, compartilham desta possibilidade, dizendo, aquele que "até mesmo o particular pode recusar o cumprimento à lei que

---

[365] "Em nosso sistema jurídico, não se admite declaração de inconstitucionalidade de lei ou de ato normativo com força de lei por lei ou por ato normativo com força de lei posteriores. O controle de constitucionalidade da lei ou dos atos normativos é da competência exclusiva do Poder Judiciário. Os Poderes Executivo e Legislativo, por sua Chefia – e isso mesmo tem sido questionado com o alargamento da legitimidade ativa na ação direta de inconstitucionalidade – podem tão-só determinar aos seus órgãos subordinados que deixem de aplicar administrativamente as leis ou atos com força de lei que considerem inconstitucionais.".

[366] CONSTITUCIONAL E ADMINISTRATIVO. CHEFE DE EXECUTIVO QUE SUSPENDE O CUMPRIMENTO DE CERTAS NORMAS INTERNAS DE TCE POR CONSIDERÁ-LAS INCONSTITUCIONAIS. POSSIBILIDADE. VINCULAÇÃO SUBSEQÜENTE DE TODA A ADMINISTRAÇÃO PÚBLICA POR ELE DIRIGIDA. CHEFE DA POLÍCIA CIVIL QUE DEIXA DE CUMPRIR AS NORMAS DA CORTE DE CONTAS EM RAZÃO DA DECISÃO DO GOVERNADOR DO ESTADO. CONDUTA ILEGAL NÃO-CONFIGURADA. [...] 4. Os Chefes dos Poderes Executivos federal, estaduais, distrital e municipais, por tomarem posse com o compromisso de guardar especial observância à Constituição da República (arts. 78 da CR/88 e 139 da Constituição do Estado do Rio de Janeiro), podem deixar de cumprir lei que entendam por inconstitucional, ainda que sem manifestação do Judiciário a respeito, decisão esta que vincula toda a Administração Pública a eles subordinada e que importa na assunção dos riscos que decorrem de suas escolhas político-jurídicas. Precedente do STF. [...]

considere inconstitucional, sujeitando-se a defender sua convicção caso venha a ser demandado. Com mais razão, deverá poder fazê-lo o chefe de um Poder".[367,368]

Ronaldo Poletti, simetricamente às decisões do Tribunal Constitucional brasileiro e do Superior Tribunal Justiça, diz que todos os poderes devem guardar a Constituição, devendo zelar para que atos inconstitucionais não sejam cumpridos na esfera administrativa, inobstante a análise posterior pelo Poder Judiciário[369].

Clèmerson Merlin Clève, com fulcro no artigo 23, inciso I, da atual Constituição brasileira, explica que todos os Poderes da República estão sujeitos à guarda da Constituição, razão por que se afigura legítima a negativa à aplicação de lei pelo Executivo, quando compreendê-la inconstitucional.[370]

Nota-se que há um caminhar seguro e quase que uníssono pela possibilidade de o Chefe do Poder Executivo exercer jurisdição constitucional material, ainda mais presente após importante inovação legislativa posta no Decreto-lei nº 4.657, de 4 de setembro de 1942, passando a exigir das autoridades públicas um atuar voltado a majorar a segurança jurídica na aplicação das normas, seja por via de regulamentos, súmulas administrativas ou respostas a consultas.

---

367 BARROSO, Luís Roberto. **O controle de constitucionalidade no direito brasileiro.** 2. ed. São Paulo: Saraiva, 2006, p. 71.

368 Este entendimento dos atuais Ministros se coaduna com a tradição da Suprema Corte, que em 1966 decidiu: "INCONSTITUCIONALIDADE - SEM EMBARGO DE QUE, EM PRINCÍPIO, COMPETE AO PODER JUDICIÁRIO A ATRIBUIÇÃO DE DECLARAR INCONSTITUCIONAL UMA LEI, A JURISPRUDÊNCIA TEM ADMITIDO QUE O PODER EXECUTIVO, TAMBÉM INTERESSADO NO CUMPRIMENTO DA CONSTITUIÇÃO GOZA DA FACULDADE DE NÃO EXECUTÁ-LA, SUBMETENDO-SE AOS RISCOS DAÍ DECORRENTES, INCLUSIVE O DO 'IMPEACHMENT'. NESSE CASO, QUEM FOR PREJUDICADO SE SOCORRERÁ DOS REMÉDIOS JUDICIAIS AO SEU ALCANCE. RECUSANDO CUMPRIMENTO À LEI HAVIDA COMO INCONSTITUCIONAL, O GOVERNADOR SE COLOCA NA MESMA POSIÇÃO DO PARTICULAR QUE SE RECUSA, A SEU RISCO, A DESOBEDECER A LEI, AGUARDANDO AS AÇÕES E MEDIDAS DE QUEM TIVER INTERESSE NO CUMPRIMENTO DELA." (STF, RMS 14.136/ES, Rel. Min. Antonio Villas Boas, Segunda Turma, DJU 30.11.1966)

369 POLETTI, Ronaldo. **Controle de constitucionalidade das leis.** 2. ed. Rio de Janeiro: Forense, 1995, p. 132 et seq. ss. Nesta obra, o autor diz: "Todos os Poderes da República são guardas da Constituição. O zelo pela intangibilidade do regime não constitui privilégio ou exclusividade do Poder Judiciário, ele apenas diz a última palavra sobre a constitucionalidade das leis" e segue expondo que "Não somente pode (...) recusar cumprimento à disposição emanada do Legislativo, mas evidentemente inconstitucional, como é de seu dever zelar para que não tenha eficácia na órbita administrativa"

370 CLÉVE, Clèmerson Merlin. **A fiscalização abstrata de constitucionalidade no Direito brasileiro.** São Paulo: Revista dos Tribunais, 1995. p. 166.

De clareza solar a imensa responsabilidade que recai sobre a Advocacia Pública, pois, ao interpretar o caso concreto posto, deverá exercer a justa jurisdição material constitucional, transmitindo ao chefe do Poder Executivo a segurança jurídica necessária para o irretocável exercício da soberania.

Considerações finais

Não restam dúvidas sobre a competência que o Poder Executivo tem para exercer controle de constitucionalidade dos atos normativos infraconstitucionais.

Em que pese uma minoria de vozes contrárias, estas diariamente vêm silenciando, já que a maturidade constitucional que se espera do Estado vem ganhando força.

É que, ao adotar um Estado Constitucional, opta-se pelo cumprimento imediato da Constituição, em vez de uma observância distante e ineficaz.

E a suposta subtração da exclusividade do Poder Judiciário nesta análise – o que não é verdade, já que o Estado-juiz é o único que exerce a jurisdição formal – vem para tornar os princípios e regras presentes na Carta de outubro ainda mais presentes na sociedade. Presença esta que não é possível se o exercício da jurisdição material for restringida.

É neste feixe de luz que emerge a Advocacia Pública e o seu papel primordial de prestar consultoria à Administração Pública, pois ao fazê-lo terá primado pela independência técnico-funcional, o respeitável papel de orientar o gestor a cumprir atos normativos iluminados pela Lei Maior, tornando a atividade administrativa, especialmente quando implementa políticas públicas, segura, eficaz e proba.

A advocacia pública, então, exercerá uma camada de jurisdição material, que poderá, a critério do Chefe do Poder Executivo, culminar, quando o ato normativo analisado for inconstitucional, em ato administrativo vinculativo de desobediência a toda a administração pública.

E tudo isso advém da natural evolução jurídica, pautada na Constitucionalização do Direito Administrativo e na presença marcante da hermenêutica constitucional promovida por Peter Harbele – a sociedade aberta dos intérpretes da Constituição.

A Constitucionalização do direito, então, exige uma releitura da legalidade.

Passa-se da legalidade à juridicidade, calcando o agir público no cumprimento do ordenamento jurídico como um todo, emitindo um comando imperativo à Administração: respeito aos princípios da supremacia e força constitucionais.

Não se admite mais, pois, uma Administração Pública inconstitucional, descumpridora do que há de mais sagrado no Direito: a Constituição política de um povo.

Está-se a viver um momento de Estado Constitucional. Um momento em que pensar, repensar, traduzir sentidos e vocábulos, premiar a última *ratio* jurídica, exigirá de todo plexo social atenção e disciplina.

Referências bibliográficas

BARROSO, Luís Roberto. A constitucionalização do direito e suas repercussões no âmbito administrativo. In: ARAGÃO, Alexandre Santos de; MARQUES NETO, Floriano de Azevedo (Coord.). **Direito administrativo e seus novos paradigmas**. Belo Horizonte: Fórum, 2012. p. 31-63.

_____. **O controle de constitucionalidade no direito brasileiro**. 2. ed. São Paulo: Saraiva, 2006.

_____. **O controle de constitucionalidade no direito brasileiro**: exposição sistemática da doutrina e análise crítica da jurisprudência. 4. ed. rev. e atual. São Paulo: Saraiva, 2009.

BRASIL. Supremo Tribunal Federal. Representação (Rp) nº 980, Relator(a):Min. MOREIRA ALVES, Tribunal Pleno, julgado em 21/11/1979, DJ 19-09-1980 PP-07202 EMENT VOL-01184-01 PP-00100 RTJ VOL-00096-03 PP-00496.

_____. Supremo Tribunal Federal. Ação Direta de Inconstitucionalidade (ADI) nº 02, Relator(a):Min. PAULO BROSSARD, Tribunal Pleno, julgado em 06/02/1992, DJ 21-11-1997 PP-60585 EMENT VOL-01892-01 PP-00001.

_____. Supremo Tribunal Federal. Ação Direta de Inconstitucionalidade (ADI) nº 221, Relator(a):Min. MOREIRA ALVES, Tribunal Pleno, julgado em 29/03/1990, DJ 22-10-1993 PP-22251 EMENT VOL-01722-01 PP-00028.

_____. Supremo Tribunal Federal. Recurso em Mandado de Segurança (RMS) nº 14.136/ES, Relator(a): Min. Antonio Villas Boas, Segunda Turma, DJU 30.11.1966. Disponívelem:<http://redir.stf.jus.br/paginadorpub/paginador.jsp?docTP=AC&docID=112088>. Acesso em: 13 ago. 2018.

_____. Superior Tribunal de Justiça. Recurso em Mandado de Segurança (RMS) nº 24.675/RJ, Relator (a): Min. MAURO CAMPBELL MARQUES, Segunda Turma, julgado em 13/10/2009, Dje em 22/10/2009.

CANOTILHO, J. J. Gomes. **Direito constitucional.** 6. ed. Coimbra: Almedina, 1993.

_____. **Constituição Dirigente e Vinculação do Legislador Contribuição para a compreensão das normas constitucionais programáticas.** Coimbra Limitada. 1994.

CLÉVE, Clérmerson Merlin. **A fiscalização abstrata de constitucionalidade no Direito brasileiro.** São Paulo: Revista dos Tribunais, 1995.

DI PIETRO, Maria Sylvia Zanella. Da constitucionalização do direito administrativo: reflexos sobre o princípio da legalidade e a discricionariedade administrativa. **Atualidades Jurídicas – Revista do Conselho Federal da Ordem dos Advogados do Brasil,** Belo Horizonte, ano 2, n. 2, p. 83106, jan./jun. 2012.

HÄBERLE, Peter. **Hermenêutica Constitucional - A sociedade aberta dos intérpretes da Constituição:** Contribuição para a interpretação pluralista e "procedimental" da Constituição. Porto Alegre: Sergio Antonio Fabris Editor, 2002.

HESSE, Konrad. **A força normativa da constituição.** Trad. Gilmar Ferreira Mendes. Porto Alegre: Sergio Antonio Fabris, 1991.

KELSEN, Hans. **Teoria pura do direito.** Revista dos Tribunais, São Paulo, 2003.

LORENÇO, Rodrigo Lopes. **Controle de Constitucionalidade à Luz da Jurisprudência do STF.** Rio de Janeiro: Forense, 1998.

MOREIRA NETO, Diogo de Figueiredo. **Curso de direito administrativo:** parte introdutória, parte geral e parte especial. 15. ed. Rio de Janeiro: Forense, 2009.

MORAES, Alexandre de. **Direito Constitucional.** São Paulo: Atlas, 2008.

NERY JUNIOR, Nelson; ABBOUD, Georges. **Direito constitucional brasileiro: curso completo.** São Paulo: Editora Revista dos Tribunais, 2017.

POLETTI, Ronaldo. **Controle de constitucionalidade das leis.** 2. ed. Rio de Janeiro: Forense, 1995.

PERLINGIERI, Pietro. **Perfis do Direito Civil: introdução ao Direito Civil-Constitucional.** Tradução Maria Cristina de Cicco. Rio de Janeiro: Renovar, 1999.

O Direito à Percepção de Honorários de Sucumbência pelos Procuradores dos Estados e do Distrito Federal e a sua Natureza de Verba Privada: Caso de Rondônia

Thiago Araújo Madureira de Oliveira

Resumo

Garantia de percepção pelos advogados públicos dos honorários sucumbenciais, em consonância com a lei nº 8.906 de 1994 e § 19 do artigo 85 do CPC, bem como a sua natureza de verba privada.

Palavras-chave: Advogado Público. Honorários de sucumbência. Natureza privada.

Introdução

A Procuradoria-Geral do Estado (PGE) de Rondônia, criada pela Lei complementar nº 20/1987, é, nos termos atuais da Constituição Rondoniense (Art. 104), o órgão competente para a representação judicial e extrajudicial, a consultoria e o assessoramento jurídico do Estado, suas autarquias e fundações públicas.

Sua atuação transcende o interesse público secundário. Para além de uma atuação que resulta em arrecadação e economia de cifras milionárias ao erário, garantindo disponibilidade de caixa para investimento em políticas e obras públicas, a PGE age na defesa da própria sociedade rondoniense ao controlar a legalidade dos atos da administração, orientando-a na realização de suas atividades-fim.

Exatamente por conta desse papel fundamental e estratégico no funcionamento da máquina estatal, mais do que qualquer órgão diretamente subordinado à Governadoria, a PGE deve ser continuamente fortalecida, sobretudo com recursos humanos,para fazer frente às crescentes demandas.

Estão à frente da Procuradoria Geral do Estado os Procuradores do Estado, servidores públicos concursados que, antes de tudo são advogados submetidos ao Estatuto Nacional da Ordem dos Advogados do Brasil (lei nº 8.906 de 1994). Inclusive, uma das exigências para ingresso no quadro, expresso no inciso I do artigo 50 da Lei complementar 620/2011, é a inscrição nos quadros da Ordem dos advogados do Brasil (OAB).

Fábio Jun Capucho, traz importante citação de Carlos Ayres Britto, ministro aposentado do STF, para o qual, existe no caso do Advogado Público, uma justaposição normativa entre os papéis de advogado e servidor público, acumulando-se os dois títulos.

A própria Constituição do Estado de Rondônia reforça tal proposição quando em seu § 4º, artigo 104, aduz:

> § 4º. Aos Procuradores do Estado no exercício da advocacia se impõem exclusivamente os impedimentos estabelecidos no Estatuto da advocacia e da Ordem dos Advogados do Brasil, nos termos do inciso I do artigo 30 da Lei Federal nº 8.906, de 4 de julho de 1994.

É da natureza da atuação dos advogados, ainda que públicos, perceberem como incentivo à sua atuação os honorários de sucumbência, expressos no artigo 21 da lei federal nº 8.906/94

2. Do direito dos procuradores do Estado de Rondônia à percepção de honorários advocatícios de sucumbências nas ações vencidas pelo ente estatal

A titularidade dos honorários já foi alvo de muitas discussões, mas a previsão legal da verba honorária de sucumbência tem início com o art. 20 do Código de Processo Civil, que obriga a sentença a condenar o vencido a pagar ao vencedor as custas que antecipou e os honorários advocatícios.

A redação obriga a parte a pagar honorários advocatícios à parte vencedora, o que levantou questionamentos de que os honorários são da parte e não do seu patrono. Posição superada com o advento da Lei nº 8.906/94, que dispõe sobre o Estatuto da Advocacia e o da OAB e introduziu nova disciplina jurídica aos honorários advocatícios.

O art. 22 da Lei nº 8.906/94, assegurando aos inscritos na OAB, em razão da prestação de serviço profissional, o direito aos honorários convencionados, aos fixados por arbitramento judicial e aos de sucumbência. Assim, os honorários advocatícios fixados em sentença nos termos do art. 20 do CPC pertencem aos advogados devido à interpretação conjunta do diploma processual com o Estatuto da OAB.

Dessa forma, cumpre destacar que os honorários de sucumbência pagos aos advogados públicos são oriundos da parte sucumbente. O Conselho Federal da OAB, inclusive, já tem entendimento de que advogados públicos têm o direito de perceber honorários advocatícios, o que ficou definido na Ementa 39/2003/OEP: "advocacia pública. sujeição de seus integrantes ao estatuto da advocacia e da OAB – honorários de sucumbência – verbas atribuídas pela lei aos procuradores municipais – legalidade".

Não há que se olvidar, ademais, o teor da súmula Vinculante nº 47:

> Os honorários advocatícios incluídos na condenação ou destacados do montante principal devido ao credor consubstanciam verba de natureza alimentar cuja satisfação ocorrerá com a expedição de precatório ou requisição de pequeno valor, observada ordem especial restrita aos créditos dessa natureza.

Importante registrar, inclusive, que a Comissão Nacional da Advocacia Pública do CFOAB aprovou a Súmula nº 8, que serve como diretriz para todas as seccionais, a saber: "Súmula 8 - Os honorários constituem direito autônomo do advogado, seja ele público ou privado. A apropriação dos valores pagos a título de honorários sucumbenciais como se fosse verba pública pelos entes federados configura apropriação indevida".

O Código de Processo Civil em vigor desde 2016 trouxe previsão expressa acerca do direito dos advogados públicos aos honorários de sucumbência:

> Art. 85. A sentença condenará o vencido a pagar honorários ao advogado do vencedor. § 1º São devidos honorários advocatícios na reconvenção, no cumprimento de sentença, provisório ou definitivo, na execução, resistida ou não, e nos recursos interpostos, cumulativamente. (...)§ **19. Os advogados públicos perceberão honorários de sucumbência, nos termos da lei.** (Grifo nosso).

Praticamente em todos os Estados da federação existe a previsão de percepção de honorários pelo Advogado Público e, recentemente, os advogados da União também passaram a ter direito à percepção de tais honorários (lei nº 13.327/2016).

No Estado de Rondônia, o direito à percepção de honorários existe há mais de 31 (trinta e um) anos, ou seja, desde a edição da lei complementar estadual nº 20, de 1987, que destinava os honorários para o centro de estudos do órgão. Posteriormente, em 1996, a lei sofreu alteração por intermédio da Lei complementar nº 155, que destinou um percentual de 20% para o centro de estudos e 80% para a Associação de Classe e a ser rateado posteriormente entre os seus Procuradores.

Ainda que hoje persistam isolados questionamentos com relação à titularidade dos honorários sucumbenciais, principalmente após o novel CPC, tais questionamentos não se sustentam e se baseiam em julgamentos políticos, não jurídicos.

Contudo, ainda restam dúvidas acerca da compatibilidade do regime de honorários com o regime de subsídio e, para isso, é necessária a perquirição acerca da natureza da verba, se pública ou privada, bem como da sua compatibilidade com o regime de subsídios.

3. A natureza privada das verbas decorrentes de honorários de sucumbência conquistados nas ações em que o ente estatal for parte

Em estudo interessante, antes da edição do Código de Processo Civil, feito por Murillo Giordan Santos, é defendida a natureza de verba privada dos honorários sucumbenciais, bem como a sua compatibilidade com o regime de subsídios:

> Nota-se que, apesar de a verba ser recolhida aos cofres públicos, isso não confere à verba de sucumbência o caráter de receita pública orçamentária. Aliás, é tradicional no direito financeiro a diferenciação entre entrada e receita pública.
>
> Entrada é todo e qualquer dinheiro que ingressa nos cofres públicos, a qualquer título. Toda entrada é um ingresso provisório nos cofres do Estado. Distingue-se da receita que são ingressos definitivos nos cofres do Estado e nele devem permanecer de acordo com as previsões orçamentárias. Diferentemente, as entradas devem ser devolvidas, daí sua caracterização como provisórias.

> (...) Da mesma forma, os honorários de sucumbência recolhidos aos cofres públicos constituem-se como mera entrada e não como receita pública, já que deverão ser devolvidos (destinados) aos seus verdadeiros titulares, ou seja, os advogados públicos, permanecendo provisoriamente nos cofres do Estado.
>
> É certo que algumas leis orçamentárias, como a lei federal, elencam os honorários advocatícios como receita pública, o que constitui apropriação ilegítima de verba que não pertence ao Estado.
>
> Assim, essas leis orçamentárias devem ser imediatamente revistas, a fim de que os honorários de sucumbência sejam destinados a fundos próprios dos advogados públicos, com o fim de repartir essa verba entre seus verdadeiros titulares, o que reforçará a sua natureza de entrada (sempre provisória).

Conforme as ponderações de Paulo Fernando Feijó Torres Junior:

> Como se pode observar, a regra do art. 39, § 4º, da Constituição Federal não é absoluta. Por outro lado, sobreleva anotar que o seu alcance se limita aos valores pagos pela administração pública. Os honorários advocatícios de sucumbência, diferentemente das vantagens ali mencionadas, **são verbas de natureza particular**, eis que são pagos pela parte vencida ao advogado da parte vencedora, ou seja, não saem dos cofres públicos. (Grifo nosso).

Sendo assim, não há como classificar os honorários de sucumbência como receita pública, ao contrário, é verba de natureza alimentar, podendo-se defender que eventual expropriação desses valores configura apropriação indébita, nesse sentido ensina o doutrinador Kiyoshi Harada:

> (...) é importante deixar claro que o conceito de receita pública não se confunde com a de entrada. Todo ingresso de dinheiro aos cofres públicos caracteriza uma entrada. Contudo, nem todo ingresso corresponde a uma receita pública. Realmente, existem ingressos que representam meras "entradas de caixa", como cauções, fianças, depósitos recolhidos ao Tesouro, empréstimos contraídos pelo poder público que são representativos de entradas provisórias que devem ser, oportunamente, devolvidas.
>
> (...) No caso de verba honorária, por expressa disposição da lei de regência, ela não pertence ao Poder Público, pelo que não pode ser considerada receita pública. Outrossim, a sua distribuição aos integrantes da carreira de Procurador não pode ser considerada uma despesa pública, pois quem a paga não é o Poder Público, mas o sucumbente em ação judicial. Daí porque na distribuição dos honorários da sucumbência aos Procuradores não se cogita de empenho, aliás, tecnicamente impossível por ausência de despesa pública a esse título.

Para Rafael Canesin, também sobre a natureza privada dos honorários de sucumbência do Advogado Público:

> Os honorários advocatícios somente seriam públicos se o ordenamento permitisse sua afetação ao patrimônio público. Isso pressuporia que a Administração Pública seria seu titular. Ou seja, para tal, seria imperiosa a existência de norma que autorizasse ao Poder Público se apropriar de uma coisa privada, tornando-a pública e pondo-a a uso público. Em se tratando de dinheiro ou de crédito, entretanto, inexiste lei que autorize a Administração Pública trazer os honorários de seu advogado para o erário ou para uso de uma coletividade.
>
> É fundamental destacar que os honorários advocatícios, hodiernamente, são expressos em moeda ou pecúnia, mas mantém sua natureza creditícia. Daí que, de acordo com a moldura normativa vigente, seria inegavelmente confiscatório eventual ato do Poder Público que proíba, obste, retarde ou mitigue a distribuição da verba honorária sucumbencial entre os seus Procuradores. Isso pelo fato de os honorários pertencerem ao advogado, quer público, quer privado.

Ainda no entender de Murillo Giordan Santos, em manifestação elaborada antes do novo CPC, por força da lei 8.906/94, o recebimento da verba honorária é direito autônomo de qualquer advogado, seja público ou privado, sendo por isso desnecessária a ocorrência de outra lei prevendo expressamente o pagamento dessa verba ao procurador/advogado do Poder Público, mas tão somente regulando a operacionalização da percepção da verba honorária:

> Portanto, não há dúvidas quanto ao direito autônomo dos advogados públicos perceberem verba honorária, mesmo nas carreiras em que o subsídio constitucional já foi implantado. No entanto, a operacionalização (procedimento) desse direito deve ocorrer por meio de lei formal, à qual caberá dispor sobre questões como a forma de recolhimento dos honorários, os critérios de rateio do montante arrecadado, a gestão dessa verba, o fundo ou a conta corrente em que ficarão depositados.

Na jurisprudência também há respaldo a nossa posição, colaciona-se relevante julgado proferido pelo Tribunal de Justiça do Estado do Maranhão, ocasião em que reconheceu a natureza privada dos honorários sucumbenciais, bem como a legalidade da sua destinação aos Procuradores do Estado:

> **AÇÃO DIRETA DE INCONSTITUCIONALIDADE. PROCURADORES DO ESTADO. HONORÁRIOS ADVOCATÍCIOS DE SUCUMBÊNCIA. LEI COMPLEMENTAR ESTADUAL. PRELIMINAR DE IMPOSSIBILIDADE JURÍDICA DO PEDIDO. REJEITADA. INEXISTÊNCIA DE OFENSA AO PAGAMENTO POR SUBSÍDIO. DESNECESSIDADE DE OBSERVÂNCIA DO TETO CONSTITUCIONAL. INTERPRETAÇÃO CONFORME.** I – Rejeita-se a preliminar de impossibilidade jurídica do pedido tendo em vista que a norma constitucional inobservada é de reprodução obrigatória na Constituição Estadual. II – A omissão da Constituição Estadual não constitui óbice a que o Tribunal de Justiça local julgue ação direta de inconstitucionalidade contra lei que dispõe sobre a remuneração dos Procuradores de Estado. **III – Os Advogados Públicos, categoria da qual fazem parte os Procuradores de Estado, fazem jus ao recebimento de honorários advocatícios de sucumbência, sem que haja ofensa ao regime de pagamento do funcionalismo público através de subsídio ou de submissão ao teto remuneratório, tendo em vista que tal verba é variável, é paga mediante rateio e é devida pelo particular (parte sucumbente na demanda judicial), não se confundindo com a remuneração paga pelo ente estatal"** (Ementa da ADI 30.710). (Grifo nosso).

> Assim, sendo os honorários de sucumbência **verba de natureza privada**, porquanto pagos pela parte vencida diretamente ao advogado da parte vencedora, e não pela Fazenda Pública, não podem ser vistos como remuneração, ou seja, não há proibição ao recebimento desta verba em razão do sistema de subsídios, ou mesmo limitação em relação ao teto do funcionalismo público, podendo, inclusive, ser executada autonomamente (Voto do Relator)[371].

E assim arremata o profícuo relator:

> Diante do exposto, em divergência com o ilustre relator apenas em relação à ausência de limitação ao teto remuneratório do funcionalismo público, voto pela improcedência da presente Ação Direta de Inconstitucionalidade diante da compatibilidade da redação do artigo 91 e parágrafos da Lei Complementar Estadual nº 20/1994, com a redação dada pela Lei Complementar nº 65/2003, em relação aos artigos 135 e 39,§ 4º, da Constituição Federal, inexistindo, portanto, ofensa ao regime de subsídio e limitação ao teto remuneratório constitucional, tendo em vista não se tratar de acréscimo remuneratório pago pelo ente estatal.

---

371 Decisão proferida pelo pleno do egrégio Tribunal de Justiça do Maranhão, da Relatoria do Desembargador Jorge Rachid Mubárack Maluf, grifo nosso.

No mesmo sentido, ADI/DF, processo: 20140020168258ADI (Relator: Humberto Ulhôa, Conselho Especial, data de Julgamento: 08/10/2014, publicado no DJE: 03/11/2014. Pág.: 19), *in verbis*:

> (...) É assente na doutrina e na jurisprudência que os honorários advocatícios incluídos na condenação pertencem exclusivamente ao advogado(...) 7. Ausência de incompatibilidade entre a remuneração por subsídios e a percepção de honorários advocatícios de sucumbência. A administração pública funciona como mera fonte arrecadadora da verba honorária para ulterior repasse aos legítimos destinatários, os advogados públicos. Doutrina. 8. O colendo STF já alertou para a circunstância de que a verba honorária de sucumbência não constitui vantagem funcional sujeita às normas gerais disciplinadoras da remuneração dos servidores públicos, mas de estímulo instituído, em valor obviamente variável, regulado por legislação específica (RE 217585, Rel. Min. Ilmar Galvão, Primeira Turma, DJ 10/12/1999). 9. A matéria em debate não reflete em aumento de despesa pública decorrente do reajuste de vencimentos, gratificações e outras vantagens remuneratórias. Não há necessidade da verificação dos requisitos fundamentais de prévia dotação orçamentária e autorização específica na LEI de Diretrizes Orçamentárias. 10. Não restaram violados os artigos 14, 19, "caput" e inc. X, e 157, todos da LEI Orgânica do Distrito Federal, invocados pelo autor da ação. 11. Ação Direta de Inconstitucionalidade julgada improcedente.

Posto isso, expor que o honorário de sucumbência:

> [...] têm natureza de vencimento é o mesmo que afirmar que o Procurador tem uma parte de seus vencimentos paga por um particular, o sucumbente em processo judicial, incorrendo em violação do elementar conceito do que sejam vencimentos, que exige fixação do respectivo valor por lei como contrapartida pelo exercício de cargo ou função pública. Basta atentar para a origem (sucumbencial) da verba honorária, para se concluir que ela não corresponde à retribuição pecuniária pelo (simples) exercício do cargo de Procurador. (HARADA, Kiyoshi)

Como os honorários de sucumbência do procurador do Estado e do Distrito Federal não são vencimentos, nem qualquer outro tipo de verba de natureza pública, não podem também ser inseridos no teto remuneratório.

> A inclusão das 'vantagens pessoais ou de qualquer natureza' a que se refere o inciso XI, do art. 37, da CONSTITUIÇÃO FEDERAL - CF, eviden-

temente, diz respeito à verba de natureza pública paga pelo erário com observância do regime da despesa pública de conformidade com a lei de regência da matéria, ou seja, da Lei nº 4.320/64. Não há que se incluir nos vencimentos ou nos proventos, para efeito de aferição do teto remuneratório, uma verba que não é paga pelos cofres públicos. (HARADA, Kiyoshi)

Por sua vez, a Receita Federal do Brasil, inclusive, conferiu interpretação do conceito de receita pública constante do art. 11 da Lei no 4.320/1964, na Solução de Consulta nº 252, de 22 de dezembro de 2003, de modo que "os honorários advocatícios pagos a procurador público municipal em razão da sucumbência judicial, depositados em conta corrente pertencente ao Poder Público Municipal e posteriormente repartidos entre os procuradores em exercício, não constituem receita pública.

E não poderia ser diferente: mesmo que se tente buscar a classificação dos honorários sucumbenciais como receita pública, encontra-se bastante dificuldade para inseri-la em alguma das qualificações da Lei 4.320/64.

Isso porque não há como enquadrá-los dentro do conceito doutrinário de receita derivada ou originária. Afinal, ao receber os honorários o Estado não atuaria com base em seu poder de imposição. No máximo, pode-se alargar o conceito de receita originária para admitir os honorários sucumbenciais como receitas originárias, já que haveria uma relação horizontal entre o devedor dos honorários (parte sucumbente) e a Fazenda Pública (parte vencedora).

Contudo, ao se analisar a Lei 4.320/64, mostra-se plenamente inviável qualificar o recebimento dos honorários sucumbenciais como receita corrente ou como receita de capital, cujos conceitos estão descritos na referida lei:

> Art. 11, § 1º - São Receitas Correntes as receitas tributária, de contribuições, patrimonial, agropecuária, industrial, de serviços e outras e, ainda, as provenientes de recursos financeiros recebidos de outras pessoas de direito público ou privado, quando destinadas a atender despesas classificáveis em Despesas Correntes.
>
> § 2º – São Receitas de Capital as provenientes da realização de recursos financeiros oriundos de constituição de dívidas; da conversão, em espécie, de bens e direitos; os recursos recebidos de outras pessoas de direito público ou privado, destinados a atender despesas classificáveis em Despesas de Capital e, ainda, o superavit do Orçamento Corrente.

Diante disso, plenamente descabido tratar os honorários sucumbenciais como verba de natureza pública. Nesse norte, inclusive, cite-se excerto do voto do Conselheiro Carlos Alberto de Cambos, no processo TC-800005/096/07, em acórdão do Tribunal de Contas do Estado de São Paulo:

> As manifestações dos Órgãos Técnicos – ATJ e SDG convergiram para a aceitação dos argumentos oferecidos pelos Interessados, em especial quanto à tese de que o pagamento dos honorários é devido pela parte vencida na demanda judicial, cabendo ao Município apenas arrecadar tal receita, de natureza extra-orçamentária. [...] Nesse sentido, destaca-se o entendimento do e. Conselheiro Fulvio Julião Biazzi quando, recentemente, examinou matéria análoga nos autos do TC-800094/523/05, citando a mesma decisão do Tribunal de Justiça Paulista acima descrita e considerando regulares as despesas com o pagamento de honorários advocatícios a Secretária de Negócios Jurídicos do Município de Mogi das Cruzes no exercício de 2005, conforme decisão publicada no DOE de 04.08.2009. Assim, diante do exposto, ante a natureza extra-orçamentária da receita advinda da verba em questão, julgo regulares os atos determinativos das despesas com honorários advocatícios pagas ao Sr. César Euclides Botelho, e procedo à quitação do Sr. Ivanir Franchin, Prefeito Municipal à época.

Também merece destaque o fato de que vigora no âmbito orçamentário o princípio da universalidade, que significa "a inclusão de todas as rendas e despesas dos Poderes, fundos, órgãos, entidades da administração direta e indireta etc. no orçamento anual geral".

Contudo, jamais se incluiu na lei orçamentária a previsão de receita com o recebimento de honorários de sucumbência, justamente por não configurarem receita pública.

Considerações finais

Resta evidente que as verbas decorrentes. A lei a que refere a parte final do § 19 do art. 85, do CPC de 2015, é a lei nº 8.906/94 (Estatuto da Ordem dos Advogados do Brasil), que assegura a titularidade dos honorários a todos os advogados. No entanto, caso se entenda necessária a criação de uma lei para regulamentar a matéria, tal regulamentação deve se limitar a aspectos meramente procedimentais (recolhimento, gestão, rateio), não podendo, em nenhuma hipótese, "suprimir a titularidade e o direito à percepção dos honorários de sucumbência dos advogados públicos. No Estado de Rondônia, a matéria também já se encontra regulamentada por meio da LC 155/1996.

Os honorários de sucumbência dos advogados públicos não representam verba de natureza pública, estando compatíveis com o subsídio, e não podem ser inseridos no teto remuneratório, em razão de sua natureza privada, decorrente de norma processual, fixada pelo juiz e paga pelo vencido ao advogado da parte vencedora, além da inviabilidade de se classificar a verba decorrente dos honorários em qualquer classificação de receita pública.

Referências bibliográficas

CANESIN, Rafael de Paiva. A natureza jurídica dos honorários sucumbenciais do Advogado Público. **Revista Brasileira de Advocacia Pública** – RBAP, n. 4, jan./jun. 2017.

COSTA, Eduardo Cunha da. Da percepção dos honorários de sucumbência pelos Procuradores do Estado: compatibilidade e eficácia. **Conteúdo Jurídico**, Brasília-DF. 31 maio 2016.

CUNHA, Leonardo Carneiro da. **A Fazenda Pública em juízo**. 14. ed. Rio de Janeiro: Forense, 2017.

HARADA, Kiyoshi. Teto remuneratório e verba honorária percebida pelos Procuradores. Âmbito Jurídico, Rio Grande: XV, nº 104, set. 2012. In: NUNES, Allan Titonelli. Desvio de finalidade das verbas sucumbenciais. **Revista Jurídica Consulex**, Ano XVI, nº 377, 1º de outubro/2012.

CAPUCHO, Fábio Jun. **Honorários Advocatícios dos Advogados Públicos**: Sistemática do Novo Código de Processo Civil, p. 10-11. Disponível em: <http://unafe.org.br/wp-content/plugins/downloads-manager/upload/Parecer%20Ayres%20Brito%20-%201º%20.8.2014.pdf>. Acesso em: 20 ago. 2018.

SANTOS, Murillo Giordan. A compatibilidade do subsídio com a verba honorária de sucumbência. **Revista de informações legislativas**. Brasília, ano 50, n. 199, p. 179-194, jul./set 2013.

O Direito à Tutela Judicial Adequada e à Penhora do Salário

Tiago Cordeiro Nogueira

Resumo

Com o advento do neoconstitucionalismo – marcado pela força normativa da Constituição e máxima efetividade dos direitos fundamentais –, tornou-se necessário superar os marcos teóricos do positivismo jurídico. Deve-se adotar, portanto, uma nova metodologia do direito processual, impondo que as técnicas processuais sejam compreendidas a partir da norma constitucional. Considerando que a Constituição Federal consagrou, em seu art. 5º, XXXV, o direito fundamental à tutela judicial adequada e efetiva, é dever do intérprete aplicar as técnicas processuais sempre com vistas à efetividade desse preceito, ajustando-as às peculiaridades do caso concreto. Desse modo, sendo as regras de impenhorabilidade restritivas de direito fundamental do credor, somente terão validade enquanto justificadas pela necessidade de proteção a direito fundamental do devedor. Revelando-se desnecessárias ou desproporcionais, deve o intérprete afastá-las. Portanto, a norma contida no § 2º, segunda parte, do art. 833, do CPC/15, não esgotou as hipóteses excetivas da impenhorabilidade do salário, sendo possível ao juiz ampliá-las à quantia que não se revelar necessária à subsistência do devedor.

Palavras-chave: Neoconstitucionalismo; Efetividade; Penhora; Salário; Subsistência.

Abstract

With the advent of neoconstitutionalism– marked by the normative force of the Constitution and maximum effectiveness of fundamental rights – it became necessary to overcome the theoretical frameworks of legal positivism. Therefore, a new methodology of procedural law must be adopted, requiring procedural techniques to be understood from the constitutional law. Considering that the Federal Constitution has predicted in its article 5, XXXV, the fundamental right to appropriate and effective judicial protection, it is the duty of the interpreter to apply the procedural techniques always with a view to the effectiveness of this precept, adjusting them to the peculiarities of the concrete case. Thus, since the rules of unseizability are restrictive of the creditor's fundamental right, they will only be valid as long as they are justified by the need for protection of the debtor's fundamental right. Revealing themselves unnecessary or disproportionate, the interpreter must move them away. Therefore, the norm contained in § 2, second part, of article 833 of CPC/15, does not exhaust the hypotheses excepting the unseizability of wage, being possible to the judge to extend them to the amount that does not prove necessary for the subsistence of the debtor.

Keywords: Neo-constitucionalism; Effectiveness; Garnishment; Wage; Subsistence.

1. Introdução

O presente artigo enfrentará a controvérsia que, hodiernamente, recai sobre a possibilidade de se determinar, durante a execução judicial, a penhora de parte do salário do devedor, a fim de se garantir a satisfação da dívida exequenda. A necessidade surgiu do que se tem observado pela experiência, já que, mesmo após esgotadas todas as tentativas de localização do patrimônio do devedor, parcela considerável dos magistrados tem conferido interpretação estrita e literal às exceções contidas no art. 833, § 2º, do CPC/15[372], inadmitindo, independentemente das circunstância do caso, a realização de penhora do salário para os casos não compreendidos nas exceções legais, o que acaba por encorajar os devedores a, não raras vezes, ocultarem os seus bens.

Observou-se que as normas que disciplinam a impenhorabilidade não têm sido interpretadas em consonância com os preceitos constitucionais. A esse respeito, os intérpretes não têm considerado que tais regras, em verdade, restringem direitos fundamentais do credor, na medida em que, por reduzirem os bens sobre os quais recairão os atos de constrição, afetam o seu direito fundamental à tutela judicial adequada e efetiva (art. 5º, XXXV, da CONSTITUIÇÃO FEDERAL - CF).

---

372 "§ 2º O disposto nos incisos IV e X do caput não se aplica à hipótese de penhora para pagamento de prestação alimentícia, independentemente de sua origem, bem como às importâncias excedentes a 50 (cinquenta) salários-mínimos mensais, devendo a constrição observar o disposto no art. 528, § 8º, e no art. 529, § 3º".

Contudo, antes de se analisar o tema à luz do ordenamento jurídico pátrio, serão trazidas à colação as premissas teóricas deste estudo, como o atual estágio metodológico do direito processual civil pátrio, com especial atenção à constitucionalização dos direitos e à tutela jurisdicional efetiva como direito fundamental.

Será revelada, outrossim, a origem histórica da interpretação meramente literal que se tem conferido aos preceitos que disciplinam o regime das impenhorabilidades, guardando íntima correlação com a herança positivista do direito liberal, durante o qual ao juiz era conferida a atividade de, exclusivamente, dizer as palavras da lei, ancorando-se apenas nas codificações, independentemente de qualquer análise crítica sobre o seu conteúdo.

Em seguida a isso, após enfrentada a evolução e consagração do pós-positivismo, serão abordados os elementos presentes no novo Código de Processo Civil (2015) que denotam a incorporação da nova metodologia adotada pela ciência processual – como os princípios da eficiência processual e da atipicidade das medidas executivas – a demonstrar a preocupação do legislador infraconstitucional com a realização do direito.

No último capítulo, será exposta a evolução histórica da impenhorabilidade do salário a partir do código de processo civil revogado (1973), com o apontamento das principais diferenças existentes entre o revogado e o vigente diploma de regência.

Ainda, da novel codificação, serão extraídos e analisados os critérios objetivo e subjetivo que se denotam estar diante de impenhorabilidade do salário meramente relativa, inclusive para além das exceções contidas no § 2º, do art. 833, do CPC/15. Por fim, em atenção à concordância prática que deve existir entre os direitos fundamentais colocados em posições opostas, será proposta a resolução do aparente conflito existente entre o direito à subsistência digna do devedor e à satisfação do crédito do credor.

2. A atual fase metodológica do direito processual civil

2.1. Do rompimento com o direito liberal

O ordenamento jurídico pátrio, com o advento da Carta de 1988, passou a experimentar a influência do neoconstitucionalismo já vivenciado pelos países de modernidade mais adiantada, exigindo, com isso, a efetivação dos direitos constitucionais. Nesse processo de *constitucionalização dos direitos*, tornou-se necessário superar o positivismo jurídico, atribuindo-se especial atenção ao conteúdo das normas. Aliás, daí se dizer que o neopositivismo – superação do positivismo – é a consequência filosófica do neoconstitucionalismo[373].

No neoconstitucionalismo, observou-se a ascensão da força normativa da Constituição, impondo que (i) esteja nesta norma fundamental a base de todo o ordenamento jurídico e, em razão disso, (ii) dela sejam diretamente irradiados efeitos às relações sociais, extraindo a sua máxima efetividade e aplicabilidade ao caso concreto. Passou-se a extrair da própria Constituição, diretamente, o fundamento do direito subjetivo realizável[374].

Por sua vez, para se compreender a necessidade de superação desse paradigma deve-se reconhecer que a herança *positivista* guarda íntima relação com a reação da sociedade aos abusos cometidos pelo Estado absolutista. Durante esse processo de reação, surgiu o Estado liberal[375], cujo pensamento influenciou grandemente o ordenamento jurídico do fim do século XIX e da primeira metade do século XX[376]. Com base nessa ideologia de defesa, as relações sociais passaram a ser regidas pela concepção liberal de legalidade, isto é, o Estado somente poderia atuar nos estritos limites da lei. A preocupação maior era a defesa da liberdade do cidadão em relação ao Estado, vigorando a incoercibilidade das obrigações.

No entanto, o direito liberal não somente falhou na sua missão de proteger a autonomia da vontade, na medida em que os direitos não eram efetivados, como serviu de fundamento à atuação de Estados totalitários, os quais, para

---

[373] CAMBI, Eduardo. **Neoconstitucionalismo e neoprocessualismo**: direitos fundamentais, políticas públicas e protagonismo judiciário. 2. ed. rev. e atual. São Paulo: Ed. Revista dos Tribunais, 2011, p. 84.

[374] "A efetividade das normas constitucionais diz respeito, portanto, à pretensão de máxima realização, no plano da vida real, do programa normativo abstratamente estabelecido [...], em outras palavras, como também pontua Luís Roberto Barroso, ao processo de migração do 'dever ser' normativo para o plano do 'ser' da realidade social.[...] a noção de força normativa da constituição, na acepção de Konrad Hesse, parte da premissa de que a constituição, embora de forma mais ou menos limitada, contém sempre uma força própria capaz de motivar e ordenar a vida do Estado e da sociedade, um poder de ordenação e conformação que não se reduz às forças políticas e sociais". (SARLET, Ingo Wolfgang; MARINONI, Luiz Guilherme; MITIDIERO, Daniel. **Curso de direito constitucional**. 6. ed. rev. e atual. São Paulo: Saraiva, 2017, p. 206).

[375] TORRES, Ronny Charles Lopes de. **Leis de licitações públicas comentadas**. 8. Ed. Salvador: Ed. JusPodivm, 2017, p. 69.

[376] DIDIER JR., Fredie; et al. **Curso de direito processual civil**. 7. Ed. rev., ampl. e atual. Salvador: Ed. JusPodivm, 2017, p. 72, v. 5, p. 72.

legitimarem os seus atos, utilizavam-se das leis por ele mesmos criadas, qualificando-se como Estado de Direito.

É por tal razão que, para Eduardo Cambi[377], "o princípio da *legalidade formal* ou da *mera legalidade* é insuficiente para garantir mecanismos eficientes de controle dos abusos dos órgãos decisórios, não inibindo o uso totalitário e antidemocrático do poder". Não à toa, segundo o mesmo autor[378], "a decadência do positivismo jurídico está associada, historicamente, à derrocada dos regimes autoritários (fascismo e nazismo)".

Nessa época, em vista do receio da sociedade em relação aos abusos outrora cometidos pelo Estado, os juízes deixaram de possuir poderes executórios, de modo que a atividade principal do processo restou limitada à declaração do direito, deixando de existir o cumprimento forçado da obrigação. Desse modo, somente se verificava a tutela específica no caso de adimplemento voluntário pelo devedor.

Tais medidas não só impediram a realização dos direitos e, com isso, a garantia de direitos mínimos da sociedade, mas também contribuíram para a criação de normas impregnadas de conteúdo antidemocrático.

Todavia, tal sistema jurídico não mais possui aplicabilidade e relevância no Estado democrático de direito inaugurado, entre nós, no pós-1988, inspirado no Estado social de respeito ao direito de todos – maiorias, minoria e grupos de menor expressão política – e promoção dos direitos com conteúdo social.[379]

Hoje, diferentemente do que se verificava até o século XX, ao Estado não cabe mais apenas *não* intervir nos direitos individuais dos cidadãos, mas promover políticas públicas e proteger o direito de todos. A sua figura como "inimigo público" não mais existe, não havendo mais razão para se contrapor o indivíduo ao Estado. Na verdade, o Poder Público tem atuado cada vez mais na esfera individual dos particulares, a fim de satisfazer as necessidades sociais[380].

---

377 CAMBI, Eduardo. **Neoconstitucionalismo e neoprocessualismo**: direitos fundamentais, políticas públicas e protagonismo judiciário. 2. ed. rev. e atual. São Paulo: Ed. Revista dos Tribunais, 2011, p. 134.

378 Ibidem, p. 134.

379 BARROSO, Luís Roberto. **Curso de direito constitucional contemporâneo**: os conceitos fundamentais e a construção do novo modelo. 4. Ed. São Paulo: Saraiva, 2013, p. 63-64.

380 MARINONI, Luiz Guilherme; ARENHART, Sérgio Cruz; MITIDIERO, Daniel. **O novo processo civil**. 3. Ed. rev., atual. e ampl. São Paulo: Ed. Revista dos Tribunais, 2017, p. 56.

Acerca dessa virada dogmática, José Medina ensina que o direito das regras cede espaço para a força normativa da Constituição e reconhecimento da carga normativa dos princípios, modificando-se o eixo fundamental do ordenamento jurídico[381]. É que o "neoconstitucionalismo está voltado à realização do Estado Democrático de Direito, por intermédio da efetivação dos direitos fundamentais"[382].

Com o fim de positivismo jurídico, o conteúdo das normas passou a gozar de privilegiada *posição legitimadora*, de modo que, para a análise da sua validade, não basta a observância de critérios meramente formais. Agora, valores democráticos e respeito ao pluralismo devem estar em sua gênese.

2.2. Da superação do legalismo ao neoprocessualismo

Voltando um pouco na linha temporal, para se fundamentar a necessidade de superação do positivismo jurídico, é imprescindível compreender que tal método pretendia criar uma ciência jurídica assemelhada às ciências exatas e naturais, partindo de premissas equivocadas como, dentre outras: a) ser possível a máxima regulação das relações sociais por intermédio da codificação, a fim de não se deixar nenhuma margem interpretativa ao juiz (mito da supremacia do legislador); b) deixava-se ao juiz a mera função de declarar o direito posto, porquanto se acreditava não haver lacunas; c) não se conferiam aos princípios a sua natureza jurídica de norma, como fontes primárias; e d) a legitimidade das leis era analisada de forma desvinculada do seu conteúdo, levando-se em conta aspectos meramente formais[383].

Contrapondo-se a esse método, o neopositivismo passou a interpretar o direito com fundamento não mais na letra fria das codificações que se acreditava à prova de lacunas, mas com suporte na Constituição e nos seus valores, passando a atuar como instrumento de efetivação dos seus direitos.

---

381 MEDINA, José Miguel Garcia. **Curso de direito processual civil moderno**. 4. Ed. rev., atual. e ampl. São Paulo: Ed. Revista dos Tribunais, 2018, p. 75-76.

382 CAMBI, Eduardo. Op. cit., 2011, p. 29.

383 CAMBI, Eduardo. **Neoconstitucionalismo e neoprocessualismo**: direitos fundamentais, políticas públicas e protagonismo judiciário. 2. ed. rev. e atual. São Paulo: Ed. Revista dos Tribunais, 2011, p. 80-84.

No entanto, frise-se que "o positivismo não pode ser superado por meio da *renúncia* ao direito positivo ou à positividade do direito. Porém, a positividade do direito não se confunde com o *legalismo*[384]". Esse, sim, deve ser combatido.

Com essa evolução metodológica, a atividade do intérprete do direito passou a gozar de grande importância, porquanto a realidade fática subjacente e os valores constitucionais passaram a servir de norte ao processo de legitimação e interpretação da norma jurídica. Em decorrência disso, o juiz deixou de ser *labouche de laloi*[385] (a boca da lei) e as normas deixaram de ser interpretadas apenas de modo apartado da realidade fática.

Dessa forma, como consequência intrínseca da adoção do neoconstitucionalismo e superação do *legalismo* (com o pós-positivismo), tornou-se necessário adotar uma nova metodologia jurídica do direito processual, impondo que as técnicas e os institutos processuais sejam compreendidos a partir da norma constitucional, a qual não somente lhes serve de fundamento de validade, mas também como vetor interpretativo, impondo que funcionem, verdadeiramente, como instrumento de transformação social e de tutela dos direitos[386]. Não à toa Guilherme Marinoni, Sérgio Arenhart e Daniel Mitidiero prelecionam[387] que "o Código de Processo Civil constitui direito constitucional aplicado".

Assim, "o *neoprocessualismo* procura construir técnicas processuais voltadas à proteção do direito fundamental à adequada, efetiva e célere tutela jurisdicional"[388], impedindo, assim, que a aplicação das normas jurídicas ocorra de forma apartada dos valores éticos que regem a sociedade.

A consagração dessa nova realidade está prevista logo no art. 1º do CPC/15, segundo o qual "o processo civil será ordenado, disciplinado e interpretado con-

---

[384] Ibidem, p. 85.

[385] "Não foi por outro motivo que Montesquieu definiu o juiz como *a bouche de laloi*. Ainda que admitido que a lei pudesse ser, em certos casos, muito rigorosa, conclui Montesquieu, no seu célebre **Do espírito das leis**, que os juízes de uma nação não são 'mais que a boca que pronuncia as sentenças da lei, seres inanimados que não podem moderar nem sua força nem seu rigor'". (MARINONI, Luiz Guilherme; ARENHART, Sérgio Cruz; MITIDIERO, Daniel. **O novo processo civil**. 3. Ed. rev., atual. e ampl. São Paulo: Ed. Revista dos Tribunais, 2017, p. 25)

[386] CAMBI, Eduardo. Neoconstitucionalismo e neoprocessualismo: direitos fundamentais, políticas públicas e protagonismo judiciário. 2. ed. rev. e atual. São Paulo: Ed. Revista dos Tribunais, 2011, p. 21.

[387] MARINONI, Luiz Guilherme; ARENHART, Sérgio Cruz; MITIDIERO, Daniel. O novo processo civil. 3. Ed. rev., atual. e ampl. São Paulo: Ed. Revista dos Tribunais, 2017, p. 173.

[388] CAMBI, Eduardo. Op. cit., 2011, p. 116.

forme os valores e as normas fundamentais estabelecidos na Constituição da República Federativa do Brasil, observando-se as disposições deste Código".

3. Os meios necessários à tutela judicial adequada

3.1. O direito fundamental à tutela jurisdicional adequada, efetiva e tempestiva

Por decorrência do art. 5º, XXXV, da CONSTITUIÇÃO FEDERAL - CF, o Estado tem o dever de prestar e garantir a tutela jurisdicional *adequada* e *efetiva* à proteção de qualquer direito, seja em face do Estado, seja em face do particular. Tal norma constitucional foi espelhada pelo art. 3º do CPC/15, segundo o qual "não se excluirá da apreciação jurisdicional ameaça ou lesão a direito".

A respeito do direito à tutela judicial e, em razão disso, do dever do juiz de colmatar lacunas normativas que sejam impeditivas à efetivação dos direitos, Ingo Sarlet, Guilherme Marinoni e Daniel Mitidiero[389] subdividem o âmbito de proteção do direito à tutela jurisdicional em três perspectivas: i) acesso à justiça; ii) adequação da tutela; e iii) efetividade da tutela. Ainda, Guilherme Marinoni, Sérgio Arenhart e Daniel Mitidiero[390] incluem um quarto aspecto: iv) a tutela tempestiva do direito. Interessam a este estudo as três últimas características.

Com isso, a tutela judicial deve ser *adequada* à tutela do direito buscado em juízo, isto é, capaz de realizar o direito material. E, para tanto, "a adequação da tutela revela a necessidade de análise do direito material posto em causa para se estruturar, a partir daí, um processo dotado de *técnicas processuais aderentes* à situação levada a juízo"[391]. Nesse sentido, somente diante da realidade posta em julgamento poderá o magistrado adotar a técnica executiva idônea à consecução da tutela específica satisfativa. Trata-se da tutela diferenciada aos direitos, o que impede a produção de normas que retirem do julgador a tarefa de compatibilizar as normas em conformidade com as peculiaridades da controvérsia.

---

389 SARLET, Ingo Wolfgang; MARINONI, Luiz Guilherme; MITIDIERO, Daniel. Curso de direito constitucional. 6. Ed. rev. e atual. São Paulo: Saraiva, 2017, p. 877.

390 MARINONI, Luiz Guilherme; ARENHART, Sérgio Cruz; MITIDIERO, Daniel.Op. cit., 2017, p. 177-179.

391 SARLET, Ingo Wolfgang; MARINONI, Luiz Guilherme; MITIDIERO, Daniel. **Curso de direito constitucional**. 6. Ed. rev. e atual. São Paulo: Saraiva, 2017, p. 878.

Daí não ser possível estabelecer, *apriorística e indiscriminadamente*, a impenhorabilidade do salário do devedor, levando-se em consideração critérios meramente objetivos – como se verá abaixo – independentemente da análise das circunstâncias pessoais do devedor e do caso em julgamento.

A tutela judicial deve ser, também, *efetiva*, ou seja, deve estar voltada ao *resultado* que se busca pela via processual, tendo sempre por mira a realização e a tutela, *in concreto*, do direito material.

Com isso, deve-se "pensar *todo o processo a partir do direito material* com o objetivo de promover a sua efetividade, propondo-se a estruturação do processo como um todo a partir do *direito à tutela específica* dos direitos[392]". Todo direito pressupõe a sua realização e, para que isso ocorra, é imperiosa a sua proteção efetiva e específica.

Por fim, a tutela judicial deve ser *tempestiva*. Trata-se de comando imposto ao legislador (previsão de técnicas processuais que viabilizem a prestação da tutela em tempo razoável), ao administrador judiciário (organização dos fluxos processuais e da gestão dos órgãos judiciários) e ao juiz (condução do processo da maneira mais eficiente possível, eliminando, sempre que possível, formalismos desnecessários)[393]. Aliás, quanto a este último ator, dispõe o art. 139, II, do CPC/15 que ao juiz incumbe "velar pela duração razoável do processo". Tal faceta do direito em exame inclui não apenas a declaração do direito, como se contentava o direito liberal, mas também a sua efetivação, exigindo-a, aliás, como condição à solução integral do mérito.

Para que se extraia a máxima efetividade do direito em exame, não se pode perder de vista que as normas jurídicas que regulam o processo não se esgotam no Código de Processo Civil. A codificação constitui-se apenas no instrumento definido pelo legislador infraconstitucional para concretizar o direito fundamental ao processo justo e à tutela judicial adequada e efetiva. Assim, "as dúvidas interpretativas devem ser resolvidas *a favor da otimização do alcance da Constituição e do processo civil como meio para tutela dos direitos*"[394].

Por isso é que qualquer norma legal vocacionada a privar o juiz da análise de aplicabilidade de determinada técnica executiva ao caso concreto, com base em cri-

---

392 Ibidem, p. 885.
393 MARINONI, Luiz Guilherme; ARENHART, Sérgio Cruz; MITIDIERO, Daniel. **O novo processo civil**. 3. Ed. rev., atual. e ampl. São Paulo: Ed. Revista dos Tribunais, 2017, p. 178.
394 Ibidem, p. 174.

térios meramente objetivos, independentemente das circunstâncias fáticas do caso, violará o comando constitucional insculpido no art. 5º, XXXV, da CONSTITUIÇÃO FEDERAL - CF, pois frustrará a prestação da tutela judicial adequada.

3.2. O princípio da eficiência processual e o direito à tutela judicial tempestiva

Como decorrência do direito fundamental à tutela jurisdicional e diante da preocupação da nova metodologia processual com o resultado, a nova codificação passou a prever, em seu art. 4º, o princípio da primazia do julgamento de mérito – ou, como prefere parcela da doutrina, do *princípio da eficiência processual*[395]–segundo o qual "as partes têm o direito de obter em prazo razoável a solução integral do mérito, incluída a atividade satisfativa".

Trata-se do dever do Estado-juiz de garantir não somente a declaração do direito, mas a sua efetividade e realização *tempestiva*[396], privilegiando, sempre que possível, a solução de mérito do processo. Trata-se da tentativa do legislador infraconstitucional de concretizar o direito fundamental insculpido no art. 5º, XXXV, da CONSTITUIÇÃO FEDERAL - CF, também extraído da norma constitucional insculpida no art. 5º, LXXVIII, da CONSTITUIÇÃO FEDERAL - CF (direito à razoável duração do processo). Trata-se da combinação dos valores da efetividade e da tempestividade a impregnar o direito à tutela judicial[397].

Aliás, como ensina Alexandre Câmara[398], "o processo é um *método de resolução do caso concreto*, e não um mecanismo destinado a impedir que o caso concreto seja solucionado". Dessa forma, todas as técnicas processuais executivas suficientes e adequadas à resolução tempestiva do mérito devem ser postas à

---

395 SCARPINELLA BUENO, Cassio. **Manual de direito processual civil**. São Paulo: Saraiva, 2015, p. 50.

396 MARINONI, Luiz Guilherme; ARENHART, Sérgio Cruz; MITIDIERO, Daniel. Op. cit., 2017, p. 173.

397 "Aliás, a redação do art. 4º é clara ao mencionar que a satisfação do direito também deve ser incluída na contagem do prazo razoável. Não é suficiente a mera declaração do direito mediante sentença. A razoável duração do processo deve levar em conta todo o tempo necessário até ocorrerem todas as atividades satisfativas do direito (de cumprimento ou de execução)". (FONSÊCA, Vitor. Comentários ao art. 4º. In: SCARPINELLA BUENO, Cassio (Coord.). **Comentários ao código de processo civil**. São Paulo: Saraiva, 2017, p. 94-95, v. 1)

398 CÂMARA, Alexandre Freitas. **O novo processo civil brasileiro**. 4. Ed. rev. e atual. São Paulo: Atlas, 2018, p. 9.

disposição do juiz, o qual, analisando as peculiaridades da controvérsia, adotará a medida mais eficiente, desde que não violadora de preceitos constitucionais.

A despeito disso, tem-se observado na *práxis* forense uma despreocupação dos juízes em relação ao seu dever de *efetivar, tempestivamente*, o direito material realizável. Não raras vezes, o juiz tem se tornado mero espectador da atividade executiva, deixando-a, exclusivamente, às partes, como se não fosse responsável pela construção da solução integral do mérito.

Portanto, para resolver o mérito da demanda – aí incluída a atividade satisfativa –, deve utilizar todas as técnicas executivas, ainda que atípicas, necessárias à realização forçada do direito, mitigando os rigores formais da norma processual em benefício da força normativa da Constituição e como concretização do princípio da eficiência processual.

3.3. A atipicidade dos meios executivos como instrumento de adequabilidade da tutela judicial

Denota-se da nova codificação uma grande preocupação com a efetividade da tutela jurisdicional, podendo-se, na verdade, extrair daí um dos seus propósitos, rompendo com a dogmática formalista do Código Buzaid. Aliás, a exposição de motivos do anteprojeto do novo diploma processual é elucidativa a esse respeito[399], demonstrando a atenção ao aspecto material do direito à tutela jurisdicional – o direito à tutela dos direitos.

Da análise dos seus dispositivos, constata-se a existência de diversas normas dispondo sobre instrumentos destinados à viabilização da satisfação da execução. A esse respeito, um importante dispositivo é o art. 139, IV, do CPC/15, responsável por disciplinar as medidas indutivas, coercitivas, mandamentais e sub-rogatórias para a satisfação da obrigação exequenda.

---

399 "Um sistema processual civil que não proporcione à sociedade o reconhecimento e a realização dos direitos, ameaçados ou violados, que têm cada um dos jurisdicionados, não se harmoniza com as garantias constitucionais de um Estado Democrático de Direito. Sendo ineficiente o sistema processual, todo o ordenamento jurídico passa a carecer de real efetividade. De fato, as normas de direito material se transformam em pura ilusão, sem a garantia de sua correlata realização, no mundo empírico, por meio do processo". (BRASIL. Congresso Nacional. Senado Federal. **Exposição de motivos do anteprojeto de novo Código de Processo Civil**. 2010. Disponível em: < http://www2.senado.leg.br/bdsf/handle/id/496296>. Acesso em: 11 jun. 2018)

Advocacia Pública e Desenvolvimento

Trata-se da consolidação, pelo novo código, do princípio da atipicidade das medidas executivas. Muito embora tal normativa, sob a codificação revogada, já fosse aplicável às obrigações de fazer, não fazer[400] e entregar coisa[401], somente com o novel código passou a alcançar também as obrigações de pagar quantia certa.

Enquanto do princípio da tipicidade infere-se que "a esfera jurídica do executado somente poderá ser afetada por formas executivas taxativamente estipuladas pela norma judicial[402]", tendo sofrido grande influência do direito liberal; na atipicidade não se observa um modelo rígido e predefinido de medidas executivas, autorizando-se, por isso, que o juiz adote – na ordem que lhe pareça mais efetiva – qualquer técnica processual executiva, desde que não violadora de direito fundamental[403].

Dessa forma, o princípio da atipicidade das medidas executivas dá concreção ao direito fundamental à tutela judicial *adequada*, porquanto impõe ao juiz o dever de, observando que as medidas típicas não se revelam suficientes, ajustar/flexibilizar/especificar o procedimento em atenção ao direito material do caso e às especificidades do processo. Com isso, a novel codificação cumpre com o seu papel de dar efetividade à norma constitucional insculpida no art. 5º, XXXV, da CONSTITUIÇÃO FEDERAL - CF, viabilizando que a tutela judicial seja *adequada* e, por conseguinte, *efetiva*.

Nesse sentido, Ingo Sarlet, Guilherme Marinoni e Daniel Mitidiero ensinam que a adequação da técnica executiva é fundamental à tutela efetiva dos direitos. Em verdade, mais que isso, guardam entre si relação de intrínseca dependência, na medida que os direitos só podem ser efetivados em caso de existência de tutelas

---

400 Art. 461, § 5º, do CPC/73.

401 Art. 461-A, § 3º, do CPC/73.

402 MEDINA, José Miguel Garcia. **Curso de direito processual civil moderno**. 4. Ed. rev., atual. e ampl. São Paulo: Ed. Revista dos Tribunais, 2018, p. 949.

403 Acerca das consequências observáveis com a adoção, no sistema jurídico, da primazia do princípio da atipicidade das medidas executivas, veja-se a lição de José Medina: "(a) a participação do juiz na elaboração da solução jurídica dos litígios passa a ser mais intensa, ante o abrandamento da tendência – veemente no Estado Liberal de outrora – de se reduzir ao máximo os poderes do juiz; (b) a atividade jurisdicional deve proporcionar aos demandantes respostas capazes de propiciar uma tutela mais aproximada possível da pretensão violada [...] o que impõe sejam criados instrumentos capazes de proporcionar à jurisdição o alcance de tal desiderato; (c) ante a multiplicidade e a complexidade das situações litigiosas que podem ser levadas a juízo, tais mecanismos não podem ser previstos num rol taxativo, *numerusclausus*, pois há risco de se excluir direitos igualmente merecedores de tutela; [...]" (MEDINA, José Miguel Garcia. Op cit., 2018, p. 950)

processuais idôneas. E, a fim de atender a esse propósito, o direito brasileiro previu o sistema atípico de medidas executivas (art. 139, IV, do CPC/15)[404].

Da adoção expressa desse princípio processual, denota-se que os valores oriundos do direito fundamental à tutela judicial adequada irradiaram sobre a novel codificação, reforçando o dever imposto ao Estado-juiz de adequar o processo legislado às peculiaridades da controvérsia posta em julgamento, extraindo daí o vetor interpretativo da norma processual.

4. A juridicidade da penhora do salário

4.1. Do quadro normativo da impenhorabilidade do salário presente no CPC/73 e no CPC/15

No regime do Código Buzaid, a impenhorabilidade do salário era regida pelo art. 649, IV, e § 2º[405].

A única exceção existente, portanto, ao menos antecipada pelo legislador, de maneira abstrata, dizia respeito à penhora para o pagamento de prestação alimentícia, em razão da natureza da dívida.

É bem verdade que o legislador infraconstitucional tentou ampliar esse quadro. Com isso, a Lei n. 11.382/06 pretendeu modificar o regime jurídico da impenhorabilidade do salário, incluindo o § 3º ao art. 649 do CPC/73[406].

No entanto, tal dispositivo foi vetado, por contrariedade ao interesse público, pelo então presidente da República, sob o fundamento de que o projeto de

---

[404] SARLET, Ingo Wolfgang; MARINONI, Luiz Guilherme; MITIDIERO, Daniel. **Curso de direito constitucional**. 6. ed. rev. e atual. São Paulo: Saraiva, 2017, p. 882.

[405] "Art. 649. São absolutamente impenhoráveis: [...] IV - os vencimentos, subsídios, soldos, salários, remunerações, proventos de aposentadoria, pensões, pecúlios e montepios; as quantias recebidas por liberalidade de terceiro e destinadas ao sustento do devedor e sua família, os ganhos de trabalhador autônomo e os honorários de profissional liberal, observado o disposto no § 3º deste artigo (Redação dada pela Lei nº 11.382, de 2006). [...] § 2º O disposto no inciso IV do caput deste artigo não se aplica no caso de penhora para pagamento de prestação alimentícia". (Incluído pela Lei nº 11.382, de 2006).

[406] "§ 3º Na hipótese do inciso IV do caput deste artigo, será considerado penhorável até 40% (quarenta por cento) do total recebido mensalmente acima de 20 (vinte) salários mínimos, calculados após efetuados os descontos de imposto de renda retido na fonte, contribuição previdenciária oficial e outros descontos compulsórios". (BRASIL. **Veto Presidencial n. 1.047, de 6 de dezembro de 2006**. Brasília, DF, dez 2006. Disponível em: <http://www.planalto.gov.br/ccivil_03/_Ato2004-2006/2006/Msg/Vep/VEP-1047-06.htm>. Acesso em: 11 jun. 2018)

lei, a esse respeito, quebrava "o dogma da impenhorabilidade absoluta de todas as verbas de natureza alimentar". Conquanto se tenha contemporizado acerca da razoabilidade da medida, preferiu-se que a questão obtivesse, antes de sua implementação, um maior debate na comunidade jurídica e pela sociedade em geral[407].

Já com a nova codificação o tema sofreu sensíveis mudanças, constando em seu art. 833 os novos balizamentos eleitos pelo legislador[408].

Da comparação entre os dispositivos previstos na revogada e na vigente lei adjetiva, percebe-se que o novo código retirou a expressão *"absolutamente"* presente na codificação revogada – porquanto, desde o CPC/73, já existiam hipóteses legais que excepcionavam a regra em relação aos bens lá listados – bem como ampliou as exceções, prevendo, expressamente, a penhora do salário (i) não somente para o adimplemento dos débitos alimentares, mas também (ii) nos casos de importâncias excedentes a 50 (cinquenta) salários-mínimos mensais, independentemente da natureza da dívida.

Dessa forma, conquanto o legislador tenha imposto, nessa segunda exceção, um patamar remuneratório que não guarda compatibilidade com a realidade social brasileira – o que será enfrentado abaixo –, sinalizou para a ampliação da mitigação da impenhorabilidade do salário, modificando-se o dogma então existente de que somente dívidas alimentares autorizavam essa medida.

Evidenciado o direito posto, abaixo será demonstrado, no entanto, que é possível efetuar a penhora do salário para além das hipóteses previstas pelo § 2º, do art. 833, do CPC/15, evidenciando que as exceções previstas pelo legislador não esgotaram – como não poderiam – a regulação da questão.

---

[407] "A proposta parece razoável porque é difícil defender que um rendimento líquido de vinte vezes o salário mínimo vigente no País seja considerado como integralmente de natureza alimentar. Contudo, pode ser contraposto que a tradição jurídica brasileira é no sentido da impenhorabilidade, absoluta e ilimitada, de remuneração. Dentro desse quadro, entendeu-se pela conveniência de opor veto ao dispositivo para que a questão volte a ser debatida pela comunidade jurídica e pela sociedade em geral". (BRASIL. **Veto Presidencial n. 1.047, de 6 de dezembro de 2006**. Brasília, DF, dez 2006. Disponível em: <http://www.planalto.gov.br/ccivil_03/_Ato2004-2006/2006/Msg/Vep/VEP-1047-06.htm>. Acesso em: 11 jun. 2018)

[408] "Art. 833.São impenhoráveis: [...] IV - os vencimentos, os subsídios, os soldos, os salários, as remunerações, os proventos de aposentadoria, as pensões, os pecúlios e os montepios, bem como as quantias recebidas por liberalidade de terceiro e destinadas ao sustento do devedor e de sua família, os ganhos de trabalhador autônomo e os honorários de profissional liberal, ressalvado o § 2º; [...] § 2º O disposto nos incisos IV e X do caput não se aplica à hipótese de penhora para pagamento de prestação alimentícia, independentemente de sua origem, bem como às importâncias excedentes a 50 (cinquenta) salários-mínimos mensais, devendo a constrição observar o disposto no art. 528, § 8º, e no art. 529, § 3º.

4.2. A relativa impenhorabilidade do salário prevista no novo Código de Processo Civil

Como premissa, não se pode esquecer que "a impenhorabilidade de certos bens é uma restrição ao direito fundamental à tutela executiva[409]". E, como se sabe, somente se pode, validamente, restringir um direito fundamental quando e na medida em que se pretende realizar outro. Tal valor central deve servir de guia ao intérprete das normas processuais.

Pelo que se viu acima, *desde o CPC/73* já se entendia que a impenhorabilidade prevista pelo seu art. 649, IV, *não era absoluta*, em vista da exceção prevista por seu § 2º (dívida alimentar). Com isso, em exercício de interpretação teleológica, o STJ, conforme se verá abaixo, já ampliava tal exceção a casos excepcionais em que a remuneração *excedia* ao necessário ao sustento do devedor e de sua família.

Tal entendimento, com o CPC/15, tornou-se ainda mais acentuado, porquanto o *caput* do seu art. 833 aboliu a expressão "absolutamente" e porque, além da exceção concernente às dívidas alimentares, o próprio legislador passou a admitir a penhora das importâncias excedentes a 50 (cinquenta) salários-mínimos mensais (§ 2º), independentemente da natureza da dívida.

Pois bem.

De início, deve-se ter em mente que, pelo princípio da responsabilidade patrimonial, "o devedor responde com todos os seus bens presentes e futuros para o cumprimento de suas obrigações, salvo as restrições estabelecidas em lei" (art. 789 do NCPC). E, por seu turno, por óbvio, o salário integra o seu patrimônio[410].

Desse modo, na interpretação da norma processual não se pode descuidar da realidade posta e das máximas de experiência. Assim, retirar o salário, independentemente das circunstâncias do caso, do âmbito de incidência da responsabilidade patrimonial é ignorar que apenas uma parcela dos devedores dedica os seus esforços

---

409 DIDIER JR., Fredie; et al. **Curso de direito processual civil**. 7. ed. rev., ampl. e atual. Salvador: Ed. JusPodivm, 2017, p. 72, p. 811, v. 5.

410 "Ora, o salário além de possuir natureza alimentar é fonte de quitação das obrigações e, assim, pretende-se impedir o enriquecimento sem causa da parte devedora em detrimento do credor, evitando a sua utilização como escudo para a inadimplência". (BRASIL. Tribunal de Justiça do Estado de Rondônia. **Agravo de Instrumento n. 0801831-08.2016.8.22.0000.** Órgão julgador: 2ª Câmara Cível. Relator: Desembargador Isaias Fonseca Moraes. Acórdão. Julgamento em 27/03/2017. Disponível em: <http://webapp.tjro.jus.br/juris/consulta /detalhesJuris.jsf?cid=2>. Acesso em: 20 jun. 2018).

e destinam o seu salário à construção de patrimônio sobre o qual será possível, eventualmente e no futuro, recair o cumprimento forçado de suas obrigações.

Em verdade, são comuns os casos de devedores que vivem apenas em função do salário, ofertando-o como garantia à contração de novas obrigações. Em tais casos, impossibilitar a sua penhora, mesmo das parcelas excedentes ao mínimo existencial, é violar o direito fundamental à tutela judicial adequada e efetiva, pois se estará privando o credor, injustamente, da realização do seu crédito.

Diante disso, ao interpretar as restrições do *art*. 833 do CPC/15, deve-se ter em mente que o legislador não afastou a possibilidade do magistrado, *diante do caso concreto*, avaliar se a penhora de determinado percentual no salário do devedor afetará ou não a sua subsistência digna. Trata-se do *parâmetro subjetivo* de avaliação (*opejudicis*). Explica-se.

Não se desconhece que o Código de Processo Civil trouxe um *parâmetro objetivo* ao tema em análise (*ope legis*), antevendo uma presunção de não violação ao direito à subsistência do devedor. Isso porque, nos termos do seu § 2º do art. 833, "o disposto nos incisos IV e X do caput não se aplica à hipótese de penhora para pagamento de prestação alimentícia, independentemente de sua origem, *bem como às importâncias excedentes a 50 (cinquenta) salários-mínimos mensais*".

Logo, se a dívida for relativa à prestação alimentícia e/ou se se tratar de importância excedente a 50 (cinquenta) salários-mínimos mensais, *é irrelevante a análise do caso concreto*. Em outras palavras: *a penhora será realizada ex lege*, já que o próprio legislador, no segundo caso, considerou que não haverá perigo ao direito fundamental à subsistência digna do devedor (*parâmetro objetivo – ope legis*). Há, portanto, uma *presunção legal* de não violação ao mínimo existencial em tais casos.

Contudo, não se deve tomar o prévio juízo de ponderação realizado pelo legislador – com a elaboração do rol previsto no art. 833 – como um juízo absoluto de impenhorabilidade para os demais casos, independentemente das circunstâncias do caso concreto. Pensar assim é retroceder aos tempos do positivismo e do direito liberal, durante os quais o centro do ordenamento jurídico recaia na própria codificação, cabendo ao juiz singela a tarefa de ser "a boca da lei", analisando a legitimidade da norma apenas sob a perspectiva formal.

Por conseguinte, a presunção definida pelo legislador não significa que, fora dessas hipóteses legais, a penhora do salário restaria inviabilizada, principalmente porque tal interpretação, diante da realidade brasileira, *tornaria o dispositivo legal inócuo*, já que apenas um reduzidíssimo número de devedores percebe quantia mensal superior a 50 salários-mínimos (R$ 47.700,00, de acordo com o salário mínimo em 2018)[411].

Aliás, em razão da política nacional de valorização do salário mínimo, esse limite, a cada ano, somente aumentará, afastando-se, ainda mais, da realidade subjacente à sua aplicação, tornando, por isso, o dispositivo cada vez mais ineficaz e de rara aplicabilidade. Daí a necessidade de se permitir ao juiz realizar a sua adaptação ao caso em julgamento, nos termos das premissas teóricas do neoconstitucionalismo e do neoprocessualismo, acima expostos.

Portanto, ao aplicar a norma prevista no art. 833, IV, do CPC/15, nos casos em que não haja a prévia autorização legal, deve o juiz debruçar-se sobre o seguinte questionamento: a penhora sobre a remuneração do Agravante comprometerá a sua subsistência digna e de sua família? Pensar de modo diferente é aplicar a norma dissociada de sua finalidade e dos valores constitucionais que lhe servem de fundamento.

É claro que a capacidade econômica do devedor de efetuar *gastos supérfluos* será reduzida. No entanto, não é essa a finalidade protetiva da norma processual. O que se quer evitar é a vulneração do mínimo existencial do devedor. Esse o vetor interpretativo da regra.

Portanto, é evidente que a proteção constitucional e legal do salário está limitada àquilo que é indispensável ao sustento digno do devedor e de sua família, *não alcançando*, por outro lado, os excessos destinados à manutenção de um padrão de vida incompatível com a condição jurídica de devedor, sob pena de frustrar, injustamente, o direito à satisfação executiva.

A propósito, de acordo com o Departamento Intersindical de Estatística e Estudos Socioeconômicos (DIEESE), *o salário mínimo ideal e necessário* para prover a subsistência digna equivale, em janeiro de 2018, a **R$ 3.752,65**[412], o que revela *não* ter a norma contida no § 2º, do art. 833, do CPC/15, esgotado a possibilidade de penhora do salário. A se pensar de maneira diversa, não caberá alternativa ao intérprete senão ter que considerá-la inconstitucional, na medida em que restringe, *desproporcionalmente*, direito fundamental do credor, pois vai muito além do necessário à proteção do direito à subsistência digna do devedor.

---

411 Art. 1º, *caput*, do Decreto n. 9.255/2017.

412 BRASIL. Dieese. **Pesquisa nacional da cesta básica de alimentos**. 2018. Disponível em: <https://www.dieese.org.br/analisecestabasica/salarioMinimo.html>. Acesso em: 14 fev. 2018.

Essa peculiaridade não passou despercebida pelo STJ. A esse respeito, constou no voto apresentado pelo Min. Paulo de Tarso Sanseverino, relator do REsp 1514931/DF, julgado em 25/10/2016, o seguinte: "o estabelecimento desse alto patamar remuneratório revela-se descompassado com a realidade brasileira, tornando, na verdade, praticamente ineficaz a novel diretiva do atualmente vigente Código de Processo Civil".

Portanto, a solução aqui pretendida consiste na seguinte compatibilização: o julgador, ao se deparar com um pedido de penhora fora das hipóteses do § 2º do art. 833, deverá, para deferi-lo ou indeferi-lo, analisar se a sua realização, no caso analisado, afetará a subsistência do devedor e de sua família.

E isso é tão verdade que a própria redação do inciso IV do art. 833 já se inclina para a mitigação dessa regra, ao dispor que "os vencimentos, os subsídios, os soldos, os salários, as remunerações, os proventos de aposentadoria, as pensões, os pecúlios e os montepios, bem como as quantias recebidas por liberalidade de terceiro E DESTINADAS AO SUSTENTO DO DEVEDOR E DE SUA FAMÍLIA [...]" são impenhoráveis.

Como se vê, a impenhorabilidade do salário, segundo a própria diretriz processual, é condicionada ao comprometimento dessa verba ao sustento do devedor e de sua família, de modo que, acaso se verifique, *no caso concreto*, que tais valores são mais do que suficientes para garantir o atendimento dessa finalidade, não haverá que se falar em impenhorabilidade da quantia excedente. Logo, a quantia que exceder a esse propósito integrará, invariavelmente, ao patrimônio a que alude o art. 789 do CPC/15 (responsabilidade patrimonial), sendo, por isso, passível de constrição judicial. Trata-se do parâmetro subjetivo, inafastável em razão do poder-dever do juiz de ajustar a técnica processual à realidade do caso.

Desse modo, a solução apresentada neste estudo, em atenção aos princípios que regem o neoprocessualismo, já foi adotada pelo Superior Tribunal de Justiça, no voto-vista proferido pelo Min. Ricardo Villas Bôas Cueva, também no REsp 1514931/DF, julgado em 25/10/2016[413].

Portanto, não se pode, aprioristicamente, vedar a penhora do salário para os casos que não se enquadram nas exceções já previstas no § 2º do art. 833 do

---

413 "Entende-se, pois, que, na vigência do CPC/2015, a melhor solução seria considerar possível a penhora sobre a remuneração na hipótese de ganho superior a 50 (cinquenta) salários mínimos mensais, a incidir sobre o excedente, exigindo-se, nos demais casos, a comprovação, pelo credor, de que o ato constritivo não afetará a subsistência mínima do devedor e de seus familiares, a juízo do magistrado".

CPC/15. Impedir que a análise subjetiva do caso ocorra é permitir que a impenhorabilidade do salário recaia sobre quantias que serão destinadas a gastos supérfluos e não, exclusivamente, à subsistência digna do devedor, escapando ao alcance da norma constitucional protetiva.

Desse modo, para se evitar a restrição de direito fundamental sem motivação idônea é que se deve possibilitar ao juiz ajustar as normas processuais ao caso concreto, em conformidade com as suas peculiaridades. O STJ já encampou esse entendimento noutros precedentes[414].

Na nova metodologia do direito processual civil, deve-se evitar, o quanto possível, argumentos meramente formais e ancorados na literalidade dos preceitos normativos, principalmente quando desprovidos de substrato válido e constitucionalmente sustentável.

Posto isso, desde que o caso em exame revele que as medidas executivas típicas não tenham logrado êxito em localizar patrimônio do devedor e que o salário por ele percebido apresenta quantia que excede ao mínimo necessário ao seu sustento digno e de sua família, é de se garantir que o juiz efetue o ajustamento da técnica processual executiva, permitindo a realização de penhora dessa quantia excedente, independentemente da natureza da dívida e do *quantum* mensal percebido.

4.3 Da concordância prática e da interpretação conforme: resolvendo o aparente conflito entre a subsistência digna e o direito ao resultado da execução

Ensinando acerca da impenhorabilidade, Fredie Didier Jr. et al. ensinam que se trata de técnica processual limitadora da atividade executiva, visando proteger, por imperativo constitucional, determinados bens jurídicos, como a dignidade do executado, o direito ao patrimônio mínimo, a função social da

---

414 **REsp 1658069/GO**, Rel. Ministra Nancy Andrigui, 3ª Turma, j. em 14/11/2017, DJe 20/11/2017; **EREsp 1264358/SC**, Rel. Ministro Felix Fishcer, Corte Especial, julgado em 18/05/2016, DJe 02/06/2016; **REsp 1394985/MG**, Rel. Ministra Nancy Andrighi, 3ª Turma, julgado em 13/06/2017; **REsp 1673067/DF**, Rel. Ministra Nancy Andrighi, 3ª Turma, julgado em 12/09/2017; **AgInt no AREsp 949.104/SP**, Rel. Ministro Lázaro Guimarães (Des. convocado do TRF 5ª Região), 4ª Turma, julgado em 24/10/2017;**REsp 1514931/DF**, Rel. Ministro Paulo de Tarso Sanseverino, 3ª Turma, julgado em 25/10/2016; **AgRg no REsp 1557137/SC**, Rel. Ministro Mauro Campbell Marques, 2ª Turma, julgado em 27/10/2015; e **REsp1356404/DF**, Rel. Ministro Raul Araújo, 4ª Turma, julgado em 04/06/2013.

empresa ou a autonomia da vontade. Com isso, justamente por *restringir direito fundamental* é que a sua aplicação deve se submeter "ao método da ponderação, a partir da análise das circunstâncias do caso concreto"[415].

Dessa forma, as normas restritivas da penhora somente terão validade enquanto justificadas pela proteção a direito fundamental do devedor. Na medida em que, diante das circunstâncias do caso concreto, tal incidência não se relevar necessária ou mostrar-se desproporcional, é dever do intérprete "controlar" a constitucionalidade do preceito, afastando-a do processo examinado[416].

Não se trata de negar vigência ao dispositivo que trata sobre a impenhorabilidade do salário ou pretender declará-lo inconstitucional em tese. Na verdade, verifica-se a necessidade de, *in concreto*, realizar a conformação da tensão existente entre dois direitos fundamentais: direito à subsistência digna x direito à tutela judicial adequada e efetiva (direito ao resultado da execução). É possível que a situação inconstitucional ocorra em razão da aplicação inadequada da norma, daí a importância da sua análise dentro do contexto processual.

Nessas hipóteses, a hermenêutica constitucional ensina que se deve lançar mão dos princípios da concordância prática e da máxima efetividade dos direitos fundamentais. Com isso, as normas devem ser interpretadas de tal modo que se possa conferir proteção e realização a ambos os direitos em conflito, propugnando-se, com isso, que a resolução do conflito não importe no perecimento de algum deles.

Por conseguinte, procura-se conciliar as pretensões contrapostas, ajustando-se os limites das incidências de cada um dos direitos em conflito, de acordo com os elementos do caso concreto. É desafio do intérprete realizar a máxima harmonização entre os preceitos em atrito, buscando que o sacrifício de um deles ocorra apenas na medida do estritamente necessário à solução justa e pro-

---

415 DIDIER JR., Fredieetal.**Curso de direito processual civil**. 7. ed. rev., ampl. e atual. Salvador: Ed. JusPodivm, 2017, p. 811, v. 5.

416 "[...] as hipóteses de impenhorabilidade podem não incidir em determinados casos concretos, em que se evidencie a desproporção/ desnecessidade/inadequação entre a restrição a um direito fundamental e a proteção do outro. Ou seja: é preciso deixar claro que o órgão jurisdicional deve fazer o controle de constitucionalidade *in concreto* da aplicação das regras de impenhorabilidade, e, se a sua aplicação se revelar inconstitucional, porque não razoável ou desproporcional, deve afastá-la, construindo a solução devida para o caso concreto. Nesse momento, é imprescindível rememorar que o órgão jurisdicional deve observar as normas garantidoras de direitos fundamentais (dimensão objetiva dos direitos fundamentais) e proceder ao controle de constitucionalidade das leis, que podem ser constitucionais em tese, mas, *in concreto*, revelar-se inconstitucionais". (DIDIER JR., Fredie; et al.**Curso de direito processual civil**. 7. ed. rev., ampl. e atual. Salvador: Ed. JusPodivm, 2017, p. 811, v. 5)

porcional da controvérsia. Busca-se, com isso, comprimir o alcance das normas "até que se encontre o ponto de ajuste de cada qual segundo a importância que elas possuem no caso concreto"[417].

A máxima efetividade, por sua vez, está intrinsecamente correlacionada à concordância prática, na medida em que, segundo Canotilho, citado por Gilmar Mendes e Paulo Branco[418], por ela se busca atribuir a uma norma constitucional o sentido que lhe atribua a maior eficácia possível.

Portanto, conjugando-se os dois princípios acima, constata-se que é possível, no caso em análise, realizar a compatibilização dos direitos fundamentais em choque, preservando-se, ainda assim, a eficácia e o âmbito de proteção de cada um deles. O sacrifício de um deles somente será admitido na medida do estritamente necessário. E, para que isso ocorra, a norma processual não pode ser interpretada de forma isolada e tampouco se pode alijar o juiz desse processo.

Com isso, consegue-se proteger o direito à subsistência digna do devedor, resguardando a quantia do salário destinada e necessária a esse fim; e, ao mesmo tempo, permite-se a penhora da quantia que exceda a esse propósito, em atenção ao direito fundamental à tutela judicial adequada e efetiva. Com isso, ambos os direitos – mínimo existencial e resultado da execução – serão respeitados e realizados, conciliando-se o aparente conflito.

Importante frisar que os fundamentos acima servem não apenas para mitigar as regras de impenhorabilidade, mas, também, como motivação idônea para ampliá-las, desde que, no caso concreto, revele-se necessária à proteção de determinado direito fundamental. O que se afasta neste estudo, todavia, é a interpretação segundo a qual o juiz, na análise de suas hipóteses, deva funcionar como mero autômato, aplicando a norma sem realizar qualquer juízo crítico de compatibilização das peculiaridades da controvérsia com os preceitos constitucionais.[419]

---

417 MENDES, Gilmar Ferreira; BRANCO, Paulo Gustavo Gonet. **Curso de direito constitucional**. 12. Ed. rev. e atual. São Paulo: Saraiva, 2017, p. 94-95.

418 Ibidem, p. 93-94.

419 "Essa *flexibilidade* na aplicação das regras de impenhorabilidade revela-se, também, na técnica legislativa empregada pelo legislador, que criou hipóteses normativas recheadas de conceitos jurídicos indeterminados, como "médio padrão de vida" (art. 833, II, CPC) e "elevado valor" (art. 833, III, CPC)". (DIDIER JR., Fredie et al. **Curso de direito processual civil**. 7. ed. rev., ampl. e atual. Salvador: Ed. JusPodivm, 2017, p. 814, v. 5)

A esse respeito, embora improvável, é possível que mesmo no caso do art. 833, § 2º, 2ª parte, do CPC/15 (salário superior a 50 salários mínimos), o devedor demonstre que toda a quantia percebida está comprometida com a sua subsistência e de sua família, caso em que a impenhorabilidade deverá ser, no caso concreto, ampliada. Logo, não há como afastar o controle concreto de incidência da norma processual.

Nesse mesmo sentido, Fredie Didier Jr. et al. prelecionam que é possível mitigar a regra em exame e, portanto, efetuar a penhora do salário quando os valores excederem ao que se impõe à proteção do executado. Dessa forma, restringir, indiscriminadamente, a penhorabilidade de toda a verba salarial, independentemente do seu comprometimento com a subsistência do executado, "pode caracterizar-se como aplicação inconstitucional da regra, pois prestigia apenas o direito fundamental do executado, em detrimento do direito fundamental do exequente".[420]

Daí advém a necessidade de se lançar mão, no caso concreto, incidentalmente, da interpretação conforme à Constituição, *enquanto técnica de controle de constitucionalidade*, ancorada nos princípios hermenêuticos acima expostos. Tal técnica será suficiente para se compatibilizar a norma contida no art. 833, IV, do CPC/15 com os preceitos constitucionais e, com isso, afastar a incidência que, *in concreto*, a tornaria inconstitucional.

Antes, contudo, um esclarecimento a seu respeito.

Enquanto a declaração de inconstitucionalidade parcial sem redução de texto visa excluir uma determinada interpretação/hipótese de aplicação tida por inconstitucional do âmbito de incidência da norma jurídica, mantendo-se todas as demais, a interpretação conforme visa conferir à norma a *única* interpretação possível para compatibilizá-la com o texto constitucional[421].

Trata-se de técnicas de decisão utilizadas para – mantendo-se o texto da norma questionada – evitar o seu decreto de nulidade. Com isso em mente, a declaração de inconstitucionalidade deverá ser utilizada apenas como último recurso pelo julgador, já que se deve "partir do princípio de que o legislador busca positivar uma norma constitucional"[422].

---

420 Ibidem, p. 829-830, v. 5.
421 MENDES, Gilmar Ferreira; BRANCO, Paulo Gustavo Gonet. **Curso de direito constitucional**. 12. Ed. rev. e atual. São Paulo: Saraiva, 2017, p. 1413.
422 Ibidem, p. 1411.

A esse respeito, Dimitri Dimoulis e Soraya Lunardi ensinam que, nessa técnica de controle, o Tribunal não declara a inconstitucionalidade da norma, mas a única interpretação compatível com a Constituição, ajustando a sua eficácia e preservando-se, com isso, a sua validade. Nesse caso, rememoram que o STF admite a sua utilização "mesmo quando a 'interpretação' dada contraria a letra da norma fiscalizada ou mesmo da Constituição". Como exemplo, trazem o caso da "decisão sobre a união estável de pessoas do mesmo sexo, na qual foi dada 'interpretação conforme', em contradição com a letra da Constituição e do Código Civil que se referiam a 'homem e mulher'".[423]

No caso, portanto, para se preservar a validade do disposto no art. 833, IV, do CPC/15 – enquanto norma limitadora de direito fundamental –, deve-se fazer uso da técnica ora em exame, de modo que o dispositivo em causa será constitucional *desde que* a impenhorabilidade esteja restrita à quantia imprescindível ao sustento digno do devedor e de sua família, cuja análise competirá ao juiz, em conformidade com as peculiaridades do caso em exame.

Acerca desse necessário juízo de ponderação a ser realizado entre os direitos fundamentais em choque, o Superior Tribunal de Justiça, por ocasião do REsp 1673067/DF, sob a relatoria da Ministra Nancy Andrighi, 3ª Turma, julgado em 12/09/2017, já teve a oportunidade de sufragar[424].

Por conseguinte, qualquer interpretação que proponha impor a impenhorabilidade do salário para além do necessário ao sustento digno do devedor, privando o juiz da necessária análise das circunstâncias do caso concreto, padecerá de inconstitucionalidade material, pois estará restringindo direito fundamental (do exequente) para além do necessário à proteção daquele outro (do executado) que, no processo executivo, lhe serve de contraponto.

---

423 DIMOULIS, Dimitri; LUNARDI, Soraya. **Curso de processo constitucional**. Controle de Constitucionalidade e Remédios Constitucionais. 5. ed. São Paulo: Ed. Revista dos Tribunais, 2017, p. 246-249.

424 "[...] 15. Busca-se, nesse contexto, harmonizar duas vertentes do princípio da dignidade da pessoa humana – de um lado, o direito ao mínimo existencial; de outro, o direito à satisfação executiva, atribuindo ao art. 649, IV, do CPC/73 interpretação teleológica, de modo a fazer incidir a norma quando, efetivamente, estiverem presentes as exigências econômicas e sociais que ela procurou atender.

16. Sob essa ótica, a aplicação do art. 649, IV, do CPC/73 exige um juízo de ponderação à luz das circunstâncias que se apresentam caso a caso, sendo admissível que, em situações excepcionais, se afaste a impenhorabilidade de parte da remuneração do devedor para que se confira efetividade à tutela jurisdicional favorável ao credor." (BRASIL. Superior Tribunal de Justiça. **Recurso Especial n. 1673067/DF**. Órgão julgador: 3ª Turma. Relator: Ministra Nancy Andrighi. Acórdão. Julgamento em 12/09/2017. Publicado no DJe em 15/09/2017. Disponível em: < https://ww2.stj.jus.br/processo/revista/inteiroteor/?num_registro=201501363294&dt_publicacao=15/09/2017>. Acesso em: 18 jun. 2018)

Considerações finais

Diante da evolução metodológica pela qual passou a ciência processual, culminando no atual modelo de efetivação dos direitos fundamentais, restou evidenciada a superação da era da codificação e da análise das normas apenas sob a sua perspectiva formal. Nesse novo estágio, a atividade do intérprete adquiriu inegável importância, na medida em que deverá, antes de aplicar qualquer preceito normativo, analisar criticamente o seu conteúdo, em atenção à norma que lhe serve de premissa fundamental.

Dessa forma, deparando-se com normas restritivas de direitos fundamentais – como as regras de impenhorabilidade –, deverá ter em mente que a sua aplicação somente estará justificada enquanto necessária à proteção e realização de outro direito também fundamental. Assim, nos casos em que a sua incidência revelar uma restrição desnecessária ou desproporcional a outro preceito fundamental, deverá ser afastada pelo aplicador do direito, sob pena de tornar-se, *in concreto*, inconstitucional

Como se viu, no curso do processo executivo, não somente o devedor é titular de direito fundamental – subsistência digna –, mas também ao credor é assegurado o direito à tutela judicial adequada, efetiva e tempestiva. Dessa forma, é dever do juiz ajustar as técnicas processuais a fim de, no caso em julgamento, compatibilizar os direitos em conflito, preservando-se, na medida do possível, a eficácia de cada um.

Na medida em que a regra da impenhorabilidade do salário tem fundamento constitucional na preservação do mínimo existencial do devedor, as quantias que não se destinarem a isso deverão ser afastadas do âmbito protetivo dessa norma, cedendo espaço ao direito à satisfação executiva, o que somente poderá ser realizado *no processo*.

Por isso, as exceções à impenhorabilidade contidas no § 2º, do art. 833, do CPC/15, não esgotam a matéria. Especificamente com relação à sua segunda parte[425], apenas traça uma presunção legal de que, em tal hipótese, não há risco à subsistência do devedor. Contudo, diante das peculiaridades da controvérsia, evidenciado que o devedor percebe quantia que excede a essa finalidade, sobre ela deverá recair a penhora do salário, em atenção ao direito fundamental à tutela satisfativa, não havendo razão constitucional para se pensar de maneira diversa.

---

[425] "[...] bem como às importâncias excedentes a 50 (cinquenta) salários-mínimos mensais [...]".

Referências bibliográficas

BARROSO, Luís Roberto. **Curso de direito constitucional contemporâneo:** os conceitos fundamentais e a construção do novo modelo. 4. ed. São Paulo: Saraiva, 2013.

BRASIL. Congresso Nacional. Senado Federal. **Exposição de motivos do anteprojeto de novo Código de Processo Civil.** 2010. Disponível em: < http://www2.senado.leg.br/bdsf/handle/id/496296>. Acesso em: 11 jun. 2018.

_____. **Constituição da República Federativa do Brasil.** Brasília, DF: Senado, 1988.

_____.Dieese. **Pesquisa nacional da cesta básica de alimentos.** 2018. Disponível em: <https://www.dieese.org.br/analisecestabasica/salarioMinimo.html>. Acesso em: 14 fev. 2018.

_____.Lei n. 5.869, de 11 de jan. de 1973. **Código de Processo Civil.** Brasília, DF, jan 1973. Disponível em: <http://www.planalto.gov.br/ccivil_03/ Leis/L5869impressao.htm>. Acesso em: 20 jun. 2018.

_____.Lei n. 13.105, de 16 de mar de 2015. **Código de Processo Civil.** Brasília, DF, mar 2015. Disponível em: <http://www.planalto.gov.br/ccivil_03/_ato2015-2018/2015/lei/l13105.htm>. Acesso em: 20 jun. 2018.

_____.Decreto n. 9.255, de 29 de dez de 2017. **Regulamenta a Lei n. 13.152, de 29 de jul. de 2015.** Brasília, DF, dez 2017. Disponível em: <http://www.planalto.gov.br/ccivil_03/_ato2015-2018/2017/decreto/D9255.htm>. Acesso em: 22 jun. 2018.

_____.Superior Tribunal de Justiça. **Recurso Especial n. 1514931/DF.** Órgão julgador: 3ª Turma. Relator: Ministro Paulo de Tarso Sanseverino. Acórdão. Julgamento em 25/10/2016. Publicado no DJe em 06/12/2016. Disponível em: <https://ww2.stj.jus.br/processo/revista/inteiroteor/?num_registro=201500216443&dt_publicacao=06/12/2016>. Acesso em: 18 jun. 2018.

_____.Superior Tribunal de Justiça. **Recurso Especial n. 1673067/DF.** Órgão julgador: 3ª Turma. Relator: Ministra Nancy Andrighi. Acórdão. Julgamento em 12/09/2017. Publicado no DJe em 15/09/2017. Disponível em: <https://ww2.stj.jus.br/processo/revista/inteiroteor/?num_registro=201501363294&dt_publicacao=15/09/2017>. Acesso em: 18 jun. 2018.

_____.Tribunal de Justiça do Estado de Rondônia. **Agravo de Instrumento n. 0801831-08.2016.8.22.0000.** Órgão julgador: 2ª Câmara Cível. Relator: Desembargador Isaias Fonseca Moraes. Acórdão. Julgamento em 27/03/2017. Disponível em: <http://webapp.tjro.jus.br/juris/consulta/detalhesJuris.jsf?cid=2>. Acesso em: 20 jun. 2018.

_____.**Veto Presidencial n. 1.047, de 6 de dezembro de 2006.** Brasília, DF, dez 2006. Disponível em: <http://www.planalto.gov.br/ccivil_03/_Ato2004-2006/2006/Msg/Vep/VEP-1047-06.htm>. Acesso em: 11 jun. 2018.

CÂMARA, Alexandre Freitas. **O novo processo civil brasileiro.** 4. ed. rev. e atual. São Paulo: Atlas, 2018.

CAMBI, Eduardo. **Neoconstitucionalismo e neoprocessualismo**: direitos fundamentais, políticas públicas e protagonismo judiciário. 2. ed. rev. e atual. São Paulo: Ed. Revista dos Tribunais, 2011.

DIDIER JR., Fredie et al.**Curso de direito processual civil.** 7. ed. rev., ampl. e atual. Salvador: Ed. JusPodivm, 2017, p. 72, v. 5.

DIMOULIS, Dimitri; LUNARDI, Soraya. **Curso de processo constitucional.** Controle de Constitucionalidade e Remédios Constitucionais. 5. ed. São Paulo: Ed. Revista dos Tribunais, 2017.

FONSÊCA, Vitor. Comentários ao art. 4º. In: SCARPINELLA BUENO, Cassio (Coord.). **Comentários ao código de processo civil.** São Paulo: Saraiva, 2017, v. 1.

MARINONI, Luiz Guilherme; ARENHART, Sérgio Cruz; MITIDIERO, Daniel. **O novo processo civil**. 3. ed. rev., atual. e ampl. São Paulo: Ed. Revista dos Tribunais, 2017.

MEDINA, José Miguel Garcia. **Curso de direito processual civil moderno**. 4. ed. rev., atual. e ampl. São Paulo: Ed. Revista dos Tribunais, 2018.

MENDES, Gilmar Ferreira; BRANCO, Paulo Gustavo Gonet. **Curso de direito constitucional**. 12. Ed. rev. e atual. São Paulo: Saraiva, 2017.

NEVES, Daniel Amorim Assumpção Neves. **Manual de direito processual civil**: volume único. 9. Ed. rev. e atual. Salvador: Ed. JusPodivm, 2017.

SARLET, Ingo Wolfgang; MARINONI, Luiz Guilherme; MITIDIERO, Daniel. **Curso dedireito constitucional**. 6. ed. rev. e atual. São Paulo: Saraiva, 2017.

SCARPINELLA BUENO, Cassio. **Manual de direito processual civil**. São Paulo: Saraiva, 2015.

TORRES, Ronny Charles Lopes de. **Leis de licitações públicas comentadas**. 8. Ed. Salvador: Ed. JusPodivm, 2017.

Posfácio

Ah, como é difícil tornar-se herói
Só quem tentou sabe como dói
Vencer satã só com orações ..."

O trecho, de magistral composição de João Bosco, embora diversamente destinado, pode ser aplicado com precisão ao trabalho do advogado, na busca diuturna das orações legais aplicáveis a cada novo embate em sua heróica missão em defesa do cidadão. Não acontece diferente com o advogado público, na destinação ou nos meios empregados. A ele compete, entre outras, a proteção e defesa do erário, a orientação para aplicações legalmente adequadas e a recuperação de recursos devidos aos cofres públicos. Para benefício do seu destinatário final: o cidadão e as demandas para a melhoria de sua qualidade de vida.

Que ninguém imagine encontrar aqui alguma pretensão de reformar o Direito Romano o a teoria geral do direito. Busca-se apenas ressaltar a importância, sobejamente contextualizada neste livro, do trabalho da Advocacia Pública, no geral. E particularmente da Procuradoria Geral do Estado, que, agora, coroa de êxito 30 anos de atuação em Rondônia. É, por definição e natureza, uma instituição que atende aos interesses jurídicos do Estado, ou de particulares que concerne a algum elemento público, mas que, ao final, defende fundamentalmente os interesses do conjunto de cidadãos, do qual o estado democrático não se pode distanciar.

Não se pode, contudo, aplicar tamanha simplificação à importância da PGE na consolidação política, econômica e social do estado de Rondônia, desde a definição das políticas públicas, até à adequação legística do trabalho legislativo. Isso incorpora, até por indissociáveis - embora muitas vezes aparentemente inconciliáveis e incongruentes - elementos jurídicos e políticos, desde a identificação da necessidade pelo estado, da concepção da ideia pelo legislador, ou do acatamento das aspirações de grupos, até à instalação, no ordenamento jurídico, de determinado ato normativo, sem esquecer que as leis albergam - e interferem diretamente - a vida das pessoas. Para o bem ou para o mal. A importância da PGE fica também evidenciada nas atribuições que lhe competem, como no assessoramento ao Governador do Estado, em matéria legislativa, na elaboração ou revisão de anteprojetos de lei, projetos de decreto, mensagens, vetos e atos normativos. Ou na Uniformização da jurisprudência administrativa, para garantia da correta aplicação das leis, prevenção de eventuais controvérsias entre órgãos e entidades da administração estadual e autarquias, e solução de divergências jurídicas entre os órgãos que a integram. E, principalmente, assistir o Poder Executivo e autarquias estaduais no controle interno da legalidade e da moralidade administrativa de seus atos.

Engana-se quem imagina serem tais responsabilidades meramente conceituais. Típicas dos regimes democráticos, a discussão e a defesa de pontos de vista divergentes compareçem, com não rara freqüência, aos debates políticos da administração pública. Tancredo Neves já advertia que isso não acontece nos governos autoritários. Mas "o processo ditatorial traz consigo o germe da corrupção. O que existe de ruim no processo autoritário é que ele começa desfigurando as instituições e acaba desfigurando o caráter do cidadão. A discussão e o debate. A liberdade no confronto e defesa de ideias é nossa principal arma contra o autoritarismo, que deve ser enterrado para sempre".

Sua visão era certamente embasada no pensamento de Rui Barbosa, para quem "O advogado pouco vale nos tempos calmos: o seu grande papel é quando precisa arrostar o poder dos déspotas, apresentando perante os tribunais o caráter supremo dos povos livres." Não terá sido outro - e o leitor por certo haverá de concordar - o pensamento que inspirou cada autor dos excelentes artigos que registram, nesse livro que comemora o 30º aniversário de criação da Procuradoria Geral do Estado, para conduzi-la ao lugar que por direito lhe é conferido, por absoluto merecimento, na história da consolidação do Estado de Rondônia.

Porto Velho-RO, 05 de setembro de 2018.

Andrey Cavalcante de Carvalho
Advogado
Presidente da OAB/RO